DICTIONNAIRE
DES CITATIONS DU XXᵉ SIÈCLE

JÉRÔME DUHAMEL

DICTIONNAIRE DES CITATIONS DU XXᵉ SIÈCLE

4 000 paroles essentielles
à la mémoire du siècle

Albin Michel

L'auteur tient à exprimer toute sa gratitude
à l'équipe qui a participé à la réalisation de cet ouvrage :

Florence Dugot
Clotilde Thouret

et

Emmanuelle Destrieux
Sandrine Dumont
Christel Boget

Préface

par Pierre-Jean Remy
de l'Académie française

Qu'il s'agisse de Saint-Simon, de Madame de Sévigné, de Racine ou de certains des personnages principaux de *La Recherche du Temps perdu*, tous s'évertuent à trouver une occasion de « faire la citation » qui créera avec leurs interlocuteurs du moment la passerelle, provisoire mais bientôt perpétuelle à force de provisoire, qui unira leur complicité, leur tendresse. Et que ce soit la mère de Proust lui-même ou celle du narrateur de *La Recherche* qui meurt avec une ultime citation aux lèvres, incapable pourtant de l'achever mais que, pieusement, son fils terminera pour elle, est de peu d'importance : la citation était dans l'univers cultivé de cette fin du XIXe siècle — que Marcel Proust va faire durer jusqu'au milieu des années vingt — une manière de marquer d'un drapeau amical non pas *son* territoire, mais *leur* territoire, celui où ils évoluaient tous aux accents d'une musique qui pouvait être aussi bien celle de Vinteuil que de Saint-Saëns ou de Franck, aux couleurs d'une peinture qui devait tout à Elstir autant qu'à Monet. C'est dire que la pratique de la citation était en somme une forme de langage commun à tous ceux qui se reconnaissaient ou, mieux, se retrouvaient en elle.

D'où l'abondance de ces dictionnaires de citations que l'on a pu voir pulluler de tout temps, mais où, hélas, les mêmes « Être ou ne pas être » voisinaient sans fin avec les « Mon royaume pour un cheval », pour peu qu'on fut anglophone, et où, chez nous, « la fille de Minos et Pasiphaé » se retrouvait fiancée de force à Scapin dans sa galère et à nos pères à tous, héros (naturellement) au regard si doux.

Non que ces ouvrages n'aient leur utilité. Il nous arrive d'avoir recours à certains d'entre eux avec délectation, si

5

c'est pour retrouver telle formule totalement inconnue de Suétone ou de Barbey d'Aurevilly dont on émaillera précieusement un texte... probablement bien plat, s'il a besoin de ce piment-là. Mais, de Rabelais à Alexandre Dumas père ou fils, sitôt qu'on se prend à fouiller dans les caisses communes de l'histoire des lettres, que nos parades littéraires sont pavées de médiocres attentions !

Hélas, pauvre Yorick, nous n'en avons pas fini de jouer avec ta tête de mort en croyant avoir déterré un trésor...

C'est pour cela que l'ouvrage concocté par Jérôme Duhamel vous a, d'entrée de jeu, un goût rafraîchissant. Eh oui, nous sortons enfin des sentiers battus de la citation à tout-faire, indéfiniment rabâchée par tout le monde, pour nous aventurer enfin en des terres nouvelles. Non pas *terra incognita*, le continent qu'on nous invite pourtant, et pour la première fois, à défricher (et déchiffrer) de manière aussi intensive, car une grande partie de l'habileté de son auteur tient à la familiarité de la plupart des noms d'écrivains auxquels il a recours. Mais cette familiarité n'en contraste que davantage avec l'invention qu'il met à découvrir pour chacun des formules percutantes et qui, à la lecture des textes mêmes dont ils sont extraits, ne nous avaient pas toujours frappés.

Mais nous savons bien que c'est isolée de son contexte, voire appliquée à un autre, radicalement différent, que la citation trouve toute son efficacité : qu'elle vole de ses propres ailes.

Alors, bien sûr, nous trouvons les yeux d'Elsa « si profonds », selon Aragon en tête de la lettre Y et du pluriel *Yeux*. Mais que c'est rafraîchissant (on le répète !) de ne trouver ni tombe, ni Caïn, ni Hugo sous l'*Œil* au singulier, mais Beckett qui se demande ce que voit l'œil de l'autruche enfoui dans le sable et, après Claudel, un Finkielkraut qui nous rappelle qu' « à l'âge du visuel l'art ne contemple ni n'observe : il avale, ingurgite, il s'abreuve, il est devenu une sorte de bouche. » Ou, plus sérieusement, ces six pages consacrées ici aux citations jouant avec le mot « livre » qui constituent, à proprement parler, une véritable anthologie de la réflexion des écrivains de ce siècle qui s'achève, sur ce qu'est, ce qu'a été, ce que sera le livre. De A (Aragon, encore) sinon à Z, du moins à W (Virginia Woolf), c'est le livre de notre temps dans tous ses états que, comme ça, en passant, l'air de rien, cet article nous fait peut-être relire.

On souhaite, bien sûr, une belle et longue carrière à cet ouvrage, mais on se prend aussi à rêver : et si, là où le livre semble ne plus exister que pour renaître autrement (on veut dire sur le réseau, la toile, le web, le net, on l'appellera comme on voudra), une anthologie comme celle-ci venait réaffirmer fort et loin l'immensité du Livre — avec une majuscule qui n'a rien de blasphématoire, croyez-moi — au sens que lui ont donné, entre Aragon et Virginia Woolf, Artaud, Marcel Aymé ou Valéry, Alexandre Vialatte et bien d'autres cités par Jérôme Duhamel.

P.-J. R.

Note de l'auteur

« La fonction première d'une anthologie, c'est de donner envie "d'y aller voir" soi-même. Sa fonction seconde, c'est d'inciter à lui substituer la seule anthologie vraiment intéressante, celle que compose un être humain pour lui-même. » La phrase de Claude Roy ne pouvait exprimer mieux la seule véritable ambition des quelque 600 pages de ce livre : donner l'envie *d'y aller voir*. Créer (peut-être...) le désir d'aller se replonger dans l'œuvre d'un ou de plusieurs des 715 auteurs du monde entier qui ont, bien involontairement, participé à l'élaboration de cette anthologie.

Certains jugeront qu'il existe déjà de tels dictionnaires de citations... Ils auront raison : l'auteur n'en a pas dénombré moins de dix. Et ils auront résolument tort : aucun ouvrage, jusqu'ici, n'avait pris le parti de ne se consacrer qu'aux seuls auteurs du siècle qui s'achève, et l'amateur n'avait finalement le choix qu'entre des recueils de sentences ou d'aphorismes ressassés et des monuments bibliographiques brassant vingt siècles et plus de maximes et d'apophtegmes, où les pensées de Pascal le disputaient aux maximes de La Rochefoucauld, et où le vingtième siècle semblait prendre fin dès la seconde guerre mondiale.

Y aller voir, donc, mais aller voir à notre époque — ou à celle qui l'a tout juste précédée et façonnée. Partir à la recherche de toutes celles et ceux qui, de 1900 (année où disparaît Nietzsche, mais où naissent Saint-Exupéry, Desnos et Julien Green) aux tout derniers mois de 1999, ont contribué à écrire l'histoire d'un siècle. Histoire littéraire, sociale, politique, spirituelle, médiatique et parfois même humoristique... Traversée des cent dernières années sous la gouverne de plus de 700 écrivains de tous pays et de toutes langues, sous le patronage des philosophes, des scientifiques, des poètes, des religieux, et sous la houlette aussi des grands du cinéma, de la chanson, du journalisme, puisque la culture du XXᵉ siècle a tant et tant changé de visages sous l'implosion des nouveaux moyens de communication et ne saurait s'expliquer sans l'effarante dictature des *médias* sur la pensée contemporaine.

Les 4 000 citations qui suivent ne prétendent ni représenter ni, bien sûr, synthétiser la pensée d'un siècle aussi riche, aussi divers et aussi troublé que celui qui s'achève. Elles ne sont que l'une des mille et une facettes de cet invraisemblable kaléidoscope d'intelligence et d'esprit que forme la grande cohorte de ceux qui ont choisi les mots pour dire l'homme et pour exprimer le monde. Elles vont tenter de nous raconter le siècle comme un roman, celui d'une pensée libre, curieuse et vivante.

Jérôme Duhamel

AVERTISSEMENT

• Toutes les œuvres citées dans cet ouvrage ont été publiées entre le 1ᵉʳ janvier 1900 et le 1ᵉʳ septembre 1999.

• À chaque entrée, les noms des auteurs apparaissent par ordre alphabétique.

• Dans l'index des noms d'auteurs (p. 561) sont mentionnées les dates de naissance (et éventuellement de décès) des auteurs cités, ainsi que les numéros des pages où retrouver leurs textes.

A

Abandonner

On n'est réellement abandonné que par Dieu. Les hommes ne peuvent que nous lâcher.

Emil Michel CIORAN, *Cahiers*, 1957-1972, Gallimard, 1997.

Vive qui m'abandonne, il me rend à moi-même.

Henry de MONTHERLANT, *Carnets*, Gallimard, 1957.

Abondance

Il se produisit dans le monde une abondance illimitée de tout ce dont l'homme a besoin. Mais l'homme a besoin de tout, sauf de l'abondance illimitée.

Karel CAPEK, *La Fabrique d'absolu*, Nagel, 1945.

Absence

Et l'absence, après tout, n'est rien lorsque l'on s'aime.

Guillaume APOLLINAIRE, *Lettres à Lou*, septembre 1915, Gallimard, 1969.

L'absence n'est-elle pas pour qui aime la plus certaine, la plus efficace, la plus vivace, la plus indestructible, la plus fidèle des présences ?

Marcel PROUST, *Les Plaisirs et les Jours*, Gallimard, 1924.

Qu'il faut donc aimer quelqu'un pour le préférer à son absence !

Jean ROSTAND, *Pensées d'un biologiste*, Stock, 1954.

Absolu

Qui a le goût de l'absolu renonce par là même à tout bonheur. Quel bonheur résisterait à ce vertige, à cette exigence toujours renouvelée ?

Louis ARAGON, *Aurélien*, Gallimard, 1944.

À chaque créature rencontrée, j'ai demandé non le divertissement mais l'absolu.

René CREVEL, *Mon corps et moi*, 1925, Pauvert, 1974.

Certaines âmes vont à l'absolu comme l'eau va à la mer.

Henry de MONTHERLANT, *Les Jeunes filles*, Gallimard, 1936.

Absurdité

Je respecte trop l'idée de Dieu pour le rendre responsable d'un monde aussi absurde.

Georges DUHAMEL, *Le Désert de Bièvres*, Mercure de France, 1937.

Qui t'autorise à parler de l'absurdité d'un monde auquel tu ne peux comparer nul autre ? Existe-t-il donc une absurdité absolue ?

Alexandre ARNOUX, *Le Seigneur de l'heure*, Gallimard, 1955.

À partir du moment où elle est reconnue, l'absurdité est une passion, la plus déchirante de toutes.

Albert CAMUS, *Le Mythe de Sisyphe*, Gallimard, 1942.

Accord

L'homme n'a rien de mieux à faire qu'essayer d'être en parfait accord avec lui-même.

Sigmund FREUD, *Cinq leçons sur la psychanalyse*, 1909, Payot, 1977.

Acte

Les mots s'élèvent tout droits en une ligne mince, rapides, anodins, alors que les actes rampent, terribles, sur la terre et s'y accrochent, si bien que les deux lignes s'éloignent trop, au bout d'un certain temps, pour qu'une seule personne puisse les enfourcher.

William FAULKNER, *Tandis que j'agonise*, 1930, Gallimard, 1967.

Action

La spéculation est un luxe, tandis que l'action est une nécessité.

Henri BERGSON, *L'Évolution créatrice*, 1907, PUF, 1959.

Toute action qui engage l'âme, quand bien même celle-ci en serait ignorante, aura pour épilogue un repentir ou un chagrin. Il faut y consentir.

René CHAR, *Poèmes des deux années*, in *La Parole en archipel*, Gallimard, 1962.

L'action est la négation de tous les possibles moins un.

Édouard HERRIOT, *Notes et Maximes*, Hachette, 1961.

L'intelligence doit vivifier l'action ; sans elle, l'action est vaine. Mais sans l'action, comme l'intelligence est stérile !

Roger MARTIN du GARD, *Jean Barois*, Gallimard, 1914.

Action (Bonne)

Il est rare qu'un homme ne cherche pas, une fois au moins dans sa vie, à racheter le plus grand nombre de ses forfaits par une bonne action. On s'émerveille de ces jolies fleurs : elles poussent sur du fumier.

Henry de MONTHERLANT, *Carnets*, 1930-1944, Gallimard, 1957.

Adjectif

Les poètes doivent craindre l'adjectif comme la peste.

Jean COCTEAU, *Secrets de beauté*, in *Œuvres complètes*, Marguerat, 1946-1951.

Pas d'adjectifs, ils affaiblissent le style. L'adjectif, c'est comme les bijoux. Une femme élégante ne porte pas de bijoux.

Jacques CHARDONNE, *Ce que je voulais vous dire aujourd'hui*, Grasset, 1970.

La crainte de l'adjectif est le commencement du style.

Paul CLAUDEL, *Journal*, 1904-1955, Gallimard, 1968-1969.

Quand les adjectifs sortent du mot à la queue leu leu..., c'est que le mot vogue à sa perte.

Jean GIRAUDOUX, *Juliette au pays des hommes*, Émile-Paul, 1924.

Admiration

Celui qui n'est pas capable d'admiration est un misérable. Aucune amitié n'est possible avec lui, car il n'y a d'amitié que dans le partage d'admirations communes.

Michel TOURNIER, *Célébrations*, Mercure de France, 1999.

Admirer

Il me semblait que la terre n'aurait pas été habitable si je n'avais eu personne à admirer.

Simone de BEAUVOIR, *Mémoires d'une jeune fille rangée*, Gallimard, 1958.

Il y a dans les hommes plus de choses à admirer que de choses à mépriser.

Albert CAMUS, *La Peste*, Gallimard, 1947.

Quelqu'un qui admire a toujours raison.

Paul CLAUDEL, Lettre à André Suarès, 26 juin 1914, in *Correspondance*, Gallimard, 1951.

Adorer

« Adorable » : ne parvenant pas à nommer la spécialité de son désir pour l'être aimé, l'amoureux aboutit à ce mot un peu bête : adorable !

Roland BARTHES, *Fragments d'un discours amoureux*, Le Seuil, 1977.

Rien n'est plus ennuyeux que d'être adoré. Comment Dieu le sup-
porte-t-il ?

Elias CANETTI, *Le Territoire de l'homme*, Albin Michel, 1978.

Adulte

Les adultes, ce sont des enfants qui doivent de l'argent.

Dialogues du film *Peter's Friends* de Kenneth Branagh, 1992.

Qu'est-ce qu'un adulte ? Un enfant gonflé d'âge.

Simone de BEAUVOIR, *La Femme rompue*, Gallimard, 1967.

Je crois qu'on devient adulte à travers un objet d'amour : un être
humain, Dieu, les autres, en fait tout ce qui vous sort de vous-même.

Catherine DOLTO-TOLICH, *Être adulte*, Albin Michel, 1996.

Dire que, quand nous serons grands, nous serons peut-être aussi bêtes
qu'eux.

Louis PERGAUD, *La Guerre des boutons*, Mercure de France, 1912.

Devenir adulte, c'est reconnaître, sans trop souffrir que le « Père Noël »
n'existe pas. C'est apprendre à vivre dans le doute et l'incertitude.

Hubert REEVES, *L'Espace prend la forme de mon regard*, Le Seuil, 1999.

Être adulte, c'est être seul.

Jean ROSTAND, *Pensées d'un biologiste*, Stock, 1954.

Adultère

La musique évoque l'adultère. Chaque adultère est une sonate merveilleuse car l'essentiel de l'audition est lié au guet qui naît dans le
silence.

Pascal QUIGNARD, *Vie secrète*, Gallimard, 1997.

Les petits échos de la fin du siècle rapportent que les messieurs bien
élevés ôtaient leur Légion d'honneur avant d'entrer au bordel. Je n'ai

jamais rencontré une femme qui ôtait son alliance avant de s'allonger sur le lit de son amant.

Armand SALACROU, *Dans la salle des pas perdus*, in *Souvenirs*, Gallimard, 1974.

Adversaire

Le plus grand triomphe de l'adversaire est de vous faire croire ce qu'il dit de vous.

Paul VALÉRY, *Mauvaises pensées et autres*, Gallimard, 1960.

Affection

L'affection est un sentiment fade, c'est l'amour des gens tièdes.

Paul LÉAUTAUD, *Journal littéraire*, Mercure de France, 1954-1964.

Âge

L'âge se mesure aussi au nombre de ceux que nous avons perdus comparé au nombre de ceux qui nous restent.

Hervé BAZIN, *Le Démon de minuit*, Grasset, 1988.

L'âge est une grâce qu'il faut mériter, non un poids qui vous écrase.

Jacques de BOURBON BUSSET, *Fugue à deux voix*, Gallimard, 1958.

L'âge adulte est l'âge propre de l'adaptation. Mûrir, c'est trouver sa place dans le monde.

Emmanuel MOUNIER, *Traité du caractère*, Le Seuil, 1946.

Tout âge porte ses fruits, il faut savoir les cueillir.

Raymond RADIGUET, *Le Bal du comte d'Orgel*, Grasset, 1924.

Chaque homme doit avoir ainsi toute sa vie un âge essentiel auquel il aspire aussi longtemps qu'il ne l'a pas atteint, auquel il s'accroche quand il l'a dépassé.

Michel TOURNIER, *Le Roi des Aulnes*, Gallimard, 1970.

Oh ! l'âge, tu sais, ça dépend des jours ! Hier, je n'en avais pas, aujour-d'hui j'ai quinze ans, et demain nous fêterons peut-être mon cente-naire.

Louise de VILMORIN, *La Lettre dans un taxi*, Gallimard, 1958.

★

Tout est joué avant que nous ayons douze ans.

Charles PÉGUY, *L'Argent*, Gallimard, 1932.

J'avais vingt ans. Je ne laisserai personne dire que c'est le plus bel âge de la vie.

Paul NIZAN, *Aden Arabie*, 1932, Maspero.

Quarante ans est un âge terrible. Car c'est l'âge où nous devenons ce que nous sommes.

Charles PÉGUY, *Victor-Marie, comte Hugo*, Gallimard, 1934.

Après quarante ans, c'est sur la nuque que nous portons notre véritable visage, regardant désespérément en arrière.

Julio CORTAZAR, *Marelle*, Gallimard, 1966.

L'homme qui avance vers la cinquantaine n'aime parler de son âge qu'à ceux qui le rassurent.

Robert SABATIER, *Boulevard*, Albin Michel, 1956.

Soixante ans.
Ce déguisement de vieillard qu'il va falloir porter.

Jean ROSTAND, *Carnet d'un biologiste*, Stock, 1959.

Quand on vit plus de quatre-vingts ans, on s'aperçoit que les arbres aussi sont mortels.

François MAURIAC, in *Le Monde*, 15 mars 1969.

Grand âge, nous voici. Prenez mesure du cœur d'homme.

SAINT-JOHN PERSE, *Chronique*, Gallimard, 1960.

Agir

Il faut agir en homme de pensée et penser en homme d'action.

Henri BERGSON, *Écrits et paroles*, PUF, 1957.

Délibérer est le fait de plusieurs. Agir est le fait d'un seul.

Charles de GAULLE, *L'Unité*, Plon, 1956.

Qui ne remonte pas aux causes profondes n'agira jamais en profondeur.

Henri de LUBAC, *Paradoxes* suivi de *Nouveaux paradoxes*, Le Seuil, 1959.

Attendre d'en savoir assez pour agir en toute lumière, c'est se condamner à l'inaction.

Jean ROSTAND, *Inquiétudes d'un biologiste*, Stock, 1967.

Agonie

Voici l'heure où les médecins viennent mentir...

Sacha GUITRY, phrase prononcée peu avant sa mort, in *Sacha Guitry*, Grasset, 1975.

Il y a deux moments de sa vie où tout homme est respectable : son enfance et son agonie.

Henry de MONTHERLANT, *Carnets*, Gallimard, 1957.

Aimer

Aimer, c'est trouver sa richesse hors de soi.

ALAIN, *Éléments de philosophie*, Gallimard, 1941.

Tout à l'heure tu as crié que tu m'aimais, tu as même failli me le dire.

Michel AUDIARD, Dialogues du film *Est-ce bien raisonnable ?*, 1987.

Est-ce significatif ? Nous n'avons pas en français l'équivalent de *to love, to like*. Il nous faut avec le même verbe aimer notre femme et la tarte aux pommes, notre pays ou seulement le paysage, nos enfants ou les jeux de cartes.

Hervé BAZIN, *Ce que je crois*, Grasset, 1977.

L'enfer, Madame, c'est de ne plus aimer.

Georges BERNANOS, *Journal d'un curé de campagne*, Plon, 1936.

Quand on aime quelqu'un, on a toujours quelque chose à lui dire ou à lui écrire, jusqu'à la fin des temps.

Christian BOBIN, *Geai*, Gallimard, 1998.

Le secret du bonheur crève les yeux. C'est pourquoi personne n'ose le regarder en face : il faut aimer quelqu'un.

Jacques de BOURBON BUSSET, *L'Amour durable*, Gallimard, 1969.

Aimer jusqu'à la déchirure
Aimer, même trop, même mal,
Tenter, sans force et sans armure,
D'atteindre l'inaccessible étoile...

Jacques BREL, *La Quête*, in *L'Homme de la Mancha*, 1968.

Je t'aime, tu m'aimes, on sème.

Maurice CHAPELAN, *Amours Amour*, Grasset, 1967.

Ne te courbe que pour aimer.

René CHAR, *À la santé du serpent*, 1954, in *Œuvres complètes*, Gallimard, 1983.

Aimer, c'est doubler son regard.

Natalie CLIFFORD-BARNEY, *Éparpillements*, 1910, Persona, 1982.

Quand on aime, n'est-ce pas ? on ne le fait pas exprès... Je ne peux pas plus t'empêcher d'aimer quelqu'un qu'empêcher la terre de tourner...

COLETTE, *L'Ingénue libertine*, Albin Michel, 1909.

Vous demandez comment le sentiment d'aimer pourrait survenir. Elle vous répond : Peut-être d'une faille soudaine dans la logique de l'univers. Elle dit : Par exemple d'une erreur. Elle dit : Jamais d'un vouloir. Vous demandez : Le sentiment d'aimer pourrait-il survenir d'autres choses encore ? Vous la suppliez de dire. Elle dit : De tout, d'un vol d'oiseau de nuit, d'un sommeil, d'un rêve de sommeil, de l'approche de la mort, d'un mot, d'un crime, de soi, de soi-même, soudain sans savoir comment.

Marguerite DURAS, *La Maladie de la mort*, Minuit, 1982.

Si je ne t'aimais pas, je serais tellement heureux avec toi !

Romain GARY, *Au-delà de cette limite votre ticket n'est plus valable*, Gallimard, 1975.

Car, vois-tu, chaque jour je t'aime davantage,
Aujourd'hui plus qu'hier et bien moins que demain.

Rosemonde GÉRARD, *Les Pipeaux*, Lemerve, 1900.

La terre est ronde pour ceux qui s'aiment.

Jean GIRAUDOUX, *Électre*, Grasset, 1937.

Aimer, c'est se voir comme un autre être vous voit, c'est être amoureux de sa propre image déformée et sublimée.

Graham GREENE, *Un Américain bien tranquille*, Laffont, 1956.

Aimer, c'est n'avoir plus droit au soleil de tout le monde. On a le sien.

Marcel JOUHANDEAU, *Algèbre des valeurs morales*, Gallimard, 1935.

L'essentiel est à mes yeux ceci : aimer un être n'est pas le tenir pour merveilleux, c'est le tenir pour nécessaire.

André MALRAUX, in *Notre Malraux*, Albin Michel, 1979.

À force de t'avoir aimée pour ce que tu n'étais pas, j'ai appris à te chérir pour ce que tu es.

François MAURIAC, *Souffrances et Bonheur du chrétien*, Grasset, 1929.

Je n'y peux rien. Je t'aime. Je te veux. Tu es mon pain et mon vin, tu fais fonctionner cette foutue machine, pour ainsi dire. Être sur toi est une chose, mais me rapprocher de toi en est une autre. Je me sens proche de toi, je ne forme qu'un avec toi, tu es à moi, que cela soit admis ou pas.

Henry MILLER, *Correspondance passionnée*, Stock, 1989.

Car c'est cela aimer, car c'est cela amour : quand on cherche avec amour l'amour.

O. V. de L. MILOSZ, *La Confession de Lemuel, Cantique de la connaissance*, 1922, Silvaire, 1989.

Je t'aime d'une telle manière que, [...] même si notre amour devait être détruit, rien ne ferait disparaître la fusion qui a existé. Quelque chose a commencé, comme un *mouvement perpétuel*.

Anaïs NIN, *Correspondance passionnée*, Stock, 1989.

Aimer, c'est donner raison à l'être aimé qui a tort.

Charles PÉGUY, *Note conjointe sur M. Descartes*, Gallimard, 1914.

— Toi, je t'aimerai toujours, dis-je.
Elle se retourne contre le mur, et elle dit seulement :
— Contente-toi de m'aimer tous les jours.

Daniel PENNAC, *La Petite marchande de prose*, Gallimard, 1989.

On ne peut pas se forcer à aimer, et c'est là précisément l'amour.

Georges PERROS, *Papiers collés*, Gallimard, 1960.

Ce que tu aimes vraiment demeure
le reste est scorie
Ce que tu aimes vraiment ne te sera pas ravi.

Ezra POUND, *Canto LXXI*, in *Panorama de la littérature contemporaine aux États-Unis*, Gallimard, 1971.

L'amour, dans l'anxiété douloureuse comme dans le désir heureux, est l'exigence d'un tout. Il ne naît, il ne subsiste que si une partie reste à conquérir. On n'aime que ce qu'on ne possède pas tout entier.

Marcel PROUST, *La Prisonnière*, Gallimard, 1923.

Aimer est un mauvais sort comme ceux qu'il y a dans les contes, contre quoi on ne peut rien jusqu'à ce que l'enchantement ait cessé.

Marcel PROUST, *Le Temps retrouvé*, Gallimard, 1927.

Aimer, c'est permettre d'abuser.

Pierre REVERDY, *En vrac*, Le Rocher, 1956.

Être aimé, c'est se consumer dans la flamme. Aimer, c'est luire d'une lueur inépuisable. Être aimé, c'est passer ; aimer, c'est durer.

Rainer Maria RILKE, *Cahiers de Malte*, Laurids Brigge, 1910.

Ceux qui aiment le mieux doivent se faire violence pour desserrer les dents et pour dire qu'ils aiment.

Romain ROLLAND, *Jean-Christophe*, Albin Michel, 1949.

21

On gagne plus à avoir aimé qu'à avoir compris.

Jean ROSTAND, *Inquiétudes d'un biologiste*, Stock, 1967.

Aimer, c'est aimer l'autre qui s'aime en vous jusqu'à ne plus être l'autre, c'est métamorphoser des rapports connus en une inconnue redoutable et grandiose, et grandiose ce le fut, de l'ascension jusqu'à la chute.

Robert SABATIER, *Les Années secrètes de la vie d'un homme*, Albin Michel, 1984.

Aimer, ce n'est pas se regarder l'un l'autre, c'est regarder ensemble dans la même direction.

Antoine de SAINT-EXUPÉRY, *Terre des hommes*, Gallimard, 1939.

Vous me copierez cent fois « je t'aime »,
Ce soir après la leçon
Ne discutez pas, c'est le barème
Pour les filles et les garçons.
Vous me copierez cent fois « je t'aime »
Et pour que ce soit plus long
Je vous forcerai peut-être même
À me suivre à la maison.

Boris VIAN, *À l'école de l'amour*, in *Chansons*, Bourgois, 1984.

Aimer un être, c'est tout simplement reconnaître qu'il existe autant que vous.

Simone WEIL, *La Connaissance surnaturelle*, Gallimard, 1950.

Ajouter

L'homme connaît le monde non point par ce qu'il y dérobe mais par ce qu'il y ajoute.

Paul CLAUDEL, *Art poétique*, Mercure de France, 1951.

Alcool

On a beau se donner du mal, on glisse, on dérape, on retombe dans l'alcool qui conserve les vivants et les morts, on n'arrive à rien.

Louis-Ferdinand CÉLINE, *Voyage au bout de la nuit*, Gallimard, 1932.

L'alcool dégrise. Après quelques gorgées de cognac, je ne pense plus
à toi.

Marguerite YOURCENAR, *Feux*, Gallimard, 1974.

Allaitement

La femme n'allaite pas l'enfant, mais la destinée.

Paavo HAAVIKKO, *Les Arbres, toute leur vigueur*, in *Le Palais d'hiver*, Oswald,
1976.

Alphabet

Le monde abonde en alphabets hors d'usage, dont le code est perdu.

Roger CAILLOIS, *Cases d'un échiquier*, Gallimard, 1970.

Tout homme qui possède son alphabet est un auteur qu'il ne faut pas
méconnaître.

Louis-Ferdinand CÉLINE, *L'Église*, Gallimard, 1952.

Que tous ces bâtons, ces boucles, ces ronds et ces petits ponts assemblés fissent des lettres, c'était beau ! Et ces lettres ensemble, des syllabes et ces syllabes, bout à bout, des mots, il n'en revenait pas. Et que
certains de ces mots lui fussent si familiers, c'était magique !

Daniel PENNAC, *Comme un roman*, Gallimard, 1992.

On cherche un mot qui contienne toutes les lettres de l'alphabet plus
une.

Robert SABATIER, *Le Livre de la déraison souriante*, Albin Michel, 1991.

Ambition

J'ai tout raté
Comme j'étais sans ambition, peut-être ce tout n'était-il rien.

Fernando PESSOA, *Bureau de tabac*, in *Anthologie de la poésie portugaise*,
Gallimard, 1971.

Âme

Cette autre vie qu'est cette vie dès qu'on se soucie de son âme.

ALAIN, *Histoire de mes pensées*, Gallimard, 1936.

L'âme. Elle a la luisance et la pesanteur de l'encre. Elle a cette densité noire, plus lumineuse que la lumière du jour.

Christian BOBIN, *Souveraineté du vide*, Fata Morgana, 1985.

L'âme, c'est la vanité et le plaisir du corps tant qu'il est bien portant.

Louis-Ferdinand CÉLINE, *Voyage au bout de la nuit*, Gallimard, 1932.

Rien n'est plus long à voyager que l'âme et c'est lentement, si elle se déplace, qu'elle rejoint le corps.

Jean COCTEAU, *La Difficulté d'être*, Le Rocher, 1947.

Tout ce que j'écris, ça vient comme ça, sans que je le veuille, ça ne vient qu'issu de l'âme... Il faut bien que je dise âme... Je pourrais dire inconscient, tempérament, je ne sais vraiment pas ce que c'est, ça vient...

Albert COHEN, in *Albert Cohen ou le pouvoir de vie*, L'Âge d'Homme, 1981.

Il y a longtemps que j'ai renoncé à discuter avec mon âme : elle a toujours le dernier mot, et c'est un mot d'amour.

Didier DECOIN, *Il fait Dieu*, Fayard, 1997.

Imagine ton âme comme un voilier dans une bouteille.

Jacques DEVAL, *Afin de vivre bel et bien*, Albin Michel, 1970.

Dans la nuit noire de l'âme, il est toujours trois heures du matin.

Scott FITZGERALD, Lettre, 1927, in *Correspondance*, Gallimard, 1966.

Les âmes sont impénétrables les unes aux autres.

Anatole FRANCE, *Monsieur Bergeret à Paris*, Calmann-Lévy, 1901.

Qu'est-ce que l'âme ? — C'est ce qui s'échappe des yeux, des cheveux secoués, de la bouche, des boucles, du torse, du sexe.

Jean GENET, *Pompes funèbres*, in *Œuvres*, t. 3, Gallimard, 1953.

L'âme est notre demeure, nos yeux sont ses fenêtres, et nos lèvres, ses messagers.

Khalil GIBRAN, *L'Œil du prophète*, Albin Michel, 1991.

L'homme, au plus profond de son être, dépend de l'image de lui-même qui se forme dans l'âme d'autrui, même si c'est l'âme d'un crétin.

Witold GOMBROWICZ, *Ferdydurke*, 1937, Julliard, 1958.

L'âme humaine est comme un gouffre qui attire Dieu, et Dieu s'y jette.

Julien GREEN, *Journal*, in *Œuvres complètes*, Gallimard, 1976.

La véritable armature du corps, c'est l'âme. Sa santé aussi.

Marcel JOUHANDEAU, *Réflexions sur la vieillesse et la mort*, Grasset, 1956.

Personne ne peut savoir combien de temps ni à quelles épreuves son âme pourra résister avant de céder ou de se briser...

Primo LEVI, *Les Naufragés et les Rescapés*, Gallimard, 1989.

Sous la couche épaisse de nos actes, notre âme d'enfant demeure inchangée ; l'âme échappe au temps.

François MAURIAC, *La Fin de la nuit*, Grasset, 1935.

Si l'on vend son âme au Diable, c'est que Dieu n'en est pas toujours acquéreur.

Robert SABATIER, *Le Livre de la déraison souriante*, Albin Michel, 1991.

Vivre, c'est naître lentement. Il serait un peu trop aisé d'emprunter des âmes toutes faites.

Antoine de SAINT-EXUPÉRY, *Pilote de guerre*, Gallimard, 1942.

Qu'est-ce qui parle le plus mal ? Quel est l'être qui patauge et balbutie, qui se sert le plus gauchement des mots les moins justes, qui fait les phrases les plus ridicules, les plus incorrectes, les plus incohérentes et tient les raisonnements les plus absurdes ? Qui est le plus méchant écrivain possible ? Le pire des penseurs ? C'est notre Âme.

Paul VALÉRY, cité par Pierre-Henri Simon, in *Témoins de l'homme*, Armand Colin, 1960.

Sexuellement, c'est-à-dire avec mon âme.

Boris VIAN, *L'Écume des jours*, Pauvert, 1947.

L'âme ne me paraît souvent qu'une simple respiration du corps.

Marguerite YOURCENAR, *Alexis ou le traité du vain combat*, Plon, 1929.

Âme sœur

Le chien découvre une âme sœur en flairant des derrières. Il n'est pas certain que sa méthode soit plus mauvaise qu'une autre.

Thierry MAULNIER, *Le Dieu masqué*, Gallimard, 1985.

Ami

Le véritable ami est celui à qui l'on n'a rien à dire. Il contente à la fois notre sauvagerie et notre besoin de sociabilité.

Tristan BERNARD, *La Faune des plateaux*, Flammarion, 1923.

Je prendrai
Dans les yeux d'un ami
Ce qu'il y a de plus chaud, de plus beau
Et de plus tendre aussi
Qu'on ne voit que deux ou trois fois
Durant toute une vie
Et qui fait que cet ami est notre ami.

Jacques BREL, *Je prendrai*, © Éditions musicales Pouchenel, 1964.

Le bonheur d'un ami nous enchante. Il nous ajoute. Il n'ôte rien. Si l'amitié s'en offense, elle n'est pas.

Jean COCTEAU, *La Difficulté d'être*, Le Rocher, 1947.

L'une des fonctions principales d'un ami consiste à subir, sous une forme plus douce et symbolique, les châtiments que nous désirerions, sans le pouvoir, infliger à nos ennemis.

Aldous HUXLEY, *Le Meilleur des mondes*, Plon, 1933.

Il y a ceux à qui nous pardonnons et ceux à qui nous ne pardonnons pas. Ceux à qui nous ne pardonnons pas sont nos amis.

Henry de MONTHERLANT, *Carnets*, Gallimard, 1957.

J'ai tellement besoin d'un ami que je l'invente.

Marie NOËL, *Notes intimes*, Stock, 1959.

Les amis, il faut les voir un par un avec l'éternité devant soi à chaque fois.

Christiane ROCHEFORT, *Ma vie revue et corrigée par l'auteur*, Stock, 1978.

Les véritables amis savent pardonner, mais ils savent aussi corriger par la douceur et la persuasion les défauts dont ils voudraient nous débarrasser...

Jules ROY, *Les Années déchirement, Journal 1925-1965*, Albin Michel, 1998.

Un ami est celui pour qui nous ferions ce que nous ne ferions pour rien au monde.

Robert SABATIER, *Le Livre de la déraison souriante*, Albin Michel, 1991.

On ne pardonne pas à son ami ses erreurs, on ne les excuse pas non plus. On les comprend.

Philippe SOUPAULT, *L'Amitié*, Hachette, 1965.

Amitié

Notre amitié est le nuage blanc préféré du soleil.

René CHAR, *La Parole en archipel*, Gallimard, 1962.

J'ai dit quelque part que je savais mieux faire l'amitié que l'amour.

Jean COCTEAU, *La Difficulté d'être*, Le Rocher, 1947.

Il est sage de verser, sur le rouage de l'amitié, l'huile de la politesse délicate.

COLETTE, *Le Pur et l'impur*, Aux armes de France, 1941.

L'amitié est une émanation de l'âme. C'est quelque chose qu'on sent. On ne la donne pas en échange d'un autre don.

Graham GREENE, *Le Fond du problème*, Laffont, 1948.

J'ai appris que l'amitié est moins un état passionnel qu'une indulgence partagée, attentive, une communauté strictement réduite aux acquêts.

Paul GUIMARD, *Le Mauvais temps*, Denoël, 1976.

L'amitié, dit-il, ce n'est pas d'être avec ses amis quand ils ont raison, c'est d'être avec eux même quand ils ont tort...

André MALRAUX, *L'Espoir*, Gallimard, 1937.

Rien n'existe au monde que l'amour. Quand l'amitié est vraie, c'est qu'elle est amour.

François MAURIAC, in *Correspondance François Mauriac-Georges Duhamel*, 1919-1966, Klincksieck, 1997.

L'amitié entre hommes, vous savez ce que les femmes en pensent : ça fait de l'ombre sur leurs robes.

Paul MORAND, *Ouvert la nuit*, Gallimard, 1922.

Si ton ami boite du pied droit, boite du gauche, pour que votre amitié reste dans un équilibre harmonieux.

Jules RENARD, *Journal*, 1906, Gallimard, 1960.

La plupart des amitiés ne sont guère que des associations de complaisance mutuelle, pour parler de soi avec un autre.

Romain ROLLAND, *Jean-Christophe*, Albin Michel, 1949.

L'amour, même le plus léger, ne peut que parfumer la place où l'amitié un jour se posera.

Jules ROMAINS, *Les Hommes de bonne volonté*, Flammarion, 1932-1946.

Amitié est un mot qui se dévalue dès qu'on le met au pluriel.

Robert SABATIER, *Le Livre de la déraison souriante*, Albin Michel, 1991.

Désirer l'amitié est une grande faute. L'amitié doit être une joie gratuite comme celles que donne l'art, ou la vie.

Simone WEIL, *La Pesanteur et la grâce*, Plon, 1947.

Amour

Nous avons tous une fois une chance d'amour, il faut l'accrocher, cette chance, quand elle passe, et construire son amour humblement, impitoyablement, même si chaque pierre en est une année ou un crime.

Jean ANOUILH, *l'Hermine*, in *Pièces noires*, La Table ronde, 1932.

Rien n'est jamais acquis à l'homme Ni sa force
Ni sa faiblesse ni son cœur Et quand il croit
Ouvrir ses bras son ombre est celle d'une croix
Et quand il croit serrer son bonheur il le broie
Sa vie est un étrange et douloureux divorce
   Il n'y a pas d'amour heureux.

> Louis ARAGON, *Il n'y a pas d'amour heureux*, in *La Diane française*, Seghers, 1943.

Il est temps d'instaurer la religion de l'amour.

> Louis ARAGON, *Le Paysan de Paris*, Gallimard, 1926.

Je sais bien que le plus petit élan d'amour vrai nous rapproche beaucoup plus de Dieu que toute la science que nous pouvons avoir de la création et de ses degrés.

> Antonin ARTAUD, *Héliogobale ou l'Anarchiste couronné*, Denoël et Steele, 1934.

L'amour au masculin est singulier. Au féminin, pluriel.
J'aurais volontiers pensé le contraire.

> Claude AVELINE, *Avec toi-même*, Émile-Paul, 1944.

L'amour arrache les masques sans lesquels nous craignons de ne pas pouvoir vivre et derrière lesquels nous savons que nous sommes incapables de le faire.

> James BALDWIN, *La Prochaine fois, Le Feu*, Gallimard, 1963.

Si l'amour est une invention des femmes, ce sont les hommes qui exploitent le brevet.

> Hervé BAZIN, *La Mort du petit cheval*, Grasset, 1950.

Renoncer à l'amour me paraissait aussi insensé que de se désintéresser de son salut quand on croit à l'éternité.

> Simone de BEAUVOIR, *Mémoires d'une jeune fille rangée*, Gallimard, 1958.

Aux pointes de l'existence quotidienne, l'image idéale que l'amour a composée s'effiloche et se déchire par lambeaux. Pour qu'un tel amour durât, il faudrait que la vie ne fût commune qu'aux instants de l'amour, et pour l'amour.

> Léon BLUM, *Du mariage*, in *L'Œuvre de Léon Blum*, Albin Michel, 1962.

« Infiniment plus que tout » : c'est le nom enfantin de l'amour, son petit nom, son nom secret.

Christian BOBIN, *Autoportrait au radiateur*, Gallimard, 1997.

Personne ne saura jamais combien de romans, de poèmes, d'analyses, de confessions, de douleurs et de joies ont été entassés sur ce continent de l'amour sans qu'il ait jamais été totalement exploré.

Heinrich BÖLL, *Essai sur la raison de la poésie*, 1972, Inter Nationes, 1985.

L'amour est un fleuve où les eaux de deux rivières se mêlent sans se confondre.

Jacques de BOURBON BUSSET, *Tu ne mourras pas*, Gallimard, 1978.

L'amour, lui, c'est une possession instantanée, mais pleine, mais surabondante, de tout ce qui nous dépasse. C'est notre minute d'éternité.

Paul BOURGET, *Le Sens de la mort*, Plon / Nourrat et Cie, 1915.

L'Amour, la Poésie, c'est par ce seul ressort que la pensée humaine parviendra à reprendre le large.

André BRETON, *Arcane 17*, 1947, Pauvert, 1971.

Il n'en reste pas moins que l'amour de l'homme pour la femme, par-delà les immémoriales et séniles pleurnicheries auxquelles il a littérairement donné lieu, si nous nous attachons une seconde à l'observation du monde sensible, persiste à encombrer le ciel de fleurs géantes et de fauves.

André BRETON, *Point du jour*, Gallimard, 1934.

Après, on apprend l'autre. On l'épelle, on le déchiffre. C'est là sans doute le moment les plus merveilleux de l'amour. L'autre devient un continent, un peuple, une langue. On se penche sur ses conjugaisons, ses rites, ses zones interdites, ses fantômes, ses aubes et ses soirs, ses raccourcis et ses détours. On piaffe, on revient en arrière, on s'applique, on s'émerveille. Et quand on commence de se sentir chez soi, alors seulement on découvre le bonheur.

Ève de CASTRO, *Le Soir et le matin suivant*, Albin Michel, 1998.

L'amour, c'est l'infini mis à la portée des caniches.

Louis-Ferdinand CÉLINE, *Voyage au bout de la nuit*, Gallimard, 1932.

30

L'amour va du plus grand au plus petit. Dans le monstrueux mouvement d'universelle imperfection qui s'accomplit autour de l'être aimé il nous arrive de faire, pour le plus grand mal, l'abandon généreux de notre identité dans les contrées les moins estimées de la nature.

René CHAR, *Recherche de la base et du sommet*, Gallimard, 1955.

L'amour, c'est beaucoup plus que l'amour.

Jacques CHARDONNE, *Claire*, Grasset, 1984.

— L'amour se suffit à lui-même !
— Et moi, je pense que rien ne suffit à l'amour !

Paul CLAUDEL, *Le Soulier de satin*, Gallimard, 1929.

Et cela s'appelait l'Amour, quelque chose de plus vieux que les hommes et que le désert même, et qui pourtant resurgissait toujours avec la même force, partout où deux regards venaient à se croiser comme se croisèrent alors ces deux regards près d'un puits.

Paulo COELHO, *L'Alchimiste*, Anne Carrière, 1994.

L'amour, il vous saisit, quand on se croit libre, quand on se sent affreusement seul et libre ? Attendez ! ... L'amour, on me l'a dit, peut venir à tout âge ? Il peut venir — dites-le moi, vous qui aimez ! — à des infirmes, à des maudits, à... à moi-même ? Qu'un dieu vous entende !

COLETTE, *L'Ingénue libertine*, 1909, Albin Michel, 1985.

Un amour débordant, c'est un torrent qui sort de son lit pour entrer dans un autre.

Pierre DAC, *Les Pensées*, Cherche Midi, 1972.

Moi, les gestes de l'amour me mènent à l'enfance.

Philippe DELERM, in *3000 mots d'amour*, Éditions de la Seine, 1996.

L'amour nous plaît, son bruit de chaînes et ses fruits de saison. Et tant mieux. Rien n'est plus désolant que de détester l'amour.

Marie DESPLECHIN, *Sans moi*, L'Olivier/Le Seuil, 1998.

— Je respire, je suis vivante ! Ça doit être comme ça qu'on est heureux.

— Que tu me le dises comme ça... à moi... ben... c'est marrant, ça me fait plaisir... T'as de beaux yeux, tu sais !
— Embrassez-moi... Embrasse-moi encore.

Dialogues (signés Jacques Prévert) du film *Quai des brumes* de Marcel Carné, 1938.

Pour réformer le monde, il ne suffit pas de tuer le capital, il faut tuer l'amour.

Roland DORGELÈS, *Le Château des brouillards*, Albin Michel, 1932.

En amour, le bonheur qu'on prend, on le prend toujours à quelqu'un.

Maurice DRUON, *Remarques*, Julliard, 1952.

L'amour est le seul rêve qui ne se rêve pas.

Paul FORT, *Sur les jolis ponts de Paris*, in *Ballades françaises*, Flammarion, 1983.

L'amour comme un vertige, comme un sacrifice, et comme le dernier mot de tout.

ALAIN-FOURNIER, *Correspondance avec Jacques Rivière 1905-1914*, Gallimard, 1926.

Le plus grand bonheur après que d'aimer, c'est de confesser son amour.

André GIDE, *Les Faux-Monnayeurs*, Gallimard, 1925.

J'appelle amour ce qui n'a pas d'autre nom.

Jean GIRAUDOUX, *Pour Lucrèce*, Grasset, 1953.

L'homme commence par aimer l'amour et finit par aimer une femme. La femme commence par aimer un homme et finit par aimer l'amour.

Rémy de GOURMONT, *Physique de l'amour*, Mercure de France, 1903.

Les hommes sont incapables d'éprouver de l'amour, c'est un sentiment qui leur est totalement étranger. Ce qu'ils connaissent c'est le désir, le désir sexuel à l'état brut et la compétition entre mâles...

Michel HOUELLEBECQ, *Les Particules élémentaires*, Flammarion, 1998.

Si Dieu a fait un monde d'amour,
vous êtes faits pour le retrouver.

Patrice de LA TOUR DU PIN, *Une Somme de poésie*, Gallimard, 1983.

32

L'amour ! Alors on aime un appareil respiratoire, un tube digestif, des intestins, des organes d'évacuation, un nez qu'on mouche, une bouche qui mange, une odeur corporelle ? Si on pensait à cela, comme on serait moins fou !

Paul LÉAUTAUD, *Passe-temps*, Mercure de France, 1929.

L'amour est l'acte par lequel une pensée se fait libre en pensant une liberté.

Gabriel MARCEL, *Journal métaphysique*, Gallimard, 1927.

Tu ne sens donc pas que l'amour, le vrai, porte en lui une si rayonnante lumière qu'il efface toute ombre !

Victor MARGUERITE, *La Garçonne*, Flammarion, 1978.

Rien n'est plus doux que l'amour, rien n'est plus fort, rien n'est plus haut, rien n'est plus large, rien de plus aimable, rien de plus plein, rien de meilleur au ciel et sur la terre [...]. Celui qui aime vole, court et se réjouit ; il est libre et rien ne le retient.

Henri MATISSE, *« Jazz » et les papiers découpés*, Hermann, 1972.

Il faudrait que la vie avec la créature que nous aimons fût une longue sieste au soleil, une quiétude animale : cette certitude qu'un être est là, à portée de notre main, accordé, soumis, comblé ; et que pas plus que nous-mêmes il ne saurait désirer être ailleurs.

François MAURIAC, *La Fin de la nuit*, Grasset, 1935.

Je connais bien l'amour ; c'est un sentiment pour lequel je n'ai pas d'estime. D'ailleurs il n'existe pas dans la nature ; il est une invention des femmes. Ma tête serait mise à prix, que je me sentirais plus en sécurité dans le maquis, comme une bête traquée, que réfugié chez une femme qui m'aime d'amour.

Henry de MONTHERLANT, *Les Jeunes filles*, Gallimard, 1936.

L'amour est aussi une affection de la peau.

Paul MORAND, *Fermé la nuit*, Gallimard, 1923.

Alors, qu'est-ce que l'amour ?
C'est le comble de l'union de la folie et de la sagesse.

Edgar MORIN, *Amour, poésie, sagesse*, Le Seuil, 1997.

Le seul transformateur, le seul alchimiste qui change tout en or, c'est l'amour. Le seul antidote contre la mort, l'âge, la vie ordinaire, c'est l'amour.

Anaïs NIN, *Journal 1944-1947*, Stock, 1972.

L'Amour : une source qui a soif.

Marie NOËL, *Notes intimes*, Stock, 1959.

L'amour n'a aucun sens, et c'est pour cette raison qu'il est sacré.

Amélie NOTHOMB, *Hygiène de l'assassin*, Albin Michel, 1992.

Rien n'est plus proche de l'absolu qu'un amour en train de naître. Le stupéfiant, le merveilleux, c'est que cet absolu naît du hasard.

Jean d'ORMESSON, *Dieu, sa vie, son œuvre*, Gallimard, 1980.

L'amour rend aveugle, l'amour *doit* rendre aveugle ! Il a sa lumière propre. Éblouissante.

Daniel PENNAC, *Aux fruits de la passion*, Gallimard, 1999.

L'amour, c'est comme si jamais on n'avait respiré.

Georges PERROS, *Papiers collés*, Gallimard, 1960.

Le ciel bleu sur nous peut s'effondrer
Et la terre peut bien s'écrouler
Peu m'importe si tu m'aimes
Je me fous du monde entier.

Édith PIAF, *L'Hymne à l'amour*, Éditions Raoul Breton.

L'amour sort du futur avec un bruit de torrent, et il se jette dans le passé pour se laver de toutes les souillures de l'existence.

André PIEYRE de MANDIARGUES, *Mascarets, Le Marronnier*, Gallimard, 1971.

L'amour, c'est l'espace et le temps rendus sensibles au cœur.

Marcel PROUST, *La Prisonnière*, Gallimard, 1923.

Il n'est de grand amour qu'à l'ombre d'un grand rêve.

Edmond ROSTAND, *Chanteclerc*, Fasquelle, 1910.

Avoir besoin qu'on ait sans cesse besoin de nous, c'est presque tout l'amour.

Jean ROSTAND, *Inquiétudes d'un biologiste*, Stock, 1967.

En amour, réfléchir c'est aller à sa perte. Donc, ne pas réfléchir. De toute façon, la défaite est au bout.

Jules ROY, *Amours barbares*, Albin Michel, 1993.

La vie ouvre l'amour et l'amour est la fable
qu'on récite aux enfants ne sachant pas prier.

Robert SABATIER, *Dédicace d'un navire*, Albin Michel, 1959.

Je ne dirai pas les raisons que tu as de m'aimer. Car tu n'en as point. La raison d'aimer, c'est l'amour.

Antoine de SAINT-EXUPÉRY, *Citadelle*, Gallimard, 1948.

L'amour est aveugle ? Quelle plaisanterie ! Dans un domaine où tout est regard !

Philippe SOLLERS, *Le Défi*, Le Seuil, 1957.

L'amour n'est pas accompli le jour où il naît. L'amour est un arbre qui pousse avec lenteur, une chose vivante, et la vie ne connaît point l'immobilité.

HAN SUYIN, *Multiple splendeur*, Delamain et Boutelleau, 1953.

L'Amour est la plus universelle, la plus formidable et la plus mystérieuse des énergies cosmiques.

Pierre TEILHARD de CHARDIN, *L'Énergie humaine*, Le Seuil, 1962.

Tout est magie dans les rapports entre homme et femme.

Paul VALÉRY, *Mauvaises pensées et autres*, Gallimard, 1942.

Amour (Faire l')

L'expression « faire l'amour » prête à toutes les erreurs. Nos aïeux disaient naïvement « faire la joie », et ce n'était pas moins absurde. L'amour est un don, la volupté une servitude, et, entre cette servitude et la joie, il n'y a certes aucune commune mesure.

Georges DUHAMEL, *Biographie de mes fantômes*, Hartmann, 1944.

L'amour est un acte sans importance, puisqu'on peut le faire indéfiniment.

Alfred JARRY, *Le Surmâle*, Fasquelle, 1902.

Amour-propre

L'amour-propre est un curieux animal qui peut dormir sous les coups les plus cruels, mais s'éveille, blessé à mort, pour une simple égratignure.

Alberto MORAVIA, *La Belle Romaine*, Charlot, 1949.

Rien de plus sale que l'amour-propre.

Marguerite YOURCENAR, *Feux*, Gallimard, 1974.

Amour vache

L'amour n'est l'amour que s'il est violent. D'où le caractère déplaisant d'un certain pelotage chrétien.

Konrad LORENZ, *L'Agression*, Flammarion, 1977.

Tant qu'on y va au couteau, c'est qu'il reste de l'amour.

Norman MAILER, in *The New York Times*, juin 1978.

Il choisissait ses femmes comme des cinémas
Il aimait les films de boxe...

Pierre SEGHERS, in *La Poésie du vingtième siècle*, t. 3, Albin Michel, 1988.

Entre amants, il n'y a que les coups et les caresses.

André SUARÈS, *Voici l'homme*, Albin Michel, 1948.

Amoureux

En français, on dit « tomber » amoureux, non ? Bon, quand on tombe, on ne fait pas exprès...

Romain GARY, *Au-delà de cette limite votre ticket n'est plus valable*, Gallimard, 1975.

Anarchie

Prends garde aux conservateurs des vieilles anarchies.

Jean COCTEAU, *Essai de critique indirecte*, Grasset, 1932.

Je n'ai pas assez de foi dans la nature humaine pour être anarchiste.

John DOS PASSOS, *L'Initiation d'un homme*, 1917, Rieder, 1925.

Être progressiste consiste à lancer des pavés.
Être anarchiste consiste à les envoyer le plus loin possible.

Libellé d'une affiche de mai 68.

— Et le Christ ?
— C'est un anarchiste qui a réussi. C'est le seul.

André MALRAUX, *L'Espoir*, Gallimard, 1937.

Ange

Les petites choses n'ont l'air de rien, mais elles donnent la paix...
Dans chaque petite chose, il y a un ange.

Georges BERNANOS, *Œuvres romanesques*, Gallimard, 1961

Nous ne sommes pas des anges
Les anges du paradis
Trouveraient ce monde bien étrange
S'ils descendaient jusqu'ici [...]
Laissez-les au ciel là-haut les anges
La terre n'est pas l'paradis

Serge GAINSBOURG, *Nous ne sommes pas des anges*, in *Dernières nouvelles des étoiles*, Plon, 1994.

Qui a rejeté son démon nous importune avec ses anges.

Henri MICHAUX, *Tranches de savoir*, Cercle des Arts, 1950.

Ange gardien

Nous abritons un ange que nous choquons sans cesse. Nous devons être les gardiens de cet ange.

Jean COCTEAU, *Le Coq et l'Arlequin*, Stock, 1916.

Chaque pays a son ange gardien. C'est lui qui préside au climat, au paysage, au tempérament des habitants, à leur santé, à leur beauté, à leurs bonnes mœurs, à leur bonne administration. C'est l'ange géographique.

Valery LARBAUD, *Jaune, bleu, blanc*, Gallimard, 1928.

Angoisse

L'angoisse [...] c'est une sorte de ventouse posée sur l'âme, dont l'âcreté court comme un vitriol jusqu'aux bornes dernières du sensible.

Antonin ARTAUD, *L'Art et la Mort*, in *Œuvres complètes*, t. 1, Gallimard, 1976.

L'angoisse est la disposition fondamentale qui nous place face au néant.

Martin HEIDEGGER, *De l'essence de la vérité*, Vrin, 1948.

L'angoisse est ce qui ne trompe pas.

Jacques LACAN, *Le Séminaire*, Le Seuil, 1975.

Le rôle naturel de l'homme du vingtième siècle est l'angoisse.

Norman MAILER, *Les Nus et les morts*, 1948, Livre de poche, 1962.

L'angoisse ne vaut rien comme catégorie philosophique. Elle n'est pas la matière dont on fait la philosophie, non plus que celle dont on fait les scaphandres.

Jacques MARITAIN, *Court traité de l'existence et de l'existant*, Flammarion, 1964.

Quand les autos penseront, les Rolls-Royce seront plus angoissées que les taxis.

Henri MICHAUX, *Passages*, Gallimard, 1950.

Animaux

Si les animaux se mettaient à parler, on s'apercevrait qu'ils sont nus.

Pierre GASCAR, *L'Arche*, Gallimard, 1971.

Chaque animal n'est qu'un paquet de joie.

André GIDE, *Les Nouvelles nourritures*, Gallimard, 1935.

Prêter aux bêtes des lueurs d'humanité, c'est les dégrader.

Rémy de GOURMONT, *Promenades littéraires*, 1904-1928, Mercure de France, 1963.

Celui qui connaît vraiment les animaux est par là même capable de comprendre pleinement le caractère unique de l'homme.

Konrad LORENZ, *L'Agression*, Flammarion, 1977.

Tous les animaux sont égaux, mais certains sont plus égaux que d'autres.

George ORWELL, *La Ferme des animaux*, Pather, 1947.

Il ne faut pas oublier que le plus grand homme n'est jamais qu'un animal déguisé en dieu.

Francis PICABIA, *Écrits complets*, Belfond, 1975.

Je sais maintenant pourquoi les oiseaux mazoutés nous serrent le cœur. Ils portent les couleurs des choses qui, dans nos gosiers, ne se trouvent pas de mot. Souvent, les animaux figurent ainsi ce qui, soleil ou mort, félicité ou effroi, ne se peut regarder en face.

Bertrand POIROT-DELPECH, *Diagonales*, Gallimard, 1995.

Combien la musique des musiciens est pauvre auprès de cet océan de musique, où grondent des milliers d'êtres : c'est la faune sauvage, le libre monde des sons, auprès du monde domestiqué, catalogué, froidement étiqueté par l'intelligence humaine.

Romain ROLLAND, *Jean-Christophe*, Albin Michel, 1949.

Il y a cette immense liberté de l'animal, enfermé certes dans les limites de son espèce, mais vivant sans plus sa réalité d'être, sans tout le faux que nous ajoutons à la sensation d'exister.

Marguerite YOURCENAR, *Les Yeux ouverts*, Entretiens avec Matthieu Galey, Le Centurion, 1980.

Anxiété

L'anxiété pousse comme un champignon douteux sur l'arbre de notre civilisation gavée...

Louis LEPRINCE-RINGUET, Discours de réception à l'Académie française, 20 octobre 1966.

Apéritif

L'apéritif, c'est la prière du soir des Français.

Paul MORAND, *Ouvert la nuit*, Gallimard, 1922.

Apprendre

C'est toujours comme ça. On meurt. On ne comprend rien. On n'a jamais le temps d'apprendre. On vous pousse dans le jeu. On vous apprend les règles et, à la première faute, on vous tue.

Ernest HEMINGWAY, *L'Adieu aux armes*, 1929, Gallimard, 1959.

Apprivoiser

On ne connaît que les choses que l'on apprivoise, dit le renard. Les hommes n'ont plus le temps de rien connaître. Ils achètent des choses toutes faites chez les marchands. Mais comme il n'existe point de marchands d'amis, les hommes n'ont plus d'amis. Si tu veux un ami, apprivoise-moi !

Antoine de SAINT-EXUPÉRY, *Le Petit Prince*, Gallimard, 1943.

Arbre

L'arbre ne pleure pas parce que le ciel est noir, il ne rit pas au printemps, comme Mozart, parce qu'il est plein de soleil.

Marc CHAGALL, cité par Louis Guilloux, in *Carnets 1944-1974*, Gallimard, 1982.

L'arbre mort fait encore une bonne charpente.

Paul CLAUDEL, *L'Otage*, Gallimard, 1911.

On croit toujours que les arbres étaient là avant l'homme. Moi, Kenneth Twann, Manuel dit Manu, jardinier de terre, je sais qu'ils sont là à cause de nous, parce qu'ils meurent de notre absence ou de notre omniprésence.

Gilles CLÉMENT, *La Dernière pierre*, Albin Michel, 1999.

Si un arbre devait écrire sa biographie, l'histoire de cet arbre ressemblerait à l'histoire d'une race.

Khalil GIBRAN, *Le Sable et l'écume*, 1926, Albin Michel, 1990.

L'arbre se sauve en laissant tomber ses feuilles.

Pierre-Jean JOUVE, *Les Noces*, Mercure de France, 1928.

Fruits et racines ont même commune mesure qui est l'arbre.

Antoine de SAINT-EXUPÉRY, *Citadelle*, Gallimard, 1948.

Architecture

L'architecture doit être charnelle, substantielle autant que spirituelle et spéculative. L'architecture, c'est une tournure d'esprit et non un métier.

LE CORBUSIER, Lettre adressée au groupe des architectes de Johannesbourg, 23 septembre 1936.

Il suffit d'une araignée pour faire respirer le béton.

Pierre GASCAR, *L'Homme et l'Animal*, Albin Michel, 1974.

L'architecture est le seul livre d'histoire sans mensonge.

Robert SABATIER, *Le Livre de la déraison souriante*, Albin Michel, 1991.

Argent

Ma grande objection à l'argent, c'est que l'argent est bête.

ALAIN, *Propos d'économique*, Gallimard, 1935.

Dans l'économie capitaliste, l'argent est roi : l'homme ne reprendra contact direct et authentique avec l'homme qu'en supprimant la médiation aliénante de l'argent.

Raymond ARON, *Essai sur les libertés*, Calmann-Lévy, 1965.

Il ne comprend rien au passé, rien au présent, rien à l'avenir, enfin [...] rien à rien ; mais il comprendrait l'incompréhensible dès qu'il s'agit d'argent !

Michel AUDIARD, Dialogues du film *Les Tontons flingueurs*, 1963.

L'argent ne se souvient de rien. Il faut le prendre quand on peut, et le jeter par les fenêtres. Ce qui est salissant, c'est de le garder dans ses poches, il finit toujours par sentir mauvais.

Marcel AYMÉ, *Le Vaurien*, Gallimard, 1931.

En France, les peines d'argent durent plus longtemps que les peines de cœur et se transmettent de génération en génération.

Marcel AYMÉ, *Silhouette du scandale*, Grasset, 1973.

Si l'argent n'a pas d'odeur, l'absence d'argent n'en manque jamais.

Hervé BAZIN, *La Mort du petit cheval*, Grasset, 1950.

L'argent ne fait pas le bonheur ? Qui le fait donc, je vous le demande ? Qui me donnerait cette démarche assurée, cette confiance, cette joie ?

Pierre BENOÎT, *Kœnigsmark*, Albin Michel, 1918.

Le sang du pauvre, c'est l'argent. On en vit et on en meurt depuis des siècles. Il résume expressivement toute souffrance.

Léon BLOY, *Le Sang du pauvre*, Stock, 1909.

L'argent, c'est comme les femmes : pour le garder, il faut s'en occuper un peu ou alors... il va faire le bonheur de quelqu'un d'autre.

Édouard BOURDET, *Les Temps difficiles*, Stock, 1931.

Toute vie dirigée vers l'argent est une mort. La renaissance est dans le désintéressement.

Albert CAMUS, *Carnets II*, 1942-1951, Gallimard, 1964.

Faire une révolution, c'est partir en guerre contre l'argent des autres.

Malcolm de CHAZAL, *Penser par étapes*, 1950.

On fait tout avec de l'argent, excepté des hommes.

Auguste DETŒUF, *Propos de O.-L. Barenton confiseur*, éditions du Tambourinaire, 1948.

Seuls la puissance et l'argent sont enviables, puisque seul cela permet une vie fastueuse. Il faut donc tout faire pour y atteindre, la vie ne valant rien sans la puissance et sans l'argent, et gagner de l'argent étant à la portée de tout homme qui en a pris la résolution...

Gaston GALLIMARD, cité par Louis Guilloux, in *Carnets 1944-1974*, Gallimard, 1982.

La meilleure façon de se défendre contre l'argent, c'est d'en avoir.

Romain Gary, *Au-delà de cette limite votre ticket n'est plus valable*, Gallimard, 1975.

Ne soyez pas trop sévères avec votre argent, les gars. Donnez-lui sa chance... Dépensez-le donc.

Chester Himes, *Black on Black*, Gallimard, 1979.

L'argent est semblable à un sixième sens sans lequel vous ne pouvez pas faire un usage complet des cinq autres.

Somerset Maugham, *Servitude humaine*, 1915, Éditions de Paris, 1949.

Voilà de l'argent qui n'est guère propre, si tant est qu'il y en ait qui le soit... Pour moi, c'est bien simple, je n'ai vu que du sale argent et que de mauvais riches.

Octave Mirbeau, *Le Journal d'une femme de chambre*, Fasquelle, 1900.

— Vous aimez l'argent, vous ?
— Oui. C'est ravissant. Je n'y ai jamais trouvé d'utilité mais j'aime beaucoup le regarder. Une pièce de 5 francs, c'est joli comme une pâquerette.

Amélie Nothomb, *Hygiène de l'assassin*, Albin Michel, 1992.

Ce produit mellifluent, sapide et polygène s'évapore avec la plus grande facilité cependant qu'il ne s'acquiert qu'à la sueur de son front du moins chez les exploités de ce monde dont je suis.

Raymond Queneau, *Zazie dans le métro*, Gallimard, 1959.

L'argent n'a pas d'idées.

Jean-Paul Sartre, *Nekrassov*, Gallimard, 1956.

Personne ne se serait souvenu du Bon Samaritain s'il n'avait eu que de bonnes intentions. Il avait aussi de l'argent.

Margaret Thatcher, in *The Times*, 14 mai 1987.

Argot

Le langage le plus beau, le plus vivant, le plus savoureux, le plus libre et, en même temps, le plus juste dans un absolu mental est l'argot français. Combien serait valable un ouvrage écrit dans cette langue, si un livre était mobile comme les mots qui le composent !

Louis SCUTENAIRE, *Mes Inscriptions*, Gallimard, 1945.

Armes

Pour moi, chaque fois qu'il m'arrive de me trouver en face d'un porteur d'armes, je suis un peu surpris qu'il ne me passe pas à travers le ventre le sabre que la République lui a confié, tant l'étude de l'histoire et l'observation du monde me persuadent que ce geste est naturel à l'homme.

Anatole FRANCE, in *Le Figaro*, 11 avril 1900.

Art

L'art n'est qu'une forme de l'amour : cela paraît évident dans la danse, d'où découlent les arts plastiques, et dans le chant, d'où découlent la musique et les arts littéraires. Je n'ai jamais peint que pour séduire.

Louis ARAGON, *Anicet ou le Panorama*, Gallimard, 1921.

Ce que l'art est tout d'abord, et ce qu'il demeure avant tout, est un jeu.

Georges BATAILLE, *Lascaux ou la naissance de l'art*, Skira, 1955.

C'est dans l'Art que l'homme se dépasse définitivement lui-même.

Simone de BEAUVOIR, *Privilèges*, Gallimard, 1955.

L'art vise à imprimer en nous des sentiments plutôt qu'à les exprimer.

Henri BERGSON, *Essai sur les données immédiates de la conscience*, édition de 1900, PUF, 1997.

Ce n'est pas l'art qui mène à Dieu, ou seulement nous sollicite pour lui. C'est nous qui domptons la haute bête mystérieuse, et le seul génie lui fait plier les reins.

Georges BERNANOS, note du 2 mai 1925, in *Bernanos*, Le Seuil, 1954.

Parfois dans le soir, il est un visage
Qui nous regarde du fond d'un miroir,

44

Et l'art doit être comme ce miroir
Qui nous livre notre propre visage.

> Jorge Luis BORGES, *Art poétique*, in *Borges*, Seghers, 1971.

Il n'est en art qu'une chose qui vaille : celle qu'on ne peut expliquer.

> Georges BRAQUE, *Le Jour et la nuit*, Gallimard, 1952.

Le principe de l'art : retrouver plus que ce qui s'est perdu.

> Elias CANETTI, *Le Territoire de l'homme*, Albin Michel, 1978.

L'art et la vérité peuvent partager le même lit sans que ça les empêche d'être incompatibles.

> Truman CAPOTE, *Les Chiens aboient*, Gallimard, 1977.

L'art s'adresse à des facultés de l'esprit particulièrement périlleuses.

> Paul CLAUDEL, *Mémoires improvisés*, Entretiens avec Jean Amrouche, Gallimard, 1954.

L'art consacre le meurtre d'une habitude. L'artiste se charge de lui tordre le cou.

> Jean COCTEAU, *Journal d'un inconnu*, Grasset, 1953.

L'art n'existe que s'il prolonge un cri, un rire ou une plainte.

> Jean COCTEAU, *La Difficulté d'être*, Le Rocher, 1947.

L'art est le plus beau des mensonges.

> Claude DEBUSSY, *Monsieur Croche antidilettante*, Gallimard, 1921.

L'art, en donnant du prix aux sensations, offre aux hommes leur seule chance de réaliser la vie.

> Pierre DRIEU LA ROCHELLE, *Plainte contre inconnu*, Gallimard, 1924.

L'art n'est nullement nécessaire. Tout ce qu'il faut pour rendre ce monde plus habitable, c'est l'amour.

> Isadora DUNCAN, *Mémoires*, in *This Quarter*, 1929.

En art comme ailleurs, il faut vivre au-dessus de ses moyens.

> Jean DUTOURD, *Le Fond et la forme*, Gallimard, 1958-1965.

L'art est à la vie ce que le sperme est au sang.

Léon-Paul FARGUE, *Sous la lampe*, Gallimard, 1929.

L'art est un pas effectué à partir du connu visible vers l'inconnu secret, de la nature vers l'infini.

Khalil GIBRAN, *L'Œil du prophète*, Albin Michel, 1991.

L'art commence à la résistance ; à la résistance vaincue. Aucun chef-d'œuvre humain, qui ne soit laborieusement obtenu.

André GIDE, *Poétique*, Ides et Calendes, 1947.

L'art suscite une communication sauvage de peau à peau, de plaie à plaie, qui dans la plèbe ne cesse jamais.

André GLUCKSMANN, *La Cuisinière et le mangeur d'homme*, Le Seuil, 1975.

L'art le plus muet est celui qui suscite le dialogue le plus pressant.

Jean GRENIER, *Nouveau Lexique*, Fata Morgana, 1969.

J'ouvrirai une école de vie intérieure, et j'écrirai sur la porte : école d'art.

Max JACOB, *Conseils à un jeune poète*, Gallimard, 1945.

La bourgeoisie a transformé l'art en culture.

Pascal JARDIN, *La Bête à bon Dieu*, Flammarion, 1980.

L'art est justifié dans la mesure où il ajoute à la vie juste ce qui lui manque pour être plus vraie qu'elle-même.

Marcel JOUHANDEAU, *Essai sur moi-même*, Gallimard, 1947.

L'art est une puissance dont le but doit être de développer et d'affiner l'âme humaine... C'est le seul langage qui parle à l'âme et le seul qu'elle puisse entendre.

Wassily KANDINSKY, *Du spirituel dans l'art et dans la peinture en particulier*, Denoël, 1969.

L'art est sans doute la seule forme de progrès qui utilise aussi bien les voies de la vérité que celles du mensonge.

J.-M.G. LE CLÉZIO, *L'Extase matérielle*, Gallimard, 1967.

L'art est un anti-destin.

André MALRAUX, *Les Voix du silence*, Gallimard, 1951.

La force suprême de l'art et de l'amour est de nous contraindre à vouloir épuiser en eux l'inépuisable.

André MALRAUX, *Les Voix du silence*, Gallimard, 1951.

L'art n'est pas une tentative de l'artiste pour concilier l'existence avec la vision qu'il en a, c'est un essai de créer un monde à lui, *dans* ce monde-ci.

Katherine MANSFIELD, *Cahier de notes*, Stock, 1944.

L'art révolutionnaire est le résultat obtenu par le travail intellectuel de l'artiste révolutionnaire en vue de refléter la vie du peuple.

MAO TSÉ-TOUNG, *Artistes et écrivains dans la Chine nouvelle*, Seghers, 1949.

Dans le monde d'aujourd'hui, toute culture, toute littérature et tout art appartiennent à une classe déterminée et relèvent d'une ligne politique définie. Il n'existe pas, dans la réalité, d'art pour l'art, d'art au-dessus des classes, ni d'art qui se développe en dehors de la politique ou indépendamment d'elle. La littérature et l'art prolétariens font partie de l'ensemble de la cause révolutionnaire du prolétariat ; ils sont, comme disait Lénine, « une petite roue et une petite vis » du mécanisme général de la révolution.

MAO TSÉ-TOUNG, mai 1942, in *Citations du président Mao Tsé-Toung*, Le Seuil, 1967.

L'art est un effort pour créer, à côté du monde réel, un monde plus humain.

François MAURIAC, *Ce que je crois*, Grasset, 1962.

Beauté plus pitié, c'est le plus près que nous puissions approcher une définition de l'art.

Vladimir NABOKOV, *Littératures*, t. 1, Fayard, 1983.

Le mystère de l'art, c'est que tout sonne juste quand tout est faux.

Yves NAVARRE, *Niagarak*, Grasset, 1976.

L'art est la communication aux autres de notre identité profonde avec eux.

Fernando PESSOA, *Le Livre de l'intranquilité*, 1982, Bourgois, 1988.

Il n'y a, en art, ni passé, ni futur. L'art qui n'est pas dans le présent ne sera jamais.

Pablo PICASSO, Conversations avec Marius de Zayas, in *The Art*, 25 mai 1923.

L'art est un mensonge qui nous permet d'approcher la vérité.

Pablo PICASSO, in *Propos d'artistes*, Bulletin de la vie artistique, juin 1923.

Par l'art seulement nous pouvons sortir de nous, savoir ce que voit un autre de cet univers qui n'est pas le même que le nôtre, et dont les paysages nous seraient restés aussi inconnus que ceux qu'il peut y avoir dans la lune. Grâce à l'art, au lieu de voir un seul monde, le nôtre, nous le voyons se multiplier...

Marcel PROUST, *Le Temps retrouvé*, Gallimard, 1927.

L'art est ce qu'il y a de plus réel, la plus austère école de la vie, et le vrai Jugement Dernier.

Marcel PROUST, *Le Temps retrouvé*, Gallimard, 1927.

Tout le secret de l'art est peut-être de savoir ordonner des émotions désordonnées, mais de les ordonner de telle façon qu'on en fasse sentir encore mieux le désordre.

Charles-Ferdinand RAMUZ, *Journal*, Grasset.

L'art, c'est la plus sublime mission de l'homme puisque c'est l'exercice de la pensée qui cherche à comprendre le monde et à le faire comprendre.

Auguste RODIN, *Correspondance*, t. 3, 1900-1907, Musée Rodin, 1985.

L'art doit supprimer la violence, et seul il peut le faire. Sa mission est de faire régner le royaume de Dieu, c'est-à-dire l'amour.

Romain ROLLAND, *Vie de Tolstoï*, 1911, Albin Michel, 1978.

Tant de liberté, en art, pour n'en faire que si peu de choses !

Jean ROSTAND, *Inquiétudes d'un biologiste*, Stock, 1967.

L'art même n'est, à mon sens, qu'inceste entre l'instinct et la volonté.

SAINT-JOHN PERSE, *Correspondance*, à Paul Claudel, 1ᵉʳ août 1949, Gallimard, 1972.

Plus l'art est contrôlé, limité, travaillé, et plus il est libre.

Igor STRAVINSKY, *Poétique musicale*, Plon.

L'art est le lieu de la liberté parfaite.

André SUARÈS, *Poète tragique*, Émile-Paul, 1921.

Art abstrait

L'art abstrait témoigne que l'homme n'a rien à dire, rien à exprimer ni à fixer, s'il se coupe du monde tel que le capte le regard d'un enfant.

François MAURIAC, *Ce que je crois*, Grasset, 1962.

Artisanat

L'artisanat n'est plus en faveur à notre époque de grosses entreprises. Mais il est représentatif de ce singulier que le pluriel menace de sa haute vague.

Jean COCTEAU, *Journal d'un inconnu*, Grasset, 1953.

Artiste

Avant tout, les artistes sont des hommes qui veulent devenir inhumains.

Guillaume APOLLINAIRE, *Les Peintres cubistes : méditations esthétiques*, 1913, Hermann, 1980.

La valeur de l'artiste, ce qui fait de lui la haute parure du monde, c'est qu'il *joue* les passions humaines au lieu de les vivre et trouve dans cette émotion de jeu la même source de désirs, de joies et de souffrances que le commun des hommes dans la poursuite des choses réelles.

Julien BENDA, *La Trahison des clercs*, Grasset, 1981.

Les passions de l'artiste sont pareilles aux fleurs, par leur parfum intense et leur courte durée.

Vicente BLASCO IBANEZ, *Dans les orangers*, Ménétrier, 1911.

La grandeur d'un artiste se mesure aux tentations qu'il a vaincues.

Albert CAMUS, in Préface à *La Maison du peuple* de Louis Guilloux, 1927, Grasset, 1983.

L'artiste doit se faire regretter de son vivant.

René CHAR, *Recherche de la base et du sommet*, Gallimard, 1955.

L'œuvre n'est pas le produit de l'artiste, l'artiste est l'instrument de l'œuvre.

Paul CLAUDEL, *Journal*, 1904-1955, Gallimard, 1968-1969.

Il faut être un homme vivant et un artiste posthume.

Jean COCTEAU, *Le Rappel à l'ordre*, Stock, 1926.

L'artiste doit aimer la vie et nous montrer qu'elle est belle. Sans lui, nous en douterions.

Anatole FRANCE, *Le Jardin d'Épicure*, Calmann-Lévy, 1925.

Les artistes, de nos jours comme hier, marchent plus souvent sur les bordures qu'au centre des allées. Ils restent ce qu'ils n'ont jamais cessé d'être et qui les rend si particuliers. Ils sont des personnes déplacées.

Dan FRANCK, *Bohèmes*, Préface, Calmann-Lévy, 1998.

Je ne sais pas si je suis un comédien, un filou, un idiot ou un garçon très scrupuleux. Je sais qu'il faut que j'essaye de copier un nez d'après nature.

Alberto GIACOMETTI, *Notes sur les copies*, in *L'Éphémère*, 1966.

C'est au moment où l'on triche pour le beau qu'on est artiste.

Max JACOB, *Conseils à un jeune poète*, Gallimard, 1945.

L'artiste est la main qui, à l'aide de telle ou telle touche, tire de l'âme humaine la vibration juste.

Wassily KANDINSKY, *Du spirituel dans l'art et dans la peinture en particulier*, Denoël, 1969.

L'artiste est celui qui nous montre du doigt une parcelle du monde.

J.-M.G. LE CLÉZIO, *L'Extase matérielle*, Gallimard, 1967.

Ce sont les artistes qui fixent la présence des
beautés de ce monde
et ainsi élèvent et consolent l'homme.
Les artistes immortalisent
ce qui doit aider l'homme,
en l'éloignant de ce qui l'accable.

Félix LECLERC, *Rêves à vendre*, Nouvelles Éditions de l'Arc, 1984.

L'artiste tient à la fois du savant et du bricoleur.

Claude LÉVI-STRAUSS, *La Pensée sauvage*, Plon, 1962.

L'artiste dans son travail échange de la matière contre de l'immortalité.

Thierry MAULNIER, *Le Dieu masqué*, Gallimard, 1985.

L'artiste est menteur, mais l'art est vérité !

François MAURIAC, *Bloc-notes*, Flammarion, 1957.

Il ne faut pas qu'un artiste s'intéresse trop à son époque, sous peine
de faire des œuvres qui n'intéressent que son époque.

Henry de MONTHERLANT, *Carnets*, 1930-1944, Gallimard, 1957.

J'étais anti-famille, j'étais anti-social, en un mot, artiste. L'activité
artistique ne peut être que contraire à la morale, à la raison, à la
famille.

Alberto MORAVIA, *Le Roi est nu*, Stock, 1979.

Il est monstrueux de dire que l'artiste ne sert pas l'humanité. Il a été
les yeux, les oreilles, la voix de l'humanité. Il a toujours été le transcen-
dantaliste qui passait aux rayons X nos véritables états d'âme.

Anaïs NIN, *Journal 1939-1944*, Stock, 1971.

L'artiste, c'est l'éternité qui pénètre d'en haut les jours.

Rainer Maria RILKE, *Correspondance*, in *Œuvres complètes*, Le Seuil, 1970-
1972.

L'artiste est un suspect ; n'importe qui peut le questionner, l'arrêter et
le traîner devant les juges ; toutes ses paroles, toutes ses œuvres peuvent être retenues contre lui.

Jean-Paul SARTRE, *Situations*, t. 4, Gallimard, 1964.

L'objet profond de l'artiste est de donner plus qu'il ne possède.

Paul VALÉRY, *Cahiers*, 1894-1914, Gallimard, 1987-1990.

Asphyxie

On n'est pas tous nés pour ouvrir les fenêtres
Mais beaucoup sont nés pour être asphyxiés...

Henri MICHAUX, *Qui je fus*, Gallimard, 1927.

Assassin

Que messieurs les assassins commencent est une des paroles les plus misérables qu'on ait pu prononcer. Le plus coupable n'est pas celui qui commence, mais celui qui continue.

Tristan BERNARD, *Secrets d'État*, Éditions du Monde illustré, 1908.

« Dieu ! » soupire à part soi la plaintive Chimène,
« Qu'il est joli garçon, l'assassin de Papa ! »

Georges FOUREST, *La Négresse blonde*, Corti, 1942.

Il est plus facile de se rendormir après un rêve où on est assassiné, qu'après un rêve où on est assassin : un bon point pour l'assassin !

Eugène IONESCO, *Journal intime*, in *La Nouvelle Revue Française*, octobre 1975.

Personne — vous comprenez — personne ne connaît mieux un individu que son assassin.

Amélie NOTHOMB, *Hygiène de l'assassin*, Albin Michel, 1992.

Un jour d'une mare de purin une bulle monta
et creva.
À l'odeur le père reconnut
Ce sera un fameux assassin.

Benjamin PÉRET, *Vie de l'assassin Foch*, in *Je ne mange pas de ce pain-là*, Corti, 1969.

Athée

Un véritable athée c'est un homme qui sent aussi atrocement la présence de Dieu que le « croyant » la sent à la fois délicieusement et atrocement.

Pierre DRIEU LA ROCHELLE, *Journal 1939-1945*, Gallimard, 1992.

À cette époque, je n'avais pas la foi. Ceux qui me l'ont donnée, ce sont quelques athées, plus tard, que j'ai connus.

Sacha GUITRY, *Souvenirs, Si j'ai bonne mémoire*, Plon, 1935.

Catholique par ma mère, musulman par mon père, un peu juif par mon fils... et athée grâce à Dieu.

Marcel MOULOUDJI, *Autoportrait*, Seghers, 1976.

Quand on ne croit pas en Dieu, il ne faut pas s'en servir pour dire qu'on n'y croit pas.

Georges PERROS, *Papiers collés*, Gallimard, 1960.

Entre deux hommes qui n'ont pas l'expérience de Dieu, celui qui le nie en est peut-être le plus près.

Simone WEIL, *La Pesanteur et la grâce*, Plon, 1947.

Atmosphère

— J'ai besoin de changer d'atmosphère, et moi, l'atmosphère, c'est toi.
— C'est la première fois qu'on me traite d'atmosphère. Si je suis une atmosphère, t'es un drôle de bled. Oh là ! là ! Atmosphère... Atmosphère... Est-ce que j'ai une gueule d'atmosphère ?

Henri JEANSON, Dialogues du film *Hôtel du Nord* de Marcel Carné, 1938.

Atrocités

Ce doit être réconfortant pour un soldat de savoir que des deux côtés, les atrocités sont les mêmes : personne n'est jamais seul.

Graham GREENE, *La Puissance et la gloire*, 1940, Laffont, 1948.

Attente

Nous pouvons vivre seuls, pourvu que ce soit dans l'attente de quelqu'un.

Gilbert CESBRON, *Journal sans date*, Laffont, 1963.

Le seul bonheur que j'ai connu en ce monde est l'attente... C'est un bonheur pour vierges. C'est un bonheur solitaire.

Jean GIRAUDOUX, *Électre*, Grasset, 1937.

Audace

Le tact dans l'audace, c'est de savoir *jusqu'où on peut aller trop loin*.

Jean COCTEAU, *Le Coq et l'Arlequin*, Stock, 1916.

L'audace réussit à ceux qui savent profiter des occasions.

Marcel PROUST, *Sodome et Gomorrhe*, Gallimard, 1921.

Aujourd'hui

Paix à ceux qui cherchent, paix à ceux qui sont seuls et tournent dans le vide... Car hier et demain n'existent pas : tout est aujourd'hui, tout est là, présent. Ce qui est passé se passe encore.

Octavio PAZ, *La Fille de Rappacini*, Mercure de France, 1972.

Puisque les lendemains sont toujours remis au lendemain, inventons un aujourd'hui qui chante.

Robert SABATIER, *Le Livre de la déraison souriante*, Albin Michel, 1991.

Aurore

Chaque fois que l'aube paraît le mystère est là tout entier.

René DAUMAL, *Chaque fois que l'aube paraît*, Gallimard, 1953.

Voir le jour se lever est plus utile que d'entendre la Symphonie pastorale.

Claude DEBUSSY, *Monsieur Croche et autres écrits*, Gallimard, 1971.

Si nous ne dormons pas c'est pour guetter l'aurore
Qui prouvera qu'enfin nous vivons au présent.

Robert DESNOS, *État de veille*, Gallimard, 1943.

— Comment cela s'appelle-t-il, quand le jour se lève, comme aujour-d'hui, et que tout est gâché, que tout est saccagé, et que l'air pourtant se respire, et qu'on a tout perdu, que la ville brûle, que les innocents s'entretuent, mais que les coupables agonisent, dans un coin du jour qui se lève ?
— Cela a un très beau nom, femme Narsès, cela s'appelle l'aurore.

Jean GIRAUDOUX, *Électre*, Grasset, 1937.

Auteur

L'Auteur n'enseigne pas ; il invente.

Eugène IONESCO, *Notes et contre-notes*, Gallimard, 1962.

J'ai toujours été d'accord avec Hemingway qui disait qu'un auteur était un monsieur qui devait savoir ne pas penser à ce qu'il fait au moment où il ne le fait pas.

Claude KLOTZ, Entretien avec André Rollin, in *Ils écrivent*, Mazarine, 1986.

Un auteur possède une demi-conscience de ce qu'il dissimule : il a des secrets, des ruses, des subterfuges qu'il s'avoue plus ou moins ; il pousse loin l'instinct du travestissement ; il est partout et nulle part dans son œuvre ; mais il ignore que, du dehors, tels traits qu'il croit insignifiants deviennent révélateurs.

François MAURIAC, *Dieu et Mammon*, Grasset, 1958.

Gardons-nous de suivre la pensée d'un auteur... D'ailleurs, qu'en sait-il de sa pensée ?

Henri MICHAUX, *Plume*, Postface, Gallimard, 1938.

Il faut regarder les livres par-dessus l'épaule de l'auteur.

Paul VALÉRY, *Rhumbs*, in *Tel Quel*, Gallimard, 1943.

Autobiographie

Si tu écris ta vie, chaque page devrait apporter quelque chose dont personne n'a jamais eu vent.

Elias CANETTI, *Le Cœur secret de l'horloge*, Albin Michel, 1989

Mon autobiographie avance rapidement. Je m'enfonce dans les confidences comme un malade s'enfonce dans la boue qui le guérira.

Julien GREEN, *La Bouteille à la mer*, Plon, 1976.

Je déteste ces autobiographies qui ne sont finalement que des recueils de potins de manucure. C'est assommant ce genre de livre !

Arthur KŒSTLER, in *L'Express*, février 1979.

L'autobiographie est ce qu'on a inventé de mieux pour échapper aux biographes.

Robert SABATIER, *Le Livre de la déraison souriante*, Albin Michel, 1991.

Trempez la plume dans un liquide noir avec des intentions manifestes — ce n'est que votre autobiographie que vous couvez sous le ventre du cervelet en fleur.

Tristan TZARA, *Sept manifestes dada*, Budry, 1924.

Automobile

Je crois que l'automobile est aujourd'hui l'équivalent assez exact des grandes cathédrales gothiques : je veux dire une grande création d'époque, conçue passionnément par des artistes inconnus, consommée dans son image, sinon dans son usage, par un peuple entier qui s'approprie en elle un objet parfaitement magique.

Roland BARTHES, *Mythologies*, Le Seuil, 1957.

Avec l'adolescence, l'homme entre dans un stade automobile qui ne s'achève qu'après la mort, dans le silence du cimetière lorsque s'arrête le corbillard devant la tombe et que cessent à jamais ces délicieux chatouillements, ces troubles diffus qu'offre tout voyage en voiture.

Érik ORSENNA, *L'Exposition coloniale*, Le Seuil, 1988.

La bagnole c'est l'homme. Dis-moi dans quoi tu te déplaces, je te dirai qui tu es.

Jules ROY, *Amours barbares*, Albin Michel, 1993.

Autres

Les autres, hélas ! C'est nous.

Georges BERNANOS, *Lettre de Palma*, 1945.

Vivre pour les autres n'est pas vivre à demi mais deux fois.

Gilbert CESBRON, *Journal sans date*, Laffont, 1963.

Ce désir, toujours sommeillant au cœur des hommes, qui leur fait souhaiter des bouleversements scandaleux, à condition que les autres soient seuls à en pâtir.

Gabriel CHEVALLIER, *Clochemerle*, Rieder, 1934.

De notre naissance à notre mort, nous sommes un cortège *d'autres* qui sont reliés par un fil ténu.

Jean COCTEAU, *Poésie critique*, Gallimard, 1959.

Seule une vie vécue pour les autres vaut la peine d'être vécue.

Albert EINSTEIN, in *Albert Einstein : a life for tomorrow*, Bookland, 1958.

Pas besoin de gril, l'enfer c'est les autres.

Jean-Paul SARTRE, *Huis clos*, Gallimard, 1949.

Autruche

N'importe quel imbécile peut fermer l'œil, mais qui sait ce que voit l'autruche dans le sable.

Samuel BECKETT, *Murphy*, 1938, Minuit, 1947.

Avancer

Ne dis pas : « C'est fini. On ne peut plus avancer. »
Dis plutôt : « Je ne vois qu'un moyen de savoir jusqu'où l'on peut aller : c'est de se mettre en route et de marcher. »

Henri BERGSON, *Écrits et paroles*, PUF, 1957.

Si une forêt surgit pour vous empêcher d'avancer, écartez les arbres. Les ronces vous suivront.

Eugène IONESCO, *Notes et contre-notes*, Gallimard, 1962.

Avant-garde

L'avant-garde n'a jamais été menacée que par une seule force, et qui n'est pas bourgeoise : la conscience politique.

Roland BARTHES, *Essais critiques*, Le Seuil, 1981.

L'humanité a besoin de sublime. Le sublime du sublime, c'est l'art. Le sublime de l'art, c'est l'avant-garde.

Roland TOPOR, *Mémoires d'un vieux con*, Le Seuil, 1988.

Avare

Il donne seulement le beurre à sentir au pain.

Pierre Jakez HÉLIAS, *Les Autres et les miens*, Plon, 1979.

Avenir

J'ai réinventé le passé pour voir la beauté de l'avenir.

Louis ARAGON, *Le Fou d'Elsa*, Gallimard, 1963.

Regarder un atome le change, regarder un homme le transforme, regarder l'avenir le bouleverse.

Gaston BERGER, *Phénoménologie du temps et prospective*, PUF, 1964.

L'avenir est quelque chose qui se surmonte. On ne subit pas l'avenir, on le fait.

Georges BERNANOS, *La Liberté pour quoi faire ?*, Gallimard, 1953.

Sauver ce qui peut encore être sauvé pour rendre l'avenir seulement possible, voilà le grand mobile, la passion et le sacrifice demandés.

Albert CAMUS, *Actuelles*, t. 1, Gallimard, 1950.

Quand je parle d'avenir,
ce n'est pas éventail d'utopies.
Je ne pense qu'à l'enfant qui me regarde en face.

> Gabriel CELAYA, *Les Enfants regardent en face*, in *La Poésie espagnole des origines à nos jours*, Seghers, 1963.

L'avenir n'appartient à personne. Il n'y a pas de précurseurs, il n'existe que des retardataires.

> Jean COCTEAU, *Le Potomak*, Stock, 1919.

Le passé est un œuf cassé, l'avenir est un œuf couvé.

> Paul ÉLUARD, *Les Sentiers et les routes de la poésie*, Gallimard, 1954.

L'avenir, c'est l'escalier qu'on monte au-dessus et il y a encore un étage, et toujours un étage, et ensuite vient le toit, on redescend l'escalier, étage, étage, jusqu'à la cave, et tu appelles ça l'avenir.

> Günther GRASS, *La Crue*, Le Seuil, 1973.

On parle beaucoup trop aux enfants du passé et pas assez de l'avenir — c'est-à-dire trop des autres et pas assez d'eux-mêmes.

> Sacha GUITRY, *Souvenirs, Si j'ai bonne mémoire*, Plon, 1935.

On ne veut être maître de l'avenir que pour pouvoir changer le passé.

> Milan KUNDERA, *Le Livre du rire et de l'oubli*, Gallimard, 1979.

Devant le passé, chapeau bas ; devant l'avenir, bas la veste.

> Henry Louis MENCKEN, *Dictionary of Quotations*, Knopf, 1946.

L'avenir a forcément raison. Le tort d'être morts nous guette tous.

> Bertrand POIROT-DELPECH, in *Le Monde*, 13 juillet 1994.

Nous appelons notre avenir l'ombre de lui-même que notre passé projette devant nous...

> Marcel PROUST, *À l'ombre des jeunes filles en fleurs*, Gallimard, 1918.

L'avenir est un paradis d'où, exactement comme de l'autre, personne n'est encore jamais revenu.

> Pierre REVERDY, *En vrac*, Le Rocher, 1956.

Jamais on n'a tant parlé de l'avenir que depuis qu'on ne sait même plus s'il y aura un avenir.

Jean Rostand, *Inquiétudes d'un biologiste*, Stock, 1967.

L'avenir, tu n'as pas à le prévoir, mais à le permettre.

Antoine de Saint-Exupéry, *Citadelle*, Gallimard, 1948.

L'avenir n'existe pas. L'avenir, c'est déjà le passé de nos enfants.

Armand Salacrou, *Boulevard Durand*, Gallimard, 1960.

Une vie, c'est fait avec de l'avenir, comme les corps sont fait avec du vide.

Jean-Paul Sartre, *L'Âge de raison*, Gallimard, 1945.

Nous entrons dans l'avenir à reculons.

Paul Valéry, *Variété*, 1924-1944, Gallimard, 1978.

L'avenir c'est ce qui dépasse, la main tendue.

Louis Aragon, *Le Fou d'Elsa*, Gallimard, 1963.

Aventure

L'aventure est la tendresse des défigurés.

Patrick Besson, *Nostalgie de la princesse*, Le Seuil, 1981.

Il est dans la nature du génie humain de chercher. La quête, la poursuite du possible, aller toujours plus loin. Et quand il semble [...] que l'on est allé *trop* loin, cela veut dire seulement qu'on n'est pas allé *assez* loin. L'aventure doit être menée jusqu'au bout.

Romain Gary, *Charge d'âme*, Gallimard, 1977.

« Qu'est-ce que vous allez chercher là-bas ? » J'attends d'être là-bas pour le savoir.

André Gide, *Voyage au Congo*, Gallimard, 1927.

Nous oublions souvent qu'au-delà de nos titres et de nos positions hiérarchiques, au-delà même de notre savoir et de notre pouvoir, nous sommes des hommes embarqués ensemble dans une même aventure et sur le même bateau.

Alexandre MINKOWSKI, *Un Juif pas très catholique*, Ramsay, 1980.

Les hautes aventures sont intérieures.

Henry de MONTHERLANT, *Le Maître de Santiago*, Gallimard, 1947.

Pour que l'événement le plus banal devienne une aventure, il faut et il suffit qu'on se mette à le raconter.

Jean-Paul SARTRE, *La Nausée*, Gallimard, 1938.

Toute aventure humaine, quelque singulière qu'elle paraisse, engage l'humanité entière.

Jean-Paul SARTRE, *Saint Genet, comédien et martyr*, Gallimard, 1952.

Aveugle

Un aveugle aimait les oiseaux — pas pour leur chant, pour leurs couleurs.

Louis SCUTENAIRE, *Mes inscriptions*, Gallimard, 1945.

Avion

L'avion est une machine sans doute, mais quel instrument d'analyse ! Cet instrument nous a fait découvrir le vrai visage de la terre.

Antoine de SAINT-EXUPÉRY, *Terre des hommes*, Gallimard, 1939.

Avoir

Ce n'est pas ce qu'on a eu qui compte, c'est ce qu'on n'a pas.

Paul LÉAUTAUD, *Journal littéraire*, Mercure de France, 1954-1964.

B

Baccalauréat

Si vous passez votre bachot ? Vous serez savante. Vous saurez que l'estomac ressemble à une vieille chaussette et pourquoi on a guillotiné Louis XVI. Vous saurez gagner des guerres. Le maréchal Joffre était bachelier.

Jean GIRAUDOUX, *L'Impromptu de Paris*, Grasset, 1937.

L'avantage des gens qui n'ont pas le baccalauréat, c'est qu'ils le préparent leur vie durant.

Günther GRASS, *Atelier des métamorphoses*, Belfond, 1979.

Bach

S'il y a quelqu'un qui doit tout à Bach, c'est bien Dieu.

Emil Michel CIORAN, *Syllogismes de l'amertume*, Gallimard, 1952.

Baiser

Un baiser apaise la faim, la soif. On y dort. On y habite. On y oublie.

Jacques AUDIBERTI, *La Poupée*, Gallimard, 1962.

Quarante berges sans un baiser. À quoi ça m'a servi d'avoir des lèvres ?

Patrick CAUVIN, *Pourquoi pas nous ?*, Lattès, 1978.

Les baisers sur le corps font pleurer. On dirait qu'ils consolent.

Marguerite DURAS, *L'Amant*, Minuit, 1984.

C'est la chaude loi des hommes / Du raisin, ils font du vin
Du charbon, ils font du feu / Des baisers, ils font des hommes.

Paul ÉLUARD, *Tout dire*, Raisons d'être, 1951.

Le sens du baiser est : vous êtes pour moi une nourriture.

Henry de MONTHERLANT, *Carnets*, Gallimard, 1957.

Avec les baisers profonds et les caresses de la langue, nous revenons à notre lointain passé, à la nourriture transmise de bouche à bouche.

Desmond MORRIS, *La Clé des gestes*, Grasset, 1978.

Il a tourné sept fois la langue dans ma bouche
avant de me parler d'amour.

Jacques PRÉVERT, *Fatras*, Gallimard, 1966.

Elle me donna un second baiser dans une frénésie de pétales de langue et de lèvres.

John UPDIKE, *Un mois de dimanches*, Gallimard, 1977.

Balcon

Au balcon d'un sixième : c'est là que j'aurais dû passer toute ma vie. Il faut étayer les supériorités morales par des symboles matériels, sans quoi elles retombent.

Jean-Paul SARTRE, *Le Mur*, Gallimard, 1939.

Banalité

L'artiste qui cherche l'extraordinaire à tout prix et d'une manière constante lasse vite, car rien n'est plus insupportable que la monotonie de l'insolite. Il n'y a pas d'art véritable sans un minimum, que dis-je ? sans une bonne dose de banalité.

Emil Michel CIORAN, *Cahiers 1957-1972*, Gallimard, 1997.

Barbarie

Ce que les hommes appellent civilisation, c'est l'état actuel des mœurs et ce qu'ils appellent barbarie, ce sont les états antérieurs.

Anatole FRANCE, *Sur la pierre blanche*, Calmann-Lévy, 1905.

Le barbare, c'est d'abord l'homme qui croit à la barbarie.

Claude LÉVI-STRAUSS, *Race et histoire*, Unesco, 1952.

La barbarie de demain a pour elle toute la ressource de l'avenir et du progrès.

Bernard-Henri LÉVY, *La Barbarie à visage humain*, Grasset, 1977.

Baroque

Tout sur terre est baroque. Le bateau n'est pas plus fait pour la mer que pour le ciel.

Robert DESNOS, *Nouvelles-Hébrides et autres textes*, 1922-1930, Gallimard, 1978.

Barricades

Les barricades sont les voix de ceux qu'on n'entend pas.

Martin Luther KING, Discours, janvier 1968.

Bâtir

N'essayez pas de bâtir du solide, apprenez à danser sur un fil et intéressez-vous à la peinture. J'ajouterais également : soyez prêt à rassembler vos affaires.

Philippe DJIAN, *Entre nous soit dit. Conversations avec Jean-Louis Ezine*, Plon, 1996.

Être homme, c'est être responsable... C'est sentir, en posant sa pierre, que l'on contribue à bâtir le monde.

Antoine de SAINT-EXUPÉRY, *Terre des hommes*, Gallimard, 1939.

Beau

Les abrutis ne voient le beau que dans les belles choses.

Arthur CRAVAN, *Maintenant*, 1912, Le Seuil, 1995.

Il me paraît indiscutable que l'idée du « beau » a ses racines dans l'excitation sexuelle, et qu'originairement, il ne désigne pas autre chose que ce qui excite sexuellement.

Sigmund FREUD, *Trois essais sur la théorie de la sexualité*, Gallimard, 1923.

La définition du Beau est facile : *il est ce qui désespère*.

Paul VALÉRY, *Variété*, 1924-1944, Gallimard, 1978.

Beau temps

Il faut être l'homme de la pluie et l'enfant du beau temps.

René CHAR, *Le Marteau sans maître*, Corti, 1934.

Il faisait si beau que toutes les clés étaient parties se promener.

Ramón GÓMEZ DE LA SERNA, *Les Greguerias*, 1917, Cent pages, 1992.

Beauté

La beauté est une des rares choses qui ne font pas douter de Dieu.

Jean ANOUILH, *Becket ou L'Honneur de Dieu*, Gallimard, 1959.

La beauté se raconte encore moins que le bonheur.

Simone de BEAUVOIR, *La Force de l'âge*, Gallimard, 1960.

La beauté sera CONVULSIVE ou ne sera pas.

André BRETON, *Nadja*, Gallimard, 1928.

La beauté, au moins, on sait que ça meurt, et comme ça, on sait que ça existe...

Louis-Ferdinand CÉLINE, *L'Église*, Gallimard, 1952.

La beauté, c'est comme l'alcool ou le confort, on s'y habitue, on n'y fait plus attention.

Louis-Ferdinand CÉLINE, *Voyage au bout de la nuit*, Gallimard, 1932.

Courir plus vite que la beauté.

Jean COCTEAU, *Journal d'un inconnu*, Grasset, 1953.

On ne commande pas plus aux foules d'aimer la beauté qu'on ne peut décemment exiger qu'elles marchent sur les mains.

Claude DEBUSSY, *Monsieur Croche antidilettante*, Gallimard, 1921.

La beauté, harcelée, bafouée, vilipendée, est désormais partout où l'homme n'intervient pas. Il est urgent de lui rendre son statut de religion et de réapprendre que le langage est sa prière. Il n'y a pas d'autre chemin d'accès à la reconnaissance.

Michel DÉON, *Parlons-en... conversation*, Gallimard, 1993.

Je n'admire jamais tant la beauté que lorsqu'elle ne sait plus qu'elle est belle.

André GIDE, *Les Nouvelles nourritures*, Gallimard, 1935.

On ne peut pas vivre dans un monde où l'on croit que l'élégance exquise du plumage de la pintade est inutile.

Jean GIONO, *Un roi sans divertissement*, Gallimard, 1947.

Pensez que jamais — jamais — je n'ai trouvé les deux ensemble chez une femme : intelligence et beauté.

Henry de MONTHERLANT, *Les Jeunes filles*, Gallimard, 1936.

Beauté
qui pourrait inventer
un nom plus beau
plus calme
plus indéniable
plus mouvementé
Beauté...

Jacques PRÉVERT, *Fatras*, Gallimard, 1966.

La beauté, c'est l'harmonie du hasard et du bien.

Simone WEIL, *La Pesanteur et la grâce*, Plon, 1947.

Belle

Une belle femme est comme un anneau doré au groin d'une truie.

Thomas MANN, *Le Docteur Faustus*, Albin Michel, 1950.

Elle était belle comme la femme d'un autre.

Paul MORAND, *Lewis et Irène*, Grasset, 1924.

Laissons les jolies femmes aux hommes sans imagination.

Marcel PROUST, *La Fugitive*, Gallimard, 1925.

Besoin

Je sais aujourd'hui, je sais par expérience que les besoins et les désirs des hommes sont infinis. Le passant qui vous arrête et qui vous demande du feu, laissez-le seulement parler : au bout de dix minutes, il vous demandera Dieu.

Georges DUHAMEL, *Défense des lettres*, Mercure de France, 1937.

L'homme est la proie de trois maladies chroniques et inguérissables : le besoin de nourriture, le besoin de sommeil et le besoin d'égards.

Henry de MONTHERLANT, *Carnets*, Gallimard, 1957.

Celui qui n'a besoin de rien, tout lui manque.

Marie NOËL, *Notes intimes*, Stock, 1959.

La vraie opulence, c'est le manque de besoin.

Henri VINCENOT, *La Pie saoule*, 1956, Gallimard, 1979.

Bête

Les femmes bêtes deviennent des bêtes dès qu'elles ne sont plus tenues en laisse par la famille, par les conventions.

François MAURIAC, *Plongées*, Grasset, 1938.

Comment rendre l'autre bête sans qu'il s'en aperçoive ? Aime-le.

Georges PERROS, *Papiers collés*, Gallimard, 1960.

L'amour consiste à être bête ensemble.

Paul VALÉRY, *Monsieur Teste*, Gallimard, 1919.

Bêtise

Il faut chasser la bêtise parce qu'elle rend bêtes ceux qui la rencontrent.

Bertolt BRECHT, *Histoires de Monsieur Keuner*, 1958, Arche, 1980.

La bêtise insiste toujours, on s'en apercevrait si l'on ne pensait pas toujours à soi.

Albert CAMUS, *La Peste*, Gallimard, 1947.

Souvent on appelle la vie les bêtises que l'on fait.

Jacques CHARDONNE, *L'Amour, c'est beaucoup plus que l'amour*, Albin Michel, 1936.

C'est toujours l'âne qui brait le plus fort qui est le plus racé ; la bêtise est tonitruante.

Malcolm de CHAZAL, *Sens plastique*, Gallimard, 1948.

Le mur de la bêtise est l'œuvre des intellectuels. À le traverser, on se désintègre. Mais il faut le traverser coûte que coûte. Plus votre appareil sera simple plus il aura de chances de vaincre la résistance de ce mur.

Jean COCTEAU, *Journal d'un inconnu*, Grasset, 1953.

Deux choses sont infinies : l'Univers et la bêtise humaine. Mais en ce qui concerne l'Univers, je n'en ai pas encore acquis la certitude absolue...

Albert EINSTEIN, in *Albert Einstein : a life for to-morrow*, Bookland, 1958.

La bêtise dans la pensée occidentale est tellement gigantesque qu'elle en devient insaisissable.

Witold GOMBROWICZ, *Journal*, 1957-1966, Bourgois, 1981.

Je n'ai jamais eu de chance avec les femmes. Il est toujours arrivé un moment où leur bêtise a dépassé mon amour.

Paul LÉAUTAUD, *Journal littéraire*, Mercure de France, 1954-1964.

Si les peuples ont des frontières c'est que la bêtise n'en a pas.

André PRÉVOST, *Petit Dictionnaire à l'usage des optimistes*, 1947.

Le meilleur ciment d'un peuple est la bêtise de ceux qui en font partie.

Louis SCUTENAIRE, *Mes Inscriptions*, Gallimard, 1945.

Bibliophile

Le bibliophile est à peu près à la littérature ce que le philatéliste est à la géographie.

Karl KRAUS, *Aphorismes*, Mille et une nuits, 1998.

— C'était un bibliophile.
— Un bibliophile ? demanda le Chauve.
— Un type qui préfère les livres à la littérature, expliqua l'enfant.

Daniel PENNAC, *La Petite marchande de prose*, Gallimard, 1989.

Bibliothèque

Ordonner une bibliothèque est une façon silencieuse de faire de la critique.

Jorge Luis BORGES, Leçon au Collège de France, 1983.

Une bibliothèque, c'est le carrefour de tous les rêves de l'humanité.

Julien GREEN, *Journal*, in *Œuvres complètes*, Gallimard, 1976.

Mais, comme les musées, les bibliothèques sont un refuge contre le vieillissement, la maladie, la mort.

Jean GRENIER, *La Vie quotidienne*, Gallimard, 1968

Je n'aime pas du tout les rats, on a beau faire, ils ne sont pas sympathiques. Particulièrement les rats de bibliothèque, les tristes grignoteurs d'imprimés, les gens qui n'ont pas de souvenirs, mais des références.

Claude ROY, *Descriptions critiques*, Gallimard, 1958.

Ma bibliothèque est comme un tonneau, au choix à moitié vide ou à moitié pleine. Je la regarde heureux, en savourant tout ce qui me reste à lire. Ou malheureux, en me disant que je ne vivrai sûrement pas assez longtemps pour avoir tout lu.

Claude ROY, *Les Rencontres des jours*, 1922-1993, Gallimard.

Bicyclette

On naît bicyclette ou vélo, c'est presque politique. Mais les vélos doivent renoncer à cette part d'eux-mêmes pour aimer — car on n'est amoureux qu'à bicyclette.

Philippe DELERM, *La Première gorgée de bière...*, Gallimard/L'Arpenteur, 1997.

Bien

Rien n'est gratuit en ce bas monde. Tout s'expie, le bien comme le mal, se paie tôt ou tard. Le bien c'est beaucoup plus cher forcément.

Louis-Ferdinand CÉLINE, *Semmelweis*, Gallimard, 1952.

Le bien, c'est l'amour. Aimer les autres, c'est détester la souffrance et l'injustice que la société mauvaise entretient.

Jacques CHARDONNE, *Le Ciel dans la fenêtre*, Albin Michel, 1959.

Le bien est plus intéressant que le mal parce qu'il est plus difficile.

Paul CLAUDEL, *Feuilles de saints*, Gallimard, 1925.

Le mot Bien désigne, sans équivoque, ce que nous voulons toujours. Le Bien, *on préfère* le nommer parfois le Mal, la Nécessité, le Hasard, la Révolte, Dieu, etc., et cette préférence n'est qu'une manie comme une autre.

René MAGRITTE, *Écrits complets*, Flammarion, 1979.

Pécher n'est pas faire le mal
le vrai péché, c'est de ne pas faire le bien.

Pier Paolo PASOLINI, in *La Poésie italienne*, Seghers, 1964.

Tous les romans, tous les poèmes sont bâtis sur la lutte incessante que se livrent en nous-mêmes le bien et le mal. Le mal doit être constamment ressuscité, alors que le bien, alors que la vertu sont immortels.

John STEINBECK, *À l'Est d'Eden*, LGF, 1963.

Bienveillance

Ne pas lancer les hommes à la poursuite du bonheur, car le bonheur, c'est encore une idole du commerce, mais leur proposer comme but la bienveillance mutuelle.

Alexandre SOLJENITSYNE, *Le Pavillon des cancéreux*, Julliard, 1968.

Biographie

Les biographes ne connaissent pas la vie sexuelle de leur propre épouse, mais ils croient connaître celle de Stendhal ou de Faulkner.

Milan KUNDERA, in *Dictionnaire des aphorismes*, 1994.

Biographie. L'embêtant, dans le genre, c'est que les morts n'aient plus le droit de réponse.

Hervé BAZIN, *Abécédaire*, Grasset, 1984.

Il est incroyable que la perspective d'avoir un biographe n'ait fait renoncer personne à avoir une vie.

Emil Michel CIORAN, *Syllogismes de l'amertume*, Gallimard, 1952.

Je considère la publication d'une biographie du vivant d'un écrivain comme grossière et immorale.

Alexandre SOLJENITSYNE, in *Lire*, avril 1998.

Biologie

Nous soupçonnons que, pour faire des mathématiques, il nous suffirait d'être anges, mais pour faire de la biologie, même avec l'aide de l'intelligence, nous avons besoin parfois de nous sentir bêtes.

Georges CANGUILHEM, *La Connaissance de la vie*, Introduction, Vrin, 1985.

Le microbe n'a pas le temps d'examiner le biologiste.

Henri MICHAUX, *Face aux verrous*, Gallimard, 1954.

Le biologiste passe, la grenouille reste.

Jean ROSTAND, *Inquiétudes d'un biologiste*, Stock, 1967.

Bistrot

Le seul endroit où la communication résiste, c'est le bistrot.

Alain PEYREFITTE, *Le Mal français*, Plon, 1976.

Bizarre

— Moi, j'ai dit bizarre, bizarre, comme c'est étrange ! Pourquoi aurais-je dit bizarre, bizarre ?
— Je vous assure, mon cher cousin, que vous avez dit bizarre, bizarre.
— Moi, j'ai dit bizarre, comme c'est bizarre !

Dialogues (signés Jacques Prévert) du film *Drôle de drame* de Marcel Carné, 1937.

Blanc

Le blanc, sur notre âme, agit comme le silence absolu. Il résonne intérieurement comme une absence de son dont l'équivalent peut être, en musique, le silence, ce silence qui ne fait qu'interrompre le développement d'une phrase sans en marquer l'achèvement définitif.

Wassily KANDINSKY, *Du spirituel dans l'art et dans la peinture en particulier*, Denoël, 1969.

Blasphème

Toutes les grandes vérités commencent par être des blasphèmes.

George Bernard SHAW, *Annajanska*, 1918, in *Collected plays with their prefaces*, Reinhardt, 1972.

Bleu

Le bleu profond attire l'homme vers l'infini, il éveille en lui le désir de pureté et une soif de surnaturel. C'est la couleur du ciel tel qu'il nous apparaît dès que nous entendons le mot « ciel ».
Le bleu est la couleur typiquement terrestre. Il apaise et calme...

Wassily KANDINSKY, *Du spirituel dans l'art et dans la peinture en particulier*, Denoël, 1969.

Quand je n'ai pas de bleu, je mets du rouge.

Pablo PICASSO, cité par Paul Éluard, in *Donner à voir*, Gallimard, 1939.

Palsambleu, morbleu, ventrebleu, jarnibleu ! Dieu aussi a eu son époque bleue.

Jacques PRÉVERT, *Fatras*, Gallimard, 1966.

Bombe atomique

Le péril atomique : épouvantable, mais nécessaire dans la mesure où il fallait que l'homme fût enfin obligé de dominer la vieille loi animale de sélection par la force, devenue inopérante, parce que devenue pour vainqueur ou vaincu uniformément mortelle.

Hervé BAZIN, *Ce que je crois*, Grasset, 1977.

La bombe atomique est un tigre en papier dont les réactionnaires américains se servent pour effrayer les gens. Elle a l'air terrible, mais en fait, elle ne l'est pas.

MAO TSÉ-TOUNG, août 1946, in *Citations du président Mao Tsé-Toung*, Le Seuil, 1967.

La bombe atomique : ce monstrueux produit de la copulation de la haute physique et de l'art militaire...

Jean ROSTAND, *Inquiétudes d'un biologiste*, Stock, 1967.

Bon Dieu

Oui, oui ! Je sais ce que c'est qu'être dieu, et ce n'est pas drôle tous les jours. Je parle du bon Dieu, cela va sans dire. Pour l'autre, celui qui n'est pas bon, il doit avoir une vie plus facile.

Georges DUHAMEL, *Les Plaisirs et les jeux*, Mercure de France, 1922.

Bonheur

Le bonheur est une récompense qui vient à ceux qui ne l'ont pas cherchée.

ALAIN, *Propos sur le bonheur*, Gallimard, 1928.

Le bonheur est une chose terrible à supporter.

ALAIN-FOURNIER, *Correspondance avec Jacques Rivière*, Gallimard, 1926.

Cette envie infantile d'annuler le bonheur terrestre et de le rejeter sous prétexte que ça serait une fausse piste...

Martin AMIS, *Train de nuit*, Gallimard, 1999.

Et pourtant je vous dis que le bonheur existe
Ailleurs que dans les rêves ailleurs que dans les nues...

Louis ARAGON, *Que serais-je sans toi...*, in *Le Roman inachevé*, Gallimard, 1956.

Le bonheur, parfois, c'est une urgence.

Hervé BAZIN, *Un feu dévore un autre feu*, Le Seuil, 1978.

Le bonheur : comme une raison que la vie se donne à elle-même.

Simone de BEAUVOIR, *Les Belles Images*, Gallimard, 1966.

Le bonheur, ce n'est pas une note séparée, c'est la joie que deux notes ont à rebondir l'une contre l'autre.

Christian BOBIN, *La Folle allure*, Gallimard, 1995.

Le vrai bonheur est de mettre son bonheur dans le bonheur d'un autre.

Jacques de BOURBON BUSSET, *Tu ne mourras pas*, Gallimard, 1978.

Le bonheur sera dans ses yeux comme la couleur bleue dans la transparence du ciel, je la veux heureuse afin de rendre aimable le bonheur.

Joë BOUSQUET, *Traduit du silence*, Gallimard, 1941.

Quand le bonheur en passant
Vous fait signe et s'arrête,
Il faut lui prendre la main
Sans attendre à demain.

Mireille BROCEY, *L'Amour est un bouquet de violettes*, 1952, © S.E.M.I.

Le bonheur est la plus grande des conquêtes, celle qu'on fait contre le destin qui nous est imposé.

Albert CAMUS, *Lettres à un ami allemand*, Gallimard, 1945.

Le bonheur ne se multiplie qu'en se divisant.

Gilbert CESBRON, *Journal sans date*, Laffont, 1963.

Le bonheur n'est pas le but mais le moyen de la vie.

Paul CLAUDEL, *Journal*, 1904-1955, Gallimard, 1968-1969.

On apprend donc à vivre ? Oui, si c'est sans bonheur. La béatitude n'enseigne rien. Vivre sans bonheur et n'en point dépérir, voilà une occupation, presque une profession.

COLETTE, *La Retraite sentimentale*, Mercure de France, 1907.

Le bonheur, c'est d'avoir quelqu'un à perdre.

Philippe DELERM, *Le Bonheur, Tableaux et bavardages*, Le Rocher, 1986.

— Il a trouvé l'amour, la gloire, la fortune. Est-ce que ce n'est pas le bonheur ?
— Tout de même, tu m'avoueras que tout cela est bien triste.
— Mais, mon cher, le bonheur n'est pas gai !

Dialogues du film *Le Plaisir* de Max Ophuls, 1951.

Il ne faut pas de tout pour faire un monde. Il faut du bonheur et rien d'autre.

Paul ÉLUARD, *Le Château des pauvres*, in *Poésie ininterrompue*, Gallimard, 1946-1953.

Le bonheur c'est de savoir que le bonheur n'existe pas.

René FALLET, *L'Amour baroque*, 1971, Denoël, 1990.

Ce qu'on nomme bonheur, au sens le plus strict, résulte d'une satisfaction plutôt soudaine de besoins ayant atteint une haute tension, et n'est possible de par sa nature que sous forme de phénomène épisodique.

Sigmund FREUD, *Malaise dans la civilisation*, PUF, 1930.

Le bonheur est toujours un crime passionnel : il supprime tous les précédents.

Romain GARY, *Au-delà de cette limite votre ticket n'est plus valable*, Gallimard, 1975.

Mon bonheur est d'augmenter celui des autres. J'ai besoin du bonheur de tous pour être heureux.

André GIDE, *Les Nouvelles Nourritures*, Gallimard, 1935.

Tout le bonheur des hommes est dans de petites vallées. Bien petites ;
il faut que d'un bord à l'autre on puisse s'appeler.

Jean GIONO, *Jean le Bleu*, 1932, Grasset, 1972.

Le bonheur est exigeant comme une épouse légitime.

Jean GIRAUDOUX, *L'École des indifférents*, Grasset, 1911.

Je crois que le bonheur existe. La preuve en est que, soudain, il n'existe
plus.

Françoise GIROUD, *Ce que je crois*, Grasset, 1978.

Il est vrai qu'il avait toujours eu tendance à confondre le coma et le
bonheur...

Michel HOUELLEBECQ, *Les Particules élémentaires*, Flammarion, 1998.

Il est impossible d'avoir quelque chose pour rien. Le bonheur, il faut
le payer.

Aldous HUXLEY, *Le Meilleur des mondes*, Plon, 1933.

Le bonheur, c'est tout de suite ou jamais.

Marcel JOUHANDEAU, *Éléments pour une éthique*, Grasset, 1955.

Lorsque la famille était réunie à table, et que la soupière fumait,
maman disait parfois : « Cessez un instant de boire et de parler. » Nous
obéissions. Nous nous regardions sans comprendre, amusés. « C'est
pour vous faire penser au bonheur », ajoutait-elle. Nous n'avions plus
envie de rire.

Félix LECLERC, *Pieds nus dans l'aube*, Bibliothèque québécoise, 1982.

Le bonheur n'est pas, ne sera jamais plus une idée neuve, sauf à rompre avec tout ce qui, depuis que les sociétés existent, les a rendues
possibles.

Bernard-Henri LÉVY, *La Barbarie à visage humain*, Grasset, 1977.

Ce que nous appelons « bonheur » consiste dans l'harmonie et la sérénité, dans la conscience d'un but, dans une orientation positive,
convaincue et décidée de l'esprit, bref dans la paix de l'âme.

Thomas MANN, *Goethe et Tolstoï*, 1922, Payot, 1967.

Le bonheur, c'est d'être cerné de mille désirs, d'entendre, autour de son corps, craquer des branches.

François MAURIAC, *Le Mal*, Grasset, 1952.

J'ai tellement aimé la vie ! Le plaisir, le bonheur. Je ne peux même pas m'en repentir. Mais pour délicieux qu'il soit, le plaisir ne suffit pas. Le bonheur lui-même ne suffit pas, il n'est pas la valeur suprême. Il y a quelque chose au-dessus du bonheur.

Jean d'ORMESSON, in *Elle*, 10 janvier 1994.

Je fuis le bonheur pour qu'il ne se sauve pas.

Francis PICABIA, *Écrits complets*, Belfond, 1975.

Même si le bonheur t'oublie un peu, ne l'oublie jamais tout à fait.

Jacques PRÉVERT, *Spectacle*, Gallimard, 1949.

Ce prolongement, cette multiplication possible de soi-même, qui est le bonheur.

Marcel PROUST, *À l'ombre des jeunes filles en fleurs*, Gallimard, 1918.

J'connaîtrai jamais le bonheur sur terre
je suis bien trop con.

Raymond QUENEAU, *L'Instant fatal*, Gallimard, 1948.

Le malheur ne s'admet point. Seul le bonheur semble dû.

Raymond RADIGUET, *Le Diable au corps*, Grasset, 1923.

Tu ne songes qu'à dévorer ton bonheur ; c'est pourquoi il t'échappe ; il ne tient pas à être dévoré par toi.

Wilhelm REICH, *Écoute petit homme !*, 1948, Payot, 1990.

Le bonheur, c'est de le chercher.

Jules RENARD, *Journal*, 1909, Gallimard, 1960.

Ne pas dénombrer ses raisons de vivre : le bonheur n'est pas cartésien.

Jean ROSTAND, *Inquiétudes d'un biologiste*, Stock, 1967.

La plupart des hommes font du bonheur une condition. Mais le bonheur ne se rencontre que lorsqu'on ne pose pas de condition.

Arthur RUBINSTEIN, *Les Jours de ma jeunesse*, Laffont, 1973.

Quand vous dites aux gens que le bonheur est une question simple, ils vous en veulent toujours.

Bertrand RUSSELL, *Autobiographie*, Stock, 1967.

Si tu veux comprendre le mot de bonheur, il faut l'entendre comme récompense et non comme but.

Antoine de SAINT-EXUPÉRY, *Carnets*, Gallimard, 1953.

Le bonheur n'est jamais triste ou gai. Il est le bonheur.

Armand SALACROU, *Histoire de rire*, Gallimard, 1973.

Ce qui m'intéresse, ce n'est pas le bonheur de tous les hommes, c'est celui de chacun.

Boris VIAN, *L'Écume des jours*, Pauvert, 1947.

Tout bonheur est un chef-d'œuvre : la moindre erreur le fausse, la moindre hésitation l'altère, la moindre lourdeur le dépare, la moindre sottise l'abêtit.

Marguerite YOURCENAR, *Mémoires d'Hadrien*, Plon, 1951.

Le bonheur de chacun est simplement fait du bonheur de tous.

Émile ZOLA, *Vérité*, 1902, Christian Pirot, 1993.

Il ne faut pas avoir peur du bonheur. C'est seulement un bon moment à passer.

Romain GARY, *Au-delà de cette limite votre ticket n'est plus valable*, Gallimard, 1975.

Bonté

Je suis très loin de la bonté et de l'amour. La preuve : j'écris sur eux.

Christian BOBIN, *Autoportrait au radiateur*, Gallimard, 1997.

La bonté, cela existe et la preuve est qu'on en rit.

Jacques de BOURBON BUSSET, *Tu ne mourras pas*, Gallimard, 1978.

La colère sourcille du regard. La bonté cille des yeux.

Malcolm de CHAZAL, *Sens plastique*, Gallimard, 1948.

Enseigne aux autres la bonté. Tu peux avoir besoin de leurs services.

André GIDE, *Journal*, 1889-1939, Gallimard, 1939.

Ce n'est ni l'amitié ni la bonté qui nous manquent, mais nous qui manquons à l'amitié et à la bonté.

Marcel JOUHANDEAU, *Chroniques maritales*, 1938-1943, Gallimard, 1962

Bouche

Une preuve de l'ignorance des physiologistes est qu'ils ne considèrent jamais la bouche comme un organe de la volupté.

Guido CERONETTI, *Le Silence du corps*, Albin Michel, 1984.

La bouche est un fruit qu'on mange à même la peau.

Malcolm de CHAZAL, *Sens plastique*, Gallimard, 1948.

La bouche n'est pas seulement ce qui mange, absorbe, donne (salive/lécher), c'est aussi la voie de passage du souffle, lequel correspond à une conception anthropologique de l'âme.

Edgar MORIN, *Amour, poésie, sagesse*, Le Seuil, 1997.

Boue

... de toute boue
faire un ciment, un marbre, un ciel, un nuage et une joie et une épave.

Robert DESNOS, *Fortunes*, Gallimard, 1942.

La terre seule me rassure, quelle que soit la part de boue qu'elle contient.

Françoise SAGAN, *La Garde du cœur*, Pocket, 1992.

Bougie

Souffler des bougies à l'occasion de chaque anniversaire est l'un des rites les plus révélateurs de l'espèce humaine. L'homme se rappelle ainsi, à intervalles réguliers, qu'il est capable de créer le feu puis de l'éteindre de son souffle. Le contrôleur du feu constitue un des rites de passage pour qu'un bébé se transforme en être responsable.

Bernard WERBER, *La Révolution des fourmis*, Albin Michel, 1996.

Bouquet

...un de ces bouquets de fleurs qui partent toujours à la recherche d'un cœur et qui ne trouvent qu'un vase.

Romain GARY, *Au-delà de cette limite votre ticket n'est plus valable*, Gallimard, 1975.

Bourgeois

Le bourgeois ne prétend pas que les choses aillent bien ; tout ce qu'il affirme, c'est qu'elles ne peuvent aller mieux.

Emmanuel BERL, *Mort de la morale bourgeoise*, Gallimard, 1930.

La France ? Une nation de bourgeois qui se défendent de l'être en attaquant les autres parce qu'ils le sont.

Pierre DANINOS, *Les Carnets du major W. Marmaduke Thompson*, Hachette, 1954.

J'appelle bourgeois quiconque renonce à soi-même, au combat et à l'amour, pour sa sécurité.

Léon-Paul FARGUE, *Sous la lampe*, Gallimard, 1929.

Le *petit bourgeois* est celui qui a oublié l'archétype pour se perdre dans le stéréotype.

Eugène IONESCO, *Notes et contre-notes*, Gallimard, 1962.

Pour tous les ouvriers du monde, le bourgeois est le produit du capital ; pour les nôtres, il est aussi le fils de ses œuvres, un tueur — et il va le rester longtemps.

Jean-Paul SARTRE, *Situations*, t. 4, Gallimard, 1964.

Qu'est-ce qu'un bourgeois ? Je proposerai cette définition : c'est quelqu'un qui a des réserves.

André SIEGFRIED, *Tableau des Partis en France*, Grasset, 1930.

Bourgeoisie

Il semble que de toutes parts la civilisation bourgeoise se trouve plus inexorablement condamnée du fait de son manque absolu de justification poétique.

André Breton, *Position politique du surréalisme*, Le Sagittaire, 1935.

La bourgeoisie actuelle est quasi exclusivement composée d'*anti-bourgeois* qui préfèrent la passion à la raison, qui raillent l'esprit de sérieux au nom de l'esprit d'aventure, qui sacrifient allègrement la durée à l'intensité et qui ont, depuis longtemps, délaissé le langage aride de la vertu pour celui, bigarré, de la pluralité des valeurs.

Alain Finkielkraut, *L'Ingratitude. Conversations sur notre temps*, Gallimard, 1999.

L'histoire des révolutions de ces trois derniers siècles n'est que l'histoire des incendies allumés en Europe par le fanatisme de la petite bourgeoisie.

Curzio Malaparte, *Le Bonhomme Lénine*, Grasset, 1932.

Un homme modérément honnête, avec une femme modérément fidèle, tous deux buveurs modérés, dans une maison modérément saine, voilà le vrai type de la classe bourgeoise.

George Bernard Shaw, *Bréviaire du révolutionnaire*, Aubier, 1929.

Bourgeon

La vie ne recopie jamais. Il n'est pas deux printemps identiques. L'essentiel est d'avoir gardé vivante, à travers les frimas, la souche originelle d'où peuvent surgir de nouveaux bourgeons.

Raymond-Léopold Bruckberger, *À l'heure où les ombres s'allongent*, Albin Michel, 1989.

Bourreau

Tu es comme le mouton, mon frère,
Quand le bourreau habillé de ta peau
Quand le bourreau lève son bâton
Tu te hâtes de rentrer dans le troupeau
Et tu vas à l'abattoir en courant, presque fier.

Nazim Hikmet, *La Plus drôle des créatures*, Éditeurs français réunis, 1951.

Boxe

La boxe est un point d'intersection des mathématiques, de la poésie et du bon sens.

Louis SCUTENAIRE, *Mes inscriptions*, Gallimard, 1945.

Bras

Pour aller résolument vers l'autre, il faut avoir les bras ouverts et la tête haute, et l'on ne peut avoir les bras ouverts que si l'on a la tête haute.

Amin MAALOUF, *Les Identités meurtrières*, Grasset, 1998.

Bretagne

... si l'on me demandait
Comment est fait l'intérieur de mon corps
Je déplierais absurdement
La carte de Bretagne.

Georges PERROS, *Poèmes bleus*, Gallimard, 1962.

Les Bretons, la mer, c'est leur banlieue. Et quelle banlieue !

Alexandre VIALATTE, *Et c'est ainsi qu'Allah est grand*, Julliard, 1979.

Breton

Le breton a prouvé sa force et sa nécessité en durant, c'est tout.

Pierre Jakez HÉLIAS, *Lettres de Bretagne*, Galilée, 1978.

Les Bretons sont chéris des armateurs. Quel que soit le temps, ils ne rebroussent pas chemin. Heureusement que la terre est ronde, une fois partis on ne les reverrait pas...

Érik ORSENNA, *L'Exposition coloniale*, Le Seuil, 1988.

Bulles

Les femmes : bulles de savon ; l'argent : bulles de savon ; la renommée : bulles de savon. Les reflets sur les bulles de savon sont le monde dans lequel nous vivons.

Yukio MISHIMA, *Pavillon d'or*, Gallimard, 1961.

C

Cacher

La vérité d'un homme, c'est d'abord ce qu'il cache.

André MALRAUX, *Antimémoires*, Gallimard, 1967.

Il y a pourtant de jolies choses dans le monde à ce qu'on dit... Les peindre ? J'ai essayé... j'ai peint... des fleurs, des jeunes femmes, des enfants... c'est comme si je peignais le crime avec tout ce qu'il y a dedans. Je verrais un crime dans une rose... Quand je peins un arbre, je mets tout le monde à l'aise. C'est parce qu'il y a quelque chose, quelqu'un de caché derrière cet arbre... Je peins malgré moi les choses derrière les choses... Un nageur, pour moi, c'est déjà un noyé.

Jacques PRÉVERT, Dialogues du film *Quai des Brumes* de Marcel Carné, 1938.

Les hommes se distinguent par ce qu'ils montrent et se ressemblent par ce qu'ils cachent.

Paul VALÉRY, *Mélange*, Gallimard, 1941.

Campagne

Qui a passé une nuit en pleine campagne sait que les étoiles sont plus que des étoiles, le vent autre chose que le vent.

Charles LE QUINTREC, *Stances du verbe amour*, Albin Michel, 1966.

La campagne est fertile.
La terre donne sa part, le soleil est à l'œuvre
l'homme est fait au terroir :

il engendre, sème et laboure,
et sa fatigue unit la terre au ciel.

> Antonio MACHADO, *Les Oliviers*, in *Antonio Machado, Quelques poèmes*, Seghers, 1953.

Haine de la province, de sa médiocrité, de sa petitesse, de sa méchanceté. Rien ne remplace Paris, et rien n'a de valeur que ce qui vient de Paris, mais, pour atteindre l'éternel, il faut habiter la campagne.

> Jules ROY, *Les Années cavalières*, Journal 2 : 1966-1985, Albin Michel, 1998.

Cancre

Soudain le fou rire le prend
et il efface tout
les chiffres et les mots
les dates et les noms
les phrases et les pièges
et malgré les menaces du maître
sous les huées des enfants prodiges
avec des craies de toutes les couleurs
sur le tableau noir du malheur
il dessine le visage du bonheur.

> Jacques PRÉVERT, *Le Cancre*, in *Paroles*, Gallimard, 1945.

Capitalisme

Le capitalisme ne peut être pensé que par le communisme.

> Emmanuel BERL, *Mort de la morale bourgeoise*, Gallimard, 1930.

Il ne faut pas tenter de couler le capital : il est insubmersible ; il faut l'arraisonner.

> Gilbert CESBRON, *Mourir étonné*, Laffont, 1980.

L'histoire suggère que le capitalisme est une condition nécessaire à la liberté politique. Assurément, ce n'est pas une condition suffisante.

> Milton FRIEDMAN, *Capitalism and Freedom*, 1962.

De tous les systèmes économiques et sociaux, le capitalisme est sans conteste le plus naturel. Ceci suffit à indiquer qu'il devra être le pire.

> Michel HOUELLEBECQ, *Extension du domaine de la lutte*, Nadeau, 1994.

S'agenouiller devant Balzac, Shakespeare et autres littérateurs et artistes, c'est être en faveur du capitalisme moribond.

Revue chinoise *Libération*, Shanghai, 21 janvier 1964.

L'homme riche est nécessairement fou au sens le plus profond ; le capitalisme est le « désaccord », c'est-à-dire la folie dans les rapports de l'économie mondiale.

Roger VAILLAND, *Écrits intimes*, Gallimard, 1968.

Capitulation

Le bonheur n'a jamais été le lot de ceux qui s'acharnent. Une famille heureuse, c'est une reddition locale. Une époque heureuse, c'est l'unanime capitulation.

Jean GIRAUDOUX, *Électre*, Grasset, 1937.

Une capitulation est essentiellement une opération par laquelle on se met à expliquer au lieu d'agir.

Charles PÉGUY, *Les Cahiers de la Quinzaine*, 1900-1905, in *Œuvres en prose complètes*, Gallimard, 1986.

Caprice

Elle m'a expliqué... qu'une femme, de temps en temps, il fallait que ça s'achète un truc, une jupe, des chaussures, qu'il fallait que ça se fasse un petit cadeau, sinon ça s'étiolait, ça ne brillait plus et ça mourait.

Bertrand BLIER, Dialogues du film *Beau-Père*, 1981.

Caractère

Quand on a du caractère, il est toujours mauvais.

Georges CLEMENCEAU, *Écrits et discours*, 1921.

Le caractère, c'est-à-dire la passion d'être soi, à tout prix.

André SUARÈS, *Le Voyage du condottiere*, Émile-Paul, 1911.

Caresse

Ceux qui ont été caressés dans leur enfance n'imaginent pas à quel point ceux qui ne l'ont pas été les envient, en restant incapables d'appartenir vraiment à la tribu des doux.

Hervé BAZIN, *Abécédaire*, Grasset, 1984.

La caresse vient comme le vent, elle ouvre un volet, mais elle n'entre pas si la fenêtre est fermée.

Guido CERONETTI, *Le Silence du corps*, Albin Michel, 1984.

Par la caresse nous sortons de notre enfance mais un seul mot d'amour et c'est notre naissance.

Paul ÉLUARD, *Le Phénix*, Seghers, 1949.

Caresser est plus merveilleux que se souvenir.

André PIEYRE de MANDIARGUES, *La Marge*, Gallimard, 1967.

La caresse est le produit d'un long polissage de la bestialité.

Pierre REVERDY, *En vrac*, Le Rocher, 1956.

Qu'est-ce qu'une caresse ? *C'est un effleurement qui prend possession de la matière profonde.*

Michel TOURNIER, *Célébrations*, Mercure de France, 1999.

Catastrophe

Le privilège des grands, c'est de voir les catastrophes d'une terrasse.

Jean GIRAUDOUX, *La Guerre de Troie n'aura pas lieu*, Grasset, 1935.

Cauchemar

Nos cauchemars, c'est notre âme qui balaye devant sa porte.

Jacques DEVAL, *Afin de vivre bel et bien*, Albin Michel, 1970.

Cause

Mourir pour une cause ne fait pas que cette cause soit juste.

Henry de MONTHERLANT, *Les Lépreuses*, Gallimard, 1946.

Cendres

La vie résulte d'une combustion. L'homme a inventé de brûler en laissant derrière lui de belles cendres. Il y en a qui restent chaudes. C'est par elles que le passé se montre sous forme de présence.

Jean COCTEAU, *Journal d'un inconnu*, Grasset, 1953.

Censure

Il est bien certain que c'est l'appareil de répression qui fait l'érotisme. [...] L'humanité semble encore scandalisée par la bizarrerie des voies où l'instinct l'a conduite et demande aux pouvoirs publics de rehausser le mystère en ordonnant qu'on se taise là-dessus.

Jacques LAURENT, *Les Années 50*, La Manufacture, 1989.

Cercle

Prenez un cercle, caressez-le, il deviendra vicieux !

Eugène IONESCO, *La Cantatrice chauve*, in *Théâtre I*, Gallimard, 1954.

Certitude

Ce que les hommes veulent en fait, ce n'est pas la connaissance, c'est la certitude.

Bertrand RUSSELL, *The Listener*, 1964.

Cerveau

L'énigme de toujours n'est-elle pas de comprendre « Maître cerveau sur son homme perché », comme l'écrivait Valéry ?

Jean-Pierre CHANGEUX, *L'Artiste des neurones*, in *La Science : dieu ou diable ?*, Odile Jacob, 1999.

Chagrin

Le bonheur c'est une neige sur la montagne, une neige lumineuse, argentée, bleuie, parfaite, une neige trop poudreuse qui ne tient pas, qui glisse au premier bruit et c'est l'avalanche du chagrin, la coulée aveuglante du désastre.

Christian BOBIN, *Isabelle Bruges*, Gallimard, 1992.

C'est peut-être ça qu'on cherche à travers la vie, rien que cela, le plus grand chagrin possible pour devenir soi-même avant de mourir.

Louis-Ferdinand CÉLINE, *Voyage au bout de la nuit*, Gallimard, 1932.

Le bonheur, c'est du chagrin qui se repose.

Léo FERRÉ, *Le Bonheur*, in *Chansons*, Tchou, 1967.

Plus profondément le chagrin creusera votre être, plus vous pourrez contenir de joie.

Khalil GIBRAN, *Le Prophète*, Casterman, 1956.

Telle est la vie des hommes : quelques joies très vite effacées par d'inoubliables chagrins. Il n'est pas nécessaire de le dire aux enfants.

Marcel PAGNOL, *Le Château de ma mère*, Pastorelly, 1958.

Il y a dans ce monde où tout s'use, où tout périt, une chose qui tombe en ruine, qui se détruit encore plus complètement, en laissant encore moins de vestiges que la beauté, c'est le chagrin.

Marcel PROUST, *Albertine disparue*, Gallimard, 1925.

Le bonheur est salutaire pour les corps, mais c'est le chagrin qui développe les forces de l'esprit.

Marcel PROUST, *Le Temps retrouvé*, Gallimard, 1927.

Le chagrin aiguise les sens ; il semble que tout se grave mieux dans les regards, après que les pleurs ont lavé les traces fanées des souvenirs.

Romain ROLLAND, *Jean-Christophe*, Albin Michel, 1949.

Chaîne

Il y a une chose pire encore que l'infamie des chaînes, c'est de ne plus en sentir le poids.

Gérard BAUËR, *Chroniques 1965-1967*, Gallimard, 1967.

Brise ta chaîne ou endure-la, ne tire pas dessus.

Jean ROSTAND, *Pages d'un moraliste*, Fasquelle, 1952.

Chair

« Dans ma chair, il n'habite rien de bon », disait cet idiot de saint Paul.

Hervé BAZIN, *Le Matrimoine*, Le Seuil, 1967.

Aucune image, aucun rêve, aucune figure de l'esprit ne remplacent la vue ou le toucher d'un front, d'une chevelure, de vrais yeux, de la peau... Toute cette présence de la chair ! Aucune pensée n'est plus vive que la chaleur d'un ventre, qu'un souffle tiède, que l'embrasement des mots sur des lèvres véritables.

Andrée CHÉDID, *Néfertiti et le rêve d'Akhenaton*, Flammarion, 1988.

La chair, si je l'ai en horreur ! Une somme infinie de chutes, le mode selon lequel s'accomplit notre déchéance quotidienne. S'il y avait un dieu, il nous aurait dispensés de la corvée d'emmagasiner de la pourriture, de traîner un corps.

Emil Michel CIORAN, *Cahiers 1957-1972*, Gallimard, 1997.

L'homme n'est, en fin de compte, qu'un passage pour les liquides et les solides, un tuyau de chair.

Lawrence DURRELL, *Justine*, 1963, Buchet Chastel, 1996.

Changer

Et c'est déjà commencer de changer la vie que de le désirer ardemment.

Jean-Louis BÉDOUIN, cité par Robert Sabatier, in *La Poésie du vingtième siècle*, t. 2, Albin Michel, 1982.

L'homme absurde est celui qui ne change jamais.

Georges CLEMENCEAU, *Discours de guerre*, Plon, 1934.

Ce n'est pas seulement le monde qu'il s'agit de changer ; mais l'homme. D'où surgira-t-il, cet homme neuf ? Non du dehors. Camarade, sache le découvrir en toi-même, et, comme du minerai l'on extrait un pur métal sans scories, exige-le de toi, cet homme attendu.

André GIDE, *Les Nourritures terrestres* suivi de *Les Nouvelles nourritures*, Gallimard, 1942.

Il ne s'agit pas de changer l'homme, mais de lui donner le goût de s'accomplir.

Louis PAUWELS, *L'Apprentissage de la sérénité*, Retz, 1977.

Chant

Nous portons deux ou trois chants, que notre vie se passe à exprimer.

Marcel ARLAND, *Antarès*, Gallimard, 1932.

Le plus beau chant est celui qui contient le plus grand silence.

Marie NOËL, *Notes intimes*, Stock, 1959.

Chanter

Jamais peut-être faire chanter les choses n'a été plus urgente et noble mission à l'homme...

Louis ARAGON, *Le Crève cœur*, Gallimard, 1941.

Tant que sur terre, il restera un homme pour chanter, il nous sera encore permis d'espérer.

Gabriel CELAYA, *Ballades et dits basques*, in *Celaya*, Seghers, 1970.

Charme

Le charme : une manière de s'entendre répondre « oui » sans avoir posé aucune question claire.

Albert CAMUS, *La Chute*, Gallimard, 1956.

Chasse

La chasse a toujours été la distraction favorite des hommes de guerre en temps de paix, c'est-à-dire dans les périodes plus ou moins brèves où la chasse à l'homme n'est pas ouverte.

Claude DUNETON, *La Puce à l'oreille*, Balland, 1978.

Chat

Le chat s'établit dans la nuit pour crier,
Dans l'air libre, dans la nuit, le chat crie.
Et, triste, à hauteur d'homme, l'homme entend son cri.

Paul ÉLUARD, *Patte*, in *Poésies 1913-1926*, Gallimard, 1968.

Les chats sont des mots à fourrure. Comme les mots, ils rôdent autour des humains sans jamais se laisser apprivoiser. Il est aussi difficile de faire rentrer un chat dans un panier, avant de prendre le train, que d'attraper dans sa mémoire le mot juste et le convaincre de prendre sa place sur la page blanche. Mots et chats appartiennent à la race des insaisissables.

Érik ORSENNA, *Deux étés*, Fayard, 1997.

Chef

Ce qu'on appelle aujourd'hui un chef, c'est-à-dire un ambitieux dou-blé d'un fanatique.

Jean GRENIER, *Entretiens sur le bon usage de la liberté*, Gallimard, 1948.

Un chef est un homme qui a besoin des autres.

Paul VALÉRY, *Mauvaises pensées et autres*, Gallimard, 1942.

Chef-d'œuvre

Un chef-d'œuvre est une bataille gagnée contre la mort.

Jean COCTEAU, *Secrets de beauté*, Marguerat.

On naît avec un chef-d'œuvre en soi ; on le manque pour l'avoir voulu.

Max JACOB, *Conseils à un jeune poète*, Gallimard, 1945.

Rien d'impur, rien de suspect, absolument rien de trouble ou de haïssable ne peut aller de pair avec la beauté. Un chef-d'œuvre, par définition, est exempt de toute imperfection.

Yasunari KAWABATA, *Nuée d'oiseaux blancs*, 1952, Plon, 1960.

Le chef-d'œuvre est garant du génie, le génie n'est pas garant du chef-d'œuvre.

André MALRAUX, *Antimémoires*, Gallimard, 1967.

Pas de chef-d'œuvre sans le temps.
Il faut le laisser « mitonner », cuire à feu doux.
Toutes les œuvres d'art sont lentes.

Marie NOËL, *Notes intimes*, Stock, 1959.

Il y a des chefs-d'œuvre si fastidieux qu'on admire qu'il se soit trouvé quelqu'un pour les écrire.

Jean ROSTAND, *Pensées d'un biologiste*, Stock, 1954.

Chemin

Faire au moins une fois ce qu'on ne fait jamais. Suivre, ne serait-ce qu'un jour, une heure, un autre chemin que celui où le caractère nous a mis.

Christian BOBIN, *Autoportrait au radiateur*, Gallimard, 1997.

Suis le chemin et ne t'y couche que pour mourir.

COLETTE, *Les Vrilles de la vigne*, 1913, in *Œuvres*, Gallimard, 1984.

Hier encore, je marchais au hasard sur la terre, et des milliers de chemins fuyaient sous mes pas, car ils appartenaient à d'autres. [...] Aujourd'hui, il n'y en a plus qu'un, et Dieu sait où il mène : mais c'est mon chemin.
Chaque homme doit inventer son chemin.

Jean-Paul SARTRE, *Les Mouches*, Gallimard, 1943.

Chercher

Trouver d'abord. Chercher après.

> Jean COCTEAU, *Essai de critique indirecte*, Grasset, 1932.

Faut chercher, hein... Van Gogh a cherché un peu de jaune quand le soleil a disparu. Faut chercher, mon vieux, faut chercher.

> Dialogues du film *Prénom Carmen* de Jean-Luc Godard, 1983.

Seul est heureux l'homme qui ne cherche pas ; car seul l'homme qui ne cherche pas peut trouver, puisqu'il possède déjà.

> Fernando PESSOA, *Le Livre de l'intranquillité*, 1982, Bourgois, 1988.

Je ne cherche pas, je trouve.

> Pablo PICASSO, Conversations avec Christian Zervos, in *Cahiers d'Art*, 1935.

On n'est pas vieux tant que l'on cherche.

> Jean ROSTAND, *Carnet d'un biologiste*, Stock, 1959.

Qui cherche, même s'il ne trouve pas, se trouve.

> Robert SABATIER, *Le Livre de la déraison souriante*, Albin Michel, 1991.

Il semble donc que l'histoire de l'esprit se puisse résumer en ces termes : il est absurde par ce qu'il cherche, il est grand par ce qu'il trouve.

> Paul VALÉRY, *Variété*, 1924-1944, Gallimard, 1978.

Chien

J'aurai beau tricher et fermer les yeux de toutes mes forces... Il y aura toujours un chien perdu quelque part qui m'empêchera d'être heureuse...

> Jean ANOUILH, *La Sauvage*, La Table ronde, 1958.

Mais les chiens / Ça ne vous donne rien
Parce que ça ne sait pas / Faire semblant de donner
Les chiens / Ça ne vous donne rien
C'est peut-être pour ça / Qu'on doit les aimer.

> Jacques BREL, *Les Filles et les chiens*, © Éditions musicales Pouchenel, 1962.

Les chiens ressemblent aux loups quand ils dorment.

Louis-Ferdinand CÉLINE, *Voyage au bout de la nuit*, Gallimard, 1932.

Le chien attend de l'homme des caresses que les autres chiens ne pourraient lui donner ; et l'homme, du chien, des sentiments qu'il aurait honte d'attendre d'un autre humain.

Gilbert CESBRON, *La Fleur, le fruit, l'amande*, La Guilde du livre, 1958.

— Toi, tu n'aimes personne !
— Si, j'aime mon chien.
— Tu me fais rigoler... t'as pas de chien !
— Justement...

Dialogues du film *Jenny* de Marcel Carné, 1936.

Montre-moi ton chien, je saurai qui tu es.

Henry de MONTHERLANT, *Carnets*, Gallimard, 1957.

L'amour fou, seul un chien ou ceux qui possèdent une âme aussi simple peuvent le connaître, par la présence de l'être aimé, s'ils n'attendent rien en retour.

Jules ROY, *La Mort de Mao*, Bourgois, 1969.

Ce que l'homme a de bon c'est le chien. C'est même ce qu'il a de meilleur.

Alexandre VIALATTE, *Et c'est ainsi qu'Allah est grand*, Julliard, 1979.

Choisir

Race, classe, fortune, intelligence, santé, force, éducation, coutumes, tout cela nous conditionne. Qu'avons-nous donc choisi de ce qui nous fait choisir ?

Hervé BAZIN, *Abécédaire*, Grasset, 1984.

Choisir, c'est sans cesse rejeter celui que tu es, pour celui que tu pourrais être. C'est l'esprit d'aventure.

Paul LA COUR, *Fragments d'un journal*, 1950.

Être un homme, c'est choisir. Et pas seulement dans l'incertitude du présent, mais dans le ruissellement du passé.

Claude ROY, préface à l'*Anthologie de la poésie française du XXᵉ siècle*, Gallimard, 1983.

Il faut faire en sorte que l'homme puisse, en toute circonstance, choisir la vie.

Jean-Paul SARTRE, *Situations*, t. 2, Gallimard, 1948.

Choisir, c'est vieillir.

Philippe SOUPAULT, *Vingt mille jours*, Belfond, 1980.

Je t'ai choisi !
Entre mille, entre tous,
Comme choisit l'amour,
Comme une cime est choisie de la foudre,
Je t'ai choisi !

Paul VALÉRY, *Amphion*, in *Poésies*, Gallimard, 1929.

Chute

Vivre est une chute horizontale.

Jean COCTEAU, *Opium*, Stock, 1983.

Ciel

Inutile d'interroger le Ciel. Il a réponse à tout.

Claude AVELINE, *Avec toi-même*, Émile-Paul, 1944.

Je rends grâce à cette terre qui exagère tant la part du ciel.

Roger CAILLOIS, *Circonstancielles*, 1940-1945, Gallimard, 1946.

Quand on lit un traité d'astronomie, [...] on est saisi d'admiration pour les précautions prises pour que chaque planète garde son orbite avec une précision exquise. Le ciel est une extase mathématique, et l'infini qui n'est que l'imparfait n'y a aucune place.

Paul CLAUDEL, in *Correspondance Jacques Rivière et Paul Claudel 1907-1914*, Plon, 1926.

Retirez l'aigle, le ciel tombe.

Pierre GASCAR, *L'Homme et l'Animal*, Albin Michel, 1974.

Il faut bien que nous vivions malgré la chute de tant de cieux.

David Herbert LAWRENCE, *L'Amant de Lady Chatterley*, Gallimard, 1928.

Aidez-moi, j'aiderai le ciel.

Jacques RIGAUT, *Écrits*, Gallimard, 1970.

Le temps, là-haut, dans la main du ciel, je le sais aujourd'hui, n'existe pas.

Christian SIGNOL, *Bonheurs d'enfance*, Albin Michel, 1996.

Cimetière

— C'est là qu'on met les morts pour qu'ils soient tous ensemble.
— Pourquoi qu'on les met ensemble ?
— Pour pas qu'ils s'ennuient...

Dialogues du film *Jeux interdits* de René Clément, 1952.

Les cimetières sont les vestiaires de la résurrection.

André FROSSARD, *Il y a un autre monde*, Fayard, 1976.

Les morts ne sont pas comme nous, ils voyagent beaucoup plus. Et je vais te dire un secret (elle baissait la voix) : tous les cimetières du monde communiquent, n'oublie jamais cela, tous les cimetières communiquent.

Érik ORSENNA, *L'Exposition coloniale*, Le Seuil, 1988.

Cinéma

Faire des films, c'est descendre par ses plus profondes racines dans le monde de l'enfance.

Ingmar BERGMAN, in *Le Cinéma selon Bergman*, Seghers, 1974.

L'habitude du cinéma nous entretient dans un climat de découvertes perpétuelles, ne nous évacue pas de notre époque en nous faisant ses vieux bâtards, mais au contraire nous remet dans le fantastique d'un art et d'une technique qui n'ont pas fini de nous parler même de nos mutismes.

Jean CAYROL, *De l'espace humain*, Le Seuil, 1968.

La photographie, c'est la vérité. Et le cinéma, c'est vingt-quatre fois la vérité par seconde.

Dialogues du film *Le Petit soldat* de Jean-Luc Godard, 1960.

Le cinéma a pour lui tout ce qui manque à leurs romans : le mouvement, les paysages, le pittoresque, les belles poupées, à poil, sans poil, les Tarzan, les éphèbes, les lions, les jeux du cirque à s'y méprendre ! les jeux de boudoir à s'en damner ! la psychologie !... les crimes à la veux-tu voilà !... des orgies de voyages ! comme si on y était ! tout ce que ce pauvre peigne-cul d'écrivain peut qu'indiquer !...

Louis-Ferdinand CÉLINE, *Entretien avec le Professeur Y...*, Gallimard, 1955.

Réclamons pour le cinéma le droit de n'être jugé que sur ses promesses.

René CLAIR, *Rythme*, in *Cinéma*, octobre 1925.

— Vous étiez actrice à l'époque du muet. Vous étiez une grande star...
— Je *suis* une grande star. C'est le cinéma qui est devenu petit.

Dialogues du film *Sunset Boulevard* de Billy Wilder, 1950.

Le cinéma est une manière divine de raconter la vie, de concurrencer Dieu le Père ! Nul autre métier ne permet de créer un monde qui ressemble à tel point à celui que nous connaissons, mais aussi bien à d'autres mondes inconnus, parallèles, concentriques.

Federico FELLINI, *Fellini par Fellini*, entretiens avec Giovanni Grazzini, Calmann-Lévy, 1984.

— Pourquoi avez-vous laissé tomber le cinéma ?
— J'avais fait assez de grimaces.

Greta GARBO, citée par David Niven, in *Étoiles filantes*, Laffont, 1977.

Pour beaucoup, le cinéma n'est plus qu'un témoignage du cafard poignant des villes. Il faut, en effet, ressentir bien du malheur pour aller se claquemurer dans une salle où passent ces bandes folles de bêtise. Le cinéma nouveau n'est plus un divertissement que pour des protozoaires hébétés de tristesse. L'ennui devient de plomb.

Kleber HAEDENS, *L'Air du pays*, Albin Michel, 1963.

La salle obscure du cinéma est la lanterne magique de leur jeunesse manquée.

Franz KAFKA, cité par Gustav Janouch, in *Kafka m'a dit*, Calmann-Lévy, 1952.

Je mesure aujourd'hui toute la reconnaissance que nous devons à la lampe magique qui rallume les génies éteints, qui refait danser les danses mortes et qui rend à notre tendresse le souvenir des amis disparus.

Marcel PAGNOL, Oraison funèbre du comédien Raimu, 1946.

Civilisation

Nous avons cru que la civilisation... civilisait. Nous savons maintenant qu'elle fournit plus de moyens que de scrupules.

Hervé BAZIN, *Abécédaire*, Grasset, 1984.

Une civilisation qui s'avère incapable de résoudre les problèmes que suscite son fonctionnement est une civilisation décadente.

Aimé CÉSAIRE, *Discours sur le colonialisme*, Présence africaine, 1955.

L'extrême civilisation engendre l'extrême barbarie.

Pierre DRIEU LA ROCHELLE, *Les Chiens de paille*, Gallimard, 1964.

Si la civilisation n'est pas dans le cœur de l'homme, eh bien ! elle n'est nulle part.

Georges DUHAMEL, *Civilisation*, Mercure de France, 1918.

Avec la civilisation, on passe du problème de l'homme des cavernes au problème des cavernes de l'homme.

Edgar MORIN, *Le Vif du sujet*, Le Seuil, 1962.

Une civilisation [...] est d'abord, dans l'homme, désir aveugle d'une certaine chaleur. L'homme, ensuite, d'erreur en erreur, trouve le chemin qui conduit au feu.

Antoine de SAINT-EXUPÉRY, *Terre des hommes*, Gallimard, 1939.

Nous autres, civilisations, nous savons maintenant que nous sommes mortelles.

Paul VALÉRY, *Variété*, 1924-1944, Gallimard, 1978.

La civilisation consiste à n'assassiner qu'avec choix.

> Alexandre VIALATTE, *Et c'est ainsi qu'Allah est grand*, Julliard, 1979.

Civisme

Ne vous demandez pas ce que votre pays peut faire pour vous, mais demandez-vous plutôt ce que vous pouvez faire pour lui.

> John Fitzgerald KENNEDY, Discours d'investiture, 20 janvier 1961.

Clef

Il faut qu'un homme ouvre les portes aux femmes, toutes les portes, et le geste de politesse n'est pas seulement symbolique. Pour certaines femmes, l'homme est d'abord un portier. C'est lui qui tient les clefs du monde.

> Françoise PARTURIER, *Lettre ouverte aux femmes*, Albin Michel, 1974.

Clin d'œil

On n'a pas encore découvert ce langage qui pourrait exprimer d'un seul coup ce qu'on perçoit en un clin d'œil.

> Nathalie SARRAUTE, *Le Planétarium*, Gallimard, 1959.

Clitoris

Le clitoris, organe de luxe non voué à la procréation, capable de jouer seul sa partition ou bien d'induire au plaisir, par sa mélodie, ce violon-sexe qu'est le corps féminin.

> Benoîte GROULT, *Ainsi soit-elle*, Grasset, 1975.

Clonage

Fabrication artificielle de la vie.
L'expérience est d'avance faussée puisque, dans la soupe chimique, on aura déposé cet ingrédient, l'esprit.

> Jean ROSTAND, *Inquiétudes d'un biologiste*, Stock, 1967.

Cœur

Si les cœurs étaient clairs, le monde serait clair.

Jacques AUDIBERTI, *Le Mal court*, Gallimard, 1948.

Je ne supporte pas d'entendre le bruit d'une porte ou d'un cœur qui
se ferme.

Antoine BLONDIN, *L'Humeur vagabonde*, La Table ronde, 1955.

Nous n'habitons pas des régions. Nous n'habitons même pas la terre.
Le cœur de ceux que nous aimons est notre vraie demeure.

Christian BOBIN, *La Plus que vive*, Gallimard, 1996.

Personne ne peut fuir son cœur. C'est pourquoi il vaut mieux écouter
ce qu'il dit. Pour que ne vienne jamais te frapper un coup auquel tu
ne t'attendais pas.

Paulo COELHO, *L'Alchimiste*, Anne Carrière, 1994.

Un cœur n'est juste que s'il bat au rythme des autres cœurs.

Paul ÉLUARD, *Poèmes retrouvés*, in *Œuvres complètes*, t. 2, Gallimard, 1968.

Le cœur a ses prisons que l'intelligence n'ouvre pas.

Marcel JOUHANDEAU, *De la grandeur*, Grasset, 1952.

Votre pensée
qui rêvasse sur un cerveau ramolli
comme un laquais trop gras sur une banquette sale,
je vais la provoquer avec le chiffon ensanglanté du cœur...

Vladimir MAÏAKOVSKI, *Poèmes 1913-1917*, Prologue, Messidor.

On ne voit bien qu'avec le cœur. L'essentiel est invisible pour les yeux.

Antoine de SAINT-EXUPÉRY, *Le Petit Prince*, Gallimard, 1943.

Prends garde à la douceur des choses,
Lorsque tu sens battre sans cause
    Ton cœur trop lourd.

Paul-Jean TOULET, *Chansons*, in *Anthologie de la poésie de langue française*,
Hachette, 1994.

Ce qui compte, c'est ce qui est inscrit non sur les papiers d'identité d'un homme mais dans son cœur.

Henri TROYAT, *Le Bruit solitaire du cœur*, Flammarion, 1985.

Plaise à Celui qui est peut-être de dilater le cœur de l'homme à la mesure de toute la vie.

Marguerite YOURCENAR, *L'Œuvre au noir*, Gallimard, 1968.

Colère

D'où l'homme tirera-t-il sa force, s'il n'entretient pas en soi la colère et l'appétit de plusieurs fauves ?

Roger CAILLOIS, *Les Impostures de la poésie*, Gallimard, 1945.

Colonisation

Lorsque les Blancs sont venus en Afrique, nous avions les terres et ils avaient la Bible. Ils nous ont appris à prier les yeux fermés. Quand nous les avons ouverts, les Blancs avaient les terres et nous avions la Bible.

Jomo KENYATTA, *Discours du Président*, 1964-1978.

Comédien

Être acteur, c'est passer son temps à aller chercher au fond de soi des choses qui servent à construire quelqu'un qui n'est pas soi.

Pierre ARDITI, in *Le Nouvel Observateur*, 14 janvier 1999.

Le public trompe le comédien, n'est-il pas vrai, et le comédien trompe le public. C'est un jeu de sincérité, un marché ! C'est ce jeu qu'il importe de considérer, dans son honnêteté, ses procédés.

Louis JOUVET, *Le Comédien désincarné*, Flammarion, 1987.

Comique

Le comique étant l'intuition de l'absurde, il me semble plus désespérant que le tragique.

Eugène IONESCO, *Notes et contre-notes*, Gallimard, 1962.

Commencer

Rien ne commence jamais que si on se le permet à soi-même.

Claude MAURIAC, *Le Dîner en ville*, Albin Michel, 1959.

Communication

L'enfer est dans l'incommunicabilité des êtres.

André BRINCOURT, *Les Écrivains du XXe siècle — Un musée imaginaire de la littérature mondiale*, Retz, 1979.

Il ne peut y avoir de *totalité* de la communication. Or la communication serait la vérité si elle était totale.

Paul RICŒUR, *Histoire et vérité*, Le Seuil, 1955.

La communication, le nec plus ultra de nos relations ! Quelle niaiserie ! Quand on se comprend, c'est qu'on n'a rien à se dire.

Pascale ROZE, *Ferraille*, Albin Michel, 1999.

Communiquer

Nous pouvons aisément communiquer d'un continent à l'autre, mais un homme ne sait pas encore entrer en communication avec un autre homme.

Vaclav HAVEL, *Le Rapport dont vous êtes l'objet*, 1965, L'Avant-Scène, 1972.

À mon sens, écrire et communiquer, c'est être capable de faire croire n'importe quoi à n'importe qui. Et ce n'est que par une suite continuelle d'indiscrétions que l'on arrive à ébranler le rempart d'indifférence du public.

J.-M.G. LE CLÉZIO, *Le Procès-verbal*, Préface, Gallimard, 1963.

Je crois qu'au lieu d'une incapacité quelconque à communiquer, il y a en chacun de nous un mouvement intérieur qui cherche délibérément à esquiver la communication.

Harold PINTER, in *Harold Pinter, dramaturge de l'ambiguïté*, Denoël, 1968.

Compétent

Un homme compétent est un homme qui se trompe selon les règles.

Paul VALÉRY, *Mauvaises pensées et autres*, Gallimard, 1942.

Complicité

Aimer, c'est trouver, grâce à un autre, sa vérité et aider cet autre à trouver la sienne. C'est créer une complicité passionnée.

Jacques de BOURBON BUSSET, *Tu ne mourras pas*, Gallimard, 1978.

Compréhension

La chose la plus incompréhensible du monde, c'est que le monde est compréhensible.

Albert EINSTEIN, in *Einstein, sa vie et son temps*, Flammarion, 1991.

Mettez la compréhension active en lieu et place de l'irritation réactive et vous dominerez les choses.

Franz KAFKA, cité par Gustav Janouch, in *Kafka m'a dit*, Calmann-Lévy, 1952.

Comprendre

Comprendre. Toujours comprendre. Moi, je ne veux pas comprendre.

Jean ANOUILH, *Antigone*, La Table ronde, 1943.

Comprendre, n'est-ce pas scinder l'image, défaire le *je*, organe superbe de la méconnaissance ?

Roland BARTHES, *Fragments d'un discours amoureux*, Le Seuil, 1977.

Comprendre c'est créer.

Albert CAMUS, *Carnets II*, 1942-1951, Gallimard, 1964.

Il n'y a rien qui effraye plus les gens que les choses qu'ils ne comprennent pas.

Paul CLAUDEL, *Le Soulier de satin*, Gallimard, 1929.

Dans le train. PREMIER MONSIEUR : *Quelle heure est-il ?* DEUXIÈME MONSIEUR : *Mardi.* TROISIÈME MONSIEUR : *Alors c'est justement ma station.* Il est difficile de se comprendre.

Jean COCTEAU, *Journal d'un inconnu*, Grasset, 1953.

Le meilleur moyen pour apprendre à se connaître, c'est de chercher à comprendre autrui.

André GIDE, *Journal*, 1889-1939, Gallimard, 1939.

Pour comprendre l'autre, il ne faut pas se l'annexer mais devenir son hôte.

Louis MASSIGNON, *Opera minora*, PUF, 1969.

Je comprends de moins en moins le sens du mot comprendre.

Jean ROSTAND, *Inquiétudes d'un biologiste*, Stock, 1967.

Ceux qui comprennent ne comprennent pas que l'on ne comprenne pas.

Paul VALÉRY, *Mauvaises pensées et autres*, Gallimard, 1942.

Concept

L'esprit de l'homme est malade au milieu des concepts.

Antonin ARTAUD, *Le Bilboquet*, in *Œuvres complètes*, t.1, Gallimard, 1976.

Tous les penseurs sont des ratés de l'action et qui se vengent de leur échec par l'entremise des concepts.

Emil Michel CIORAN, *Précis de décomposition*, Gallimard, 1949.

Concessions

Faire des concessions ?
Oui, c'est un point de vue — mais sur un cimetière

Sacha GUITRY, *Elles et toi*, Solar, 1947.

Concierge

Une ville sans concierges, ça n'a pas d'histoire, pas de goût, c'est insipide telle une soupe sans poivre ni sel, une ratatouille informe.

Louis-Ferdinand CÉLINE, *Voyage au bout de la nuit*, Gallimard, 1932.

La concierge est la trompette du faire-savoir.

Max JACOB, *Le Cabinet noir*, Gallimard, 1928.

Condition humaine

Celui qui désespère des événements est un lâche, mais celui qui espère en la condition humaine est un fou.

Albert CAMUS, *Carnets II*, 1942-1951, Gallimard, 1964.

Confession

C'est trop facile d'entrer aux églises
De déverser toutes ses saletés
Face au curé qui dans la lumière grise
Ferme les yeux pour mieux nous pardonner.

Jacques BREL, *Grand Jacques*, © Nouvelles éditions musicales Caravelle, 1953.

Les confessions ont pour première conséquence de confirmer les prêtres dans leur célibat.

Georges ELGOZY, *L'Esprit des mots ou l'Antidictionnaire*, Denoël, 1981.

Les curés sont consolés de ne pas être mariés, quand ils entendent les femmes se confesser.

Armand SALACROU, *Une femme libre*, Gallimard, 1942.

Confiance

Faire confiance aux hommes c'est déjà se faire tuer un peu.

Louis-Ferdinand CÉLINE, *Voyage au bout de la nuit*, Gallimard, 1932.

Il faut continuer à faire confiance aux hommes, parce qu'il importe moins d'être déçu, trahi et moqué par eux que de continuer à croire en eux et à leur faire confiance. Il est moins important de laisser pendant des siècles encore des bêtes haineuses venir s'abreuver à vos dépens à cette source sacrée que de la voir tarie.

Romain GARY, *Chien blanc*, Gallimard, 1970.

La confiance est une des possibilités divines de l'homme.

Henry de MONTHERLANT, *Service inutile*, Gallimard, 1954.

Confidences

Les confidences les plus profondes se font, parfois, à travers des personnages qui passent comme des ombres que l'on n'oublie jamais.

Kleber HAEDENS, *L'Air du pays*, Albin Michel, 1963.

Confort

Il en est peu d'entre nous qui n'aient été tentés à un moment donné de prendre pour la paix de leur conscience le confort et la sécurité de leur derrière.

Georges BERNANOS, *Le Lendemain, c'est vous*, Plon, 1969.

Confort intellectuel

Le confort intellectuel, qui vous inspire tant d'ironie, n'est pas cet espèce de nirvâna auquel vous semblez penser, mais au contraire une commodité permettant à l'intelligence de s'exercer avec toute la vigueur utile.

Marcel AYMÉ, *Le Confort intellectuel*, Flammarion, 1949.

Connaissance

Chez un homme vraiment cultivé, la connaissance se réduit à une essence très subtile des choses, si subtile qu'elle ne doit laisser d'autre souvenir que celui d'un frisson, d'un chatouillement discret de la sensibilité.

Marcel AYMÉ, *Le Confort intellectuel*, Flammarion, 1949.

Seule est émouvante l'orée de la connaissance.

René CHAR, *À une sérénité crispée*, in *Recherche de la base et du sommet*, Gallimard, 1955.

La connaissance est toujours un butin.

Maxime GORKI, *Enfance*, 1913, Gallimard, 1976.

La connaissance est impossible. Mais je ne peux pas me résigner à ne connaître que les murs de la prison.

Eugène IONESCO, *Journal en miettes*, Mercure de France, 1967.

Oh ! tout apprendre, oh ! tout savoir, toutes les langues !
Avoir lu tous les livres et tous les commentaires ;
Oh, le sanscrit, l'hébreu, le grec et le latin !
Pouvoir se reconnaître dans un texte quelconque
Qu'on voit pour la première fois et dominer le monde
Par la science...

Valery LARBAUD, *Europe*, in *Œuvres*, Gallimard, 1957.

La connaissance vraie ignore les valeurs, mais il faut pour la fonder un jugement, ou plutôt un axiome de valeur.

Jacques MONOD, *Le Hasard et la nécessité*, Le Seuil, 1970.

Se surpasser est la seule loi... L'âme ne se surpasse qu'en connaissance.

André SUARÈS, *Le Voyage du condottiere*, Émile-Paul, 1911.

Connaître

Connais-toi toi-même. Maxime aussi pernicieuse que laide. Quiconque s'observe arrête son développement. La chenille qui chercherait à « bien se connaître » ne deviendrait jamais papillon.

André GIDE, *Les Nouvelles nourritures*, Gallimard, 1935.

On ne connaît jamais un être, mais on cesse parfois de sentir qu'on l'ignore.

André MALRAUX, *La Condition humaine*, Gallimard, 1933.

Connaître, c'est élever les choses jusqu'au mystère.

Louis PAUWELS, *L'Apprentissage de la sérénité*, Retz, 1977.

Conscience

Une conscience sans scandale est une conscience aliénée.

Georges BATAILLE, *La Littérature et le mal*, Gallimard, 1957.

Chacun expérimente sa propre conscience comme un absolu.
Comment plusieurs absolus seraient-ils compatibles ? C'est aussi mystérieux que la naissance ou que la mort. C'est même un tel problème que toutes les philosophies s'y cassent les dents.

Simone de BEAUVOIR, *L'Invitée*, Gallimard, 1943.

La conscience n'est dans le chaos du monde qu'une petite lumière, précieuse mais fragile.

Louis-Ferdinand CÉLINE, *Semmelweis*, Gallimard, 1952.

Notre conscience, loin d'être le juge implacable dont parlent les moralistes, est, par ses origines, de « l'angoisse sociale » et rien de plus.

Sigmund FREUD, *Essais de psychanalyse*, Payot, 1927.

Nous allons prendre conseil de notre conscience. Elle est là, dans cette valise, toute couverte de toiles d'araignée. On voit bien qu'elle ne nous sert pas souvent.

Alfred JARRY, *Ubu cocu*, Gallimard, 1978.

La conscience vous grignote la cervelle comme un cancer, jusqu'à ce qu'elle vous ait dévoré toute la matière grise. [...] Quand la maudite voix intérieure te parle, bouche-toi les oreilles de tes deux mains...

Arthur KŒSTLER, *Le Zéro et l'infini*, Calmann-Lévy, 1945.

Chacun de nous doit ouvrir les yeux de toutes les statues aveugles et faire, d'espoirs en volontés, de jacqueries en révolutions, la conscience humaine avec la douleur millénaire des hommes.

André MALRAUX, au Congrès international des écrivains, Paris, La Mutualité, 21 juin 1935.

Conséquences

Même lorsque l'acte ne nous ressemble pas, les conséquences, elles, nous ressemblent.

Félicien MARCEAU, *Chair et cuir*, Gallimard, 1954.

Les conséquences n'ont besoin de personne pour se faire tirer, contrairement aux conclusions qui ne demandent que ça. La conséquence, c'est justement le crash d'une conclusion mal tirée.

Daniel PENNAC, *Aux fruits de la passion*, Gallimard, 1999.

Conservatisme

Tout conservatisme repose sur l'idée que si vous laissez les choses telles qu'elles sont, elles resteront ce qu'elles sont. Mais c'est faux. Si vous laissez quoi que ce soit tel quel, vous donnerez naissance à un total bouleversement.

Gilbert Keith CHESTERTON, *Orthodoxie*, 1908, Rouart-Watelin, 1923.

Vous avez dit « conservatisme » ? Mais le conservatisme n'est plus une opinion ou une disposition, c'est une pathologie.

Alain FINKIELKRAUT, *L'Ingratitude. Conversations sur notre temps*, Gallimard, 1999.

Construire

Rien ne va de soi. Rien n'est donné. Tout est construit.

Gaston BACHELARD, *La Formation de l'esprit scientifique*, Vrin, 1938.

Il faut mener un homme, tout homme, jusqu'à lui-même et lui apprendre à se construire.

Jean GUÉHENNO, *Ce que je crois*, Grasset, 1964.

Inévitablement, nous nous construisons. J'entre ici, et je deviens aussitôt, en face de vous, ce que je dois être, ce que je puis être ; je me construis ; c'est-à-dire que je me présente sous une forme adaptée au rapport que je dois contracter avec vous.

Luigi PIRANDELLO, *La Volupté de l'honneur*, 1917, in *Pirandello*, Seghers, 1970.

Consumer

La vie est magnifique aussi longtemps qu'elle vous consume.

David Herbert LAWRENCE, *Île, mon île*, Stock, 1921.

Conte de fée

Il n'existe que des contes de fées sanglants. Tout conte de fées est issu des profondeurs du sang et de la peur.

Franz KAFKA, cité par Gustav Janouch, in *Kafka m'a dit*, Calmann-Lévy, 1952.

Contemplatif

Un contemplatif... oui, c'est une autre forme de l'aventure !

Blaise CENDRARS, *Blaise Cendrars vous parle*, Denoël, 1952.

Si un contemplatif se jette à l'eau, il n'essaiera pas de nager, il essaiera d'abord de comprendre l'eau. Et il se noiera.

Henri MICHAUX, *Plume*, Gallimard, 1938.

Le contemplatif est celui pour qui l'envers vaut plus que l'endroit.

Pierre REVERDY, *Le Livre de mon bord*, Mercure de France, 1948.

Content

Il faut toujours se dire : « Ce n'est point parce que j'ai réussi que je suis content ; mais c'est parce que j'étais content que j'ai réussi. »

ALAIN, *Propos sur le bonheur*, Gallimard, 1928.

Contenter (Se)

Malheur à ceux qui se contentent de peu.

Henri MICHAUX, *Ecuador*, Gallimard, 1929.

Contraception

Sainte mère de Dieu, vous qui avez conçu sans pécher, accordez-moi
la grâce de pécher sans concevoir.

Anatole FRANCE, *Sur la pierre blanche*, Calmann-Lévy, 1905.

Contradiction

L'homme « sain » n'est pas tant celui qui a éliminé de lui-même les
contradictions : c'est celui qui les utilise et les entraîne dans son travail.

Maurice MERLEAU-PONTY, *Signes*, Gallimard, 1960.

Ce qui fait d'un problème un problème, c'est de contenir une contradiction.

José ORTEGA Y GASSET, *Méditations du Quichotte*, 1914.

Contraire

De frotter l'idée à son contraire naît toujours quelque étincelle.

Robert SABATIER, *Le Livre de la déraison souriante*, Albin Michel, 1991.

Convaincre

Qu'il s'agisse d'une bête ou d'un enfant, convaincre, c'est affaiblir.

COLETTE, *Le Pur et l'impur*, Aux armes de France, 1941.

Conversation

La conversation est une des formes les plus méconnues du silence.

Romain GARY, *Au-delà de cette limite votre ticket n'est plus valable*, Gallimard,
1975.

J'aime assez cette idée [...] que l'amour n'est qu'une forme de conversation où les mots sont mis en action au lieu d'être parlés.

David Herbert LAWRENCE, *L'Amant de Lady Chatterley*, Préface, 1928,
Gallimard, 1946.

Conviction

Sacrifier la conviction à la situation, ce n'est pas trahir, c'est simplement vieillir.

Jean-Marie DOMENACH, *Ce que je crois*, Grasset, 1978.

Une conviction qui commence par admettre la légitimité d'une conviction adverse se condamne à n'être pas agissante.

Roger MARTIN du GARD, *Jean Barois*, Gallimard, 1914.

Copulation

Les miroirs et la copulation sont abominables car ils multiplient le nombre des hommes.

Jorge Luis BORGES, *Fictions*, Gallimard, 1944.

Corps

Le corps est un des noms de l'âme, et non pas le plus indécent.

Marcel ARLAND, *Où le cœur se partage*, Gallimard, 1927.

Toute l'histoire repose, en dernière instance, sur le corps humain.

Roland BARTHES, *Michelet par lui-même*, Le Seuil, 1954.

Dans l'attachement d'un homme à sa vie, il y a quelque chose de plus fort que toutes les misères du monde. Le jugement du corps vaut bien celui de l'esprit...

Albert CAMUS, *Le Mythe de Sisyphe*, Gallimard, 1942.

Le corps est un parasite de l'âme.

Jean COCTEAU, *Le Potomak*, Stock, 1919.

Pour ce qui est du corps, on ne s'emploie jamais assez à le rendre heureux.

Françoise GIROUD, *Ce que je crois*, Grasset, 1978.

Les seuls gens avec qui j'échange des regards d'égalité sont ceux qui veulent mon corps, non mon bien.

Guy HOCQUENGHEM, *L'Amour en relief*, Le Seuil, 1980.

Notre corps physique possède une sagesse qui fait défaut à celui qui l'habite.

Henry MILLER, *Un diable au paradis*, Corrêa, 1956.

On se venge de son âme en polluant son corps.

O. V. de L. MILOSZ, *Maximes et Pensées*, Silvaire, 1967.

Les corps sont des hiéroglyphes sensibles.

Octavio PAZ, Préface au *Chant des aveugles* de Carlos Fuentès, Gallimard, 1964.

Pourquoi, après une âme, nous avoir offert un corps ? J'aurais mieux aimé n'être qu'une âme — ou seulement un corps, mais pas les deux à la fois.

Armand SALACROU, *Une femme trop honnête*, Gallimard, 1956.

Correspondance

Écrire des lettres, c'est se mettre nu devant les fantômes ; ils attendent ce moment avidement. Les baisers écrits ne parviennent pas à destination, les fantômes les boivent en route.

Franz KAFKA, *Lettres à Milena*, Gallimard, 1956.

Corruption

La part essentielle de notre liberté est intérieure, elle dépend de notre volonté. Si nous cédons nous-mêmes à la corruption, nous n'avons plus le nom d'hommes.

Alexandre SOLJENITSYNE, *Quand reviennent le souffle et la conscience*, in *Sakharov parle*, Le Seuil, 1974.

Couleur

Et pourquoi les couleurs ne seraient-elles pas sœurs des douleurs, puisque les unes et les autres nous attirent dans l'éternel ?

Hugo von HOFMANNSTHAL, *Lettre d'un voyageur rentré dans son pays*, in *Hofmannsthal*, Seghers, 1964.

La couleur provoque une vibration psychique. Et son effet physique superficiel n'est, en somme, que la voie qui lui sert à atteindre l'âme.

Wassily KANDINSKY, *Du spirituel dans l'art et dans la peinture en particulier*, Denoël, 1969.

Coup de foudre

Faut-il demander à quelqu'un de foudroyé de définir la foudre ?

Jules ROY, *Amours barbares*, Albin Michel, 1993.

Le coup de foudre est une rencontre sensorielle qui nécessite la synchronisation de deux personnes qui, vingt ans auparavant, ont dû avoir une trace similaire inscrite au fond d'eux par leurs mères...

Boris CYRULNIK, in *La Science : dieu ou diable ?*, Odile Jacob, 1999.

On tombe amoureux. Et comme toujours quand on tombe, on se fait mal.

François WEYERGANS, *Berlin mercredi*, Balland, 1979.

Coup de poing

— Il avait le coup de poing excessivement facile.
— Macho, dis-je.
— Non, c'est la limpidité du message qui lui plaisait.

Melissa BANK, *Manuel de chasse et de pêche à l'usage des filles*, Rivages, 1999.

Coupable

C'est toujours la faute des autres, et leur grande force est de nous persuader du contraire. Quand on commence à se sentir coupable de ce qu'ils nous ont fait, alors ils ont vraiment gagné.

Didier van CAUWELAERT, *Corps étranger*, Albin Michel, 1998.

Je ne crois pas qu'il y ait des coupables. L'homme est un être tellement mal armé pour la vie, que parler de sa culpabilité, c'est en faire presque un surhomme.

Georges SIMENON, in *Conversations avec Simenon*, La Sirène/Alpen, 1990.

Couple

Le couple heureux qui se reconnaît dans l'amour défie l'univers et le temps : il se suffit, il réalise l'absolu.

Simone de BEAUVOIR, *Mémoires d'une jeune fille rangée*, Gallimard, 1958.

Un vrai couple, c'est quand l'ensemble est plus résistant que chacun de ceux qui le composent.

Christian BOBIN, *Geai*, Gallimard, 1998.

L'homme et la femme rapprochés par le ressort de l'amour me font songer à la figure de la coque du navire lié par son amarre à la fascination du quai. Ce murmure, cette pesanteur flexible, ces morsures répétées, la proximité de l'abîme, et par-dessus tout, cette sûreté temporaire, trait d'union entre fureur et accalmie.

René CHAR, *À une sérénité crispée*, in *Recherche de la base et du sommet*, Gallimard, 1955.

Il n'y a jamais eu de créature. Il n'y a jamais eu que le couple. Dieu n'a pas créé l'homme et la femme l'un après l'autre, ni l'un de l'autre. Il a créé deux corps jumeaux, unis par des lanières de chair qu'il a tranchées depuis, dans un accès de confiance, le jour où il a créé la tendresse.

Jean GIRAUDOUX, *Sodome et Gomorrhe*, Grasset, 1959.

Cette chose plus compliquée et plus confondante que l'harmonie des sphères : un couple.

Julien GRACQ, *Un beau ténébreux*, Corti, 1945.

Un couple qui réussit est un peu plus qu'un homme plus une femme. C'est un équilibre et un mouvement un peu mystérieux.

François NOURISSIER, *Mauvais genre*, Gallimard, 1996.

L'avance que prennent les femmes changera le vécu de l'amour aujourd'hui plein d'erreurs [...], en fera une relation qui unisse un être humain à un autre être humain, et non plus un homme à une femme.

Rainer Maria RILKE, *Œuvres*, Le Seuil, 1972-1976.

Courage

Il n'y a de bonheur possible pour personne sans le soutien du courage.

ALAIN, *Les Arts et les dieux*, Gallimard, 1958.

Le grand courage c'est encore de tenir les yeux ouverts sur la lumière comme sur la mort.

Albert CAMUS, *L'Envers et l'endroit*, Gallimard, 1958.

La talent, c'est le courage, ce qu'il en faut pour se tuer.

Louis GUILLOUX, *Le Sang noir*, Gallimard, 1935.

Le courage est un état de calme et de tranquillité en présence d'un danger, état rigoureusement pareil à celui où l'on se trouve quand il n'y a pas de danger.

Alfred JARRY, *La Chandelle verte*, LGF, 1969.

Le courage est une chose *qui s'organise*, qui vit et qui meurt, qu'il faut entretenir comme les fusils...

André MALRAUX, *L'Espoir*, Gallimard, 1937.

Le vrai courage consiste à vaincre les petits ennemis.

Paul NIZAN, *Antoine Bloyé*, Grasset, 1933.

Courir

La mort attrape d'abord ceux qui courent.

Jean GIONO, *L'Iris de Suse*, Gallimard, 1970.

La seule façon d'être suivi, c'est de courir plus vite que les autres.

Francis PICABIA, *Écrits complets*, Belfond, 1975.

Créateur

Il m'était plus facile de penser un monde sans créateur qu'un créateur chargé de toutes les contradictions du monde.

Simone de BEAUVOIR, *Mémoires d'une jeune fille rangée*, Gallimard, 1958.

Il ne peut y avoir de Créateur pour la simple raison que sa tristesse touchant le sort de ses créatures ne saurait être imaginée ni tolérée.

Elias CANETTI, *Le Territoire de l'homme*, Albin Michel, 1978.

Nous serions tous beaucoup plus normaux si on nous avait appris, dans nos catéchismes, que le Créateur était suspect et même coupable.

Emil Michel CIORAN, *Cahiers 1957-1972*, Gallimard, 1997.

Tant que l'univers a un commencement, nous pouvons supposer qu'il a un créateur. Mais si réellement l'univers se contient tout entier, n'ayant ni frontière ni bord, il ne devrait avoir ni commencement ni fin ; il devrait simplement être. Quelle place est-il alors pour un créateur ?

Stephen HAWKING, *Une brève histoire du temps*, Flammarion, 1988.

Création

Ordonner un chaos, voilà la création.

Guillaume APOLLINAIRE, cité par Dan Franck, in *Bohèmes*, Calmann-Lévy, 1998.

L'artiste qui abdique le privilège de la création délibérée pour favoriser et capter de divines surprises ne parvient qu'à produire de l'accidentel.

Roger CAILLOIS, *Cases d'un échiquier*, Gallimard, 1970.

Si terrible que soit la vie, l'existence de l'activité créatrice sans autre but qu'elle-même suffit à la justifier.

Élie FAURE, *L'Esprit des formes*, Crès et Cie, 1927.

C'est justement l'état d'innocence qui est la condition imprescriptible de toute véritable création.

Wilhelm FURTWÄNGLER, *Entretiens sur la musique*, Albin Michel, 1979.

Toute création est, à l'origine, la lutte d'une forme en puissance contre une forme imitée.

André MALRAUX, *Psychologie de l'art. La Création artistique*, Skira, 1948.

Création du monde

Mais que foutait Dieu avant la création ?

Samuel BECKETT, *Catastrophes et autres dramaticules*, Minuit, 1986.

Quand Dieu a pétri la terre de ses mains sacrées, il a fait une belle boulette.

Alexandre BREFFORT, in *La Symphonie des bons mots*, Éditions Bruxelloises, 1967.

Rejetez si vous le voulez l'image biblique de Dieu pétrissant le monde de ses propres mains et le façonnant en six jours. Souriez si le cœur vous en dit du patriarche barbu de Michel-Ange, à la chapelle Sixtine, Dieu créateur communiquant par son doigt l'étincelle de vie à Adam. Acceptez les dogmes de l'évolutionnisme, avec ses fossiles, ses espèces élémentaires, et sa doctrine scientifique des causes naturelles. Et vous vous retrouverez devant le même mystère originel et impénétrable. *Ex nihilo nihil fit* : rien ne peut être issu de rien.

Archibald Joseph CRONIN, in *Paris-Match*, 29 juillet 1950.

La création, c'est l'exubérance de Dieu.

Vladimir VOLKOFF, in *Si nous parlions de Dieu*, Le Centurion, 1985.

Créer

Le besoin de créer est dans l'âme comme le besoin de manger dans le corps.

Christian BOBIN, *La Folle allure*, Gallimard, 1995.

Créer, c'est vivre deux fois. Créer, aussi, c'est donner une forme à son destin.

Albert CAMUS, *Essais*, Gallimard, 1965.

Créer est le seul domaine où il faut se déposséder pour s'enrichir.

Malcolm de CHAZAL, *Penser par étapes*, 1950.

La vie la plus belle est celle que l'on passe à se créer soi-même, non à procréer.

Natalie CLIFFORD-BARNEY, *Éparpillements*, 1910, Persona, 1982.

Le monde est créé pour être recréé.

Georges DUHAMEL, *Deux Hommes*, Mercure de France, 1924.

Nous, mortels, nous sommes immortels dans cette chose que nous créons en commun, contribuant à des œuvres impérissables.

Albert EINSTEIN, *Comment je vois le monde*, Flammarion, 1934.

Créer n'est pas un jeu quelque peu frivole. Le créateur s'est engagé dans une aventure effrayante qui est d'assumer soi-même jusqu'au bout les périls risqués par ses créatures.

Jean GENET, *Œuvres complètes*, Gallimard, 1968.

La seule vérité est qu'il faut se créer, créer ! C'est alors seulement qu'on se trouve.

Luigi PIRANDELLO, *Se trouver*, 1932, in *Pirandello*, Seghers, 1970.

Créer, c'est penser plus fortement.

Pierre REVERDY, *Le Livre de mon bord*, Mercure de France, 1948.

Il n'y a d'êtres que ceux qui créent. Tous les autres sont des ombres qui flottent sur la terre, étrangers à la vie. Toutes les joies de la vie sont des joies de créer : amour, génie, action — flambée de forces sorties de l'unique brasier. [...]
Créer, c'est tuer la mort.

Romain ROLLAND, *Le Voyage intérieur*, Albin Michel, 1942.

Cri

Il faudrait pouvoir écrire des cris, noter comme de la musique les clameurs de l'âme !

Léon BLOY, *Mon Journal*, in *Œuvres*, t. 11, Mercure de France, 1956.

On crie pour taire ce qui crie.

Henri MICHAUX, *Tranches de savoir*, Cercle des Arts, 1950.

Crime

Il n'y a entre le crime et l'innocence que l'épaisseur d'une feuille de papier timbré.

Anatole FRANCE, *Crainquebille, Putois, Riquet et plusieurs autres récits profitables*, Calmann-Lévy, 1901.

Chez moi, tout crime — le meurtre principalement — a des correspondances secrètes avec l'amour.

Octave MIRBEAU, *Le Journal d'une femme de chambre*, Fasquelle, 1900.

Le plus punissable des crimes est celui qu'à l'extrême rigueur le juge aurait pu commettre.

Jean ROSTAND, *Inquiétudes d'un biologiste*, Stock, 1967.

Les « raisons » qui font que l'on s'abstient des crimes sont plus honteuses, plus secrètes que les crimes.

Paul VALÉRY, *Choses tues*, in *Tel Quel*, Gallimard, 1941.

Criminel

L'historien, le moraliste, le philosophe même ne veulent voir que le criminel : ils refont le mal à l'image et à la ressemblance de l'homme. Ils ne se forment aucune idée du mal lui-même, cette énorme aspiration du vide et du néant.

Georges BERNANOS, cité par Pierre-Henri Simon, in *Témoins de l'homme*, Armand Colin, 1960.

Un homme couvert de crimes est toujours intéressant. C'est une cible pour la Miséricorde.

Léon BLOY, *Le Désespéré*, in *Œuvres*, t. 3, Mercure de France, 1964.

Nous acceptons d'être criminels pour que la terre se couvre enfin d'innocents.

Albert CAMUS, *Les Justes*, Gallimard, 1950.

Critique

La critique devrait, en matière de littérature, être une sorte de pédagogie de l'enthousiasme.

Louis ARAGON, *J'abats mon jeu*, Stock, 1997.

Le critique se nourrit sans doute, mais de cadavres. Il ne peut comprendre une œuvre, ni en tirer profit qu'après en avoir extirpé le principe vital. Je considère comme une malédiction d'avoir à contempler quoi que ce soit pour en parler.

Emil Michel CIORAN, *Cahiers 1957-1972*, Gallimard, 1997.

La critique compare toujours. L'incomparable lui échappe.

Jean COCTEAU, *Le Coq parisien*.

« La critique est aisée » — à qui le dites-vous !
Elle s'enrichit à nos dépens — et se nourrit de petits fours.

Sacha GUITRY, *Toutes réflexions faites*, L'Élan, 1946.

Toutes les critiques sont justes. Tous les critiques sont justes. Il ne reste qu'à les comprendre.

Jean PAULHAN, *Fautrier l'Enragé*, Gallimard, 1962.

L'ennui de la critique, c'est qu'on juge quelque chose qui ne peut plus changer.

Georges PERROS, *Papiers collés*, Gallimard, 1960.

La critique est aisée, et le critique est dans l'aisance.

Jules RENARD, *Journal*, 1907, Gallimard, 1960.

Tenir compte des critiques, même injustes ; tenir tête aux critiques, même justes.

Jean ROSTAND, *Pensées d'un biologiste*, Stock, 1954.

Éreinter est éreintant, mais célébrer ce qui mérite de l'être rend léger, heureux et vivant.

Claude ROY, *Défense de la littérature*, Gallimard, 1968.

Critiques d'art

Soyez humains : si vous avez un fils qui ne sait pas distinguer les couleurs, faites-en plutôt un critique d'art qu'un mécanicien de chemin de fer.

Rémy de GOURMONT, *Des pas sur le sable*, Société littéraire de France, 1919.

Critiques littéraires

L'erreur du critique est de chercher l'essence, et de nier l'existence.

ALAIN, *Propos de littérature*, Gallimard, 1934.

Les critiques jugent les œuvres et ne savent pas qu'ils sont jugés par elles.

Jean COCTEAU, *La Difficulté d'être*, Le Rocher, 1947.

La critique est insupportable ; en effet on met dans un livre le plus intime de soi, à savoir la musique. D'où il suit que presque toujours la critique est une affaire de peau. Il y a dans la critique actuelle vingt personnes à qui je donne de l'urticaire et qui se plaignent d'être obligées de se gratter.

Jean DUTOURD, *Carnet d'un émigré*, Flammarion, 1973.

Ces critiques un peu inquiétants qui savent parler des œuvres des autres comme s'ils les avaient faites — de l'intérieur : ce que j'appelle le critique d'annexion — avec cette divination stupéfiante de la femme amoureuse qui comprend tout de l'homme, sauf l'érection.

Julien GRACQ, cité par Georges Perros, in *Papiers collés II*, Gallimard, 1973.

Un critique de profession s'est avisé de publier quatre cents pages sur Molière — mais en dépit de ses éloges, il ne parvient pas à le diminuer.

Sacha GUITRY, *Toutes réflexions faites*, L'Élan, 1946.

Plutôt que le maître d'école, le critique doit être l'élève de l'œuvre.

Eugène IONESCO, *Notes et contre-notes*, Gallimard, 1962.

Le premier sot venu peut écrire ; le premier sot venu sur deux peut faire de la critique littéraire.

Rudyard KIPLING, *Souvenirs, Sept ans de travaux forcés*, Hartmann.

La vraie question pour le critique n'est pas de savoir si tel auteur a l'importance de Balzac ou de Tolstoï, mais s'il existe en tant que « planète », s'il constitue un monde clos tel qu'un certain nombre d'hommes y puissent aborder, un monde familier qu'ils préfèrent à tous les autres.

François MAURIAC, *Journal*, 1934-1950, Grasset.

Le critique insulte l'auteur : on appelle cela de la critique. L'auteur insulte le critique : on appelle cela de l'insulte.

Henry de MONTHERLANT, *Carnets*, 1930-1944, Gallimard, 1957.

La profession de critique est certainement l'une des plus anciennes : de tous temps, il y eut des gens incapables d'agir ou de créer, qui se donnèrent pour tâche, et le plus sérieusement du monde, de juger les actions et les œuvres des autres.

Marcel PAGNOL, *Critique des critiques*, in *Œuvres complètes*, Éditions de Fallois, 1995.

Les critiques, ces messieurs qui ne sont que de pauvres maquereaux au service des propriétaires de bordel.

Francis PICABIA, *Lettres à Christine : 1945-1951*, Ivrea, 1988.

Il y a deux métiers où on gagne sa vie couché : l'un est la critique littéraire !

Bertrand POIROT-DELPECH, Entretien avec André Rollin, in *Ils écrivent*, Mazarine, 1986.

Il n'est pas nécessaire qu'un auteur comprenne ce qu'il écrit. Les critiques se chargeront de le lui expliquer.

André PRÉVOST, *Réflexions et Dialogues*.

Qu'est-ce qu'un critique ? Un lecteur qui fait des embarras.

Jules RENARD, *Journal*, Gallimard, 1960.

Combien croient écrire sur les livres et écrivent sous les livres.

Robert SABATIER, *Le Livre de la déraison souriante*, Albin Michel, 1991.

Critiques : le plus sale roquet peut faire une blessure mortelle. Il suffit qu'il ait la rage.

Paul VALÉRY, *Tel Quel*, Gallimard, 1941-1971.

Croire

Il faut croire d'abord. Il faut croire avant toute preuve, car il n'y a point de preuve pour qui ne croit rien.

ALAIN, *Propos sur la religion*, PUF, 1938.

Ceux qui ont eux-mêmes tout cru pensent tout croyable.

Guy DEBORD, *Cette mauvaise réputation*, Gallimard, 1993.

La manière de croire importe davantage que ce qu'on croit...

Jean-Marie DOMENACH, *Ce que je crois*, Grasset, 1978.

Une vie est belle, où l'on commence par se croire quelque chose, et finit par ne se croire rien.

Henry de MONTHERLANT, *Mors et Vita*, Gallimard, 1954.

Il est plus facile de mourir pour ce que l'on croit que d'y croire un peu moins.

Jean ROSTAND, *Pensées d'un biologiste*, Stock, 1954.

Crois tes yeux et pas tes oreilles.

Alexandre SOLJENITSYNE, *Le Pavillon des cancéreux*, Julliard, 1968.

Ce qui a été cru par tous, et toujours et partout, a toutes les chances d'être faux.

Paul VALÉRY, *Tel quel*, Gallimard, 1941-1971.

Croyance

Je ne crois pas en Dieu, c'est une infirmité mais ne pas croire en Dieu, c'est une croyance.

Marguerite DURAS, *Les Parleuses*, entretien avec Xavière Gauthier, Minuit, 1974.

Pour que l'homme entreprenne une tâche qui dépasse ses forces, il faut lui proposer des croyances qui dépassent sa raison.

Daniel HALÉVY, *Visites aux paysans du Centre : 1907-1934*, Hachette, 1995.

De tous temps, les maîtres du monde, les Églises, les Empires, les Royautés, n'ont régné sur les cohues de misérables, qu'en les empoisonnant après les avoir volées, en les maintenant dans l'épouvante et la servitude des croyances fausses.

Émile ZOLA, *Vérité*, 1902, Christian Pirot, 1993.

Crucifix

Quand je vois le Christ en croix, les bras m'en tombent.

Paul CLAUDEL, *Journal*, 1904-1955, Gallimard, 1968-1969.

Il arrive parfois, lorsqu'on se met en croix,
Que les clous vont blesser quelqu'un derrière soi.

Francis JAMMES, *Les Géorgiques chrétiennes*, Mercure de France, 1911.

Cuisine

On doit laisser en paix les gens chargés de la cuisine. Ainsi le comprenait Jésus, [...] à qui l'idée ne vint jamais de détourner Marthe de ses fourneaux pour lui conter des sornettes.

Pierre BENOÎT, *L'Atlantide*, Albin Michel, 1919.

Si vous n'êtes pas capable d'un peu de sorcellerie, ce n'est pas la peine de vous mêler de cuisine.

COLETTE, *Prisons et paradis*, Ferenczi, 1932.

La cuisine, c'est quand les choses ont le goût de ce qu'elles sont.

CURNONSKY, in *Noblesse de la table*, 1955.

Le destin d'un paysage est de finir dans une assiette, au fond d'un estomac. Toute cuisine est le devenir d'un terroir, la saveur son essence.

François GRAVELINE, *L'Invention du Massif central*, Le Miroir, 1997.

La nature avait les bruits les plus suaves ? l'homme a fait la musique. Il y avait la lumière ? il a fait le vitrail. Il y avait le miel et la chair crue des bêtes mortes ? il a créé la cuisine la plus délicate.

Marie ROUANET, *Paroles de gourmandise*, Albin Michel, 1998.

Culture

La vraie culture agit par son exaltation et par sa force.

Antonin ARTAUD, *Le Théâtre et son double*, Préface, Gallimard, 1938.

Une culture bloquée sur un temps scolaire est la négation même de la culture scientifique.

Gaston BACHELARD, *La Formation de l'esprit scientifique*, Vrin, 1938.

Ce qu'on appelle culture — soit une plus fine sensibilité à l'équité, à la cohérence et à l'harmonie, et qui est pour moi l'essentiel de l'effort humain — demeure superficiel, pour ne pas dire pelliculaire. Il ne faut pas, sur ce point, se faire d'illusion.

Roger CAILLOIS, *Instincts et société*, Gonthier, 1964.

Sans la culture et la liberté relative qu'elle suppose, la société, même parfaite, n'est qu'une jungle. C'est pourquoi toute création authentique est un don de l'avenir.

Albert CAMUS, *Actuelles*, t. 2, Gallimard, 1953.

L'homme de culture est aussi éloigné de l'artiste que l'historien l'est de l'homme d'action.

Jean DUBUFFET, *Asphyxiante culture*, Minuit, 1986.

Un homme cultivé c'est souvent un homme qui a appris l'art de se dissimuler à lui-même et de dissimuler aux autres ses ignorances.

Louis GUILLOUX, *Carnets 1944-1974*, Gallimard, 1982.

La culture, c'est ce qui reste quand on a tout oublié.

Édouard HERRIOT, *Jadis 2. D'une guerre à l'autre*, Flammarion, 1952.

Selon un mot fameux, « la culture, c'est ce qui reste... ». Encore faudrait-il savoir ce qu'il convient d'avoir oublié.

Jean ROSTAND, *Inquiétudes d'un biologiste*, Stock, 1967.

Presque tout ce qui caractérise l'humanité se résume par le mot culture.

François JACOB, *Le Jeu des possibles*, Fayard, 1981.

Quand j'entends le mot « culture », je sors mon revolver. *

Hanns JOHST, *Schlageter*, Berlin, 1933.

---

* Cette phrase, généralement attribuée à Goebbels ou à Goering, est tirée d'une pièce de Hanns Johst dédiée à Hitler, *Schlageter*. Haut dignitaire du régime nazi, Johst fut président de la Chambre des écrivains allemands de 1935 à 1945.

La culture n'est pas l'érudition. L'érudition, c'est très amusant. Mais la culture, c'est le développement de la capacité d'aimer.

Bertrand de JOUVENEL, in *L'Express*, 17 janvier 1972.

Toute culture peut être considérée comme un ensemble de systèmes symboliques au premier rang desquels se placent le langage, les règles matrimoniales, les rapports économiques, l'art, la science, la religion...

Claude LÉVI-STRAUSS, *Tristes tropiques*, Plon, 1955.

La culture nous apparaît d'abord comme la connaissance de ce qui a fait de l'homme autre chose qu'un accident de l'univers.

André MALRAUX, *Les Voix du silence*, Gallimard, 1951.

La culture ne s'hérite pas, elle se conquiert.

André MALRAUX, *Oraisons funèbres*, Gallimard, 1971.

Curiosité

Curiosité est mère de la science. Ève a été entraînée par une impulsion de sa curiosité à se saisir sur l'arbre de la science du fruit défendu. C'est véritablement un des besoins de l'homme que la satisfaction de sa curiosité.

Robert DEBRÉ, *Ce que je crois*, Grasset, 1976.

La curiosité, cette espérance de l'esprit...

Marie NOËL, *Notes intimes*, Stock, 1959.

Cynisme

Je n'ai jamais réussi à devenir un vrai cynique. D'un autre côté, souffrir du mal qu'on fait est le seul moyen de se croire intact.

Didier van CAUWELAERT, *Corps étranger*, Albin Michel, 1998.

Le cynisme est une hypocrisie à rebours. Il ne donne pas la vérité de l'homme.

Henri de LUBAC, *Paradoxes* suivi de *Nouveaux paradoxes*, Le Seuil, 1959.

D

Damné

Il y a une chose que je ne comprends pas, c'est pourquoi Dieu a fait
le monde. Moi, si j'avais été Dieu et si j'avais vu que l'existence du
monde avait pour conséquence l'existence d'un seul damné, c'est-à-
dire l'existence d'un seul personnage condamné à la mort éternelle,
jamais je n'aurais rien fait. Je me serais contenté de dormir toute une
éternité.

Henri BERGSON, in *Œuvres*, PUF, 1991.

Dangereux

L'âge que nous vivons est dangereux ; comme il serait ennuyeux s'il
ne l'était pas.

John STEINBECK, *Un Américain à New York et à Paris*, Julliard, 1956.

Danse

La danse n'a plus rien à raconter : elle a beaucoup à dire !...
Dans la danse, on retrouve à la fois le cinéma, les bandes dessinées, le
cent mètres olympique, la natation, avec, en plus, la poésie, l'amour,
la tendresse. C'est ça le vingtième siècle.

Maurice BÉJART, *Un instant dans la vie d'autrui*, Flammarion, 1979.

Danser

Danser est le fin mot de vivre et c'est par danser aussi soi-même qu'on peut seulement connaître quoi que ce soit : il faut s'approcher en dansant.

Jean DUBUFFET, *Prospectus et tous écrits suivants*, Gallimard, 1967.

Danser, c'est découvrir et recréer, surtout lorsque la danse est danse d'amour. C'est, en tout cas, le meilleur mode de connaissance.

Léopold Sédar SENGHOR, au Congrès de l'Union nationale de la Jeunesse du Mali, 1960.

Debout

La vie est un travail qu'il faut faire debout.

ALAIN, *Propos d'un Normand*, t. 2, Gallimard, 1955.

On est juge ou accusé. Le juge est assis. L'accusé debout. Vivre debout.

Jean COCTEAU, *Journal d'un inconnu*, Grasset, 1953.

Mieux vaut mourir debout que vivre à genoux*.

Dolorès IBARRURI, dite La Pasionaria, *Discours de Valence*, 1936.

Décadence

La décadence d'une société commence quand l'homme se demande : « Que va-t-il arriver ? » au lieu de demander : « Que puis-je faire ? »

Denis de ROUGEMONT, *L'Avenir est notre affaire*, Stock, 1977.

Décembre

On dirait que le soleil de décembre fait quelque chose de défendu.

Kleber HAEDENS, *L'Air du pays*, Albin Michel, 1963.

---

* On retrouvera la phrase, à l'identique, dans *L'Espoir* d'André Malraux.

Déclaration des droits de l'homme

La Déclaration des droits de l'homme provient de tout l'effort historique de la pensée française pour se libérer et libérer les autres en se libérant.

Édouard HERRIOT, *Droit et liberté*, Tallandier, 1946.

Décoration

Autrefois, on pendait les voleurs aux croix. Aujourd'hui, on pend des croix aux voleurs.

Louis-Ferdinand CÉLINE, *Cahiers Céline n° 2. Céline et l'actualité littéraire*, Gallimard, 1976.

Ils sont rares, de nos jours, ceux qui atteignent la quarantaine sans vérole et sans décoration.

André GIDE, *Les Faux-Monnayeurs*, Gallimard, 1925.

Les hommes couverts de croix font penser à un cimetière.

Francis PICABIA, *Écrits complets*, Belfond, 1975.

Découvrir

Découvrir une chose, c'est la mettre à vif.

Georges BRAQUE, *Le Jour et la nuit*, Gallimard, 1952.

Décrypter

Il se peut que la vie demande à être déchiffrée comme un cryptogramme.

André BRETON, *Nadja*, Gallimard, 1928.

Défaut

Un homme sans défauts est une montagne sans crevasses. Il ne m'intéresse pas.

René CHAR, *Feuillets d'Hypnos*, Gallimard, 1946.

Pour agir il faut une forte dose de défauts. Un homme sans défauts n'est bon à rien.

Jacques CHARDONNE, *Propos comme ça*, Grasset, 1966.

Je suis armé d'une cuirasse qui n'est faite que de défauts.

Pierre REVERDY, *Le Livre de mon bord*, Mercure de France, 1948.

Définir

Définir, c'est entourer d'un mur de mots un terrain vague d'idées.

Samuel BUTLER, *Carnets posthumes*, 1912.

Toute définition est une limite.

André SUARÈS, *Variables*, Émile-Paul, 1929.

Définitif

N'essayez pas de dire des choses définitives. D'abord vous ne sauriez pas, et puis, ensuite, il n'y a rien de définitif.

Raoul PONCHON, *Gazette*, *Des mots, des mots*, Le Courrier français.

Dégénérescence

Nous commençons seulement à comprendre les horribles déviations et la dégénérescence pathologique de l'animal humain.

Wilhelm REICH, *Écoute petit homme !*, 1948, Payot, 1990.

Délirer

Délirez si vous le voulez, mais délirez JUSTE attention. Pour délirer *juste* il faut que cela prenne au trognon de l'Homme de son âme, pas de sa tête...

Louis-Ferdinand CÉLINE, cité par Milton Hindus, in *Céline tel que je l'ai vu*, L'Arche, 1951.

Démagogie

La démagogie des hommes de gauche est à base de promesses, celle des hommes de droite à base de souvenirs.

Gilbert CESBRON, *Le Calepin de l'Anglais*, 1942-1953, Guilde du Livre, 1958.

Demain

Demain... demain, c'est l'éternité et un jour.

Dialogues du film *L'Éternité et un jour* de Théo Angelopoulos, 1998.

Rien n'est mort que ce qui n'existe pas encore / Près du passé luisant demain est incolore / Il est informe auprès de ce qui est parfait...

Guillaume APOLLINAIRE, *Alcools*, Gallimard, 1920.

Demain ne sera pas comme hier. Il sera nouveau et il dépendra de nous. Il est moins à découvrir qu'à inventer.

Gaston BERGER, *Phénoménologie du temps et prospective*, PUF, 1964.

Après tout, demain est un autre jour.
(*After all, tomorrow is another day*)

Dialogues du film *Autant en emporte le vent* de Victor Fleming, 1939.

Hier ne finira que demain et demain a commencé il y a dix mille ans.

William FAULKNER, *L'Intrus*, Gallimard, 1948.

Notre existence est l'addition de journées qui s'appellent toutes aujourd'hui [...] Une seule journée s'appelle demain : celle que nous ne connaîtrons pas.

Armand SALACROU, *Histoire de rire*, Gallimard, 1973.

Demander

Le plus grand prix qu'on puisse payer pour quoi que ce soit, c'est de la demander.

Marcel ACHARD, *Patate*, Épigraphe, La Table ronde, 1957.

Dément

Les seuls gens qui existent pour moi sont les déments, ceux qui ont la démence de vivre, de discourir, d'être sauvés, qui veulent jouir de tout dans un seul instant, ceux qui ne savent pas bâiller ni sortir un lieu commun.

Jack KEROUAC, *Sur la route*, Gallimard, 1960.

Démocrate

Je suis un de ces démocrates qui croient que le but de la démocratie est de faire accéder chaque homme à la noblesse.

Romain GARY, *Chien blanc*, Gallimard, 1970.

Le démocrate ne connaît pas le Juif, ni l'Arabe, ni le nègre, ni le bourgeois, ni l'ouvrier : mais seulement l'homme, en tout temps, en tout lieu, pareil à lui-même.

Jean-Paul SARTRE, *Réflexions sur la question juive*, Gallimard, 1954.

Démocratie

La démocratie n'est pas simplement la loi de la majorité, c'est la loi de la majorité respectant comme il convient le droit des minorités*.

Clement ATTLEE, Discours, 12 septembre 1945.

Quand nous serons tous coupables, ce sera la démocratie.

Albert CAMUS, *La Chute*, Gallimard, 1956.

La démocratie est tout ensemble le paradis et le tombeau d'un peuple.

Emil Michel CIORAN, *Histoire et utopie*, Gallimard, 1960.

La démocratie, c'est la Révolution couchée, et qui fait ses besoins dans ses draps.

Léon DAUDET, *Le Courrier des Pays-Bas*, *Les Atmosphères politiques*, Grasset, 1928.

---

* À rapprocher de cette phrase d'Albert Camus : « La démocratie, ce n'est pas la loi de la majorité, mais la protection de la minorité. » (*Carnets III*, mars 1951-décembre 1959, Gallimard)

Démocratie est le nom que nous donnons au peuple chaque fois que nous avons besoin de lui.

Robert de FLERS et Gaston Arman de CAILLAVET, *L'Habit vert*, Librairie théâtrale, 1913.

Le soleil ne fait aucune différence entre toutes les choses du monde, il les traite de la même façon. C'est ce que plus tard en Grèce, concernant les hommes entre eux, on appellera démocratie.

Denis GUEDJ, *Le Théorème du perroquet*, Le Seuil, 1998.

Ce qui est sacré, dans la démocratie, ce sont les valeurs, pas les mécanismes.

Amin MAALOUF, *Les Identités meurtrières*, Grasset, 1998.

J'ai vu des démocraties intervenir contre à peu près tout, sauf contre les fascismes.

André MALRAUX, *L'Espoir*, Gallimard, 1937.

La démocratie est d'abord un état d'esprit.

Pierre MENDÈS FRANCE, *La République moderne*, Gallimard, 1962.

Tant qu'il y aura des dictatures, je n'aurai pas le cœur de critiquer une démocratie.

Jean ROSTAND, *Inquiétudes d'un biologiste*, Stock, 1967.

Densité

L'homme cherche sa propre densité et non pas son bonheur.

Antoine de SAINT-EXUPÉRY, *Citadelle*, Gallimard, 1948.

Dépassement

Quand l'homme croit se dépasser, il n'est encore qu'au commencement de soi.

Maurice MAETERLINCK, *Devant Dieu*, Fasquelle, 1955.

Dépouiller

Heureux qui est dépouillé injustement, car il n'a plus rien à craindre de la justice.

Paul CLAUDEL, *L'Otage*, Gallimard, 1911.

Nous ne connaissons bien que ce dont nous sommes dépouillés.

François MAURIAC, *Trois grands hommes devant Dieu*, Le Capitole, 1930.

Dépression

Officiellement, donc, je suis en dépression. La formule me paraît heureuse. Non que je me sente très bas ; c'est plutôt le monde autour de moi qui me paraît haut.

Michel HOUELLEBECQ, *Extension du domaine de la lutte*, Maurice Nadeau, 1994.

Déracinement

Je pense que l'homme doit vivre dans son pays et je crois que le déracinement pour l'être humain est une frustration qui, d'une manière ou d'une autre, atrophie la clarté de son âme.

Pablo NERUDA, *J'avoue que j'ai vécu*, Gallimard, 1975.

Déraisonnable

L'homme raisonnable s'adapte au monde ; l'homme déraisonnable s'obstine à essayer d'adapter le monde à lui-même. Tout progrès dépend donc de l'homme déraisonnable.

George Bernard SHAW, *Maximes pour révolutionnaires*.

Dernier mot

Le dernier mot est le bon. Le dernier mot de Phèdre est : pureté. Le dernier mot de Chimène est : paternel. Le dernier mot d'Auguste est : oublier. Le dernier mot d'Hamlet-le-Bavard est : silence. Le dernier mot du Prince de Hombourg est : Brandebourg, ou, si l'on veut bien, patrie. Le dernier mot d'Harpagon est : cassette. Le dernier mot de Macbeth est : enough ! Le dernier mot d'Œdipe-Roi est : arracher. Le dernier mot de Prométhée est : j'endure. Le dernier mot d'Œdipe à Colonne est : heureux à jamais. Et les derniers mots de Roméo sont : Thus with a kiss I die. Le poète a toujours le dernier mot.

Jean VILAR, *De la tradition théâtrale*, L'Arche, 1963.

Dés

Nous sommes comme des dés dans la main du bon Dieu, au creux de sa main. Et il attend peut-être encore un peu pour nous jeter sur la table.

Georges BERNANOS, note du 31 décembre 1945, in *Bernanos*, Le Seuil, 1954.

Dieu ne joue pas aux dès avec l'univers.

Albert EINSTEIN, article écrit en 1927, in *Albert Einstein : a life for To-morrow*, Bookland, 1958.

Désapprendre

Désapprendre à rêvasser, apprendre à penser, désapprendre à philosopher, apprendre à dire, cela ne se fait pas en un jour.

René DAUMAL, *Les Pouvoirs de la Parole*, Gallimard, 1972.

Désert

La Terre promise est toujours de l'autre côté du désert.

Havelock ELLIS, *The Dance of life*, London, Constable, 1923.

L'appel du désert, pour les penseurs de la ville, a toujours été irrésistible : je ne crois pas qu'ils y trouvent Dieu, mais qu'ils entendent plus distinctement dans la solitude le verbe vivant qu'ils y apportent avec eux.

LAWRENCE d'ARABIE, *Les Sept Piliers de la sagesse*, t. 1, Payot, 1973.

Mes origines, je les trouve plutôt dans l'imaginaire, dans les mots, ou dans la lecture des déserts. Il n'y a pas mieux que les déserts pour méditer les questions sans réponse.

J.-M.G. LE CLÉZIO, in *Le Nouvel Observateur*, 30 octobre 1997.

Il y a des prétentions et des autosuffisances qui ne résistent pas à un vrai quart d'heure de méditation dans le désert.

Jean-Yves LELOUP, *Désert, déserts*, Albin Michel, 1996.

Chacun de nous est un désert.

François MAURIAC, *Dieu et Mammon*, Grasset, 1958.

Le désert n'ayant pas donné de concurrent au sable, grande est la paix du désert.

Henri MICHAUX, *Face aux verrous*, Gallimard, 1954.

Ce qui embellit le désert, dit le petit prince, c'est qu'il cache un puits quelque part.

Antoine de SAINT-EXUPÉRY, *Le Petit Prince*, Gallimard, 1943.

Au désert, on voit de loin partout.

Alexandre VIALATTE, *Dernières nouvelles de l'homme*, Julliard, 1978.

Le désert est la seule chose qui ne puisse être détruite que par construction.

Boris VIAN, in *Boris Vian en verve*, Pierre Horay, 1970.

L'homme idéal est celui qui, au milieu de l'activité la plus intense, sait trouver le silence et la solitude du désert. Cet homme-là s'est approprié le secret de la maîtrise de soi.

Swami VIVEKANANDA, *Karma-Yoga*, Maisonneuve, 1936.

Désert (Traversée du)

Je crois qu'il faut traverser des déserts et je crois même que ceux qui n'en ont jamais traversé sont des infirmes.

BARBARA, citée par Michèle Manceaux, in *L'Amour des stars*, Albin Michel, 1999.

Déserteur

Ma décision est prise / Je m'en vais déserter [...]
Si vous me poursuivez / Prévenez vos gendarmes
Que je n'aurai pas d'armes / Et qu'ils pourront tirer.

Boris VIAN, *Le Déserteur*, in *Textes et chansons*, Bourgois, 1975.

Désespérer

Ne désespérez jamais. Faites infuser davantage.

Henri MICHAUX, *Tranches de savoir*, Cercle des Arts, 1950.

Quand nous ne savons plus faire un seul pas, la vie, elle, sait comment poursuivre. Là où nous désespérons de toute issue, elle en propose des dizaines. Il suffit de lui garder confiance. Il suffit d'aller jusqu'à ce point en nous, si ténu que le désespoir ne peut s'en saisir, comme il fait du reste.

Christian BOBIN, *La Merveille et l'obscur*, Paroles d'Aube, 1996.

Comment vivre sans quelques bonnes raisons de désespérer !

Albert CAMUS, *Carnets II*, 1942-1951, Gallimard, 1964.

Désespoir

Dieu m'a placé dans le désespoir comme dans une constellation d'impasses dont le rayonnement aboutit à moi.

Antonin ARTAUD, *Textes de la période surréaliste*, Gallimard, 1956.

Béni soit celui qui a préservé du désespoir un cœur d'enfant !

Georges BERNANOS, *Journal d'un curé de campagne*, Plon, 1936.

Un livre est grand par la grandeur du désespoir dont il procède, par toute cette nuit qui pèse sur lui et le retient longtemps de naître.

Christian BOBIN, *Une Petite robe de fête*, Gallimard, 1991.

Peut-on considérer le désespoir comme condition normale de la vie sans aller jusqu'à sa conséquence, jusqu'au suicide ?

Alberto MORAVIA, 1934, Flammarion, 1983.

J'essaie de donner mauvaise conscience à mon désespoir.

Jean ROSTAND, *Inquiétudes d'un biologiste*, Stock, 1967.

Désillusion

La vie n'apporte aucune désillusion, la vie n'a qu'une parole, elle la tient.

Georges BERNANOS, *Les Grands cimetières sous la lune*, Plon, 1938.

Désir

L'homme est une création du désir, non pas une création du besoin.

Gaston BACHELARD, *La Psychanalyse du feu*, Gallimard, 1937.

Le désir n'est souvent qu'un manque de mémoire.

Daniel BOULANGER, *Le Jardin d'Armide*, Laffont, 1969.

Il s'agit de *ne pas*, derrière soi, *laisser s'embroussailler les chemins du désir*. [...] Le désir, seul ressort du monde, le désir, seule rigueur que l'homme ait à connaître.

André BRETON, *L'Amour fou*, Gallimard, 1937.

La pensée voyage à la vitesse du désir.

Malcolm de CHAZAL, *Sens plastique*, Gallimard, 1948.

Il me traite de putain, de dégueulasse, il me dit que je suis son seul amour, et c'est ça qu'il doit dire et c'est ça qu'on dit quand on laisse le dire se faire, quand on laisse le corps faire et chercher et trouver et prendre ce qu'il veut, et là tout est bon, il n'y a pas de déchet, les déchets sont recouverts, tout va dans le torrent, dans la force du désir.

Marguerite DURAS, *L'Amant*, Minuit, 1984.

Je te le dis en vérité, Nathanaël, chaque désir m'a plus enrichi que la possession toujours fausse de l'objet même de mon désir.

André GIDE, *Les Nourritures terrestres* suivi de *Les Nouvelles nourritures*, Gallimard, 1942.

L'amour c'est aussi autre chose que l'amour. C'est la complicité, c'est la compréhension, c'est cet état d'amitié amoureuse où l'on mesure ce qu'il y a de miraculeux et de précieux dans le désir et ce qui sépare justement le pénis du godemiché imbécile, toujours prêt comme un scout...

Benoîte GROULT, *Ainsi soit-elle*, Grasset, 1975.

Naguère, je désirais l'espérance, maintenant, j'espère le désir.

Henri JEANSON, Dialogues du film *La Vie en rose*, 1947.

Un jour vient où vous manque une seule chose et ce n'est l'objet de votre désir, c'est le désir.

Marcel JOUHANDEAU, *Réflexions sur la vieillesse et la mort*, Grasset, 1956.

Seul le désir est vrai, le désir passionné lui seul ne peut être exagéré. Mais même la vérité du désir exprime moins cette vérité que le mensonge de tout le reste. Cela paraît compliqué : c'est pourtant ainsi.

Franz KAFKA, *Lettres à Milena*, Gallimard, 1956.

Ne demande « que faire ? » que celui dont le désir s'éteint.

Jacques LACAN, *Télévision*, Le Seuil, 1974.

En réalisant ses désirs, autrement dit en se réalisant soi-même, l'homme réalise l'absolu.

Henry de MONTHERLANT, *La Petite infante de Castille*, Gallimard, 1973.

Le problème de l'attachement dans l'amour est souvent tragique, car l'attachement s'approfondit souvent au détriment du désir.

Edgar MORIN, *Amour, poésie, sagesse*, Le Seuil, 1997.

Désirer

Désirer tout et le désir lui-même.

Manoel de ABREU, *Orchestre métaphysique*, in *La Poésie brésilienne contemporaine*, Seghers, 1966.

Je méprise qui désire quelque chose. Je ne méprise pas qui désire quelqu'un.

Henry de MONTHERLANT, *Carnets*, Gallimard, 1957.

Désordre

L'ordre est le plaisir de la raison : mais le désordre est le délice de l'imagination.

Paul CLAUDEL, *Le Soulier de satin*, Gallimard, 1929.

Exprimer en langage verbal ce qui n'était exprimable qu'en langage d'organes, exprimer plus ou moins clairement ce qui était au fond de nous-mêmes obscurément imprimé, c'est ordonner notre désordre.

Jean DELAY, *Perspectives sur la médecine du corps et de l'esprit*, 1952.

Despote

Les despotes ne nient pas que la liberté ne soit excellente. Seulement ils ne la veulent que pour eux-mêmes, et ils soutiennent que tous les autres en sont indignes. Ainsi, ce n'est pas sur l'opinion qu'on doit avoir de la liberté qu'on diffère, mais sur l'estime plus ou moins grande qu'on doit avoir des hommes.

Raymond ARON, in *Les Écrivains du XXᵉ siècle. Un musée imaginaire de la littérature mondiale*, Retz, 1979.

Destin

Le destin est la fiction d'un être qui sait l'avenir et qui pourrait l'annoncer ; c'est une manière de dire que nous ne pouvions pas changer l'avenir.

ALAIN, *Définitions*, Gallimard, 1954.

Je connais gens de toutes sortes
Ils n'égalent pas leurs destins
Indécis comme des feuilles mortes
Leurs yeux sont des feux mal éteints
Leurs cœurs bougent comme leurs portes

Guillaume APOLLINAIRE, *Marizibill*, in *Alcools*, Gallimard, 1920.

L'imagination la plus folle a moins de ressources que le destin.

Claude AVELINE, *La Double mort de Frédéric Belot*, Mercure de France, 1962.

Je ne crois pas assez à la raison pour souscrire au progrès, ni à aucune philosophie de l'Histoire. Je crois du moins que les hommes n'ont jamais cessé d'avancer dans la conscience qu'ils prenaient de leur destin.

Albert CAMUS, *L'Été*, Gallimard, 1954.

La grandeur d'un destin se fait de ce qu'on refuse plus que de ce qu'on obtient.

Françoise CHANDERNAGOR, *L'Allée du Roi*, Julliard, 1982.

Le destin de l'homme est d'épuiser l'idée de Dieu.

Emil Michel CIORAN, *Des larmes et des saints*, 1937, L'Herne, 1986.

Nous aurons le destin que nous aurons mérité.

Albert EINSTEIN, *Comment je vois le monde*, Flammarion, 1934.

[Le destin] est simplement la forme accélérée du temps.

Jean GIRAUDOUX, *La Guerre de Troie n'aura pas lieu*, Grasset, 1935.

On ne veut jamais que son destin.

Thomas MANN, *La Montagne magique*, 1924, Fayard, 1931.

Peu à peu notre destin nous ruisselle sur le dos.

Jules ROMAINS, *Ode génoise*, in *Anthologie des poètes de la NRF*, Gallimard, 1936.

Il ne manquerait de rien, sauf de cette continuité dans le destin qui confère à un homme la sensation de sa permanence à travers les âges.

Henri TROYAT, *Le Bruit solitaire du cœur*, Flammarion, 1985.

Destinée

On ne peut pas plus regarder face à face la destinée que le soleil et pourtant elle est grise.

Henri BARBUSSE, *L'Enfer*, 1908, Albin Michel, 1992.

Toute destinée, si longue et si compliquée soit-elle, compte en réalité un seul moment : celui où l'homme sait une fois pour toutes qui il est.

Jorge Luis BORGES, in *Borges*, Seghers, 1971.

145

Détail

Qui veut faire de grandes choses doit penser profondément aux détails.

Paul VALÉRY, *Mauvaises pensées et autres*, Gallimard, 1942.

Détruire

Tu verras qu'il est impossible d'oublier quelqu'un qu'on a détruit.

Francis GIAUQUE, *Carnet*, 11 mars 1965, in revue *Exit*, n° 5.

Travailler à détruire ce qu'on vénère, c'est le mouvement même de la vie.

Jean ROSTAND, *Inquiétudes d'un biologiste*, Stock, 1967.

Devoir

Il n'y a jamais d'autre difficulté dans le devoir que de le faire.

ALAIN, *Définitions*, Gallimard, 1954.

Si nous ne nous conduisons pas tout à fait bien, c'est parce qu'il nous reste, à tous, une vague petite notion de devoir au fond de notre désordre qui fait que nous n'avons pas le courage de nous conduire tout à fait mal.

Jean ANOUILH, *Ardèle ou la Marguerite*, La Table Ronde, 1949.

L'obéissance au devoir est une résistance à soi-même.

Henri BERGSON, *Les Deux sources de la morale et de la religion*, PUF, 1932.

Le bonheur de l'homme n'est pas dans la liberté, mais dans l'acceptation d'un devoir.

André GIDE, Préface à *Vol de nuit* d'Antoine de Saint-Exupéry, Gallimard, 1931.

Il ne s'agit pas de deviner ce que sera l'avenir, mais de voir ce qui s'impose dans le présent. Il ne s'agit pas de calculer ses chances, mais de penser son devoir.

Henri de LUBAC, *Paradoxes* suivi de *Nouveaux paradoxes*, Le Seuil, 1959.

Dévorer

Je n'aime pas les hommes, j'aime ce qui les dévore.

André GIDE, *Le Prométhée mal enchaîné*, Gallimard, 1920.

Diable

Avec Dieu, ce qu'il y a de terrible, c'est qu'on ne sait jamais si ce n'est pas un coup du diable.

Jean ANOUILH, *L'Alouette*, La Table Ronde, 1973.

Trop de gens se sont servis de Dieu : « Mon Dieu, prient-ils au fond, exaucez ce que le Diable m'a promis ! »

Jean-Louis BARRAULT, in *Pour vous qui est Jésus-Christ ?*, Le Cerf, 1970.

Le diable, voyez-vous, c'est l'ami qui ne reste jamais jusqu'au bout.

Georges BERNANOS, *Monsieur Ouine*, Plon, 1940.

C'est Dieu qui a créé le monde, mais c'est le diable qui le fait vivre.

Tristan BERNARD, *Sur les grands chemins*, Ollendorff, 1911.

Il vaut mieux donner son âme au Diable que d'essayer de la vendre à Dieu.

Gilbert CESBRON, *Journal sans date*, Laffont, 1963.

Le diable représente en quelque sorte les défauts de Dieu. Sans le diable, Dieu serait inhumain.

Jean COCTEAU, *Opium*, Stock, 1983.

Le Diable est encore le meilleur subterfuge pour disculper Dieu...

Sigmund FREUD, *Malaise dans la civilisation*, PUF, 1930.

Pour l'athée, l'hypothèse de l'existence de Dieu n'est pas à retenir ; celle de l'existence du Diable reste à considérer. En tout cas des deux hypothèses la deuxième lui paraîtra la moins déraisonnable.

André FROSSARD, *36 Preuves de l'existence du Diable*, Albin Michel, 1978.

L'homme a besoin du Diable pour laver Dieu du mal. Il a besoin à la fois d'un mauvais Diable et d'un bon Dieu pour *être* tout simplement et pour ne pas sombrer dans le désespoir.

Jean d'ORMESSON, in *Paris-Match*, 16 janvier 1981.

Dictature

Les dictatures fomentent l'oppression, les dictatures fomentent la servilité, les dictatures fomentent la cruauté ; mais le plus abominable est qu'elles fomentent l'idiotie.

Jorge Luis BORGES, in *Borges par lui-même*, Le Seuil, 1978.

Quiconque s'oppose à la dictature doit accepter la guerre civile comme moyen. Quiconque recule devant la guerre civile doit abandonner l'opposition et accepter la dictature.

Arthur KŒSTLER, *Le Zéro et l'infini*, Calmann-Lévy, 1945.

La dictature est la forme la plus achevée de la jalousie.

Curzio MALAPARTE, *Technique du coup d'État*, Grasset, 1931.

Diction

Ciel, si c'est cinq sous ces six ou sept saucissons, c'est cent cinq sous ces cent six ou cent sept saucissons aussi ?

Paul GRAVOLLET, *Déclamation, école du mécanisme*, Albin Michel, 1982.

Dictionnaire

Mon nouvel appartement se trouvant un peu loin de la Bibliothèque nationale, [...] j'ai dû me résoudre à acheter un Larousse, un de ces braves Larousse qui donnent au plus induré crétin les airs malins de l'omniscient.

Alphonse ALLAIS, *Comment on fait les bonnes maisons*, Albin Michel, 1990.

Le dictionnaire est une machine à rêver.

Roland BARTHES, Préface au *Dictionnaire des éditions Hachette*.

148

Un chef-d'œuvre de la littérature n'est jamais qu'un dictionnaire en désordre.

Jean COCTEAU, *La Fin du Potomak*, Gallimard, 1940.

La seule foi qui me reste, et encore ! c'est la foi dans les dictionnaires.

Paul LÉAUTAUD, *Journal littéraire*, 1893-1956, Mercure de France, 1966.

Les dictionnaires sont de bien belles choses. Ils contiennent tout. C'est l'univers en pièces détachées. Dieu lui-même, qu'est-ce, au fond, qu'un Larousse plus complet ?

Alexandre VIALATTE, *Et c'est ainsi qu'Allah est grand*, Julliard, 1979.

Dieu

Dieu ! Dieu ! Il n'y a pas de Dieu ! J'arracherai cet imposteur de son trône de nuages, et tous fouleront aux pieds ce vieux farceur que les caricaturistes sont forcés d'orner d'une barbe blanche pour nous le rendre respectable. Dieu, c'est l'homme.

Guillaume APOLLINAIRE, *Que Faire ?*, in *L'Inspiration biblique dans l'œuvre de Guillaume Apollinaire*, Minard, 1966.

Mais voici Dieu tout à coup comme un poing, comme une faux de lumière coupante.

Antonin ARTAUD, *Textes de la période surréaliste*, Gallimard, 1956.

Vous nous manquez, ô notre Père ! qui n'êtes plus aux cieux.

Hervé BAZIN, *Ce que je crois*, Grasset, 1977.

Je me passais très bien de Dieu et si j'utilisais son nom, c'était pour désigner un vide qui avait à mes yeux l'éclat de la plénitude.

Simone de BEAUVOIR, *Pour une morale de l'ambiguïté*, Gallimard, 1947.

Il y a des jours où Dieu est si loin qu'il semble absent.

Simone de BEAUVOIR, *Une mort très douce*, Gallimard, 1964.

Hé bien, il me semble parfois qu'il est moins triste de ne pas croire en Dieu du tout que de croire en un Dieu mécanicien, géomètre et physicien.

Georges BERNANOS, *Dialogues des Carmélites*, 1948, Le Seuil, 1995.

La parole de Dieu, c'est un fer rouge.

Georges BERNANOS, *Journal d'un curé de campagne*, Plon, 1936.

Mon Dieu. Épargnez-moi à l'avenir vos taquineries cruelles et je vous épargnerai mes petits blasphèmes. Accordez-moi seulement la grâce de comprendre votre Œuvre et de m'en accommoder.

Antoine BLONDIN, *Les Enfants du bon Dieu*, Laffont, 1991.

On peut fort bien, par temps clair, entrevoir Dieu sur le visage du premier venu. Voilà. C'est aussi simple que cela. Et personne ne nous a jamais dit que ce qui était simple n'était pas déchirant.

Christian BOBIN, *Autoportrait au radiateur*, Gallimard, 1997.

Dieu est l'obstacle que j'érige entre moi-même et moi pour n'avoir pas à me comprendre.

Alain BOSQUET, *Le Tourment de Dieu*, Gallimard, 1986.

Et puis si j'étais le Bon Dieu / Je crois que je serais pas fier
Je sais on fait ce qu'on peut / Mais y a la manière.

Jacques BREL, *Fernand*, © Éditions musicales Pouchenel, 1965.

La volonté de grandeur de Dieu le père ne dépasse pas 4 810 mètres en France, altitude prise au niveau de la mer.

André BRETON, *Flagrant délit*, 1949, in *Œuvres complètes*, Gallimard, 1988.

Si Dieu fermait un instant les yeux et qu'il retirât à lui sa main puissante, le monde entier s'évanouirait comme un songe.

Raymond-Léopold BRUCKBERGER, *Ce que je crois*, Grasset, 1981.

Oui, Dieu, c'est le mot le plus chargé de tous les mots humains. Pas un qui n'ait été aussi souillé, aussi lacéré. C'est précisément la raison pour laquelle je ne puis pas y renoncer.

Martin BUBER, *L'Éclipse de Dieu*, Nouvelle Cité, 1987.

Dieu [...] a forcément besoin d'un consort ou d'une épouse pour l'équilibre et la santé de son esprit et pour être en mesure d'entendre les prières.

Anthony BURGESS, *L'Homme de Nazareth*, Laffont, 1977.

Pour moi, Dieu c'était d'abord un juron. J'ai compris ensuite que c'est une invention de gens très malins, qui vivent là-dessus.

José CABANIS, *Le Crime de Torcy*, Gallimard, 1990.

Puisque l'ordre du monde est réglé par la mort, peut-être vaut-il mieux pour Dieu qu'on ne croie pas en lui et qu'on lutte de toutes ses forces contre la mort, sans lever les yeux vers ce ciel où il se tait.

Albert CAMUS, *La Peste*, Gallimard, 1947.

Je hais ce monde où nous en sommes réduits à Dieu.

Albert CAMUS, *Le Malentendu*, Gallimard, 1944.

Dieu était une erreur. Mais il est difficile de déterminer si elle fut commise trop tôt ou trop tard.

Elias CANETTI, *Le Territoire de l'homme*, Albin Michel, 1978.

Je vois ce que les gens appellent Dieu dans la musique, dans la mer, dans une fleur, dans une feuille et dans un geste de bonté.

Pablo CASALS, in *Le Petit livre des jours*, La Table ronde, 1995.

Dieu, Toi qui Te dissimules dans les nuages ou derrière la maison du cordonnier,
Fais que se réveille mon âme.
Relève mon chemin, je ne voudrais pas être pareil à tous les autres,
Je veux voir un monde nouveau.

Marc CHAGALL, *Poèmes*, Cramer, 1975.

Lorsque Dieu entre dans votre vie, ça s'entend. Il fait un bruit énorme. N'importe qui le reconnaît immédiatement.

Pierre CHAUNU, in *Le Cadavre de Dieu bouge encore, entretien avec Georges Suffert*, 31 mars 1975, Grasset, 1975.

Ce qui nous empêche de voir Dieu, c'est que notre esprit est compliqué,
et que Dieu est Simple.

Malcolm de CHAZAL, *Sens plastique*, Gallimard, 1948.

Quand je serai devant le Père Céleste, je lui demanderai des explications. Il n'en mènera pas large.

Sir Winston CHURCHILL, in *Dictionnaire de l'humour et du libertinage*, Albin Michel, 1983.

Dieu : une maladie dont on se croit guéri parce que plus personne n'en meurt et dont on est surpris, de temps en temps, de constater qu'elle est toujours là.

Emil Michel CIORAN, *Cahiers 1957-1972*, Gallimard, 1997.

Ce n'est pas ma faute si Dieu existe.

Paul CLAUDEL, *Contacts et Circonstances*, Gallimard, 1940.

J'ai connu un poète, un grand poète, un ami. [...] Or, un jour, au palais des papes d'Avignon, dans la Grande Cour, comme certains des acteurs tenaient des propos avilis par le didactisme — ou sous un autre prétexte — soudain il s'écria, brama, tonna, d'une voix immense, dans un crescendo rythmé à faire crouler les murailles, ces mots qu'elles n'avaient sans doute pas répercutés depuis sept cents ans — sinon par la sublime Catherine de Sienne :
— Et l'Amour, merde !... Et la Pureté, merde !... Et Dieu, merde !...
Et dans un paroxysme :
— Dieu est Dieu, nom de Dieu !

Maurice CLAVEL, *Dieu est Dieu, nom de Dieu !*, Grasset, 1976.

Dieu, c'est la place fraîche sur l'oreiller.

Jean COCTEAU, cité par Julien Green, in *Journal*, mars 1972, Gallimard, 1977.

Où que tu désires voir le visage de Dieu, tu le verras. Et si tu ne veux pas le voir, cela ne fait pas la moindre différence, dès l'instant que ton effort est bon.

Paulo COELHO, *Le Pèlerin de Compostelle*, Anne Carrière, 1996.

Un petit enfant connaît Dieu peut-être avant de connaître sa mère, et les plus grands mystiques ne le connaissent pas encore.

Jean DANIÉLOU, *Dieu et nous*, Grasset, 1956.

Mon Dieu, que Votre volonté soit fête !

Frédéric DARD, *Les Pensées de San-Antonio*, Cherche Midi, 1996.

De l'autre côté de la vie c'est le printemps, il y fait Dieu comme il fait soleil sur nos printemps de la terre.

Didier DECOIN, in *Dictionnaire de citations chrétiennes*, Le Cerf, 1987.

Je suis sensible à l'idée que Dieu est à l'intérieur de nous plutôt qu'à l'extérieur. Qu'il n'est donc pas nécessaire d'attendre qu'il vienne nous sauver mais que nous devons trouver à l'intérieur de nous-mêmes les moyens d'y parvenir.

Philippe DJIAN, *Entre nous soit dit. Conversations avec Jean-Louis Ezine*, Plon, 1996.

Dieu, pour moi, c'est l'inconnu de ma soif, l'inconnu que je ne connais que par une sensation de manque.

Françoise DOLTO, *La Foi au risque de la psychanalyse*, Le Seuil, 1983.

Dieu se tient quelquefois à un centimètre de nous, et [...] il suffirait de tourner légèrement la tête pour le voir. En effet, la vieille expérience de l'humanité nous enseigne que Dieu ne se présente pas en face. Toujours dans notre dos, en nous laissant, selon son habitude, la liberté de le regarder ou non.

Jean DUTOURD, *Le Vieil homme et la France*, Flammarion, 1994.

Dieu nous joue parfois de drôles de tours, mais c'est tout de même un gentleman.

William FAULKNER, *Sanctuaire*, 1931, in *Œuvres romanesques*, t. 1, Gallimard, 1995.

Dieu est un mathématicien. À ceci près que ce mathématicien-là ne sait compter que jusqu'à 1. Ou plus précisément, pour Lui, 1 est égal à l'infini. Pour Dieu, il n'existe qu'un seul être, unique, irremplaçable : il y a vous et vous seul, le concierge de votre immeuble et lui seul... Dieu compte « ses » hommes un par un. Un seul d'entre eux est toujours aussi important que tous les autres.

André FROSSARD, Dialogue avec Jean Guitton, in *Paris-Match*, 29 août 1991.

Dieu existe, je l'ai rencontré.

André FROSSARD, Titre d'un ouvrage, Fayard, 1969.

Dieu est seulement un trou avec n'importe quoi autour.

Jean GENET, in *Le Magazine Littéraire*, juillet 1984.

Ne souhaitons pas, Nathanaël, trouver Dieu ailleurs que partout.

André GIDE, *Les Nourritures terrestres* suivi de *Les Nouvelles nourritures*, Gallimard, 1942.

Est-ce que Dieu existe ?
Si tu crois en lui, il existe ; si tu n'y crois pas, il n'existe pas.

Maxime GORKI, *Les Bas-Fonds*, 1902, L'Arche, 1992.

Sur l'existence de Dieu, la moindre apparition sera la bienvenue.

Sacha GUITRY, *Elles et toi*, Solar, 1947.

Dieu, intérieurement, je me le représente comme femme. Par mon psychisme, quand je l'évoque, je l'évoque comme si c'était une femme éternelle. Autrement dit, je n'ai jamais aimé la barbe de Dieu.

Jean GUITTON, Dialogue avec Jacques Lanzmann, in *Paris-Match*, 24 novembre 1994.

Si Dieu existe, à quoi bon la littérature ? Si Dieu n'existe pas, alors à quoi bon faire de la littérature ?

Eugène IONESCO, in *Le Monde*, 29 novembre 1987.

Dieu n'est-il pas le poète suprême en tant qu'il improvise les mondes ?

Vladimir JANKÉLÉVITCH, *La Mort*, Flammarion, 1977.

Dieu est le plus court chemin de zéro à l'infini. Dans quel sens ? dira-t-on.

Alfred JARRY, *Œuvres complètes*, Gallimard, 1972-1988.

L'instruction publique, la propagation des connaissances scientifiques, l'étude des lois de la nature ne laissent aucune place à Dieu.

Nikita KHROUCHTCHEV, *Pour la coexistence pacifique et une paix durable*, Moscou, 1958.

Dieu a les deux bras étendus. L'un est assez fort pour entourer de justice, l'autre assez doux pour nous entourer de grâce.

Martin Luther KING, *La Force d'aimer*, Casterman, 1964.

Dieu (historiquement et pratiquement) se présente d'abord comme un ensemble d'idées engendrées par l'abrutissement de l'homme, par l'environnement extérieur, par l'oppression de classe — ensemble d'idées qui tendent à renforcer cet abrutissement, à endormir la lutte de classe.

LÉNINE, *Œuvres complètes*, t. 48, Moscou, 1950.

Le réel est apparence ; et autre chose existe, qui n'est pas apparence et ne s'appelle pas toujours Dieu.

André MALRAUX, *Le Surnaturel*, Gallimard, 1997.

Dieu étant par essence tout puissant, peut toujours, s'il le veut intervenir dans le destin de l'homme. S'il ne le fait jamais, il n'est pas tout puissant. Ne l'eût-il fait qu'une fois, l'homme n'est pas libre.

Claude MAURIAC, *Introduction à une mystique de l'enfer*, Grasset, 1938.

Dieu a eu besoin des hommes, et les hommes se sont servis de Dieu, cela dit tout.

François MAURIAC, *Ce que je crois*, Grasset, 1962.

Aujourd'hui je sais ce qu'a dû être le désespoir de Dieu quand il a créé l'univers. C'est l'infini des possibilités qui tue Dieu. Quand vous dites univers, vous pensez à tel univers en particulier, et vous collez le nom de Dieu, mais Dieu est le possible qui réside au-delà de l'actuel. Dieu n'existe pas. Dieu est une création car l'éternité ne suffit pas.

Henry MILLER, *Lettres à Anaïs Nin*, Bourgois, 1967.

Dieu ne nous remplit qu'autant que nous sommes vides.

Henry de MONTHERLANT, *Port-Royal*, Gallimard, 1954.

Sur quel arbre monter pour toucher le ciel ?
Pour la rencontre de Dieu et de l'homme, l'homme monte en vain. Dieu descend. Il ne descend pas beaucoup plus pour le pécheur que pour le juste.

Marie NOËL, *Notes intimes*, Stock, 1959.

Dans une éternité et un infini qui sont fermés à jamais aux êtres dans le temps, Dieu est le nom le plus commode pour le néant et le tout.

Jean d'ORMESSON, *Presque rien sur presque tout*, Gallimard, 1996.

Je n'ai pas peur de Dieu, parce qu'il est notre père. Mon père ne me fait pas peur.

Charles PÉGUY, *Pensées*, Gallimard, 1934.

Parfois le soir, il me prend l'envie de téléphoner au bon dieu. Oui.

Georges PERROS, *Papiers collés*, Gallimard, 1960.

Notre Père qui êtes aux cieux
Restez-y
Et nous nous resterons sur la terre
Qui est quelquefois si jolie.

Jacques PRÉVERT, *Paroles*, Gallimard, 1949.

Le Créateur n'est point cet ouvrier syndiqué, qui travaille six jours, et se repose le Dimanche. Le Dimanche est le jour du Seigneur, le grand jour du Créateur. Le Créateur n'en connaît point d'autres. S'il cessait de créer, ne fût-ce qu'une seconde, il meurt.

Romain ROLLAND, *Le Voyage intérieur*, Albin Michel, 1942.

On n'a jamais tant parlé de Dieu que depuis qu'il est mort.

Jean ROSTAND, in *Dieu existe-t-il ? Non...*, Fayard, 1973.

Que m'importe que Dieu n'existe pas. Dieu donne à l'homme de la divinité.

Antoine de SAINT-EXUPÉRY, *Carnets*, Gallimard, 1953.

Dostoïevski avait écrit : « Si Dieu n'existait pas, tout serait permis. » C'est là le point de départ de l'existentialisme. En effet, tout est permis si Dieu n'existe pas, et par conséquent l'homme est délaissé, parce qu'il ne trouve ni en lui, ni hors de lui, une possibilité de s'accrocher. Il ne trouve d'abord pas d'excuses. Si, en effet, l'existence précède l'essence, on ne pourra jamais l'expliquer par référence à une nature humaine donnée et figée ; autrement dit, il n'y a pas de déterminisme, l'homme est libre, l'homme est liberté.

Jean-Paul SARTRE, *L'Existentialisme est un humanisme*, 1946, Nagel, 1960.

Si Dieu existe, l'homme est néant ; si l'homme existe...

Jean-Paul SARTRE, *Le Diable et le bon Dieu*, Gallimard, 1951.

Pourquoi nous attaquer à Dieu lui-même ? Il est aussi malheureux que nous pouvons l'être. Depuis la mort de son pauvre fils, il n'a plus goût à rien et mange du bout des dents.

Erik SATIE, in *Erik Satie*, Seghers, 1979.

L'existence de Dieu ne regarde que lui.

Louis SCUTENAIRE, *Mes Inscriptions*, Gallimard, 1945.

Je me confie à ma nourrice Dieu
Je le tutoie, et j'enlève toutes les majuscules, dont je suis fatigué.

Léopold Sédar SENGHOR, *Élégie pour Jean-Marie*, in *Élégies majeures*, Le Seuil, 1990.

Dieu est plus présent dans les étoiles micacées du givre ou de la neige que dans les églises. Car la beauté gratuite prouve à mon sens davantage son existence que les psalmodies que certains lui adressent dans un langage qui n'est pas le sien.

Christian SIGNOL, *Bonheurs d'enfance*, Albin Michel, 1996.

Qui priez-vous ? disait-il. Dieu est sourd.

Isaac B. SINGER, *Le Blasphémateur*, Stock, 1973.

L'homme, image de Dieu ? De quel Dieu ? De Dieu modelant sa propre image dans le limon, c'est-à-dire l'image d'un *créateur en train de créer*. Nous touchons là à l'essence de l'autoportrait : c'est le seul portrait qui reflète un créateur au moment même de l'acte de création.

Michel TOURNIER, *Des clés et des serrures*, Le Chêne, 1979.

Dieu n'est pas à la hauteur. Il n'est même pas dans le Bottin.

Tristan TZARA, *Sept manifestes dada*, 1924, Pauvert, 1967.

Dieu a fait tout de rien. Mais le rien perce.

Paul VALÉRY, *Mauvaises pensées et autres*, Gallimard, 1942.

Dieu se dissimule comme le loup de la devinette qui se cache dans sa propre image au milieu des branches du pommier. On ne voit plus que Lui quand on L'a découvert. D'autres ne voient jamais que le pommier.

Alexandre VIALATTE, *Antiquité du Grand Chosier*, Julliard, 1984.

Supprimez le conditionnel et vous aurez détruit Dieu.

Boris VIAN, in *Boris Vian en verve*, Pierre Horay, 1970.

Ceux qui croient en l'existence de Dieu ou d'un Dieu sont pour moi un objet de très grande curiosité... Je suis stupéfait de voir que des gens qui, sur le plan intellectuel, me sont supérieurs [...] croient à une chose : au vide. Devant moi apparaît un animal, pas au sens péjoratif bien sûr, étrange, différent de la race humaine à laquelle j'appartiens.

Jean VILAR, in *Dieu existe-t-il ? Non...*, Fayard, 1973.

Dieu ne peut être présent dans la création que sous la forme de l'absence.

Simone WEIL, *La Pesanteur et la grâce*, Plon, 1947.

En tant que croyant, je pense qu'on peut compter sur Dieu pour n'importe quoi... Tout, d'ailleurs, peut compter sur Dieu : l'être humain, l'herbe, l'arbre ou le nuage, et la pierre elle-même s'il le faut, avec sa foi de pierre, certes limitée !

Élie WIESEL, in *La Croix*, 16 octobre 1994.

Nous sommes tous des enfants, dans une immense école maternelle, où nous essayons d'épeler le nom de Dieu avec des cubes marqués d'un alphabet qui ne convient pas !

Tennessee WILLIAMS, *Soudain l'été dernier*, 1958, in *Théâtre 2*, Laffont, 1962.

— Dieu est le peintre de l'univers...
— Quel malheur [...] que Dieu ne se soit pas borné à la peinture des paysages.

Marguerite YOURCENAR, *La Tristesse de Cornélius Berg*, in *Nouvelles orientales*, Gallimard, 1963.

Différence

L'amour, c'est quand la différence ne sépare plus.

Jacques de BOURBON BUSSET, *Les Choses simples*, Gallimard, 1980.

C'est dans ce que les hommes ont de plus commun qu'ils se différencient le plus.

Blaise CENDRARS, *Aujourd'hui : 1917-1929, Essais et réflexions*, Denoël, 1987.

Difficulté

En fin de compte, tout s'arrange, sauf la difficulté d'être, qui ne s'arrange pas.

Jean COCTEAU, *La Difficulté d'être*, Le Rocher, 1947.

C'est plus qu'impossible, c'est difficile.

Louis SCUTENAIRE, *Mes Inscriptions*, Gallimard, 1945.

Une difficulté est une lumière. Une difficulté insurmontable est un soleil.

Paul VALÉRY, *Tel Quel*, t. 1, Gallimard, 1941.

Dignité

Il est impossible aux individus d'aujourd'hui, y compris les jeunes, d'occuper un poste de direction sans devenir eux-mêmes sexuellement rigides. Les organisations actuelles exigent de la « dignité » de la part de leurs dirigeants. Or une dignité rigide et la santé sexuelle sont incompatibles.

Wilhelm REICH, *Les Hommes dans l'État*, 1963, Payot, 1978.

Dimanche

Ce qu'il y a de meilleur dans le dimanche, c'est encore le samedi soir.

Gilbert CESBRON, *Journal sans date*, Laffont, 1963.

Il faut des siècles de désœuvrement pour pouvoir supporter l'oisiveté du dimanche.

Anne HÉBERT, *La Mercière assassinée*, in *Théâtre*, Éditions HMH, 1967.

Diminutif

Il me faudra des mois, des années peut-être, pour supporter le genre câlin, même à l'usage de mon fils. J'ai horreur d'entendre s'effeuiller les effusions mineures et mon oreille frémit de tout son poil quand elle entend : « Mon zésus, mon rat-rat, il a encore bobo à son cucul ! »

Hervé BAZIN, *La Mort du petit cheval*, Grasset, 1950.

Insupportables ses protestations d'amour éternel, et les petits noms tendres dont elle m'affublait. J'étais tour à tour son bien unique, son canari, son bichon [...] j'ai horreur des diminutifs.

André GIDE, *Thésée*, Gallimard, 1946.

Diplôme

Je n'hésite pas à le déclarer, le diplôme est l'ennemi mortel de la culture.

Paul VALÉRY, *Variété*, 1924-1944, Gallimard, 1978.

Dire

Le plus difficile est de dire en y pensant ce que tout le monde dit sans y penser.

ALAIN, *Histoire de mes pensées*, Gallimard, 1936.

Rien n'est vrai que ce qu'on ne dit pas...

Jean ANOUILH, *Nouvelles pièces noires*, La Table ronde, 1946.

Il n'y a de terrible en nous et sur la terre et dans le ciel peut-être que ce qui n'a pas encore été dit. On ne sera tranquille que lorsque tout aura été dit, une bonne fois pour toutes, alors enfin on fera silence et on n'aura plus peur de se taire. Ça y sera.

Louis-Ferdinand CÉLINE, *Voyage au bout de la nuit*, Gallimard, 1932.

Quand on n'a rien à dire, comment le dire simplement ?

René ÉTIEMBLE, *Hygiène des lettres*, Gallimard, 1952-1967.

[...] il y a menace de totalitarisme chaque fois qu'une société nous fait devoir de *tout dire*.

Bernard-Henri LÉVY, *La Barbarie à visage humain*, Grasset, 1977.

Tant de choses ne valent pas d'être dites. Et tant de gens ne valent pas que les autres choses leur soient dites. Cela fait beaucoup de silence.

Henry de MONTHERLANT, *Le Maître de Santiago*, Gallimard, 1947.

Assurément, tout est dit ; mais chacun, pour le redire à sa façon, doit avoir la naïveté de se croire le premier à le dire.

Jean ROSTAND, *De la vanité et de quelques autres sujets*, Fasquelle, 1925.

Disciple

Il n'est rien de tel que les disciples pour purifier les maîtres en leur mettant le feu au derrière.

Léon BLOY, *Exégèse des lieux communs*, in *Œuvres*, t.8, Mercure de France, 1968.

Discipline

La discipline, tas d'abrutis, il la faut, parce que, sans elle, vous grimperiez aux arbres comme des singes, mais le service militaire fait de vous, espèces d'andouilles, des membres de la société humaine !

Jaroslav HASEK, *Le Brave Soldat Chveik*, 1920, Gallimard, 1948.

La discipline, c'est d'aimer ce qu'on aime.

Georges PERROS, *Papiers collés*, Gallimard, 1960.

Dispute

C'est plein de disputes, un bonheur.

Jean ANOUILH, *Eurydice*, in *Pièces noires*, La Table ronde, 1931.

Dissident

Les grands peuples se reconnaissent à la qualité de leurs dissidents.

Jean Edern HALLIER, *Bréviaire pour une jeunesse déracinée*, Albin Michel, 1982.

Dissimuler

Savez-vous que le meilleur moyen de dissimuler, c'est de dévoiler jusqu'au bout ?

Serge Mikhaïlovitch EISENSTEIN, *Mémoires*, 10/18, 1978.

Distraction

La vie est une perpétuelle distraction qui ne laisse même pas prendre conscience de ce dont elle distrait.

Louis GUILLOUX, *Carnets 1944-1974*, Gallimard, 1982.

Divin

La part divine relie tout au long du déroulement des siècles les grands caractères. Ils se comprennent, s'estiment, s'aiment à travers une continuité des valeurs les plus élevées, même si Dieu, dans sa permanence, prend des visages différents pour des humanités différentes.

Louis LEPRINCE-RINGUET, *Discours de réception à l'Académie française*, 20 octobre 1966, Albin Michel, 1967.

Le seul domaine où le divin soit visible est l'art, quelque nom qu'on lui donne.

André MALRAUX, *La Métamorphose des dieux*, Gallimard, 1957.

Dogmes

Le monde moderne est plein d'hommes qui s'en tiennent aux dogmes si fermement qu'ils ignorent même que ce sont des dogmes.

Gilbert Keith CHESTERTON, *Hérétiques*, 1912, Plon, 1930.

Doigts

Voyez ces doigts, mes amis ! Les veines de ces doigts mènent tout droit à l'âme humaine !

Dialogues du film *La Nuit du chasseur* de Charles Laughton, 1955.

Donner

Pour être heureux avec les êtres, il ne faut leur demander que ce qu'ils peuvent donner.

Tristan BERNARD, *L'Enfant prodigue du Vésinet*, Flammarion, 1921.

Se donner n'a de sens que si l'on se possède.

Albert CAMUS, *Carnets II*, 1942-1951, Gallimard, 1964.

Donne toujours plus que tu ne peux reprendre. Et oublie.

René CHAR, *Le Terme épars*, 1966, in *Œuvres complètes*, Gallimard, 1983.

Heureux qui a quelque chose à donner, car à celui qui n'a pas, on ôtera même ce qu'il a.

> Paul CLAUDEL, *L'Otage*, Gallimard, 1911.

Je ne puis pourtant pas me donner à ceux qui ne savent pas me prendre.

> Natalie CLIFFORD-BARNEY, *Éparpillements*, 1910, Persona, 1982.

Le difficile, ce n'est pas de donner, c'est de ne pas tout donner.

> COLETTE, *La Naissance du jour*, 1928, Flammarion, 1984.

Si posséder est un plaisir, donner est une joie.

> Georges DUHAMEL, *Les Plaisirs et les jeux*, Mercure de France, 1922.

C'est quand on a tout donné, quand on ne tient plus à rien qu'on possède tout.

> Marcel JOUHANDEAU.

Dopage

Doper le coureur est aussi criminel, aussi sacrilège que de vouloir imiter Dieu ; c'est voler à Dieu le privilège de l'étincelle.

> Roland BARTHES, *Mythologies*, Le Seuil, 1957.

Dormeur

Le dormeur est une ombre, lui qui ouvre sa porte aux ombres.

> Yves BONNEFOY, *L'Improbable*, Mercure de France, 1980.

Dormir

Dormir à deux rend la nuit moins opaque.

> Malcolm de CHAZAL, *Sens plastique*, Gallimard, 1948.

C'est simple : le lit, c'est le ventre de maman. Se coucher, c'est naître à l'envers, *dénaître* en quelque sorte. Dormir, c'est reprendre la vie fœtale cruellement interrompue par la naissance, cette naissance rejouée douloureusement chaque matin, et qu'un petit déjeuner au lait et à la confiture doit consoler, comme jadis la première tétée.

Michel Tournier, *Célébrations*, Mercure de France, 1999.

Douleur

Qui cherche la vérité de l'homme doit s'emparer de sa douleur.

Georges Bernanos, *La Joie*, Plon, 1991.

La mort n'est pas une chose si sérieuse ; la douleur, oui.

André Malraux, *L'Espoir*, Gallimard, 1937.

Toute douleur qui n'aide personne est absurde.

André Malraux, *La Condition humaine*, Gallimard, 1933.

L'acheminement vers la mort est une fuite inconsciente pour échapper à la douleur et à la pénurie.

Herbert Marcuse, *Eros et la civilisation*, 1955, Minuit, 1963.

C'est la douleur qui dicte au poète ses chants les plus émus.

H. G. Wells, *Une Fâcheuse histoire d'amour*, in *Effrois et fantasmagories*, Gallimard, 1984.

Si un robot est capable de percevoir la douleur d'un homme et d'en souffrir, il mérite alors d'être qualifié d'humain. A contrario, si un humain n'est pas capable de percevoir la douleur d'un autre, il serait justifié de lui retirer sa qualité d'homme.

Bernard Werber, *La Révolution des fourmis*, Albin Michel, 1996.

Doute

En réalité, plus on sait de choses et plus on mesure les limites de son savoir. Le plus grand privilège de l'esprit est de douter de lui-même.

Jean Audouze, Michel Cassé, Jean-Claude Carrière, *Conversations sur l'invisible*, Belfond, 1988.

164

Plus vive est l'intelligence et plus le doute la chagrine. Il est à la pensée ce que l'ombre est à la lumière.

> Hervé BAZIN, *Abécédaire*, Grasset, 1984.

La certitude, quel que soit son bord, engendre le fanatisme. Au fond, le doute est le seul contrepoids aux folies humaines.

> Laurence COSSÉ, *Le Coin du voile*, Gallimard, 1996.

Atteindre le doute du doute, c'est le commencement de la certitude...

> Léon DAUDET, *Le Courrier des Pays-Bas, Les Atmosphères politiques*, Grasset, 1928.

Je puis douter de la réalité de tout, mais pas de la réalité de mon doute.

> André GIDE, *Les Faux-Monnayeurs*, Gallimard, 1925.

La pensée ne commence qu'avec le doute.

> Roger MARTIN du GARD, *Correspondance avec André Gide*, Gallimard, 1968.

La vie selon le monde est l'ombre d'une vapeur, un sentiment de doute dans le rêve de nuit d'un dément.

> O. V. de L. MILOSZ, *Maximes et Pensées*, Silvaire, 1967.

Douter

C'est encore croire en soi que de douter de soi.

> Jean ROSTAND, *Inquiétudes d'un biologiste*, Stock, 1967.

Je doute, donc je pense.

> André SUARÈS, *Valeurs*, Grasset, 1936.

Drapeau

On ne nous fera plus prendre des vessies peintes
de bleu de blanc et de rouge
pour les lanternes de la liberté.

> Jean AMROUCHE, *Le Combat algérien*, in *Espoir et Parole*, Seghers, 1963.

Les trois couleurs à la voirie !
Le drapeau rouge est le meilleur !
Leur France, jeune travailleur,
N'est aucunement ta patrie.

Louis ARAGON, en 1932.

Un homme bon, un homme sain, un homme raisonnable ne doit pas saluer les drapeaux.

Henri BARBUSSE, *La Lueur dans l'abîme*, Éditions Clarté, 1920.

Terrible morceau de drap cloué à la hampe... Je te hais pour toute la misère que tu représentes, pour le sang frais, le sang humain aux odeurs âpres qui gicla sous tes plis ; je te hais au nom des squelettes... Je hais tes sales couleurs, le rouge de leur sang, le bleu que tu volas au ciel, le blanc livide de tes remords.

Paul LÉAUTAUD, *Journal littéraire*, Mercure de France, 1954-1964.

Dresser

La vie appartient à ceux qui la dressent, à ceux qui l'affrontent sans peur.

Frédéric DARD, *Le Dragon de Cracovie*, Fleuve noir, 1998.

Drogue

Les drogues nous ennuient avec leur paradis.
Qu'elles nous donnent plutôt un peu de savoir.
Nous ne sommes pas un siècle à paradis.

Henri MICHAUX, *Connaissance par les gouffres*, Gallimard, 1961.

L'usage des drogues révèle que l'homme n'est pas un être naturel : en même temps que de la soif, de la faim, du sommeil et du plaisir sexuel, il souffre de la nostalgie de l'infini.

Octavio PAZ, *Courant alternatif*, 1967, Gallimard, 1972.

Tout est drogue à qui choisit pour y vivre l'autre côté.

Henri MICHAUX, *Plume*, Gallimard, 1938.

Dur

L'homme ne sait pas se faire absolument dur, et son gel demeure toujours imparfait quand il s'y mêle une paille de tendresse.

André PIEYRE de MANDIARGUES, *Dans les années sordides*, Gallimard, 1948.

Durée

Ma durée est essentiellement une continuation de ce qui n'est plus dans ce qui est.

Henri BERGSON, *Durée et simultanéité*, 1922, PUF, 1992.

E

Éblouir

La racine de ce qui nous éblouit est dans nos cœurs.

Francis PONGE, *Le Soleil placé en abîme*, Pouderoux, 1954.

Échec

Sans échec, pas de morale.

Simone de BEAUVOIR, *Pour une morale de l'ambiguïté*, Gallimard, 1947.

Éclair

On ne doit pas attendre de l'éclair une clarté qui permette la contemplation.

Roger CAILLOIS, *Les Impostures de la poésie*, Gallimard, 1945.

École

Tu sais comment ils sont, dans les écoles, ils n'y connaissent rien aux enfants. Un enfant qui n'est pas protégé, ils te le démolissent.

Marie DESPLECHIN, *Sans moi*, L'Olivier/Le Seuil, 1998.

Écoles : établissements où l'on apprend à des enfants ce qu'il leur est indispensable de savoir pour devenir des professeurs.

Sacha GUITRY, *Toutes réflexions faites*, L'Élan, 1946.

169

Écologie

Pour mettre en valeur le globe terrestre, il faut d'abord mettre l'homme en valeur.

Anatole FRANCE, *Sur la pierre blanche*, Calmann-Lévy, 1905.

Économie

Tout le monde est en faveur d'économies générales et de dépenses particulières.

Sir Anthony EDEN, in *The Observer*, 17 juin 1956.

Quand un économiste vous répond, on ne comprend plus ce qu'on lui avait demandé.

André GIDE, *Journal*, 1939-1949, Gallimard, 1954.

L'économie qui fait du travail la mesure de toute richesse tend à enfermer les pauvres, le jacobin tourne au nazi, le pédagogue devient flic.

André GLUCKSMANN, *La Cuisinière et le mangeur d'homme*, Le Seuil, 1975.

Le XXe siècle, pris de panique devant les sottises des nationalistes et des racistes, s'efforce de combler les abîmes du temps avec des statistiques de production et quelques noms de systèmes politico-économiques.

Czeslaw MILOSZ, *Une autre Europe*, Gallimard, 1964.

L'économie, c'est simple. C'est deux colonnes : une colonne dépenses et une colonne recettes.
N'importe quelle ménagère vous le dirait.

François MITTERRAND, Entretien avec la presse de province, 18 mars 1986.

Écouter

Écoute bien pourtant. Non pas mes paroles mais le tumulte qui s'élève en ton corps lorsque tu t'écoutes.

René DAUMAL, *Poésie noire, poésie blanche*, Gallimard, 1954.

Écrire

Écrire est toujours un art plein de rencontres. La lettre la plus simple suppose un choix entre des milliers de mots, dont la plupart sont étrangers à ce que vous voulez dire.

ALAIN, *Propos de littérature*, Gallimard, 1934.

Écrire, c'est le bonheur de tourner le dos à la société.

Jacques-Pierre AMETTE, *Jeunesse dans une ville normande*, Le Seuil, 1981.

Jamais je n'ai écrit une histoire dont je connaissais le déroulement, j'ai toujours été, en écrivant, comme un lecteur qui fait la connaissance d'un paysage ou d'un personnage dont il découvre le caractère, la biographie, la destinée.

Louis ARAGON, *Je n'ai jamais appris à écrire ou les « incipit »*, Skira, 1969.

Si écrire c'est le « moyen de ne pas être interrompu quand on parle », c'est aussi la seule façon d'être son propre psychanalyste en se couchant sur un divan de papier.

Hervé BAZIN, *Abécédaire*, Grasset, 1984.

J'écris pour dire la différence.

Tahar BEN JELLOUN, in *Littérature de langue française hors de France*, FIPF, 1976.

Ne vous amusez pas à écrire un livre, écrivez-le. Quand vous aurez pris beaucoup de peine, sué sang et eau, désespéré de vous-même, trouvé chaque page exécrable, et résisté cent fois à la tentation de tout flanquer au feu, apportez-nous le manuscrit, ce sera le bon. Il vous faut sortir de vous : c'est un déchirement. Impossible de vivre sans se déchirer. Rien à faire. J'ai essayé.

Georges BERNANOS, Correspondance, 26 octobre 1927, in *Bernanos*, Le Seuil, 1954.

Écrire, serait-ce devenir lisible pour chacun et, pour soi-même, indéchiffrable ?

Maurice BLANCHOT, *L'Écriture du désastre*, Gallimard, 1980.

Il faut inventer des catachrèses qui empalent, des métonymies qui grillent les pieds, des synecdoques qui arrachent les ongles, des ironies qui déchirent les sinuosités du râble, des litotes qui écorchent vif, des périphrases qui émasculent et des hyperboles de plomb fondu.

Léon BLOY, *Propos d'un entrepreneur de démolitions*, in *Œuvres*, t.2, Mercure de France, 1964.

Le travail c'est du temps transmué en argent, l'écriture c'est le même temps changé en or.

Christian BOBIN, *L'Épuisement*, Le Temps qu'il fait, 1994.

C'est même chose que d'aimer ou d'écrire. C'est toujours se soumettre à la claire nudité d'un silence. C'est toujours s'effacer.

Christian BOBIN, *Lettres d'or*, Fata Morgana, 1987.

Je n'écris pas pour une petite élite dont je n'ai cure, ni pour cette entité platonique adulée qu'on surnomme la masse [...], j'écris pour moi, pour mes amis et pour adoucir le cours du temps.

Jorge Luis BORGES, *Le Livre de sable*, Gallimard, 1978.

Écrire, c'est faire le funambule entre le silence et la banalité.

François BOTT, *Journées intimes*, Albin Michel, 1984.

Il faut que nous nous déchirions le cœur pour écrire nos livres, comme le pélican se déchire les entrailles pour nourrir ses petits. Nous sommes les pélicans de l'art, voilà !

Édouard BOURDET, *Vient de paraître*, Librairie théâtrale, 1928.

Écrire, je veux dire écrire si difficilement, et non pour séduire, et non, au sens où on l'entend d'ordinaire, pour vivre, mais, semble-t-il, tout au plus pour se suffire moralement, et faute de pouvoir rester sourd à un appel singulier et inlassable, écrire ainsi n'est jouer ni tricher, que je sache.

André BRETON, *Point du jour*, Gallimard, 1934.

Écrire est une espèce de folie. Si l'on fait ce travail c'est que, grâce à l'écriture, on essaie de changer quelque chose autour de soi et en soi ; et si l'on va jusqu'à la publication c'est parce qu'on sent très bien qu'il faut que les autres nous aident, qu'on n'arrivera pas à sortir de ses problèmes tout seul.

Michel BUTOR, *Répertoire*, Minuit, 1982.

Sa conception du bonheur : écrire et lire tranquillement pendant toute la vie, sans jamais en rien montrer à personne, sans jamais publier un mot. Laisser tous les écrits sans les modifier, comme s'ils n'étaient destinés à personne, les laisser s'écouler naturellement, comme une vie libre et qui va, seule, de même qu'on marche ou respire.

Elias CANETTI, *Le Territoire de l'homme*, Albin Michel, 1978.

Écrire c'est aussi inspirer autrui, le pousser vers sa ressemblance, vers sa préférence.

Jean CAYROL, *Écrire*, Le Seuil.

D'abord, c'est dégoûtant d'écrire, c'est une sécrétion.

Louis-Ferdinand CÉLINE, *L'Église*, Gallimard, 1952.

Écrire, c'est brûler vif, mais c'est aussi renaître des cendres.

Blaise CENDRARS, *Feuilles de route, Pourquoi j'écris ?*, Denoël, 1947.

Écrire, c'est pour moi comme chantonner. Une activité intime et détachée : on fredonne, on se fait la voix, et puis ça y est, c'est écrit. Écrire est une façon de charmer la personne qui nous est la plus étrangère : nous.

Madeleine CHAPSAL, *Oser écrire*, Fayard, 1993.

L'acte poignant et si grave d'écrire quand l'angoisse se soulève sur un coude pour observer et que notre bonheur s'engage nu dans le vent du chemin.

René CHAR, *Sur la poésie*, GLM, 1958.

Quelle responsabilité que d'écrire ! Donner de l'espoir sans motif, décourager sans raison.

Jacques CHARDONNE, in *Œuvres complètes*, Albin Michel, 1955.

Cet amoncellement de banalités ! Ce qui n'est pas frappant n'existe pas. *Écrire* devrait être synonyme de *graver*.

Emil Michel CIORAN, *Cahiers 1957-1972*, Gallimard, 1997.

Il cessa d'écrire : il n'avait plus rien à cacher.

Emil Michel CIORAN, *Cahiers 1957-1972*, Gallimard, 1997.

Écrire, c'est tuer du vide, tuer de la mort. Tuer la chance d'une des innombrables combinaisons qui se cachent. Et, en outre, c'est marcher sans recul possible à travers les caves de ce faux sommeil où le travail nous enferme.

Jean COCTEAU, *La Fin du Potomak*, Gallimard, 1940.

Si j'écris
c'est pour créer
quelque chose d'aussi beau que toi.

Léonard COHEN, *Pourquoi j'écris*, in *Poèmes et chansons*, 10/18, 1972.

Aucune voix n'emprunta le son du vent pour me glisser avec un petit souffle froid, dans l'oreille, le conseil d'écrire, et d'écrire encore, de ternir, en écrivant, ma bondissante ou tranquille perception de l'univers vivant...

COLETTE, *Journal à rebours*, Fayard, 1941.

La honte d'être un homme, y a-t-il une meilleure raison d'écrire ?

Gilles DELEUZE, *Critique et Clinique*, Minuit, 1993.

Si je pense à moi, je me dis que j'aimerais creuser un trou profond, me mettre dedans et m'endormir. Mais si je pense au monde, je me dis que j'aimerais écrire des livres.

Marie DESPLECHIN, *Sans moi*, L'Olivier/Le Seuil, 1998.

J'écris pour être seul. J'écris pour dissiper la présence des choses réelles, pour écarter les événements, pour franchir l'épaisseur, pour déjouer l'invivable. En somme, oui, c'est bien ça, j'écris pour qu'on me foute la paix.

Philippe DJIAN, *Entre nous soit dit. Conversations avec Jean-Louis Ezine*, Plon, 1996.

Si j'avais dit à mon père, sévère ingénieur, que je voulais écrire, il m'aurait demandé : à qui ?

Maurice DONNAY, cité par Marcel Pagnol in *Discours de réception à l'Académie française*, Fasquelle, 1947.

Le piège c'est d'écrire trop bien : on ne vous entend plus.

Christophe DONNER, in *La Nouvelle Revue Française*, janvier 1999.

L'homme écrit sur le sable. Moi, ça me convient bien ainsi ; l'effacement ne me contrarie pas ; à marée descendante, je recommence.

Jean DUBUFFET, *Prospectus aux amateurs de tout genre*, Gallimard, 1946.

Ça sert à quoi, écrire ?
C'est à la fois se taire et parler. Écrire. Ça veut dire aussi chanter quelquefois.

Marguerite DURAS, *C'est tout*, POL, 1995.

Quelquefois je sais cela : que du moment que ce n'est pas, toutes choses confondues, aller à la vanité et au vent, écrire ce n'est rien. Que du moment que ce n'est pas, chaque fois, toutes choses confondues en une seule par essence inqualifiable, écrire ce n'est rien que publicité. Mais le plus souvent je n'ai pas d'avis, je vois que tous les champs sont ouverts, qu'il n'y aurait plus de murs, que l'écrit ne saurait plus où se mettre pour se cacher, se faire, se lire, que son inconvenance fondamentale ne serait plus respectée, mais je n'y pense pas plus avant.

Marguerite DURAS, *L'Amant*, Minuit, 1984.

Écrire avec fureur, comme si on allait mourir demain et qu'on craignait de n'avoir pas fini à temps. Voilà la seule façon d'écrire.

Jean DUTOURD, *Carnet d'un émigré*, Flammarion, 1973.

C'est parfois la seule chose qui pousse un philosophe à philosopher, un écrivain à écrire : laisser un message dans une bouteille, pour que, peu ou prou, les choses auxquelles on croyait ou qui nous semblaient bonnes puissent être encore crues ou paraître bonnes à ceux qui viendront.

Umberto ECO, *Croire en quoi ?*, Entretiens avec Carlo Maria Martini, Rivages, 1998.

Écrire, c'est savoir dérober des secrets qu'il faut encore savoir transformer en diamants.

Léon-Paul FARGUE, *Le Piéton de Paris*, Gallimard, 1939.

L'art est plus simple que ne pensent les gens parce qu'il y a si peu de choses à écrire.

William FAULKNER, *The Faulkner-Cowley file : letters and memories*, 1944-1962, New York, Viking press, 1967.

Qu'on aime ou qu'on écrive, rien n'est plus beau ni plus excitant que de reconnaître la résistance mutuelle entre le pouvoir que nous exerçons sur un semblable et le pouvoir que l'autre — homme ou femme — exerce sur nous.

Carlos FUENTES, *Diane ou La chasseresse solitaire*, Gallimard, 1996.

Tout homme qui écrit — et qui écrit bien, sert la France.

> Charles de GAULLE, cité par André Malraux, in *Les Chênes qu'on abat*, Gallimard, 1971.

Écrire, c'est tout ce qui vous reste quand on est chassé du domaine de la parole donnée.

> Jean GENET, in *Jean Genet Qui êtes-vous ?*, La Manufacture, 1988.

Si j'invente des personnages, si j'écris, c'est tout simplement parce que je suis aux prises avec la plus grande malédiction de l'univers, l'ennui.

> Jean GIONO, *Rencontres Taos-Amrouche*, 1953, in *Œuvres complètes*, Préface, Gallimard, 1971.

Écrire, c'est se condamner à vivre découragé.

> Françoise GIROUD, *Gais-z-et-contents, Journal d'une Parisienne 3*, Le Seuil, 1997.

Écrire, c'est mettre en ordre ses obsessions.

> Jean GRENIER, *Albert Camus, souvenirs*, Gallimard, 1968.

Ce qui est écrit trop facilement, se lit difficilement.

> Ernest HEMINGWAY, in *Préface à Ernest Hemingway, Œuvres Complètes*, Gallimard, 1966.

Écrire, ce n'est pas être en train de penser ; c'est en partie avoir pensé — et relater ce que l'on a, de tout temps, pensé. Écrire, c'est se répéter, on répète ce que l'on sait. Ne pas écrire pour penser.

> Eugène IONESCO, *La Quête intermittente*, Gallimard, 1987.

Écrire, c'est affronter un visage inconnu.

> Edmond JABÈS, *Les Cahiers du double*, L'Autobiographie.

Pour écrire, j'ai besoin de vivre à l'écart, non pas comme un ermite, ce ne serait pas assez, mais comme un mort. Écrire en ce sens, c'est dormir d'un sommeil plus profond, donc être mort...

> Franz KAFKA, *Lettres à Felice*, 26 juin 1913, Gallimard, 1972.

Pourquoi écrit-il ? Parce qu'il n'a pas assez de caractère pour ne pas écrire.

> Karl KRAUS, *Aphorismes*, Mille et une nuits, 1998.

Écrire, c'est toujours peu ou prou parier sur l'éternité et cette dimension d'éternité en nous.

Michel LE BRIS, *Les Flibustiers de la Sonore*, Flammarion, 1998.

Des poèmes, des récits, pourquoi faire ? L'écriture, il ne reste plus que l'écriture, l'écriture seule, qui tâtonne avec ses mots, qui cherche et décrit, avec minutie, avec profondeur, qui s'agrippe, qui travaille la réalité sans complaisance.

J.-M.G. LE CLÉZIO, *La Fièvre*, avant-propos, Gallimard, 1965.

Écrire n'est pas un métier. Tout art doit rester aristocrate. La littérature métier est déshonorante.

Paul LÉAUTAUD, *Journal littéraire*, 1893-1956, Mercure de France, 1966.

Une des raisons pour lesquelles on écrit : il faut qu'on déclare son amour.

Katherine MANSFIELD, *Journal*, Stock, 1973.

— Si tu nous conseilles la mort, pourquoi écris-tu ?
— Il faut bien que je gagne ma vie.

Thierry MAULNIER, *Le Dieu masqué*, Gallimard, 1985.

J'écris pour me parcourir. Peindre, composer, écrire : me parcourir. Là est l'aventure d'être en vie.

Henri MICHAUX, *Passages*, Gallimard, 1950.

Il n'y a pour moi de journée *humaine,* que celle où je caresse, ou celle où j'écris.

Henry de MONTHERLANT, *Carnets*, XXVII, août-octobre 1934, La Table Ronde, 1956.

Bien écrire, c'est le contraire d'écrire bien.

Paul MORAND, *Venises*, Gallimard, 1971.

J'écris pour le peuple bien qu'il ne puisse
lire ma poésie avec ses yeux ruraux.
L'instant viendra où une ligne, l'air
qui bouleverse ma vie, parviendra à ses oreilles.

Pablo NERUDA, *Je suis*, in *Le Chant général*, Éditeurs français réunis, 1950.

Écrire pour ne pas être effacée. Le temps efface. Écrire contre les failles de la mémoire, les déformations de la mémoire. Écrire contre la mort, la séparation.

Anaïs NIN, *Journal 1939-1944*, Stock, 1971.

La main, c'est pour jouir. C'est atrocement important. Si un écrivain ne jouit pas, alors il doit s'arrêter à l'instant. Écrire sans jouir, c'est immoral. L'écriture porte déjà en elle tous les germes de l'immoralité. La seule excuse de l'écrivain, c'est sa jouissance.

Amélie NOTHOMB, *Hygiène de l'assassin*, Albin Michel, 1992.

Écris ce que tu veux dans l'ivresse, mais quand tu te relis, sois à jeun.

Jean PAULHAN, *Les Fleurs de Tarbes*, Gallimard, 1941.

Il est beau d'écrire parce que cela réunit les deux joies : parler tout seul et parler à une foule.

Cesare PAVESE, *Le Métier de vivre*, 4 mai 1946, Gallimard, 1958.

Écrire, c'est renoncer au monde en implorant le monde de ne pas renoncer à nous.

Georges PERROS, *Papiers collés*, Gallimard, 1960.

Pour écrire bien en prose il faut être poète, car quoi qu'il écrive, tout homme doit être poète pour écrire bien.

Fernando PESSOA, *Érostrate*, Fragments, in *Je ne suis personne*, Bourgois, 1994.

Écrire de temps en temps des choses agréables, en lire et d'agréables et de sérieuses, mais surtout ne pas trop écrire, cultiver ses amis, garder de son esprit pour les relations de chaque jour et savoir en dépenser sans y regarder, donner plus à l'intimité qu'au public, réserver la part la plus fine et la plus tendre, la fleur de soi-même pour le dedans, pour user avec modération, dans un doux commerce d'intelligence et de sentiment...

Marcel PROUST, *Contre Sainte-Beuve*, Gallimard, 1954.

Écrire, trouver le mot, c'est éjaculer soudain.

Pascal QUIGNARD, *Petit Traité sur Méduse*, in *Le Nom sur le bout de la langue*, POL, 1993.

Il faut vivre pour écrire et non pas écrire pour vivre.

Jules RENARD, *Journal*, 1908, Gallimard, 1960.

C'est exactement ça écrire, aller quelque part où on ne va pas... Et quoi qu'on fasse déjà, sur la page vide déjà, il y a le retour et la fin de l'aventure...

Yasmina REZA, *Conversations après un enterrement*, in *Théâtre*, Albin Michel, 1998.

Écrire n'est sans doute que le courage des faibles. Parlez-moi de la paresse des forts ; ils attendent d'être en prison pour faire un roman.

Jacques RIGAUT, *Écrits*, Gallimard, 1970.

Cherchez en vous-même. Explorez la raison qui vous commande d'écrire ; examinez si elle plonge ses racines au plus profond de votre cœur ; faites vous cet aveu : devriez-vous mourir s'il vous était interdit d'écrire. Ceci surtout : demandez-vous à l'heure la plus silencieuse de votre nuit : me faut-il écrire ? Creusez en vous-même à la recherche d'une réponse profonde. Et si celle-ci devait être affirmative, s'il vous était donné d'aller à la rencontre de cette grave question avec un fort simple « Il le faut », alors bâtissez votre vie selon cette nécessité ; votre vie, jusqu'en son heure la plus indifférente et la plus infime, doit être le signe et le témoignage de cette impulsion.

Rainer Maria RILKE, *Lettres à un jeune poète*, 1903, Le Seuil, 1992.

On ne doit écrire que quand on y est forcé, quand il faut créer ou crever.

Romain ROLLAND, 1904, in *Romain Rolland par lui-même*, Le Seuil, 1955.

Écrire : la seule façon d'émouvoir autrui sans être gêné par un visage.

Jean ROSTAND, *Pensées d'un biologiste*, Stock, 1954.

Écrire pour démontrer est ennuyeux, écrire pour se montrer est dérisoire : il faudrait n'écrire que pour *dire*.

Claude ROY, *Les Rencontres des jours*, 1992-1993, Gallimard, 1995.

On écrit pour libérer tous les démons qui grouillent en soi et pour survivre.

Jules ROY, *Les Années cavalières, Journal 2 : 1966-1985*, Albin Michel, 1998.

Écrire moins pour laisser des traces que pour en retrouver.

Robert SABATIER, *Le Livre de la déraison souriante*, Albin Michel, 1991.

Il faut me chercher tel que je suis dans ce que j'écris et qui est le résultat scrupuleux et réfléchi de ce que je pense et vois.

Antoine de SAINT-EXUPÉRY, *Lettres à sa mère*, 1924, in *Œuvres complètes*, Gallimard, 1974.

Comme c'est en écrivant que l'auteur se forge ses idées sur l'art d'écrire, la collectivité vit sur les conceptions littéraires de la génération précédente...

Jean-Paul SARTRE, *Situations*, t.2, Gallimard, 1948.

Celui qui écrit est essentiellement un homme qui parle pour tous ceux qui sont sans voix.

Victor SERGE, *Mémoires d'un révolutionnaire*, Le Seuil, 1951.

S'il fallait graver sur pierre dure au lieu d'écrire au vol, la littérature serait tout autre.

Paul VALÉRY, *Mauvaises pensées et autres*, Gallimard, 1942.

Que si je devais écrire, j'aimerais infiniment mieux écrire en toute conscience et dans une entière lucidité quelque chose de faible, que d'enfanter à la faveur d'une transe et hors de moi-même un chef-d'œuvre d'entre les plus beaux.

Paul VALÉRY, *Lettre sur Mallarmé*, in *Variété*, Gallimard, 1924-1944.

Ce n'est pas pour survivre que l'on écrit — sauf dans les illusions de l'adolescence. Ce dont je parle en vérité, c'est des conditions nécessaires pour qu'une œuvre, parfois même sans éclat, nous paraisse telle qu'elle manquerait au monde si elle et son auteur n'avaient pas existé.

VERCORS, *Ce que je crois*, Grasset, 1975.

On écrit comme on accouche ; on ne peut pas s'empêcher de faire l'effort suprême.

Simone WEIL, *La Pesanteur et la Grâce*, Plon, 1947.

Écrit

On dit que les écrits restent, mais j'espère qu'ils s'envolent.

Philippe DJIAN, *Entre nous soit dit. Conversations avec Jean-Louis Ezine*, Plon, 1996.

L'écrit ça arrive comme le vent, c'est nu, c'est de l'encre, c'est l'écrit, et ça passe comme rien d'autre ne passe dans la vie, rien de plus, sauf elle, la vie.

Marguerite DURAS, *Écrire*, Gallimard, 1993.

Écriture

L'écriture est ceci : la science des jouissances du langage, son Kamasutra...

Roland BARTHES, *Le Plaisir du texte*, Le Seuil, 1973.

Ce n'est pas d'hier qu'on abuse de la parole ou de l'écriture pour l'extermination de la pensée.

Léon BLOY, *Belluaires et Porchers*, Stock, 1905.

L'écriture est la sœur cadette de la parole. L'écriture est la sœur tardive de la parole où un individu, voyageant de sa solitude à la solitude de l'autre, peuple l'espace entre les deux solitudes d'une Voie lactée de mots.

Christian BOBIN, *Autoportrait au radiateur*, Gallimard, 1997.

Ce que j'aime dans toute vraie écriture : une force d'insurrection, une source immense, un goût indéracinable de l'éternel.

Christian BOBIN, *La Merveille et l'obscur*, Paroles d'Aube, 1996.

L'écriture, c'est la charpente, le squelette, la colonne vertébrale qui me tient.

Daniel BOULANGER, Entretien avec André Rollin, in *Ils écrivent*, Mazarine, 1986.

Il y a dans l'écriture tout un aspect corporel. Il y a de la danse et beaucoup plus de travail manuel qu'on n'imagine ordinairement.

Michel BUTOR, in *Michel Butor Qui êtes-vous ?*, La Manufacture, 1988.

Il pond des phrases comme des œufs, mais il oublie de les couver.

Elias CANETTI, *Le Territoire de l'homme*, Albin Michel, 1978.

L'écriture est pour moi une forme de prière très intense. Écrire, c'est toucher souvent le fond de l'humanité, c'est aborder des rivages nécessairement tragiques, durs. Je ne peux pas écrire sans d'abord descendre au tombeau, rejoindre l'homme dans sa passion la plus douloureuse, en ce lieu précis où il est le plus proche de Dieu.

Michel DEL CASTILLO, in *La Croix*, 31 mai 1996.

Je pense que l'écriture c'est le refus du temps.

Jean CAYROL, Entretien avec André Rollin, in *Ils écrivent*, Mazarine, 1986.

L'écriture a ceci de mystérieux qu'elle parle.

Paul CLAUDEL, *Connaissance de l'Est*, Mercure de France, 1900.

Écrire est un acte d'amour. S'il ne l'est pas, il n'est qu'écriture.

Jean COCTEAU, *La Difficulté d'être*, Le Rocher, 1947.

L'écriture est inséparable du devenir : en écrivant, on devient femme, on devient animal, on devient molécule jusqu'à devenir imperceptible.

Gilles DELEUZE, *Critique et Clinique*, Minuit, 1993.

Si on savait où l'écriture vous mène, d'où elle vient, si on était maître de ça, il n'y aurait plus ni grands ni petits écrivains, il n'y aurait plus qu'un savoir codifié, une technique à reproduire indéfiniment. Il n'y aurait plus de fatigue, plus de mystère, plus de travail, plus rien.

Philippe DJIAN, *Entre nous soit dit. Conversations avec Jean-Louis Ezine*, Plon, 1996.

Il y aurait une écriture du non-écrit. Un jour ça arrivera. Une écriture brève, sans grammaire, une écriture de mots seuls. Des mots sans grammaire de soutien. Égarés. Là, écrits. Et quittés aussitôt.

Marguerite DURAS, *Écrire*, Gallimard, 1993.

L'écriture est le moyen pour moi d'être pur. Quand je n'écris plus je suis impur.

Jean DUTOURD, *Carnet d'un émigré*, Flammarion, 1973.

Tout acte d'écriture me procurait un plaisir personnel. Tout acte d'écriture ne faisait qu'assouvir ce plaisir. Il ne me serait jamais venu à l'idée de penser aux autres... Je n'aurais jamais toléré que leurs exigences, leurs intérêts pussent interférer dans ce rapport intime. J'écrivais pour l'ivresse, pour l'extase, pour couper toujours plus profondément les liens qui me rattachaient encore à ce monde qui me rejetais et que je rejetais.

Jean GENET, in *Jean Genet Qui êtes-vous ?*, La Manufacture, 1988.

Le musicien peut faire entendre simultanément un très grand nombre de timbres. Il y a évidemment une limite qu'il ne peut pas dépasser, mais nous, avec l'écriture, nous serions même bien contents de l'atteindre, cette limite. Car nous sommes obligés de raconter à la queue leu leu ; les mots s'écrivent les uns à la suite des autres, et, les histoires, tout ce qu'on peut faire c'est de les faire enchaîner.

Jean GIONO, *Noé*, 1947, Gallimard, 1961.

L'écriture est une forme de thérapie ; je me demande parfois comment tous ceux qui n'écrivent pas, ne composent ni ne peignent, parviennent à échapper à la folie, à la mélancolie et à la peur panique qui sont inhérentes à la condition humaine.

Graham GREENE, in *Dieu les a séduits*, Desclée de Brouwer, 1994.

La seule écriture valable, c'est celle qu'on invente. C'est ça qui rend les choses réelles.

Ernest HEMINGWAY, *Les Aventures de Nick Adams*, Gallimard, 1977.

L'écriture ne soulage guère. Elle retrace, elle délimite. Elle introduit un soupçon de cohérence, l'idée d'un réalisme. On patauge toujours dans un brouillard sanglant, mais il y a quelques repères.

Michel HOUELLEBECQ, *Extension du domaine de la lutte*, Maurice Nadeau, 1994.

Il faut écrire pour soi, c'est ainsi que l'on peut arriver aux autres.

Eugène IONESCO, *Notes et contre-notes*, Gallimard, 1962.

Pratiquer l'écriture, c'est pratiquer sur sa vie une ouverture par laquelle la vie se fera texte.

Edmond JABÈS, *Colloque de Saint-Hubert*, Payot.

L'écriture est la seule forme parfaite du temps.

J.-M.G. LE CLÉZIO, *Le Livre des fuites*, Gallimard, 1989.

Les femmes ne savent pas qu'avec une phrase, de l'encre et du papier, on peut les oublier.

Paul LÉAUTAUD, *Journal littéraire*, 1893-1956, Mercure de France, 1966.

C'est la difficulté d'élocution qui fait qu'on se rabat sur l'écriture.

Patrick MODIANO, *Écrire, Lire et en Parler*, Laffont, 1985.

L'écriture commence là où s'arrête la parole, et c'est un grand mystère que ce passage de l'indicible au dicible. La parole et l'écrit se relaient et ne se recoupent jamais.

Amélie NOTHOMB, *Hygiène de l'assassin*, Albin Michel, 1992.

L'écrivain écrit pour être aimé. Il est lu sans pouvoir l'être.

Jules RENARD, *Lettres choisies*.

Il y a temps pour écrire, et temps pour devenir celui qui écrira.

Jean ROSTAND, *Pensées d'un biologiste*, Stock, 1954.

L'écriture, quand on corrige, pas plus drôle que de bâtir un mur quand on est maçon. Rien de plus décourageant, mais pourquoi admirerait-on les écrivains s'ils ne faisaient un métier hors du commun et harassant ?

Jules ROY, *Les Années cavalières, Journal 2 : 1966-1985*, Albin Michel, 1998.

L'écriture qui ne repose pas sur un lit de silence ne prend jamais son vol.

Robert SABATIER, *Le Livre de la déraison souriante*, Albin Michel, 1991.

Toute écriture, qu'elle le veuille ou non, est politique. L'écriture est la continuation de la politique par d'autres moyens.

Philippe SOLLERS, *Théorie d'ensemble*.

C'est quelqu'un que l'homme puisqu'il a trouvé l'écriture... L'écriture, la plus noble conquête de l'homme.

Elsa TRIOLET, *La Mise en mots*, Skira, 1969.

Écrivain

Pour l'écrivain, la littérature est cette parole qui dit jusqu'à la mort : je ne commencerai pas à vivre avant de savoir quel est le sens de la vie.

Roland BARTHES, *La Réponse de Kafka*.

Camus m'écrivait, l'année même de sa mort : « Parfois, je trouve ce métier dérisoire. Nous prenons la parole ; mais personne ne nous l'a donnée... » En effet. Mais l'écrivain s'interroge bien plus qu'il n'intervient ; et même en ce cas c'est l'accord — immédiat ou futur — de ses lecteurs qui lui fournit, rétroactivement, une délégation.

Hervé BAZIN, *Abécédaire*, Grasset, 1984.

L'écrivain original, tant qu'il n'est pas mort, est toujours scandaleux.

Simone de BEAUVOIR, *Le Deuxième sexe*, Gallimard, 1949.

Autrefois, les écrivains dénués de métier voulaient passer pour en avoir ; aujourd'hui ceux qui en sont farcis veulent nous faire croire qu'ils ne savent même pas ce que c'est. Tel est le progrès.

Julien BENDA, *Belphégor*, Émile-Paul, 1918.

Il faudra violenter les mots, forcer les éléments. Encore le succès ne sera-t-il jamais assuré ; l'écrivain se demande à chaque instant s'il lui sera bien donné d'aller jusqu'au bout ; de chaque réussite partielle il rend grâce au hasard, comme un faiseur de calembours pourrait remercier des mots placés sur sa route de s'être prêtés à son jeu.

Henri BERGSON, *Les Deux sources de la morale et de la religion*, 1932, PUF, 1995.

Non, je ne suis pas un écrivain... Je ne repousse d'ailleurs pas ce nom d'écrivain par une sorte de snobisme à rebours. J'honore un métier auquel ma femme et mes gosses doivent, après Dieu, de ne pas mourir de faim.

Georges BERNANOS, *Les Grands cimetières sous la lune*, Préface, Plon, 1938.

L'écrivain ne lit jamais son œuvre. Elle est, pour lui, l'illisible, un secret en face de quoi il ne demeure pas.

Maurice BLANCHOT, *L'Espace littéraire*, Gallimard, 1955.

Tout écrivain doit porter ses livres sur sa figure.

Léon BLOY, *Le Mendiant ingrat*, Mercure de France, 1908.

Ce n'est pas pour devenir écrivain qu'on écrit. C'est pour rejoindre en silence cet amour qui manque à tout amour. C'est pour rejoindre le sauvage, l'écorché, le limpide.

Christian BOBIN, *La Part manquante*, Gallimard, 1989.

Un auteur ne vit pas au sommet d'un phare qui fait rayonner la pureté, qui découvre la boue à l'entour puis, avec l'éclat de toute sa pureté, commence à couvrir cette boue d'invectives. Mon auteur est sur terre, sur cette terre dont il est fait, et son amertume est l'amertume de cette terre dont il est fait.

Heinrich Böll, *Une mémoire allemande*, Le Seuil, 1978.

C'était un écrivain, ce genre d'hommes dont il faut se méfier parce qu'ils ne sont enfermés dans aucune scolastique, ce sont des esprits libres : quand ils se mettent à comprendre les choses, on ne sait jamais jusqu'où ils peuvent aller et nous mener derrière eux.

Raymond-Léopold Bruckberger, *Ce que je crois*, Grasset, 1981.

Il a écrit pour vous. Pour vous tous. Parce qu'il est venu au monde avec ce besoin de vider son sac qui le reprend périodiquement. Parce qu'il a vécu ce que nous vivons tous, qu'il a fait dans ses langes et bu au sein, il y a trente ou cinquante ans, a épousé et trompé sa femme, a eu son compte d'emmerdements, a peiné et rigolé de bons coups dans sa vie, parce qu'il a eu faim de corps jeunes et de plats savoureux, et aussi de Dieu de temps à autre et qu'il n'a pas su concilier le tout de manière à être en règle avec lui-même.

Louis Calaferte, *Septentrion*, Denoël, 1984.

Les auteurs, il vaut mieux ne jamais les connaître parce que leur personne réelle ne correspond jamais à l'image qu'on se fait en les lisant.

Italo Calvino, *Si par une nuit d'hiver un voyageur*, Le Seuil, 1982.

Combien de lectures ne s'épargnerait-on pas, si l'on connaissait plus tôt leurs auteurs ! Peut-être *toute* lecture ?

Elias Canetti, *Le Territoire de l'homme*, Albin Michel, 1978.

Ces gens écrivains ne marchent pas sur terre... Ils évoluent dans les nuées des mots. Et ils ne savent rien faire à mon sens avec les mots, ressassant les clichés. Ils sont ivres de vanité, et ivrognes sans fantaisie.

Louis-Ferdinand Céline, *Lettres à la N.R.F.*, 1931-1961, Gallimard, 1991.

L'écrivain professionnel est une invention de l'ère bourgeoise.

Emil Michel Cioran, *Cahiers 1957-1972*, Gallimard, 1997.

Pour célébrer la mémoire de tous les écrivains passés je propose un siècle de silence.

Paul Claudel, *Journal*, 1904-1955, Gallimard, 1968-1969.

Le bon écrivain frappe toujours à la même place, avec des marteaux de matière, de taille différentes. Le son change. Il ménage le clou. Le même marteau finirait par écraser la tête du clou, par ne plus enfoncer rien, par faire un bruit de bois sec. C'est le bruit de nos grands hommes.

Jean COCTEAU, *Le Secret professionnel*, Stock, 1922.

Un écrivain, dans mes idées, ça s'appelle Hemingway, Faulkner, Céline, et ça possède une grande gueule, un caractère, c'est souvent mal élevé, c'est irritable, c'est irritant. Un écrivain dans mon esprit, c'est marginal, c'est bizarre, c'est à gauche.

Philippe DJIAN, *Entre nous soit dit. Conversations avec Jean-Louis Ezine*, Plon, 1996.

L'écrivain a ce singulier pouvoir de créer de la réalité avec des sornettes, de faire passer pour rouge ce qui est bleu, de transformer les vessies en lanternes. Qu'il ait du talent, et ses mensonges, lancés dans l'univers, deviennent plus vrais que des certitudes.

Roland DORGELÈS, *Sur la route mandarine*, Albin Michel, 1925.

L'écrivain qui écrit droit est l'architecte de l'histoire.

John DOS PASSOS, Interview, 1938.

Je crois que les hommes m'ont aimée parce que j'écrivais. Un écrivain c'est la terre étrangère, l'écrivain appelle le viol. Il l'appelle vraiment comme on appelle la mort.

Marguerite DURAS, Archives IMEC.

L'écrivain peut être comparé au témoin de l'accusation ou de la défense, parce que, tout comme le témoin au tribunal, il a aperçu quelque chose qui a échappé aux autres.

Ilya EHRENBOURG, *À la rencontre de Tchekhov*, Didier, 1962.

Ceux qui peuvent agissent et ceux qui ne peuvent pas, et souffrent assez de ne pas pouvoir, écrivent.

William FAULKNER, *L'Invaincu*, 1938, Gallimard, 1962.

J'ai en méfiance ces écrivains aux rares livres, qui vous forcent à vous attabler un temps abominable devant leur première ligne venue, sous prétexte qu'il y a festin sous roche.

Bernard FRANK, *La Panoplie littéraire*, Flammarion, 1978.

Êtes-vous cet écrivain aux yeux fureteurs qui marche la tête haute dominant la foule alors qu'en deçà de ses yeux ses pensées s'égarent dans le gouffre des temps reculés, gouffre souillé par les haillons et les scories amassés à travers les âges ? Si oui, vous êtes une sottise brodée sur du papier avec quelques lettres de l'alphabet. Ou bien êtes-vous une pensée limpide qui sonde son être intime pour lui apprendre l'art de discerner et qui dépense sa vie à ériger l'utile et à démolir le néfaste ? Si oui, vous êtes de la manne pour les affamés et de l'eau fraîche pour les assoiffés.

Khalil GIBRAN, *L'Œil du prophète*, Albin Michel, 1991.

Le meilleur cadeau à faire à un bon écrivain est un détecteur à merde qui résiste aux chocs. C'est le radar de l'écrivain et tous les grands écrivains en ont été munis.

Ernest HEMINGWAY, in *Préface à Ernest Hemingway, Œuvres Complètes*, Gallimard, 1966.

L'écrivain emporte son atelier avec lui dans sa tombe.

Ismail KADARÉ, *Invitation à l'atelier de l'écrivain*, Fayard, 1991.

Un écrivain qui n'écrit pas est un non-sens, une provocation à la folie.

Franz KAFKA, *Lettres*, 5 juillet 1922, in *Œuvres complètes*, Gallimard, 1984.

L'intelligence ne créé pas. Elle se traîne en raisonnements, en analyses et elle use les jardins où elle rode. Un écrivain ne vaut que s'il crée une génération, c'est-à-dire s'il crée une façon de sentir, et par suite une façon de penser. Qui sait si les grands écrivains ne furent pas un peu des ignorants ?

Paul LÉAUTAUD, *Journal littéraire*, Mercure de France, 1954-1964.

Pour se rendre digne d'être écrivain, il faut se purifier, se détacher.

Katherine MANSFIELD, *Journal*, Stock, 1973.

Eh bien, vous savez, quand les gens ne sont bons à rien d'autre, ils deviennent écrivains.

Somerset MAUGHAM, *Les Nouvelles complètes*, Presses de la Cité, 1992.

L'écrivain. — Il ne s'agit pas tant pour lui d'écrire ce qui n'a pas été écrit avant lui que de réécrire ce qui a été écrit avant lui en l'écrivant différemment.

Thierry MAULNIER, *Le Dieu masqué*, Gallimard, 1985.

Un écrivain est essentiellement un homme qui ne se résigne pas à la solitude. Chacun de nous est un désert : une œuvre est toujours un cri dans le désert.

François MAURIAC, *Dieu et Mammon*, Grasset, 1958.

Nous qui écrivons des livres sommes redevables non à des livres mais aux choses qui incitent les hommes à en écrire : à la terre, à l'air, au feu et à l'eau. S'il n'existait pas une source commune à laquelle remontent auteurs et lecteurs, il n'y aurait pas de livres.

Henry MILLER, *Lire ou ne pas lire*, Stock, 1976.

On ne devrait jamais écrire d'un auteur sans avoir *tout* lu de lui, et tout se rappeler.

Henry de MONTHERLANT, *Carnets*, XXI, novembre 1931-avril 1932, La Table Ronde, 1956.

On peut considérer l'écrivain selon trois points de vue différents : on peut le considérer comme un conteur, comme un pédagogue, et comme un enchanteur. Un grand écrivain combine les trois : conteur, pédagogue, enchanteur — mais chez lui, c'est l'enchanteur qui prédomine et fait de lui un grand écrivain.

Vladimir NABOKOV, *Littératures*, t. 1, Fayard, 1983.

Comment voulez-vous qu'un écrivain soit pudique ? C'est le métier le plus impudique du monde : à travers le style, les idées, l'histoire, les recherches, les écrivains ne parlent jamais que d'eux-mêmes, et en plus avec des mots. Les peintres et les musiciens aussi parlent d'eux-mêmes, mais avec un langage tellement moins cru que le nôtre. Non, monsieur, les écrivains sont obscènes ; s'ils ne l'étaient pas, ils seraient comptables, conducteurs de train, téléphonistes, ils seraient respectables.

Amélie NOTHOMB, *Hygiène de l'assassin*, Albin Michel, 1992.

Être écrivain, c'est un plaisir, une volonté, un travail, ce n'est pas une fonction.

François NOURISSIER, *Mauvais genre, conversations*, Gallimard, 1996.

Le bon écrivain est celui qui évite de trop bien écrire ; qui sait à tout moment suivre, ou du moins rétablir le premier mouvement, le mouvement naturel. Celui qui pourrait dire (comme le romancier) : « Ce sont les mots qui écrivent, ce n'est pas moi. »

Jean PAULHAN, *Les Incertitudes du langage*, Gallimard, 1970.

L'écrivain est une sorte de voyant émerveillé. Qu'il émerveille (au moins lui-même). Alors le cycle se referme et le monde s'ouvre comme une fleur énorme.

André PIEYRE de MANDIARGUES, *Deuxième Belvédère*, Grasset, 1962.

Si cordonnier pas plus haut que la chaussure, astronome pas plus loin que la lorgnette et écrivain pas plus haut que la littérature !

Jacques PRÉVERT, *Intermède*, in *Spectacle*, Gallimard, 1949.

Pour écrire ce livre essentiel, le seul livre vrai, un grand écrivain n'a pas, dans le sens courant à l'inventer, puisqu'il existe déjà en chacun de nous, mais à le traduire. Le devoir et la tâche d'un écrivain sont ceux d'un traducteur.

Marcel PROUST, *Le Temps retrouvé*, Gallimard, 1927.

Un écrivain est un homme qui n'arrête pas de vouloir se défaire de l'obscurité, qui n'arrive jamais à sortir tout à fait de l'obscurité...

Pascal QUIGNARD, *Vie secrète*, Gallimard, 1998.

Je suis écrivain, donc lâche.

Pierre-Jean REMY, *Rêver la vie*, Gallimard, 1975.

L'écrivain doit accepter avec orgueil de porter sa propre date, sachant qu'il n'y a pas de chef-d'œuvre dans l'éternité, mais seulement des œuvres dans l'histoire ; et qu'elles ne se survivent que dans la mesure où elles ont laissé derrière elles le passé et annoncé l'avenir.

Alain ROBBE-GRILLET, *Pour un nouveau roman*, Minuit, 1963.

On ne peut jamais dire qu'on est écrivain : c'est une chose très dérisoire et très grande, ça n'est pas un métier. Le jour où écrire sera un métier, la littérature sera une Église.

Olivier ROLIN, *Méroé*, Le Seuil, 1998.

Un grand écrivain est un homme qui sait nous surprendre en nous disant ce que nous savions depuis toujours.

Jean ROSTAND, *Pensées d'un biologiste*, Stock, 1954.

Une carrière de grand écrivain commence par la qualité et finit par la signification.

Denis de ROUGEMONT, *Journal des deux mondes*, Gallimard, 1948.

Les écrivains n'ont qu'une excuse, écrire les livres qu'ils avaient envie de lire.

Claude ROY, *Les Rencontres des jours*, 1992-1993, Gallimard, 1995.

L'écrivain contemporain se préoccupe avant tout de présenter à ses lecteurs une image complète de la condition humaine. Ce faisant, il s'engage. On méprise un peu, aujourd'hui, un livre qui n'est pas un engagement. Quant à la beauté, elle vient par surcroît, quand elle peut.

Jean-Paul SARTRE, *Situations*, t. 1, Gallimard, 1947.

L'écrivain est une sorte de mémorialiste de la vérité irréductible, laquelle se tient dans les détails. Il est le greffier de cette vérité qui fait qu'une vie n'est pas une autre vie, que jamais deux personnes ne connaîtront la même expérience, que l'oiseau vu au printemps n'est pas l'oiseau de l'automne...

Philippe SOLLERS, in *Filigrane n° 1, Question de littérature*, Albin Michel, 1988.

Si tu prétends être écrivain — et cela seulement —, tu n'écriras rien.

Michel TOURNIER, *Des clés et des serrures*, Le Chêne, 1979.

Un écrivain est quelqu'un qui ne trouve pas ses mots. Ne les trouvant pas, il les cherche. Les cherchant, il trouve mieux.

Paul VALÉRY, *Mauvaises pensées et autres*, Gallimard, 1942.

Éditeur

Et s'il était vrai, après tout, qu'une maison d'édition eût quelque chose d'un nid ? Pas un nid douillet, bien sûr, becs et griffes, évidemment, et d'où l'on peut tomber (qui a jamais passé sa vie entière dans un nid ?) mais un nid tout de même, un nid de feuilles et d'écritures, inlassablement chipées à l'air du temps [...], un nid séculaire de phrases tressé, où piaille l'insatiable couvée des jeunes espoirs, toujours tentés d'aller nicher ailleurs, mais ouvrant grand leur bec en attendant : ai-je du talent, madame, ai-je du génie ?

Daniel PENNAC, *La Petite marchande de prose*, Gallimard, 1989.

Les éditeurs fabriquent des génies comme les marchands de la rue Saint-Sulpice fabriquent des Vierges, des Saints ou des Dieux en plâtre peint !

Francis PICABIA, *Écrits complets*, Belfond, 1975.

Éducation

C'est précisément pour préserver ce qui est neuf et révolutionnaire dans chaque enfant que l'éducation doit être conservatrice.

Hannah ARENDT, *La Crise de la culture*, Gallimard, 1972.

Demain tu seras un homme, et libre, à condition que tu ne retournes pas d'où l'éducation te détourne...

André GLUCKSMANN, *La Cuisinière et le mangeur d'homme*, Le Seuil, 1975.

L'objectif de toute éducation devrait être de projeter chacun dans l'aventure d'une vie à découvrir, à orienter, à construire.

Albert JACQUARD, *Abécédaire de l'ambiguïté de Z à A*, Le Seuil, 1989.

La plus parfaite éducation consiste à habituer le disciple à se passer de maître.

Robert SABATIER, *Les Années secrètes de la vie d'un homme*, Albin Michel, 1984.

Le pire avorteur est celui qui tente de former le caractère d'un enfant.

George Bernard SHAW, in *Les Pensées*, Cherche Midi, 1992.

Il n'y a pas d'éducation sans une part totalement inutile.

Michel TOURNIER, in *Le Monde*, octobre 1978.

Éduquer

La famille continue bien à élever ses enfants (à les élever de 0,50 m — hauteur d'un bébé — jusqu'à 1,75 m). Mais pour les éduquer, c'est une autre histoire...

Hervé BAZIN, *Ce que je crois*, Grasset, 1977.

Effacer

Le temps passe. Et chaque fois qu'il y a du temps qui passe, il y a quelque chose qui s'efface.

Jules ROMAINS, *Les Hommes de bonne volonté*, Flammarion, 1932-1946.

Effort

Il n'y a pas d'efforts inutiles, Sisyphe se faisait les muscles.

Roger CAILLOIS, *Circonstancielles*, 1940-1945, Gallimard, 1946.

Sachez tenir pour préférable ce qui vous coûte le plus d'efforts...

André GIDE, *Textes inédits*, in *Hommage à André Gide*, Gallimard, 1951.

Notre vie vaut ce qu'elle nous a coûté d'efforts.

François MAURIAC, *Le Jeune Homme*, Hachette, 1926.

Rien ne peut faire autant de bien que le moindre effort.

Francis PICABIA, *Lettres à Christine : 1945-1951*, Ivrea, 1988.

Égalité

La liberté et la fraternité sont des mots, tandis que l'égalité est une chose.

Henri BARBUSSE, *Le Feu*, Flammarion, 1917.

Pour que chacun soit, nous devons vivre ce paradoxe : tous égaux, tous non pareils.

Hervé BAZIN, *Abécédaire*, Grasset, 1984.

L'égalité des chances, c'est pour ceux qui ont de la chance, on sait tout cela, mais on fait comme si.

Denis GUEDJ, *Le Théorème du perroquet*, Le Seuil, 1998.

Comme si l'égalité n'avait pas été inventée précisément parce que les êtres humains ne sont pas identiques.

François JACOB, *Le Jeu des possibles*, Fayard, 1981.

Par égalité, chacun comprend qu'il ne vaut pas moins que son voisin, mais que son voisin est loin de le valoir.

George MIKES, *Comment peut-on être Anglais ?*, Hachette, 1963.

Égarer (s')

Pour frayer un sentier nouveau, il faut être capable de s'égarer.

Jean ROSTAND, *Inquiétudes d'un biologiste*, Stock, 1967.

Église

J'accuse les Églises de me voler Dieu parce qu'elles sont devenues incapables de le montrer et de le démontrer. Quand elles prétendent que Dieu n'est ni montrable ni démontrable, elles ne démontrent que l'ignorance où elles sont tombées.

René BARJAVEL, *La Faim du tigre*, Denoël, 1966.

Vous cherchez Dieu ? Où pensez-vous le trouver ailleurs qu'entre les bras de sa mère, qui est l'Église ?

Paul CLAUDEL, *Journal*, 1904-1955, Gallimard, 1968-1969.

Pour moi, l'Église de France est fatiguée et usée. Il faut qu'elle retourne à la parole première. Qu'elle soit régénérée par ceux qui possèdent à présent la vérité : les Noirs, les Jaunes peut-être, les pauvres paysans d'Amérique du Sud. Ce n'est pas à Saint-Sulpice qu'il faut aller pour entendre la Parole, mais au Zaïre peut-être, ou dans les Andes.

Jules ROY, *Les Années cavalières, Journal 2 : 1966-1985*, Albin Michel, 1998.

L'Église ne pourra vivre, le jour où elle perdra l'enseignement, l'asservissement obscur des humbles.

Émile ZOLA, *Vérité*, 1902, Christian Pirot, 1993.

Égoïste

Le pire égoïste est celui à qui il n'est jamais venu à l'esprit qu'il pourrait en être un.

Sigmund FREUD, in *Sigmund Freud. Lieux, visages objets*, Gallimard, 1979.

Le véritable égoïste accepte même que les autres soient heureux, s'ils le sont à cause de lui.

Jules RENARD, *Journal*, 1908, Gallimard, 1960.

194

L'homme voudrait être égoïste et ne peut pas. C'est le caractère le plus frappant de sa misère et la source de sa grandeur.

Simone WEIL, *La Pesanteur et la grâce*, Plon, 1947.

Élan

Il ne se passe pas de jours que nous ne menions à l'abattoir les plus purs de nos élans.

Henry MILLER, *Crucifixion en rose*, 1938, Buchet-Chastel, 1968.

Élection

L'urne électorale contient parfois / Les cendres du peuple souverain...

Hervé BAZIN, in *La Poésie du vingtième siècle*, t.3, Albin Michel, 1988.

Qu'il s'agisse de faire acheter le savon ou d'obtenir le bulletin de vote, il n'y a pas une technique psychologique qui ne soit à base de mépris de l'acheteur ou du votant : sinon, elle serait inutile.

André MALRAUX, *Les Conquérants*, Grasset, 1928.

Électron

Je ne vois pas bien pourquoi les hommes qui croient aux électrons se considèrent comme moins crédules que les hommes qui croient aux anges.

George Bernard SHAW, *Sainte Jeanne*, Préface, 1924, Aubier, 1949.

Élégance

L'élégance cesse si on la remarque.

Jean COCTEAU, *Journal d'un inconnu*, Grasset, 1953.

Élever (S')

Partir du plus bas pour avoir des chances de s'élever.

Georges BRAQUE, *Le Jour et la nuit*, Gallimard, 1952.

Élu

Un élu, c'est un homme que le doigt de Dieu coince contre un mur.

Jean-Paul SARTRE, *Le Diable et le bon Dieu*, Gallimard, 1951.

Embellir

Aimer quelque chose et l'embellir, c'est tout un.

Robert MUSIL, *L'Homme sans qualités*, Le Seuil, 1969.

Émerger

Émerge autant que possible à ta propre surface.

René CHAR, *À une sérénité crispée*, in *Recherche de la base et du sommet*, Gallimard, 1955.

Émerveillement

Quant au reste, — quant à la Grâce, si l'on préfère, — nous la trouverons dans l'émerveillement, à condition que nous soyons dignes d'être émerveillés.

Max-Pol FOUCHET, *Les Appels*, Mercure de France, 1967.

Émotion

Dans mon pays, on ne questionne pas un homme ému.

René CHAR, *Les Matinaux*, Gallimard, 1950.

L'émotion, [...] c'est l'amour qui ne se connaît pas, quand la femme ouvre ses yeux ou son âme à l'improviste, ou l'instant que la tête se renverse.

Louis ARAGON, *Anicet ou le Panorama*, Gallimard, 1921.

Emprunt

On n'emprunte que ce qui peut se rendre augmenté.

René CHAR, *Les Matinaux*, Gallimard, 1950.

Encre

Je lis beaucoup. Ce n'est sans doute pas très sain de toujours avaler de l'encre.

Christian BOBIN, *Autoportrait au radiateur*, Gallimard, 1997.

Écrit avec de l'encre bouillante.

Paul CLAUDEL, *Journal*, 1904-1955, Gallimard, 1968-1969.

Qui sait écrire ? C'est se battre avec l'encre pour tâcher de se faire entendre.

Jean COCTEAU, *La Difficulté d'être*, Le Rocher, 1947.

X... écrit avec son sang ; mais son sang, c'est de l'encre.

Jean ROSTAND, *Pensées d'un biologiste*, Stock, 1954.

Énergique

L'homme énergique et qui réussit, c'est celui qui parvient à transmuer en réalités les fantaisies du désir.

Sigmund FREUD, *Cinq leçons sur la psychanalyse*, 1909, Payot, 1977.

Enfance

Le privilège de l'enfance pour qui la beauté, le luxe, le bonheur sont des choses qui se mangent.

Simone de BEAUVOIR, *Mémoires d'une jeune fille rangée*, Gallimard, 1958.

Une fois sorti de l'enfance, il faut très longtemps souffrir pour y rentrer, comme tout au bout de la nuit on retrouve une nouvelle aurore.

Georges BERNANOS, *Dialogues des Carmélites*, 1948, Le Seuil, 1995.

L'enfance continuée longtemps après l'enfance : c'est ce que vivent les amoureux, les écrivains et les funambules.

Christian BOBIN, *Autoportrait au radiateur*, Gallimard, 1997.

L'enfance sait ce qu'elle veut. Elle veut sortir de l'enfance.

Jean COCTEAU, *La Difficulté d'être*, Le Rocher, 1947.

C'est pas parce qu'on a eu une enfance difficile qu'il faut la faire payer à tout le monde...

Dialogues du film *La Nuit américaine* de François Truffaut, 1973.

L'enfance qui a été mise très tôt au courant des choses de l'amour est grave, ses traits sont durs, sa bouche gonflée par un chagrin rentré qui la fait délicatement palpiter, ses yeux sont de glace.

Jean GENET, *Miracle de la Rose*, L'Arbalète, 1947.

Il y a toujours dans notre enfance un moment où la porte s'ouvre et laisse entrer l'avenir.

Graham GREENE, *La Puissance et la gloire*, 1940, Laffont, 1948.

On peut renier son enfance, mais on ne l'efface pas.

Arthur KŒSTLER, *Le Zéro et l'infini*, Calmann-Lévy, 1945.

Il existe, dans la plus souillée des créatures, une indestructible enfance qui peut à chaque instant ressusciter.

François MAURIAC, *Commencements d'une vie*, Grasset, 1932.

Les avocats invoquent une enfance malheureuse comme circonstance atténuante. En sondant votre passé, je me suis rendu compte qu'une

enfance trop heureuse pouvait elle aussi servir de circonstance atténuante.

Amélie NOTHOMB, *Hygiène de l'assassin*, Albin Michel, 1992.

Peut-être que toutes les enfances sont pareilles : on ne s'habitue pas à
son visage et c'est ce dégoût-là qui met en marche la machine à rêves,
là-bas, de l'autre côté de la glace, dans cette odeur de salle de bains,
gant de toilette humide et pâte dentifrice.

Érik ORSENNA, *L'Exposition coloniale*, Le Seuil, 1988.

Il y a des adultes qui jamais n'ont été des enfants. Ces adultes ont tous
les talents. D'aucuns même en sont pourris. Mais l'enfance a du génie.
Fort heureusement, quelques êtres âgés remontent en enfance et s'éloignent vers la mort, d'un pas tranquille, léger.

Jacques PRÉVERT, *Spectacle*, Gallimard, 1949.

Banni du royaume de l'enfance, j'ai utilisé le moyen de l'écriture pour
me l'approprier définitivement.

Christian SIGNOL, *Bonheurs d'enfance*, Albin Michel, 1996.

Enfant

Il faut trahir l'enfant pour l'homme ou l'homme pour l'enfant.

Simone de BEAUVOIR, *Pyrrhus et Cinéas*, Gallimard, 1944.

Le monde va être jugé par les enfants. L'esprit d'enfance va juger le
monde.

Georges BERNANOS, *Les Grands cimetières sous la lune*, Plon, 1938.

J'ignore pour qui j'écris, mais je sais pourquoi j'écris. J'écris pour me
justifier. — Aux yeux de qui ? — Je vous l'ai déjà dit, je brave le ridicule
de vous le redire. Aux yeux de l'enfant que je fus.

Georges BERNANOS, in *Bernanos*, Le Seuil, 1954.

Les enfants ce n'est pas sorcier, ça pousse à travers nos erreurs.

Christian BOBIN, *La Plus que vive*, Gallimard, 1996.

La nouvelle apparition de l'enfant qui dort au fond de nous-mêmes,
recouvert par une si épaisse nappe de déceptions et d'oublis, exige
attention et silence.

Michel BUTOR, *Répertoire*, Minuit, 1982.

Tant qu'il faut aimer quelque chose, on risque moins avec les enfants qu'avec les hommes, on a au moins l'excuse d'espérer qu'ils seront moins carnes que nous autres plus tard. On ne savait pas.

Louis-Ferdinand CÉLINE, *Voyage au bout de la nuit*, Gallimard, 1932.

L'homme ose se permettre encore des cruautés, alors qu'il commet déjà, tranquillement et de façon répétée, l'acte le plus cruel de tous : engendrer, donner aux horreurs de la vie des êtres qui ne sont pas et n'éprouvent pas de douleur.

Guido CERONETTI, *Le Silence du corps*, Albin Michel, 1984.

Il faut avoir le courage d'abandonner ses enfants : leur sagesse n'est pas la nôtre.

Jacques CHARDONNE, *L'Amour, c'est beaucoup plus que l'amour*, Albin Michel, 1936.

Nos enfants, c'est notre éternité.

Robert DEBRÉ, *Ce que je crois*, Grasset, 1976.

C'est entre les cils d'un petit enfant que les hommes justes aperçoivent Dieu trois ou quatre fois dans leur vie terrestre.

Georges DUHAMEL, *Souvenirs de la vie du paradis*, Mercure de France, 1946.

Si l'humanité était capable de s'instruire par l'observation directe des enfants, j'aurais pu m'épargner la peine d'écrire ce livre.

Sigmund FREUD, *Trois essais sur la sexualité*, 1905, Gallimard, 1949.

Vos enfants ne sont pas vos enfants.
Ils sont les fils et les filles de l'appel de la vie à elle-même.
Ils viennent à travers vous, mais non de vous.
Et bien qu'ils soient avec vous, ils ne vous appartiennent pas.

Khalil GIBRAN, *Le Prophète*, Casterman, 1956.

L'enfant c'est le piège qui s'est refermé, c'est l'ennemi qu'on va devoir continuer à entretenir, et qui va vous survivre.

Michel HOUELLEBECQ, *Les Particules élémentaires*, Flammarion, 1998.

L'être en grandissant oublie le secret de la totalité enfantine, de l'enfant qui sait laisser vivre en lui tout un monde sans le paralyser de réflexions, de jugements, de condamnations ; de l'enfant qui vit dans une sorte de Jardin du Paradis où tous les êtres croissent pacifiquement côte à côte.

Carl Gustav JUNG, *L'Homme à la découverte de son âme*, 1943, Albin Michel, 1994.

Il faut être deux pour être trois.

Benjamin PÉRET, *Passerelle du commandant*, in *Anthologie des poètes de la NRF*, Gallimard, 1936.

Et pourtant, je sais que l'homme qui meurt sans avoir enfanté meurt lui-même deux fois.

Pierre-Jean REMY, *Chine*, Albin Michel, 1990.

J'étais un enfant, ce monstre que les adultes fabriquent avec leurs regrets.

Jean-Paul SARTRE, *Les Mots*, Gallimard, 1964.

L'homme est un enfant qui s'est bouché.

Louis SCUTENAIRE, *Mes Inscriptions*, Gallimard, 1945.

Si on définit l'intelligence comme la faculté d'apprendre des choses *nouvelles*, de trouver des solutions à des problèmes se présentant pour la première fois, qui donc est plus intelligent que l'enfant ?

Michel TOURNIER, *Le Roi des Aulnes*, Gallimard, 1970.

Enfantillage

Tout ce qui n'est ni une couleur, ni un parfum, ni une musique, c'est de l'enfantillage.

Boris VIAN, *L'Herbe rouge*, Pauvert, 1950.

Enfer

L'enfer existe. Il est la part du plus grand nombre.

Louis ARAGON, *Les Yeux et la mémoire*, Gallimard, 1954.

Il faut juger un homme à son enfer.

Marcel ARLAND, *Carnets de Gilbert*, Gallimard, 1966.

Nul n'a jamais écrit ou peint, sculpté, modelé, construit, inventé, que pour sortir en fait de l'enfer.

Antonin ARTAUD, *Van Gogh ou le suicidé de la société*, Gallimard, 1947.

L'enfer est l'idée faible que Dieu nous donne volontairement de lui-même !

Georges BATAILLE, *Madame Edwarda*, Préface, Pauvert, 1956.

On parle toujours du feu de l'enfer, mais personne ne l'a vu [...]. L'enfer, c'est le froid.

Georges BERNANOS, *Monsieur Ouine*, Plon, 1940.

L'enfer est une faveur spéciale qu'on réserve à ceux qui l'ont beaucoup demandée.

Albert CAMUS, *Carnets II*, 1942-1951, Gallimard, 1964.

Il faudra beaucoup d'indulgence à Dieu pour pardonner aux hommes d'avoir imaginé l'enfer.

Maurice CHAPELAN, *Main courante*, Grasset, 1957.

L'Enfer, lieu où tout le monde parle en même temps et ne dit plus rien. Où aucune parole ne peut plus toucher personne.

Jean-Marie DOMENACH, *Ce que je crois*, Grasset, 1978.

L'enfer, je le situe non au moment où l'on voit la mort, mais au moment où l'on voit sa vie.

Robert ESCARPIT, *Lettre ouverte à Dieu*, Albin Michel, 1980.

On a beaucoup ri d'un télégramme que Mauriac a reçu peu de jours après la mort de Gide et ainsi rédigé : « Il n'y a pas d'enfer. Tu peux te dissiper. Préviens Claudel. André GIDE. »

Julien GREEN, *Le Miroir intérieur*, Plon, 1976.

Comment savez-vous si la terre n'est pas l'enfer d'une autre planète ?

Aldous HUXLEY, *Contrepoint*, Plon, 1930.

L'Enfer n'est pas ailleurs qu'à la place la plus brûlante du cœur de Dieu...

Marcel JOUHANDEAU, *Algèbre des valeurs morales*, Gallimard, 1935.

Quand ils proclament [...] que « l'enfer, c'est nous-mêmes », les peuples sauvages donnent une leçon de modestie qu'on voudrait croire que nous sommes encore capables d'entendre.

Claude LÉVI-STRAUSS, *L'Origine des manières de table*, Plon, 1968.

Je doute parfois de l'existence de l'Enfer, mais la lecture des journaux me guérit de cette incrédulité-là.

Claude ROY, *Les Rencontres des jours*, 1992-1993, Gallimard, 1995.

Alors, c'est ça l'enfer. Je n'aurais jamais cru... Vous vous rappelez : le soufre, le bûcher, le gril... Ah ! Quelle plaisanterie. Pas besoin de gril, l'enfer, c'est les Autres.

Jean-Paul SARTRE, *Huis clos*, Gallimard, 1949.

Vous m'avez dit, mon Dieu, de croire à l'enfer. Mais vous m'avez interdit de penser, avec absolue certitude, d'un seul homme, qu'il était damné.

Pierre TEILHARD de CHARDIN, *Le Milieu divin*, 1926-1927, Le Seuil, 1957.

Ennemi

Vous jugerez un homme autant à ses ennemis qu'à ses amis.

Joseph CONRAD, *Lord Jim*, 1900, Gallimard, 1922.

Tondre une fille parce qu'elle a aimé d'amour un ennemi officiel de son pays, est un absolu d'horreur et de bêtise.

Marguerite DURAS, *Hiroshima mon amour*, Minuit, 1959.

Personne ne fait la guerre parce qu'il hait l'ennemi. L'altruisme de l'homme fait l'égoïsme de la foule. Cette dialectique infernale, elle est là depuis le commencement.

Arthur KŒSTLER, in *L'Express*, 13 juillet 1970.

Nous devons soutenir tout ce que notre ennemi combat et combattre tout ce qu'il soutient.

MAO TSÉ-TOUNG, 16 septembre 1939, in *Citations du président Mao Tsé-Toung*, Le Seuil, 1967.

Si nous étions un peu plus sévères pour nos amis, ils ne nous paraîtraient pas aussi méprisables quand ils deviennent nos ennemis.

Jules RENARD, *Journal*, 1906, Gallimard, 1960.

S'aimer, c'est haïr le même ennemi.

Jean-Paul SARTRE, *Le Diable et le bon Dieu*, Gallimard, 1951.

Ennui

Les jeunes n'ont rien à dire, les vieux se répètent. L'ennui est réciproque.

Pierre GAXOTTE, *Les Autres et Moi*, Flammarion, 1975.

L'ennui est un des visages de la mort.

Julien GREEN, *Journal*, in *Œuvres complètes*, Gallimard, 1976.

Fuir l'ennui est la première loi. Fuyez l'ennui et il vous fuira.

Louis GUILLOUX, *Carnets 1944-1974*, Gallimard, 1982.

Connaissez-vous l'ennui
La potence du temps qui fait du goutte-à-goutte.

Claude NOUGARO, *L'Ennui*, in *Sur paroles*, Flammarion, 1997.

Les gens malades sont des gens qui s'ennuient.

Louis SCUTENAIRE, *Mes Inscriptions*, Gallimard, 1945.

Nous ne voulons pas d'un monde où la garantie de ne pas mourir de faim s'échange contre le risque de mourir d'ennui.

Raoul VANEIGEM, *Traité de savoir-vivre à l'usage des jeunes générations*, Gallimard, 1967.

Il n'y a qu'une espèce d'hommes qui soit totalement responsable de son propre malheur, celle des hommes qui trouvent la vie morne et ennuyeuse.

H. G. WELLS, *L'Histoire de M. Polly*, Mercure de France, 1911.

Enrichissement

L'instant qui ne m'apporte pas un enrichissement ouvre en moi une blessure.

Joë BOUSQUET, *Œuvres romanesques complètes*, t.3, Albin Michel, 1982.

Enseigner

On n'enseigne pas seulement ce que l'on sait, on enseigne ce que l'on est.

Jean JAURÈS.

Celui qui peut, agit. Celui qui ne peut pas, enseigne.

George Bernard SHAW, *Maximes pour révolutionnaires*.

Il faut aimer pour enseigner, car l'amour seul peut toucher et convaincre... Aimer, se faire aimer, faire aimer tous les autres : le rôle de l'instituteur se trouvait en entier dans ces trois termes, ces trois degrés de l'enseignement humain.

Émile ZOLA, *Vérité*, 1902, Christian Pirot, 1993.

Entendre

Écoute, mais n'entends pas.

René CHAR, *La Parole en archipel*, Gallimard, 1962.

Elle a cette attention incomparable des gens qui n'entendent pas ce que l'on dit.

Marguerite DURAS, *L'Amant*, Minuit, 1984.

Envie

Nous passons notre temps à envier des gens que nous ne voudrions pas être.

Jean ROSTAND, *Pensées d'un biologiste*, Stock, 1954.

Épine

Prend-on la vie autrement que par les épines ?

René CHAR, *Retour amont*, Gallimard, 1966.

Une couronne d'épines, ce n'est qu'une couronne de roses d'où les roses sont tombées.

Robert de FLERS et Gaston Arman de CAILLAVET, *Primerose*, Librairie théâtrale, 1912.

Si vous battez une femme avec une fleur, prenez plutôt une rose. Sa tige a des épines.

Henri de RÉGNIER, *Donc...*, Kra, 1927.

Époque

Il ne s'agit pas de choisir son époque, mais de se choisir en elle.

Jean-Paul SARTRE, *Qu'est-ce que la littérature ?*, Gallimard, 1964.

Épouse

En vérité, en vérité, je vous le dis, l'épouse qui presse le furoncle du mari pour en faire tendrement sortir le pus, c'est autrement plus grave et plus beau que les coups de reins et les sauts de carpe de la Karénine.

Albert COHEN, *Belle du Seigneur*, Gallimard, 1968.

Épouvante

On trouve toujours l'épouvante en soi, il suffit de chercher assez profond. Heureusement, on peut agir.

André MALRAUX, *La Condition humaine*, Gallimard, 1933.

Époux

Madame, je suis assez bien de ma personne, et membre de plusieurs sociétés savantes. Je suis un mobile qui cherche à se fixer. Voulez-vous être le cercle dont je serai le centre, l'hyperbole dont je serai le foyer, le tétraèdre dont je serai le sommet, la strophoïde dont je serai l'asymptote ? En un mot, voulez-vous de moi pour époux ?

CHRISTOPHE, *L'Idée fixe du savant Cosinus*, Armand Colin, 1900.

Équilibre

La notion d'équilibre s'oppose formellement, dans le monde actuel, à celle d'intelligence.

Marcel AYMÉ, *Uranus*, Gallimard, 1948.

Ce n'est pas du premier coup que l'on trouve son équilibre et la simplicité de la vie au milieu de toutes les complications de la richesse.
Il y faut de l'entêtement.

Blaise CENDRARS, *Sud-Américaines*, 1926, in *Au cœur du monde*, Gallimard, 1968.

Il est aussi noble de tendre à l'équilibre qu'à la perfection ; car c'est une perfection que de garder l'équilibre.

Jean GRENIER, *Lexique*, Gallimard, 1955.

Ermite

L'ermite croit qu'il a trouvé Dieu, parce qu'il a trouvé la solitude.

Henry de MONTHERLANT, *Carnets*, 1930-1944, Gallimard, 1957.

Érotisme

De l'érotisme, il est possible de dire qu'il est l'approbation de la vie jusque dans la mort. [...] L'érotisme est ce qui distingue l'homme de l'animal.

Georges BATAILLE, *L'Érotisme*, Introduction, Minuit, 1957.

Il me paraît certain que l'aboutissement normal de l'érotisme est l'assassinat.

Julien GREEN, *Journal*, in *Œuvres complètes*, Gallimard, 1976.

L'érotisme, c'est l'humiliation en soi ou chez l'autre, peut-être chez tous les deux.

André MALRAUX, *La Condition humaine*, Gallimard, 1933.

L'érotisme est l'une des bases de la connaissance de soi, aussi indispensable que la poésie.

Anaïs NIN, *Être une femme et autres essais*, Stock, 1977.

L'érotisme, c'est donner au corps les prestiges de l'esprit.

Georges PERROS, *Papiers collés*, Gallimard, 1960.

Erreur

Il ne saurait y avoir de vérité première. Il n'y a que des erreurs premières.

Gaston BACHELARD, *Études*, Vrin, 1970.

Nul doute : l'erreur est la règle ; la vérité est l'accident de l'erreur.

Georges DUHAMEL, *Le Notaire du Havre*, Mercure de France, 1933.

L'univers peut se tromper. C'est à cela qu'on reconnaît l'erreur, elle est universelle.

Jean GIRAUDOUX, *La Guerre de Troie n'aura pas lieu*, Grasset, 1935.

Une erreur ne devient une faute que lorsqu'on ne veut pas en démordre.

Ernst JÜNGER, *Sur les falaises de marbre*, Gallimard, 1942.

Quand la vérité est libre, et l'erreur aussi, ce n'est pas l'erreur qui triomphe.

Roger MARTIN du GARD, *Jean Barois*, Gallimard, 1914.

On ne fait pas toujours ce qui convient et choisir l'erreur en connaissance de cause ne manque pas de charme.

Erich Maria REMARQUE, *Le Ciel n'a pas de préférés*, Presses de la Cité, 1964.

L'erreur sincère n'est pas le mensonge, elle est l'étape vers la vérité.

Romain ROLLAND, *Journal des années de guerre*, 1914-1918, Albin Michel, 1952.

Une erreur n'est souvent qu'une vérité coupée en herbe.

Jules ROMAINS, *Lucienne*, Gallimard, 1922.

Il m'arrive de me demander si deux erreurs qui se combattent ne sont pas plus fécondes qu'une vérité qui régnât sans conteste.

Jean ROSTAND, *Pensées d'un biologiste*, Stock, 1954.

La société des abeilles est plus parfaite que la société humaine : elle ne peut commettre aucune erreur. Mais elle n'a pas progressé depuis des millions d'années et ne variera sans doute jamais plus.

Jacques RUFFIÉ, *De la biologie à la culture*, Flammarion, 1976.

Si vous fermez la porte à toutes les erreurs, la vérité restera dehors.

Rabindranath TAGORE, *Sadhana*, 1912, Maisonneuve, 1940.

Esclavage

Sans doute, il est plus confortable de subir un esclavage aveugle que de travailler à s'affranchir : les morts aussi sont mieux adaptés à la terre que les vivants.

Simone de BEAUVOIR, *Le Deuxième Sexe*, Gallimard, 1949.

Chose étrange, le bonheur dans l'esclavage fait de nos jours figure d'idée neuve.

Jean PAULHAN, *Le Bonheur dans l'esclavage*, Introduction à *Histoire d'O* de Pauline Réage, Cercle du livre précieux, 1962.

Mille signes montrent que les hommes de notre époque étaient depuis longtemps affamés d'obéissance. Mais on en a profité pour leur donner l'esclavage.

Simone WEIL, *L'Enracinement*, Gallimard, 1949.

Esclave

L'avenir est dans les mains des esclaves, et on voit bien que le vieux monde sera changé par l'alliance que bâtiront un jour entre eux ceux dont le nombre et la misère sont infinis.

Henri BARBUSSE, *Le Feu*, Flammarion, 1917.

Espérance

Qui n'a pas vu la route à l'aube, entre ses deux rangées d'arbres, toute fraîche, toute vivante, ne sait pas ce que c'est que l'espérance.

Georges BERNANOS, *Monsieur Ouine*, Plon, 1940.

Mais l'important, au fond, c'est la force de cette espérance naïve qui a tant de peine à tenir bon contre l'accumulation croissante des expériences de la vie. Tant que cet espoir persiste en toi, on peut aussi tout espérer encore de toi.

Elias CANETTI, *Le Territoire de l'homme*, Albin Michel, 1978.

Il faut sauver l'espérance. C'est le grand problème de ce siècle.

Julien GREEN, *Journal*, in *Œuvres* complètes, Gallimard, 1976.

Un monde où la mort ferait défaut serait un monde où l'espérance n'existerait qu'à l'état larvé.

Gabriel MARCEL, *Être et avoir*, Aubier, 1918-1933.

L'espérance ne serait-elle pas la preuve d'un sens occulte de l'Existence, une chose qui mérite qu'on lutte pour elle ?

Ernesto SÁBATO, *Alejandra*, Le Seuil, 1967.

Espérer

On ne peut ni raisonner ni prévoir au sujet du bonheur ; il faut l'avoir maintenant. Quand il paraît être dans l'avenir, songez-y bien, c'est que vous l'avez déjà. Espérer, c'est être heureux.

ALAIN, *Propos sur le bonheur*, Gallimard, 1928.

Espérer, c'est démentir l'avenir.

Emil Michel CIORAN, *Syllogismes de l'amertume*, Gallimard, 1952.

Espérer, lorsqu'il n'y a rien à espérer.
Voir le Pôle où il n'y a rien à voir.
Espérer voir. — Croire.

Paul FORT, *Catéchisme du vrai croyant, du véritable explorateur et du poète*, in *Ballades du beau hasard*, Flammarion, 1985.

Espoir

L'espoir est une vertu d'esclave.

Emil Michel CIORAN, *Précis de décomposition*, Gallimard, 1949.

Je sais bien qu'ici il y a l'espoir.
Mais en enfer aussi, il y a certainement l'espoir.

Georges DUHAMEL, *Vie des martyrs*, Mercure de France, 1917.

Il semble bien que l'espoir n'appartienne qu'aux humains. Et reconnaissez que chez l'individu, la fin de l'espoir est le commencement de la mort.

Charles de GAULLE, cité par André Malraux, in *Les Chênes qu'on abat*, Gallimard, 1971.

Tous les espoirs sont permis à l'homme, même celui de disparaître.

Jean ROSTAND, *Pensées d'un biologiste*, Stock, 1954.

Esprit

Je souffre que l'Esprit ne soit pas dans la vie et que la vie ne soit pas dans l'Esprit...

Antonin ARTAUD, *L'Ombilic des limbes*, Gallimard, 1925.

L'esprit s'arroge un peu partout des droits qu'il n'a pas.

André BRETON, *Nadja*, Gallimard, 1928.

L'esprit passe sur la matière comme l'archet sur la corde, ou plutôt comme le souffle sur les cordes vocales.

Paul CLAUDEL, *Journal*, 1904-1955, Gallimard, 1968-1969.

« L'esprit » est un produit de l'organisation du cerveau tout comme la « vie » est un produit de l'organisation des molécules.

François JACOB, *Le Jeu des possibles*, Fayard, 1981.

Ce que je vous demande, c'est d'ouvrir votre esprit, non de croire.

KRISNAMURTI, *De l'éducation*, Delachaux et Niestlé, 1988.

L'homme ne saisit pas plus son esprit *intact* qu'il ne voit directement sa nuque ou son cou.

Jean PAULHAN, *La Demoiselle aux miroirs*, Tchou, 1970.

L'homme est entraîné par son esprit à des souffrances qui sont bien au-dessus de sa condition.

Jean ROSTAND, *Pensées d'un biologiste*, Stock, 1954.

Esprit critique

Tuer en soi l'esprit critique. En art, ne se laisser convaincre que par ce qui convient violemment au sexe de l'âme. À ce qui provoque une érection morale immédiate et irréfléchie.

Jean COCTEAU, *Journal d'un inconnu*, Grasset, 1953.

Essentiel

L'essentiel est sans cesse menacé par l'insignifiant.

René CHAR, *À une sérénité crispée*, in *Recherche de la base et du sommet*, Gallimard, 1955.

Il nous faut peu de mots pour exprimer l'essentiel ; il nous faut tous les mots pour le rendre réel.

Paul ÉLUARD, *Avenir de la poésie*, GLM, 1937.

Estomac

On s'aperçoit qu'on a un estomac bien avant de se douter qu'on a une âme.

Pierre REVERDY, *Le Gant de crin*, Plon, 1927.

État

L'État est l'organisation spéciale d'un pouvoir : c'est l'organisation de la violence destinée à mater une certaine classe. [...] Tant que l'État existe, pas de liberté ; quand régnera la liberté, il n'y aura plus d'État.

LÉNINE, *L'État et la révolution*, 1917, Éditions sociales, 1972.

Il faut concevoir l'État contemporain comme une communauté humaine, qui dans les limites d'un territoire déterminé [...] revendique avec succès pour son propre compte le monopole de la violence physique légitime.

Max WEBER, *Le Savant et le Politique*, 1919, Plon, 1959.

États-Unis

Voir : Amérique

Éternité

L'amour commence là où commence l'éternité.

Manoel de ABREU, *Après la vie*, in *La Poésie brésilienne contemporaine*, Seghers, 1966.

L'éternité n'est guère plus longue que la vie.

René CHAR, *Feuillets d'Hypnos*, Gallimard, 1946.

Quand il existe quelque chose d'éternel, comment ferais-je pour n'en pas être éternellement le témoin ?

Paul CLAUDEL, *Journal*, 1904-1955, Gallimard, 1968-1969.

Qui n'a senti en lui crier
les premières feuilles des arbres
ne sait rien de l'éternité.

Pierre EMMANUEL, *XX Cantos*, Ides et calendes, 1944.

L'éternité c'est long, surtout vers la fin.

Franz KAFKA, cité par François Bott, in *Journées intimes*, Albin Michel, 1984.

L'éternité n'est et ne sera jamais autre chose que le moment où je suis.

Maurice MAETERLINCK, *Devant Dieu*, Fasquelle, 1955.

Quel jour étonnant, que le jour où l'homme s'est mis à se croire éternel !

André MALRAUX, *Antimémoires*, Gallimard, 1967.

L'éternité, qu'est-elle donc, sinon le premier instant sans fin d'un premier amour ?

O. V. de L. MILOSZ, *Les Arcanes*, 1926, Silvaire, 1994.

La race humaine est ainsi faite que des êtres sains d'esprit seraient prêts à sacrifier leur jeunesse, leur corps, leurs amours, leurs amis, leur bonheur et beaucoup plus encore sur l'autel d'un fantasme appelé éternité.

Amélie NOTHOMB, *Hygiène de l'assassin*, Albin Michel, 1992.

N'espère rien de l'homme s'il travaille pour sa propre vie et non pour son éternité.

Antoine de SAINT-EXUPÉRY, *Citadelle*, Gallimard, 1948.

Ethnologie

Les ethnologues sont là pour témoigner que la manière dont nous vivons n'est pas la seule possible, que d'autres ont permis et permettent encore à des groupes d'hommes de trouver le bonheur. L'ethnologie nous invite à tempérer notre gloriole, à respecter d'autres genres de vie.

Claude LÉVI-STRAUSS, in *L'Express*, 15 mars 1971.

Étincelle

Tant qu'il y a une étincelle, il y a une espérance de brasier.

Alexandre ARNOUX, *L'Enchantement de Grenade*, Gallimard, 1951.

Étoile

À force de tout regarder, il a appris qu'il n'y avait pas d'étoiles, et que chaque homme est une étoile.

Joë BOUSQUET, *Langage entier*, Rougerie, 1967.

Ne demandons pas la lune. Nous avons les étoiles !

Dialogues du film *Now Voyager* de Irving Rapper, 1942.

Quand on laisse mourir le feu de Noël, il n'y a plus qu'un moyen de le rallumer. C'est d'aller chercher le feu des étoiles.

Pierre Jakez HÉLIAS, *Les Autres et les miens*, Plon, 1979.

Pour qui n'a pas l'amour qu'importent les étoiles
Et leur éternité ?

Charles LE QUINTREC, *Stances du verbe amour*, Albin Michel, 1966.

Les étoiles n'ont leur vrai reflet qu'à travers les larmes.

Vladimir NABOKOV, *Regarde, regarde les arlequins*, Fayard, 1978.

Il n'est pas difficile de nourrir des pensées admirables lorsque les étoiles sont présentes.

Marguerite YOURCENAR, *Alexis ou le traité du vain combat*, Plon, 1929.

Étonnement

Celui qui ne peut plus éprouver ni étonnement ni surprise est pour ainsi dire mort ; ses yeux sont éteints.

Albert EINSTEIN, *Comment je vois le monde*, Flammarion, 1934.

Tout est sauvé si l'on demeure capable d'étonnement.

Jean GUÉHENNO, *La Foi difficile*, Grasset, 1957.

Étonner

Quand je n'aurais appris qu'à m'étonner, je me trouverais bien payée de vieillir.

COLETTE, *Prisons et paradis*, Ferenczi, 1932.

Étrangeté

Aimer l'autre, c'est préserver son étrangeté.

Pascal BRUCKNER et Alain FIENKIELKRAUT, *Le Nouveau désordre amoureux*, Le Seuil, 1977.

Il faut bien que l'Homme enfin se réveille de son rêve millénaire pour découvrir sa totale solitude, son étrangeté radicale. Il sait maintenant que, comme un Tzigane, il est en marge de l'univers où il doit vivre. Univers sourd à sa musique, indifférent à ses espoirs comme à ses souffrances ou à ses crimes.

Mais alors qui définit le crime ? Qui dit le bien et le mal ? Tous les systèmes traditionnels mettaient l'éthique et les valeurs hors de la portée de l'Homme. Les valeurs ne lui appartenaient pas : elles s'imposaient et c'est lui qui leur appartenait. Il sait maintenant qu'elles sont à lui seul, et d'en être enfin le maître il lui semble qu'elles se dissolvent dans le vide indifférent de l'univers.

Jacques MONOD, *Le Hasard et la nécessité*, Le Seuil, 1970.

Être

Ce qu'on doit être, on l'est. On l'est avant le fruit, avant la fleur, avant même la graine close.

Henri BOSCO, *Un oubli moins profond*, Gallimard, 1961.

Je fus, je suis ou je serai, c'est là question de grammaire et non d'existence.

Emil Michel CIORAN, *Précis de décomposition*, Gallimard, 1949.

Être, c'est appartenir à quelqu'un.

Jean GENET, in *Les Écrivains du XXᵉ siècle — Un musée imaginaire de la littérature mondiale*, Retz, 1979.

Heureux d'être. D'être quoi ? D'être, simplement.

Julien GREEN, *Journal*, in *Œuvres complètes*, Gallimard, 1976.

Être, c'est éclater dans le monde, c'est partir d'un néant de monde et de conscience pour soudain s'éclater-conscience-dans-le-monde.

Jean-Paul SARTRE, *Situations*, Gallimard, 1947-1976.

Europe

À l'âge de l'aviation et de la télégraphie sans fil, la division de l'Europe en une vingtaine d'États souverains est aussi anachronique que la faucille à bras ou la charrue à main.

Raymond ARON, *Chroniques de guerre, Londres*, 1940-1945, Gallimard, 1990.

L'Europe est le négatif inachevé dont l'Amérique est l'épreuve.

Mary McCarthy, *Amérique la Belle*, 1953.

L'Europe n'a besoin de personne pour n'être rien.

François Mitterrand, *L'Abeille et l'Architecte*, Flammarion, 1978.

L'Europe deviendra-t-elle ce qu'elle est en réalité, c'est-à-dire : un petit cap du continent asiatique ?

Paul Valéry, *Variété*, I, Gallimard, 1924.

Euthanasie

Ne me parlez pas de droit à la vie, belles consciences, quand il s'agit de longs martyres !

Hervé Bazin, *Abécédaire*, Grasset, 1984.

La douleur, seul problème vraiment sérieux. La phrase fulgurante de Kafka, souffrant, à son médecin : « Si vous ne me tuez pas, vous êtes un assassin. »

Philippe Sollers, *L'Année du tigre, Journal de l'année 1998*, Le Seuil, 1999.

Ève

La femme sera toujours le danger de tous les paradis.

Paul Claudel, *Conversations dans le Loir-et-Cher*, Gallimard, 1935.

Événements

Les événements ont ceci de commun avec les oies qu'ils vont en troupe.

Léon Bloy, *Le Désespéré*, in *Œuvres*, t.3, Mercure de France, 1964.

Je suppose que les événements ne sont qu'une sorte de commentaire de nos sentiments — on peut déduire ceux-ci de ceux-là.

Lawrence Durrell, *Le Quatuor d'Alexandrie*, t. 1, *Justine*, 1963, Buchet Chastel, 1997.

L'horreur du vingtième siècle tient à la grandeur des événements et à l'insignifiance de leurs répercussions.

Norman MAILER, *Bivouac sur la lune*, Laffont, 1971.

Évidence

Le temps de la connaissance fut celui où tous les hommes entendaient. Puis vint le temps de la foi, où ceux qui entendaient encore demandaient à ceux qui n'entendaient plus de leur faire confiance et de croire.
Aujourd'hui est le temps de la confusion. Personne n'entend plus rien, et tout le monde croit n'importe quoi.
Il faut que vienne le temps de l'évidence.

René BARJAVEL, *La Faim du tigre*, Denoël, 1966.

Toutes les évidences ne sont pas mauvaises à dire. Il arrive même que ce soit en tirant les conséquences des évidences les plus évidentes que l'on découvre les vérités les moins évidentes.

Denis GUEDJ, *Le Théorème du perroquet*, Le Seuil, 1998.

Généralement, quand nous sommes traversés d'une évidence, elle est terrible et meurtrière.

Pascal JARDIN, *La Bête à Bon Dieu*, Flammarion, 1980.

Il est de la nature de l'évidence qu'elle passe inaperçue.

Jean PAULHAN, *De la paille et du grain*, Gallimard, 1948.

Exagérer

Il faut exagérer, sinon il n'y a rien.

Daniel BOULANGER, Dialogues du film *Le Roi de cœur*, 1966.

Cathédrales, poésies, œuvres d'art et héros, rien ne s'impose, rien ne survit que par l'exagération.

Louise de VILMORIN, *Les Belles Amours*, Gallimard, 1954.

Existence

C'est vivre et cesser de vivre qui sont des solutions imaginaires. L'existence est ailleurs.

André BRETON, *Manifeste du surréalisme*, 1924, Pauvert, 1962.

— Cette existence-là, ce n'est pas une vie...
— Si tu crois que ma vie, c'est une existence !

Dialogues du film *Entrée des artistes* de Marc Allégret, 1938.

Tout est à pardonner, et d'abord d'exister. L'existence finit toujours par être une mauvaise action.

Albert CAMUS, *Carnets II*, 1942-1951, Gallimard, 1964.

Exister

Le seul fait d'exister est un véritable bonheur.

Blaise CENDRARS, *Du monde entier, Poésies complètes 1912-1924*, Denoël, 1947.

Exister, c'est prendre une toute autre direction que celle où m'emporte le mouvement jaloux du désir, c'est tout autre chose que de vivre seulement la vie, ma vie. « Il y a une chose qui s'appelle vivre, et il y a une chose qui s'appelle exister : j'ai choisi d'exister. »

Emmanuel MOUNIER, *Introduction aux existentialismes*, Denoël, 1947.

Expérience

J'appelle expérience un voyage au bout du possible de l'homme.

Georges BATAILLE, in *Œuvres complètes*, Gallimard, 1970-1989.

Dans une époque où le progrès s'emballe et nécessite d'incessants recyclages, l'expérience, j'entends bien, *doit rester protégée*, mais dans la limite où elle ne sert pas d'alibi à l'immobilisme.

Hervé BAZIN, *Ce que je crois*, Grasset, 1977.

L'homme n'est pas fait pour vivre longtemps : l'expérience le corrompt. Le monde n'a besoin que de jeunesse et de poètes.

Jacques CHARDONNE, *Claire*, Grasset, 1984.

L'expérience nous apprend que lorsqu'on entend sonner à la porte, c'est qu'il n'y a jamais personne.

Eugène IONESCO, *La Cantatrice chauve*, Gallimard, 1964.

Toutes les expériences sont équivalentes, il convient seulement d'en acquérir la plus grande quantité possible.

Jean-Paul SARTRE, *Situations*, t. 1, Gallimard, 1947.

Expérience scientifique

Une expérience *scientifique* est [...] une expérience qui *contredit* l'expérience *commune*.

Gaston BACHELARD, *La Formation de l'esprit scientifique*, Vrin, 1938.

Expliquer

Il faut se contenter de découvrir, mais se garder d'expliquer.

Georges BRAQUE, *Le Jour et la nuit*, Gallimard, 1952.

On a beau citer l'histoire, les raisons qui ont contribué à ceci, à cela, on décrit mais on n'explique rien pour l'éternelle raison qu'il n'y a rien à expliquer et pourtant l'énigme demeure toujours.

Giorgio DE CHIRICO, cité par Robert Sabatier, in *La Poésie du vingtième siècle*, t.2, Albin Michel, 1982.

C'est le propre du vulgaire que de vouloir tout expliquer, y compris ce qui ne s'explique pas.

Amélie NOTHOMB, *Hygiène de l'assassin*, Albin Michel, 1992.

S'expliquer, c'est mentir.

Jacques PERRET, *La Bête Mahousse*, Gallimard, 1951.

Extase

Seul le battement à l'unisson du sexe et du cœur peut créer l'extase.

Anaïs NIN, *Vénus Erotica*, 1969, LGF, 1981.

Extraordinaire

Commencer par l'extraordinaire, ne jamais l'épuiser, le respirer jusqu'à ce qu'il se transforme en lui-même : tout, devenu extraordinaire.

Elias CANETTI, *Le Territoire de l'homme*, Albin Michel, 1978.

J'aime l'extraordinaire sous toutes ses formes, dans tous ses sens, j'aime ceux qui portent en leur cœur la dignité de l'exceptionnel, les marqués, ceux qu'on reconnaît comme étrangers, tous ceux que le peuple regarde d'un air médusé.

Thomas MANN, *Altesse royale*, Delagrave, 1930.

F

Faible

Les faibles vous seront toujours un fardeau insupportable, un poids mort que vos civilisations orgueilleuses se repassent l'une à l'autre, avec colère et dégoût.

Georges BERNANOS, *Journal d'un curé de campagne*, Plon, 1936.

Le faible ne devient méprisable que lorsqu'il joue de sa faiblesse.

Jean ROSTAND, *Pages d'un moraliste*, Fasquelle, 1952.

Sauf au prix d'un effort de générosité aussi rare que le génie, on est toujours barbare envers les faibles.

Simone WEIL, *Écrits historiques et politiques*, Gallimard, 1960.

Faim

L'histoire des hommes n'a jamais été que l'histoire de leur faim.

Jean GUÉHENNO, *La Foi difficile*, Grasset, 1957.

Il est terrible
le petit bruit de l'œuf dur cassé sur un compte d'étain
il est terrible ce bruit
quand il remue dans la mémoire de l'homme qui a faim.

Jacques PRÉVERT, *Paroles*, Gallimard, 1949.

Faire

On n'existe pas sans faire.

Simone de BEAUVOIR, *Pour une morale de l'ambiguïté*, Gallimard, 1947.

Nous saurons qui nous sommes quand nous verrons ce que nous avons fait.

Pierre DRIEU LA ROCHELLE, *Le Chef*, Gallimard, 1944.

Mourir, c'est tout quitter : les êtres qu'on aime, les biens auxquels on tient, mais c'est aussi penser qu'il *restait encore quelque chose à faire*.

Louis GUILLOUX, *Carnets 1944-1974*, Gallimard, 1982.

L'homme est ce qu'il fait !

André MALRAUX, *Les Noyers de l'Altenburg*, Gallimard, 1948.

Rien n'est fait tant qu'il reste quelque chose à faire.

Romain ROLLAND, *Musiciens d'aujourd'hui*, Hachette, 1908.

Faites quelque chose et, si ça ne réussit pas, essayez autre chose.

Franklin ROOSEVELT, Discours, 1939.

L'essentiel n'est pas ce qu'on a fait de l'homme, mais *ce qu'il a fait de ce qu'on a fait de lui*.

Jean-Paul SARTRE, in *L'Arc*, n° 30.

Faits

Les faits ne cessent pas d'exister parce qu'on les ignore.

Aldous HUXLEY, *Notes sur le dogme*.

Rien n'est plus gênant que les faits ; ils empêchent de croire ce qu'on veut.

Claude ROY, *Les Chercheurs de Dieux*, Gallimard, 1981.

Famille

La famille, seul endroit où le sang de chacun circule dans les autres.

Hervé BAZIN, *Un feu dévore un autre feu*, Le Seuil, 1978.

La seule chose importante, c'est que la famille ne reste pas « la cellule de base » d'une société inégalitaire et injuste qui se sert d'elle pour se maintenir.

Hervé BAZIN, *Ce que je crois*, Grasset, 1977.

Construire un pont, discerner une loi de la nature, composer un livre, ordonner une symphonie, voilà de grands et difficultueux travaux. Faire une famille, la réchauffer sans cesse, l'étreindre jusqu'aux suprêmes démembrements, c'est une œuvre d'art aussi, la plus fuyante, la plus décevante de toutes.

Georges DUHAMEL, *Le Jardin des bêtes sauvages*, Mercure de France, 1934.

Familles ! Je vous hais ! Foyers clos ; portes refermées ; possessions jalouses du bonheur.

André GIDE, *Les Nourritures terrestres* suivi de *Les Nouvelles nourritures*, Gallimard, 1942.

Je n'ai jamais pu voir les épaules d'une jeune femme sans songer à fonder une famille.

Valery LARBAUD, *A.O. Barnabooth*, Gallimard, 1913.

Toutes les familles heureuses sont plus ou moins différentes, toutes les familles malheureuses se ressemblent plus ou moins.

Vladimir NABOKOV, *Ada ou l'Ardeur...*, 1969, Fayard, 1989.

Nous tenons de notre famille aussi bien les idées dont nous vivons que la maladie dont nous mourrons.

Marcel PROUST, *À l'ombre des jeunes filles en fleurs*, Gallimard, 1918.

La famille est un milieu où le minimum de plaisir avec le minimum de gêne, font ménage ensemble.

Paul VALÉRY, *Tel quel*, Gallimard, 1941-1971.

Fanatique

Est fanatique celui qui est sûr de posséder la vérité. Il est définitivement enfermé dans cette certitude ; il ne peut donc plus participer aux
échanges ; il perd l'essentiel de sa personne. Il n'est plus qu'un objet
prêt à être manipulé. C'est là le péché fondamental des religions : faire
des adeptes qui ne se posent plus de questions. L'attitude scientifique
est exactement à l'opposé.

Albert JACQUARD, *Petite philosophie à l'usage des non-philosophes*, Calmann-
Lévy, 1997.

Fanfare

Une nation s'éteint quand elle ne réagit plus aux fanfares : la décadence est la mort de la trompette.

Emil Michel CIORAN, *Syllogismes de l'amertume*, Gallimard, 1952.

Fantastique

Ce qu'il y a d'admirable dans le fantastique, c'est qu'il n'y a plus de
fantastique : il n'y a que le réel.

André BRETON, *Manifeste du surréalisme*, 1924, Pauvert, 1962.

Le fantastique suppose la solidité du monde réel, mais pour mieux la
ravager.

Roger CAILLOIS, *Images, images...*, Corti, 1966.

Le fantastique doit savoir donner l'impression que nous parlons d'un
monde où ces manifestations saugrenues figurent à titre de conditions
normales.

Jean-Paul SARTRE, *Critiques littéraires*, Gallimard, 1975.

Fantôme

Bien sûr, je ne crois pas aux fantômes [...] Les morts n'en sont pas
moins, bien souvent, bien étranges.

Emmanuel BERL, *Présence des morts*, Gallimard, 1956.

Comme la discrétion est la qualité naturelle des fantômes, ils n'osent pas insister, ils craignent, de peur de déranger, de reprendre cette place qui fut la leur. Alors ils errent.

Philippe SOUPAULT, *Journal d'un fantôme*, Éditions du Point du jour, 1946.

Far-West

Nous sommes au Far-West. Quand la légende devient réalité, c'est la légende qu'on publie.

Dialogues du film *L'Homme qui tua Liberty Valance* de John Ford, 1962.

Fascisme

Le fascisme, ce n'est pas d'empêcher de dire, c'est d'obliger à dire.

Roland BARTHES, Discours au Collège de France, 1977.

Le fascisme, c'est le mépris [...] Inversement, toute forme de mépris, si elle intervient en politique, prépare ou instaure le fascisme.

Albert CAMUS, *L'Homme révolté*, Gallimard, 1951.

Quiconque rêve d'une liberté sans limites et sans frein porte en soi le germe du fascisme, même s'il crie son antifascisme à tue-tête.

Maurice SCHUMANN, *Angoisse et certitude*, Flammarion, 1978.

Le fascisme, c'est la guerre. La lutte contre le fascisme, c'était la lutte contre la guerre.

Maurice THOREZ, *Fils du peuple*, Éditions sociales internationales, 1937.

Fasciste

Ce sont les fascistes qui attachent plus d'importance à la façon de mourir qu'aux actes.

Simone de BEAUVOIR, *La Force des choses*, Gallimard, 1963.

[...] les fascistes, au fond, croient toujours à la race de celui qui commande. Ce n'est pas parce que les Allemands sont racistes qu'ils sont fascistes, c'est parce qu'ils sont fascistes qu'ils sont racistes. Tout fasciste commande au droit divin.

André MALRAUX, *L'Espoir*, Gallimard, 1937.

Fataliste

— Oh ! t'as pas toujours été aussi fatalitaire.
— Fataliste.
— Si tu veux, le résultat est le même.

Henri JEANSON, Dialogues du film *Hôtel du Nord* de Marcel Carné, 1938.

Fatalité

Évoluer, c'est céder à la fatalité.

Thomas MANN, *La Mort à Venise*, 1910, Stock, 1995.

La fatalité, c'est ce que nous voulons.

Romain ROLLAND, *Au-dessus de la mêlée*, Albin Michel, 1953.

C'est drôle comme la fatalité se plaît à choisir pour la représenter des visages indignes ou médiocres.

Françoise SAGAN, *Bonjour tristesse*, Julliard, 1998.

Fatigué

La mort semble bien moins terrible quand on est fatigué.

Simone de BEAUVOIR, *Les Mandarins*, Gallimard, 1954.

Faute

Ne jamais dire : « C'est *leur* faute. » C'est toujours notre faute.

Claude AVELINE, *Avec toi-même*, Émile-Paul, 1944.

Fécondité

La fécondité n'est pas seulement une contrainte, mais aussi un privilège, qui peut devenir un pouvoir.

Évelyne SULLEROT, *Le Fait féminin*, Fayard, 1978.

Fée

Chaque fois qu'un enfant dit : « Je ne crois pas aux fées », il y a quelque part une petite fée qui meurt.

Sir James BARRIE, *Peter Pan*, 1904, Gründ, 1991.

Quand une sorcière est belle, ça s'appelle une fée.

Marcel PAGNOL, *L'Eau des collines : Manon des Sources*, Pastorelly, 1962.

Femelle

Elle était assez femelle pour n'attendre d'une cuirasse rien de mieux que le bonheur de la capitulation et le plaisir de la défaite.

André PIEYRE de MANDIARGUES, *La Motocyclette*, Gallimard, 1963.

Féminisme

Il n'y a qu'une manière d'être féministe aujourd'hui pour un homme, c'est de se taire enfin sur la féminité. C'est de laisser parler les femmes.

Benoîte GROULT, *Le Féminisme au masculin*, Denoël, 1977

Si les femmes n'existaient pas, les choses iraient enfin dans l'intérêt des femmes. [...] Le féminisme et l'antiféminisme sont les plaies du genre humain ; le remède est évident, simple, logique : il faut supprimer les femmes.

Amélie NOTHOMB, *Hygiène de l'assassin*, Albin Michel, 1992.

Une brune aux yeux de braise entra un jour dans notre boutique (siège de l'association *La Femme nouvelle*) et s'offrit à nous aider.

— J'espère que mes références vous paraîtront suffisantes, nous dit-elle. J'ai tué mon mari.

Louise WEISS, *Combats pour les femmes*, 1934-1939, Albin Michel, 1980.

Femme

L'avenir de l'homme est la femme
Elle est la couleur de son âme
Elle est sa rumeur et son bruit
Et sans elle il n'est qu'un blasphème
Il n'est qu'un noyau sans le fruit...

Louis ARAGON, *Le Fou d'Elsa*, Gallimard, 1963.

L'humanité masculine se répartit en deux groupes : sable ou falaise. La femme est toujours l'océan.

Claude AVELINE, *Avec toi-même*, Émile-Paul, 1944.

On ne naît pas femme : on le devient.

Simone de BEAUVOIR, *Le Deuxième Sexe*, Gallimard, 1949.

Les femmes sont la vie en tant que la vie est au plus près du rire de Dieu. Les femmes ont la vie en garde pendant l'absence de Dieu. Elles ont en charge le sentiment limpide de la vie éphémère, la sensation de base de la vie éternelle.

Christian BOBIN, in *Le Petit livre des jours*, La Table ronde, 1995.

J'adore les femmes, mais je ne leur pardonnerai jamais d'aimer les hommes.

Albert COHEN, *Belle du Seigneur*, Gallimard, 1968.

Si la femme était bonne, Dieu en aurait une.

Sacha GUITRY, *Elles et toi*, Solar, 1947.

Une femme est un être vivant, Gabriel, qui a droit à de l'attention, pas seulement à des sourires... Une femme n'est pas seulement une ambiance, Gabriel...

Érik ORSENNA, *L'Exposition coloniale*, Le Seuil, 1988.

Par un calcul rapide, écartant les petites filles, les laides, les travailleuses et les vieilles, je me suis aperçue qu'il y avait en réalité très peu de femmes sur la terre, je veux dire très peu de *vraies femmes*. On comprend évidemment que les hommes aient envie de les garder.

Françoise PARTURIER, *Lettre ouverte aux femmes*, Albin Michel, 1974.

Il faut beaucoup de femmes pour réussir un homme.

Daniel PENNAC, *Aux fruits de la passion*, Gallimard, 1999.

Les femmes ne doivent rien aux hommes. Tout ce qu'elles leur donnent, c'est une grâce qu'elles leur font.

Louis SCUTENAIRE, *Mes Inscriptions*, Gallimard, 1945.

La formule ressassée : « Un homme sur deux est une femme. »
La formule lumineuse de Lacan : « *Toutes* les hommes aiment *le* femme. »

Philippe SOLLERS, *L'Année du tigre, Journal de l'année 1998*, Le Seuil, 1999.

Il y a deux sortes de femmes. La femme-bibelot que l'on peut manier, manipuler, embrasser du regard, et qui est l'ornement d'une vie d'homme. Et la femme-paysage. Celle-là, on la visite, on s'y engage, on risque de s'y perdre. La première est verticale, la seconde horizontale...

Michel TOURNIER, *Le Roi des Aulnes*, Gallimard, 1970.

Tous ces siècles, les femmes ont servi de miroirs, dotés du pouvoir magique et délicieux de refléter la figure de l'homme en doublant ses dimensions naturelles.

Virginia WOOLF, *Une chambre à soi*, 1929, 10/18, 1996.

Férocité

Quand un homme veut tuer un tigre, il appelle cela du sport, quand un tigre veut le tuer, l'homme appelle cela férocité. La distinction entre le crime et la justice n'est pas plus grande.

George Bernard SHAW, *Manuel politique pour tous*, 1944.

Ferveur

Il est dommage que vous ne vous soyez jamais trouvé face au problème de la mort consentie. Vous auriez constaté que l'homme a besoin alors, non de haine, mais de ferveur. On ne meurt pas « contre », on meurt « pour ».

Antoine de SAINT-EXUPÉRY, Lettre à André Breton, 1941, citée in *Écrits de guerre*, Gallimard, 1998.

Fête

C'est la fête et vous n'en savez rien.

Maurice BLANCHARD, *Le Monde qui nous entoure*, 1953.

Gourmandise, paresse, luxure : ce sont les trois vertus cardinales, les vertus de la Fête. Le Paradis sur terre.

Jean-Louis BORY, *Ma moitié d'orange*, Julliard, 1972.

La Fête, c'est le ciel d'un bleu belliqueux et à la même seconde le temps au précipité orageux. C'est un risque dont le regard nous suit et nous maintient, soit qu'il nous interpelle, soit qu'il se ravise. C'est le grand emportement contre un ordre avantageux pour en faire jaillir un amour... Et sortir vainqueur de la fête, c'est, lorsque cette main sur notre épaule nous murmure : « Pas si vite... », cette main dont l'équivoque s'efforce de retarder le retour à la mort, de se jeter dans l'irréalisable de la Fête.

René CHAR, *Grège*, in *Les Matinaux*, Gallimard, 1950.

Une fête est un excès permis, voire ordonné.

Sigmund FREUD, *Totem et Tabou*, 1913, Gallimard, 1993.

Les jours de fête ont été inventés par le diable pour faire croire aux gens que le bonheur peut être conquis en se laissant aller à ses pensées.

Sinclair LEWIS, *Impossible ici*, Gallimard, 1937.

Je n'aime pas les spectacles, j'aime les fêtes.

Roger VAILLAND, *La Fête*, Gallimard, 1960.

Feu

Lorsqu'on me demande ce que j'emporterais de ma maison si elle brûle, je réponds : le feu.

Jean COCTEAU, *Journal d'un inconnu*, Grasset, 1953.

J'aime l'art d'aujourd'hui parce que j'aime avant tout la lumière et tous les hommes aiment avant tout la lumière, ils ont inventé le feu.

Guillaume APOLLINAIRE, *Les Peintres cubistes : méditations esthétiques*, 1913, Hermann, 1980.

La vie n'a de valeur que si elle est un feu sans cesse renaissant.

Jean BERNARD, in *Discours de réception de Jean Hamburger à l'Académie française et réponse de Jean Bernard*, Flammarion, 1986.

L'homme ne peut pas vivre sans feu, et l'on ne fait pas de feu sans brûler quelque chose.

René DAUMAL, *Chaque fois que l'aube paraît*, Gallimard, 1953.

Dans mille ans, l'homme naviguera à travers l'espace solaire et au-delà. Il aura découvert le moyen d'aller plus vite, il portera la vie sur les planètes où il pourra respirer. Et rien ne lui suffira encore. Il en voudra davantage. Il ne connaîtra pas mieux la raison de l'Univers, il continuera, comme les chats, à hurler d'amour pendant la nuit en se demandant d'où vient le feu qui le dévore.

Jules ROY, *Les Années cavalières, Journal 2 : 1966-1985*, Albin Michel, 1998.

Fidélité

C'était très exactement ce que j'entendais par fidélité : lorsqu'on fait passer l'amour avant le plaisir.

Romain GARY, *Au-delà de cette limite votre ticket n'est plus valable*, Gallimard, 1975.

Les femmes fidèles sont toutes les mêmes, elles ne pensent qu'à leur fidélité et jamais à leurs maris.

Jean GIRAUDOUX, *Amphitryon 38*, Grasset, 1929.

La fidélité ne s'affirme vraiment que là où elle défie l'absence.

Gabriel MARCEL, *Du refus à l'invocation*, Gallimard, 1940.

Fidèle. Hélas, ce n'est plus qu'un nom de chien.

Georges de PORTO-RICHE, *Le Vieil homme*, Émile-Paul, 1911.

La fidélité en amour n'est que la paresse du désir.

Henri de RÉGNIER, *Lui ou Les Femmes et l'amour*, Kra, 1928.

Fièvre

Un livre doit être écrit sous le coup de la fièvre. Autrement il n'est pas *contagieux*.

Emil Michel CIORAN, *Cahiers 1957-1972*, Gallimard, 1997.

Fin

Les derniers mètres se font seul : on ne peut juger un homme qu'à sa fin.

François MITTERRAND, *L'Abeille et l'Architecte*, Flammarion, 1978.

Fin du monde

On appelle fin du monde le jour où le monde se montre juste ce qu'il est : explosible, submersible, combustible, comme on appelle guerre le jour où l'âme humaine se donne à sa nature.

Jean GIRAUDOUX, *Sodome et Gomorrhe*, Grasset, 1959.

Flamme

Devant une flamme, dès qu'on rêve, ce que l'on perçoit n'est rien au regard de ce qu'on imagine.

Gaston BACHELARD, *L'Eau et les Rêves*, Corti, 1942.

Ce n'est pas le cierge qui fait la flamme, c'est la flamme qui a fait le cierge.

Paul CLAUDEL, *Positions et propositions*, Gallimard, 1928-1934.

Fléaux

— Comment expliquez-vous les fléaux qui sévissent sur l'humanité ?
Pourquoi les pestes, les famines, les inondations, les tremblements de
terre ?
— Il faut bien que Dieu se rappelle à nous de temps en temps...

> Anatole FRANCE, *La Révolte des anges*, Calmann-Lévy, 1914.

Fleur

Les fleurs essaient de garder un peu de soleil
pour que le soir ne soit pas tout à fait obscur...

> Lucien BECKER, in *La Poésie du vingtième siècle*, t.3, Albin Michel, 1988.

La fleur est en même temps sein, bouche et sexe, femme au complet,
sexe-trinité dans l'unité.

> Malcolm de CHAZAL, *Sens plastique*, Gallimard, 1948.

Savons-nous ce que serait une humanité qui ne connaîtrait pas la
fleur ?

> Maurice MAETERLINCK, *Le Double jardin*, Fasquelle, 1904.

Telle fleur est un refus d'abord de toutes les autres fleurs. Et cependant, à cette condition seulement elle est belle.

> Antoine de SAINT-EXUPÉRY, *Citadelle*, Gallimard, 1948.

Une fleur est écrite au bout de chaque doigt
et le bout du chemin est une fleur qui marche avec toi.

> Tristan TZARA, *Indicateur des chemins du cœur*, Bucher, 1928.

Fleuve

C'est en allant vers la mer que le fleuve est fidèle à sa source.

> Jean JAURÈS, *Anthologie*, Calmann-Lévy, 1983.

Il suffit d'un rocher bien placé pour détourner le cours d'un fleuve.

> Emmanuel MOUNIER, in Revue *Esprit*, 1949.

Flûte

D'un de mes fémurs dans mille ans un indigène fera une flûte.

Julos BEAUCARNE, *Mon terroir c'est les galaxies*, Éditions Louise Hélène France, 1980.

Laisse-toi vivre dans la vie sans penser que tu joues de la flûte, et alors tu joueras.

Jean GIONO, *Que ma joie demeure*, Grasset 1935.

Fœtus

Au plus profond de la nuit viscérale, brille une petite lumière qui permet au fœtus, lorsqu'il ne dort pas, d'étudier dans des grimoires antiques les lois de Dieu et de la vie.

Christiane SINGER, *Les Âges de la vie*, Albin Michel, 1984.

Foi

Demander la foi, c'est déjà croire à Qui nous la réclamons.

Hervé BAZIN, *Ce que je crois*, Grasset, 1977.

Si tu ne trouves pas Dieu en toi, laisse-le où il se trouve.

Joë BOUSQUET, *Langage entier*, Rougerie, 1967.

J'voudrais avoir la foi / la foi d'mon charbonnier,
Qu'est heureux comme un pape / et con comme un panier.

Georges BRASSENS, in *Poèmes et chansons*, Seghers, 1977.

Si sa foi est sincère, nul n'est jamais perdu. Personne. Ni bouddhiste, ni mahométan, ni taoïste, même pas le plus noir des cannibales qui ait dévoré un missionnaire... S'ils sont de bonne foi, ils seront sauvés.

Archibald Joseph CRONIN, *Les Clés du Royaume*, Albin Michel, 1966.

On ne peut croire toute sa vie avec la même ferveur, le même engagement. Il y a des jours de grand soleil où la foi, l'énergie qui soutient la foi, se dissout. Des nuits où la trahison nous investit et nous pousse à nous trahir nous-mêmes.

Jean-Marie DOMENACH, *Ce que je crois*, Grasset, 1978.

Un chrétien ne se laisse pas séduire par de vaines apparences. La foi le garde contre les séductions du merveilleux ; il laisse la crédulité aux libres penseurs !

Anatole FRANCE, *La Révolte des Anges*, Calmann-Lévy, 1914.

La foi soulève des montagnes, oui : des montagnes d'absurdité.

André GIDE, *Journal*, 1889-1939, Gallimard, 1939.

La force de celui qui croit en Dieu n'est pas en Dieu mais dans sa foi.

Thierry MAULNIER, *Le Dieu masqué*, Gallimard, 1985.

Moins on croit en Dieu, plus on comprend que d'autres y croient.

Jean ROSTAND, *Inquiétudes d'un biologiste*, Stock, 1967.

Pourquoi la foi ne s'attraperait-elle pas comme la vérole ou une chaude-pisse, qui dure moins ? De nos jours, évidemment, c'est plus rare et on en guérit facilement.

Jules ROY, *Les Années cavalières, Journal 2 : 1966-1985*, Albin Michel, 1998.

La foi consiste à savoir se résigner au songe.

Miguel de UNAMUNO, *Almanach des lettres françaises et étrangères*, 1924.

Folie

La folie est le délire qui délie.

André BRETON, *Perspective cavalière*, Gallimard, 1970.

La seule excuse de l'artiste c'est d'apprivoiser la folie sous la forme transcendante du génie.

Jean COCTEAU, *Discours sur la poésie*, in *Œuvres complètes*, Manguerat, 1946-1951.

C'est comme l'intelligence, la folie, tu sais. On ne peut pas l'expliquer. Tout comme l'intelligence. Elle vous arrive dessus, elle vous remplit et alors on la comprend. Mais, quand elle vous quitte, on ne peut plus la comprendre du tout.

Marguerite DURAS, *Hiroshima mon amour*, Gallimard, 1960.

L'amour, vain instrument de guérison de la folie.

Francis Scott FITZGERALD, in *Les Écrivains du* XXᵉ *siècle — Un musée imaginaire de la littérature mondiale*, Retz, 1979.

Qu'est-ce donc que la folie, dans sa forme la plus générale, mais la plus concrète, pour qui récuse d'entrée de jeu toutes les prises sur elle du savoir ? Rien d'autre, sans doute, que l'*absence d'œuvre*.

Michel FOUCAULT, *Histoire de la folie à l'âge classique*, Préface, Plon, 1961.

Que la Folie nous soit accordée comme un secours...

Jean GENET, in *Les Écrivains du* XXᵉ *siècle — Un musée imaginaire de la littérature mondiale*, Retz, 1979.

Il n'y a de belles choses que celles que la folie dicte et que la raison écrit.

André GIDE, cité par Albert Camus, in *Carnets II*, 1942-1951, Gallimard, 1964.

La raison, c'est la folie du plus fort. La raison du moins fort, c'est de la folie.

Eugène IONESCO, *Journal en miettes*, Mercure de France, 1967.

Chez quelques-uns la folie pénètre avec le souffle imprégné de sang et ressort avec l'haleine. Chez d'autres elle monte au cerveau.

Norman MAILER, *Un rêve américain*, Grasset, 1967.

Je crois qu'il faut presque toujours un coup de folie pour bâtir un destin.

Marguerite YOURCENAR, *Les Yeux ouverts*, Entretiens avec Matthieu Galey, Le Centurion, 1980.

Force

La faiblesse de la force est de ne croire qu'à la force.

Paul VALÉRY, *Mauvaises pensées et autres*, Gallimard, 1942.

Forêt

La forêt, c'est encore un peu du Paradis perdu. Dieu n'a pas voulu que le premier jardin fût effacé par le premier péché.

Marcel AYMÉ, *Clérambard*, Grasset, 1950.

La forêt est un état d'âme.

Gaston BACHELARD, *La Poétique de l'espace*, PUF, 1957.

Forme

La forme peut être plus importante que la substance. Un glaçon peut faire effet de lentille et créer une flamme.

George ILES, *Histoires canadiennes*, 1918.

Fortune

Personne ne peut s'intéresser à suivre un homme qui, les yeux fixés au sol, regarde si la fortune ne placera pas un portefeuille sur son chemin.

Pablo PICASSO, in *Bulletin de la vie artistique*, juin 1923.

Fou

Nous naissons tous fous, quelques-uns le demeurent.

Samuel BECKETT, *En attendant Godot*, Minuit, 1953.

Les confidences des fous, je passerais ma vie à les provoquer. Ce sont gens d'une honnêteté scrupuleuse, et dont l'innocence n'a d'égale que la mienne.

André BRETON, *Manifeste du surréalisme*, 1924, Pauvert, 1962.

Le fou n'est pas l'homme qui a perdu la raison. Le fou est celui qui a tout perdu, excepté la raison.

Gilbert Keith CHESTERTON, in *La Revue Européenne*, 1924.

De *l'homme* à *l'homme vrai*, le chemin passe par *l'homme fou*.

Michel FOUCAULT, *Histoire de la folie à l'âge classique*, Plon, 1961.

La raison est ce qui effraie le plus chez un fou.

Anatole FRANCE, *Monsieur Bergeret à Paris*, Calmann-Lévy, 1901.

Foule

Quand on a contraint une foule à vivre bas, ça ne la porte pas à penser haut.

André MALRAUX, *L'Espoir*, Gallimard, 1937.

La foule est la bête élémentaire, dont l'instinct est partout, la pensée nulle part.

André SUARÈS, *Voici l'homme*, Albin Michel, 1948.

Fourmi

La vie est donnée à l'homme avec des séductions comparables à celles que doit offrir aux fourmis la langue du fourmilier.

André BRETON, *Point du jour*, Gallimard, 1934.

Que c'est étrange ce spectacle des fourmis humaines s'attaquant perpétuellement à l'infinie puissance de Dieu ! Cette révolte du néant contre l'Être, et du rien contre le Tout.

Charles de FOUCAULD, *Pensées et Maximes*, La Colombe, 1953.

France

Sauver la France ? Sauver la France ? Et qui gardera mes vaches pendant ce temps-là ?

Jean ANOUILH, *L'Alouette*, La Table Ronde, 1973.

Qu'est-ce que la France, je vous le demande ? Un coq sur un fumier. Ôtez le fumier, le coq meurt.

Jean COCTEAU, *La Difficulté d'être*, Le Rocher, 1947.

La France est le seul pays du monde où, si vous ajoutez dix citoyens à dix autres, vous ne faites pas une addition, mais vingt divisions.

Pierre DANINOS, *Les Carnets du major Thompson*, Hachette, 1954.

Vieille France, accablée d'Histoire, meurtrie de guerres et de révolutions, allant et venant sans relâche de la grandeur au déclin, mais redressée, de siècle en siècle, par le génie du renouveau !

Charles de GAULLE, *Le Fil de l'épée*, Plon, 1932.

Vieille terre, rongée par les âges, rabotée de pluies et de tempêtes, épuisée de végétation, mais prête, indéfiniment, à produire ce qu'il faut pour que se succèdent les vivants.

Charles de GAULLE, *Mémoires de guerre, Le Salut*, 1944-1946, Plon, 1989.

Oui, Seigneur, pardonne à la France qui dit bien la voie droite et chemine par les sentiers obliques.

Léopold Sédar SENGHOR, *Hosties noires*, Le Seuil, 1948.

Fraternité

Je fais encore le rêve que la fraternité sera un jour un peu plus que quelques mots à la fin d'une prière, qu'elle sera bien au contraire le premier sujet à traiter dans chaque ordre du jour législatif.

Martin Luther KING, *Je fais un rêve*, Le Centurion, 1987.

Front

Le front de l'homme est fait pour se cogner à des murs derrière lesquels il ne se passe rien.

Jean ROSTAND, *Inquiétudes d'un biologiste*, Stock, 1967.

Fruit

Le fruit est aveugle, c'est l'arbre qui voit.

René CHAR, *Fureur et Mystère*, Gallimard, 1949.

Fuir

Je crois qu'il y a dans la fuite, avant tout, le goût de la vitesse.

François NOURISSIER, *Mauvais genre, conversations*, Gallimard, 1996.

Il ne suffit pas de fuir, il faut fuir dans le bon sens.

Charles-Ferdinand RAMUZ, *Remarques*, in *Œuvres complètes*, Slatkine, 1986.

Pardonnez-moi d'être ce que je fuis.

Robert SABATIER, *Dédicace d'un navire*, Albin Michel, 1959.

Fusil

Votre fusil n'est qu'un outil. Ce qui tue, c'est un cœur sans pitié.

Dialogues du film *Full Metal Jacket* de Stanley Kubrick, 1987.

Seuls parlent au nom des hommes ceux qui pourraient pointer un fusil sur eux.

Tony DUVERT, *Journal d'un innocent*, Minuit, 1976.

Un homme est mort qui n'avait d'autre route
Que ses bras ouverts à la vie
Un homme est mort qui n'avait d'autre route
Que celle où l'on hait les fusils.

Paul ÉLUARD, *Gabriel Péri*, in *Sept poèmes d'amour et de guerre*, 1943.

Nous pouvons nous passer de beurre mais non de fusils. On ne tire pas avec du beurre mais avec des fusils.

Joseph GOEBBELS, *Discours de Berlin*, 17 janvier 1936.

Les hommes se valent tous, un fusil à la main, d'où qu'ils soient.

Paul LÉAUTAUD, *Journal littéraire*, Mercure de France, 1954-1964.

Chaque communiste doit s'assimiler cette vérité que « le pouvoir est au bout du fusil ».

MAO TSÉ-TOUNG, 6 novembre 1938, in *Citations du président Mao Tsé-Toung*, Le Seuil, 1967.

Tout homme qui aurait conscience de ses actes ne pourrait pour rien au monde presser du doigt la détente d'un fusil.

Henry MILLER, *Printemps noir*, 1936, Gallimard, 1946.

Futur

Le petit mot « Je ferai » a perdu des empires. Le futur n'a de sens qu'à la pointe de l'outil.

ALAIN, *Les Arts et les dieux*, Gallimard, 1958.

G

Galet

C'est le chant des galets qui enseigne la manière de bâtir un mur... Et quand un galet ne se trouve pas bien dans un mur, le mur ne se trouve pas bien debout.

Pierre Jakez HÉLIAS, *Les Autres et les miens*, Plon, 1979.

Gallimard

Écoutez, excusez-moi, mais je crois que le génie en littérature n'existe pas. Il m'est arrivé de passer une nuit chez Gallimard. Croyez-le ou non, il n'y avait pas de fantômes...

Philippe DJIAN, *Entre nous soit dit. Conversations avec Jean-Louis Ezine*, Plon, 1996.

Dieu, sa vie, son œuvre : que nous croyions à Dieu ou que nous n'y croyions pas, aucun de nous n'ignore ce qu'est l'œuvre de Dieu — le soleil et le temps, l'espace, la nécessité, le hasard, les lois mathématiques, la gravitation universelle, les étoiles et l'histoire, l'amour, les chauves-souris, les écrevisses, les coyotes, l'herbe des champs, les éditions Gallimard et la circulation automobile.

Jean d'ORMESSON, *Dieu, sa vie, son œuvre*, Gallimard, 1980.

Garance

— Comment vous appelez-vous ?
— Moi, je ne m'appelle jamais, je suis toujours là. J'ai pas besoin de m'appeler. Mais les autres m'appellent Garance, si ça peut vous intéresser.

— C'est pas un nom, ça !
— C'est un nom de fleur. Mais mon vrai nom, mon nom de jeune fille, c'est Claire.
— Claire comment ?
— Claire comme le jour. Claire comme de l'eau de roche.

Dialogues du film *Les Enfants du Paradis* de Marcel Carné, 1945.

Géant

L'homme voudrait être un géant et il est une merde, mon vieux. Ne pas croire au hasard et s'administrer une gifle matin et soir, en se rappelant qu'on n'est jamais trop prudent et qu'abondance de biens peut nuire.

Jaroslav HASEK, *Le Brave Soldat Chveik*, 1920, Gallimard, 1948.

Don Quichotte prenait les moulins à vent pour des géants ; les gens du commun prennent les géants pour des moulins à vent.

Titu MAIORESCU, *Critice*, Minerva, 1973.

Génétique

Ce qui donne à un individu sa valeur génétique, ce n'est pas la qualité propre de ses gènes. C'est qu'il n'a pas la même collection de gènes que les autres.

François JACOB et François GROS, *Sciences de la vie et société*, Le Seuil, 1980.

Génie

On sait que le propre du génie est de fournir des idées aux crétins une vingtaine d'années plus tard.

Louis ARAGON, *Traité du style*, Gallimard, 1928.

Il y a des femmes de talent : aucune n'a cette folie dans le talent qu'on appelle le génie.

Simone de BEAUVOIR, *Le Deuxième Sexe*, Gallimard, 1949.

Il ne faut pas oublier avec quelle rapidité les visions du génie deviennent des mets en conserve pour intellectuels.

Saul BELLOW, *Herzog*, Gallimard, 1966.

Le génie c'est l'état fœtal retrouvé.

Maurice BLANCHARD, *Les Barricades mystérieuses*, 1937, Gallimard, 1994.

Le génie est composé d'amour, d'enfance et encore d'amour...

Christian BOBIN, *La Plus que vive*, Gallimard, 1996.

Chaque artiste de génie crée ses précurseurs, car son apport modifie aussi notre façon de concevoir le passé.

André BRETON, 1955, in *André Breton en son temps*, Le Soleil Noir, 1976.

L'apparition du génie est accueillie par un silence réprobateur.

Paul CLAUDEL, *Journal*, 1904-1955, Gallimard, 1968-1969.

L'homme génial, c'est l'homme capable de tout. Quelquefois, brutalement, une question se pose : les chefs-d'œuvre seraient-ils des *alibis* ?

Jean COCTEAU, *Essai de critique indirecte*, Grasset, 1932.

L'homme de génie fait des chefs-d'œuvre comme la poule fait des œufs. Il ne mérite ni félicitations, ni billet de banque. Il n'est que l'instrument.

Joseph DELTEIL, in revue *Le surréalisme au service de la révolution*.

Le génie est fait de un pour cent d'inspiration et de quatre-vingt-dix neuf pour cent de transpiration.

Thomas EDISON, in *Life*, 1932.

Le génie est une question de muqueuses. L'art est une question de virgules.

Léon-Paul FARGUE, *Suite familière*, in *Sous la lampe*, Gallimard, 1929.

Le génie est la forme suprême de l'inadvertance, de l'impair, de la gaffe.

Jean GIRAUDOUX, *Les Cinq tentations de La Fontaine*, Grasset, 1958.

Que j'aimerais qu'on s'accepte tel qu'on est, qu'on serve les fatalités de sa nature avec intelligence : il n'y a pas d'autre génie.

Julien GRACQ, *Un beau ténébreux*, Corti, 1945.

Le génie est une paresse attentive. On guette sans cesse et l'on trouve une fois par surprise.

Marcel JOUHANDEAU, *Essai sur moi-même*, Gallimard, 1947.

Le génie chez l'écrivain, ou le peintre, est ce je ne sais quoi qui ne peut suffire à tout, mais peut tenir lieu de tout le reste.

Thierry MAULNIER, *Le Dieu masqué*, Gallimard, 1985.

La légende du génie méconnu a été créée et soigneusement entretenue par les écrivains médiocres qui, de tous temps, ont langui dans l'ombre et dans la pauvreté.

Marcel PAGNOL, *Critique des critiques*, in *Œuvres complètes*, de Fallois, 1995.

Le génie artistique peut consister à faire accepter l'inacceptable.

Jean ROSTAND, *Carnet d'un biologiste*, Stock, 1959.

Le génie n'est que l'enfance nettement formulée, douée maintenant, pour s'exprimer, d'organes virils et puissants.

Jean ROSTAND, *Pensées d'un biologiste*, Stock, 1954.

Le mot génie ne désigne aujourd'hui que le savoir-faire.

Robert SABATIER, *Le Livre de la déraison souriante*, Albin Michel, 1991.

Un génie est une personne qui découvre des identités dans des faits contradictoires, des relations entre des faits en apparence très éloignés, quelqu'un qui révèle l'identité dans la diversité, la réalité sous l'apparence, quelqu'un qui découvre que la pierre qui tombe et la lune qui ne tombe pas représentent un seul et même phénomène.

Ernesto SÁBATO, *Alejandra*, Le Seuil, 1967.

Le génie est la perfection de ce qui va mourir ou la singularité de ce qui va naître.

Paul-Jean TOULET, *Les Trois impostures*, 1922, in *Œuvres complètes*, Laffont, 1986.

L'homme de génie est celui qui m'en donne.

Paul VALÉRY, *Mauvaises pensées et autres*, Gallimard, 1942.

Gentillesse

Je suis monstrueusement gentil, tellement gentil que si je me rencontrais, je vomirais.

Amélie NOTHOMB, *Hygiène de l'assassin*, Albin Michel, 1992.

Une certaine qualité de gentillesse est toujours signe de trahison.

François MAURIAC, *Le Nœud de vipères*, Grasset, 1932.

Géométrie

La géométrie est aux arts plastiques ce que la grammaire est à l'art de l'écrivain.

Guillaume APOLLINAIRE, *Les Peintres cubistes : méditations esthétiques*, 1913, Hermann, 1980.

Géopolitique

La revanche du vil sur le noble s'appelle la *géopolitique*. Cette discipline incongrue n'est pas inscrite au répertoire idéaliste. Elle se faufile en chacun sous la forme sournoise d'une gêne aux entournures : comment faut-il inscrire l'universel sur une mappemonde ?

Régis DEBRAY, *Le Code et le Glaive*, Albin Michel/Fondation Marc-Bloch, 1999.

Geste

Tous les gestes engagent ; surtout les gestes généreux.

Roger MARTIN du GARD, *Les Thibault*, Gallimard, 1922.

Gifle

La gifle, c'est la femme, c'est le vrai vif de la femme, qui lui sort quand il faut, parce qu'il faut, ça ne se prépare pas, pas de gifle dans les plans...

Jean-Pierre CHABROL, *Je t'aimerai sans vergogne*, Gallimard, 1967.

Je ne peux pas croire que ce sont des baisers de princes charmants qui sortent les princesses de leurs siestes séculaires, non, les baisers endorment, ce sont les gifles qui réveillent.

Marie DESPLECHIN, *Sans moi*, L'Olivier/Le Seuil, 1998.

On n'enseigne pas à tendre l'autre joue à des gens qui, depuis deux mille ans, n'ont jamais reçu que des gifles.

André MALRAUX, *L'Espoir*, Gallimard, 1937.

Gloire

La gloire est une incompréhension, et peut-être la pire.

Jorge Luis BORGES, *Récit*, in *Borges*, Seghers, 1971.

Je comprends ici ce qu'on appelle gloire : le droit d'aimer sans mesure.

Albert CAMUS, *Noces*, Gallimard, 1956.

La gloire : être connu de ceux qu'on ne voudrait pas connaître.

Natalie CLIFFORD-BARNEY, *Pensées d'une amazone*, Émile-Paul, 1921.

La gloire se donne seulement à ceux qui l'ont toujours rêvée.

Charles de GAULLE, *Vers l'armée de métier*, Plon, 1934.

La gloire, ce mot qui fait marcher les hommes jusqu'à l'épuisement.

Julien GREEN, Discours de réception à l'Académie française, 1972.

La gloire, c'est la fumée sans feu dont on parle tant.

Jules RENARD, *Journal*, 1908, Gallimard, 1960.

La gloire est un vêtement de lumière qui ne s'ajuste bien qu'aux mesures des morts.

Pierre REVERDY, *En vrac*, Le Rocher, 1956.

La gloire est une espèce de maladie que l'on attrape pour avoir couché avec sa pensée.

Paul VALÉRY, *Mauvaises pensées et autres*, Gallimard, 1942.

Gosse

On ne retombe pas en enfance, c'est l'enfance qui monte vous chercher. Elle a pitié. Elle semble vous dire : « Tu vois ce que tu es devenu sans moi ? » Les gosses, je voudrais pouvoir leur expliquer qu'ils ne doivent pas bouger. Surtout, ne pas aller de l'avant. Se pelotonner dans les doux âges, s'enfouir comme des taupes dans les années coton ; jouer à jupe-maman ; pleurer de rien, rire de tout ; croire à ce qui est et en ce qui n'est pas. Délayer la récré pour en faire une vie grenadine.

Frédéric DARD, *Le Mari de Léon*, Fleuve noir, 1990.

Goulag

Qu'est-ce que le goulag ? Les Lumières moins la tolérance.

Bernard-Henri LÉVY, *La Barbarie à visage humain*, Grasset, 1977.

Quelqu'un que vous avez privé de tout n'est plus en votre pouvoir. Il est de nouveau entièrement libre.

Alexandre SOLJENITSYNE, *Le Premier cercle*, 1955-1964, Laffont, 1968.

Gourmandise

Les plaisirs qu'offre la vie sont rarement exempts de tristesse, d'insatisfaction, de regrets, l'amour et l'amitié sont traversés de fêlures, mais la gourmandise satisfaite peut atteindre la perfection. Elle ne met en cause ni l'Autre, ni le futur, ni la vie, ni la mort.

Marie ROUANET, *Paroles de gourmandise*, Albin Michel, 1998.

Gouvernement

Le peuple commence à apprendre à se passer de Dieu, il saura bien aussi se passer de gouvernement.

Michel RAGON, *La Mémoire des vaincus*, Albin Michel, 1990.

Le gouvernement a un bras long et l'autre court : le long sert à prendre, et il arrive partout ; le bras court sert à donner et il n'atteint que les plus proches.

Ignazio SILONE, *Le Pain et le vin*, 1937, Club français du livre, 1950.

Gouverner

Gouverner, c'est mécontenter.

Anatole FRANCE, *Monsieur Bergeret à Paris*, Calmann-Lévy, 1901.

Quand on est chef de gouvernement on ne peut pas dire la vérité ; on ne la dit jamais. Gouverner c'est mentir.

Jean GIONO, *Précisions*, 1939, in *Récits et Essais*, Gallimard, 1988.

Comme tu tiens à ta pureté, mon petit gars ! Comme tu as peur de te salir les mains [...]. Moi, j'ai les mains sales. Jusqu'aux coudes. Je les ai plongées dans la merde et dans le sang. Et puis après ? Est-ce que tu t'imagines qu'on peut gouverner innocemment ?

Jean-Paul SARTRE, *Les Mains sales*, Gallimard, 1948.

Graine

La terre qui reçoit la graine est triste. La graine qui va tant risquer est heureuse.

René CHAR, *La Parole en archipel*, Gallimard, 1962.

Grammaire

Les écrivains doivent connaître la grammaire comme les escrocs le code.

Maurice CHAPELAN, *Amours Amour*, Grasset, 1967.

Dans tous les moments de vide, de néant intérieur, de sécheresse sans appel, je m'accroche au langage, pis : à la grammaire. [...] La grammaire guérit de la mélancolie.

Emil Michel CIORAN, *Cahiers 1957-1972*, Gallimard, 1997.

La grammaire ne devrait pas être autre chose qu'une recommandation prudente du meilleur usage et le musée des formes les plus délicates de l'idiome. Rien ne lui donne le droit de s'arroger l'autorité d'un code.

Paul CLAUDEL, *Accompagnements*, Gallimard, 1949.

La solitude grammaticale est la vraie, l'inévitable solitude des poètes.

Jean COCTEAU, *Le Requiem*, Gallimard, 1962.

La xénophobie commence par la grammaire. La purification linguistique préfigure le nettoyage ethnique. L'expulsion des mots pas de chez nous annonce les pogroms, soyons donc accueillants à tous les noms, propres ou communs, à consonance étrangère !

Alain FINKIELKRAUT, *L'Ingratitude. Conversations sur notre temps*, Gallimard, 1999.

Je tiens pour un malheur public qu'il y ait des grammaires françaises. Apprendre dans un livre aux écoliers leur langue natale est quelque chose de monstrueux, quand on y pense. Étudier comme une langue morte la langue vivante : quel contre-sens ! Notre langue, c'est notre mère et notre nourrice, il faut boire à même. Les grammaires sont des biberons. Et Virgile a dit que les enfants nourris au biberon ne sont pas dignes ni de la table des dieux ni du lit des déesses.

Anatole FRANCE, *Pierre Nozière*, in *Pensées*, Calmann-Lévy, 1925.

Certaines incorrections grammaticales, dans un style solide, ont le charme un peu pervers d'une pointe de strabisme dans un joli visage.

Henry de MONTHERLANT, *Carnets*, 1930-1944, Gallimard, 1957.

Si tu veux de la grammaire fignolée, t'as qu'à changer de crémerie, mon pote ! Faut bouquiner Paul Guth, ou bien l'ami Dutourd. Quand on bouffe des frites à la Foire du Trône, on ne réclame pas des serviettes empesées !

SAN-ANTONIO (Frédéric Dard), *Ça baigne dans le béton*, Fleuve noir, 1988.

Et pourtant la grammaire... la grammaire, comment dire ? c'est comme le parapluie, c'est comme les progrès de l'industrie, c'est ce qu'on appelle la civilisation. Il faut y croire ; malgré les apparences. Où serait le plaisir ? Mais c'est comme l'horizon ; elle recule à mesure qu'on avance. On y tend, on n'y touche jamais.

Alexandre VIALATTE, *Et c'est ainsi qu'Allah est grand*, Julliard, 1979.

Grammairien

Les grands écrivains n'ont jamais été faits pour subir la loi des grammairiens, mais pour imposer la leur et non pas seulement leur volonté, mais leur caprice.

Paul CLAUDEL, *Positions et propositions*, Gallimard, 1928-1934.

Grandes personnes

D'abord, les gens sont beaucoup plus malheureux qu'on ne croit [...] Et puis le fond de tout, c'est qu'il n'y a pas de grandes personnes.

André MALRAUX, *Antimémoires*, Gallimard, 1967.

Grandeur

L'idée de grandeur n'a jamais rassuré que la conscience des imbéciles.

Georges BERNANOS, *Les Grands cimetières sous la lune*, Plon, 1938.

La grandeur de l'homme est dans sa décision d'être plus fort que sa condition.

Albert CAMUS, *Actuelles*, t. 1, Gallimard, 1950.

Donner un verre d'eau en échange d'un verre d'eau n'est rien ; la vraie grandeur consiste à rendre le bien pour le mal.

Le Mahâtmâ GÂNDHÎ, *Discours et écrits*, in *Gandhi et la non-violence*, Le Seuil, 1970.

Grandir

L'enfant met un siècle à grandir et, à douze ans, il ne lui reste plus qu'à bâcler sa maturité en quelques heures et expédier la vieillesse en deux minutes.

Jacques PERRET, *La Bête mahousse*, Gallimard, 1951.

Gravir

La vie est une chose grave, il faut gravir.

Pierre REVERDY, *Le Livre de mon bord*, Mercure de France, 1948.

Grimace

C'est à cela que ça sert, à ça seulement, un homme, une grimace, qu'il met toute une vie à confectionner, et encore, qu'il arrive même pas toujours à la terminer, tellement qu'elle est lourde et compliquée la grimace qu'il faudrait faire pour exprimer toute sa vraie âme sans rien en perdre.

Louis-Ferdinand CÉLINE, *Voyage au bout de la nuit*, Gallimard, 1932.

Gris

Il suffit d'éclairer le gris pour que cette couleur qui contient de l'espérance cachée s'allège, s'ouvre aux souffles qui la pénètrent.

Wassily KANDINSKY, *Du spirituel dans l'art et dans la peinture en particulier*, Denoël, 1969.

Guérisseur

Les vrais écrivains sont des sourciers. Des guérisseurs. La main magnétique de celui qui écrit se pose sur le cœur à nu du lecteur, résorbe la fièvre, change le sang en eau.

Christian BOBIN, *Souveraineté du vide*, Fata Morgana, 1985.

Guerre

Ah ! Dieu que la guerre est jolie / Avec ses chants ses longs loisirs.

Guillaume APOLLINAIRE, *Calligrammes*, Gallimard, 1925.

Faut tuer la guerre dans le ventre de tous les pays.

Henri BARBUSSE, *L'Enfer*, 1908, Albin Michel, 1992.

La guerre n'exclut pas la paix. La guerre a ses moments paisibles. Elle satisfait tous les besoins de l'homme, y compris les besoins pacifiques. C'est organisé comme cela, sinon la guerre ne serait plus viable.

Bertolt BRECHT, *Mère Courage et ses enfants*, 1941, L'Arche, 1952.

Vous ne me dégoûterez pas de la guerre. On dit qu'elle anéantit les faibles, mais la paix en fait autant.

Bertolt BRECHT, *Mère Courage et ses enfants*, 1941, L'Arche, 1952.

Pour la plupart des hommes, la guerre est la fin de la solitude. Pour moi, elle est la solitude définitive.

Albert CAMUS, *Carnets II*, 1942-1951, Gallimard, 1964.

La guerre n'est pas la monstruosité qu'on prétend et qui ne révolte que les sensiblards dans mon genre. La guerre est le produit normal, fatal, de toute réunion d'hommes.

François CAVANNA, *Les Russkoffs*, Belfond, 1979.

Je vous le dis, petits bonshommes, couillons de la vie, battus, rançonnés, transpirants de toujours, je vous préviens, quand les grands de ce monde se mettent à vous aimer, c'est qu'ils vont vous tourner en saucissons de bataille...

Louis-Ferdinand CÉLINE, *Voyage au bout de la nuit*, Gallimard, 1932.

Nous ne sommes pas en guerre avec l'Égypte, nous sommes en conflit armé.

Sir Anthony EDEN, *Discours*, 1956.

Un journal a écrit que ce qui nous manque, aux jeunes, c'est une guerre, ce qui ne nous apprend rien sur les jeunes mais en dit long sur les vieux.

Romain GARY, *Adieu Gary Cooper*, Gallimard, 1969.

Pardonne-moi ô guerre, de t'avoir — toutes les fois où j'ai pu, — caressée...

Jean GIRAUDOUX, *Adorable Clio*, Exergue, 1920, Grasset, 1935.

Les hommes ont inventé la guerre pour y être sans nous [les femmes] et entre hommes.

Jean GIRAUDOUX, *Sodome et Gomorrhe*, Grasset, 1959.

Il faut que la guerre plaise à l'homme, qu'il la veuille, qu'il l'aime, que ce soit là le fond même et la clé de sa nature, ou alors quoi ?

Louis GUILLOUX, *Carnets 1921-1944*, Gallimard, 1978.

La guerre, c'est l'embuscade. C'est se saisir de la substance de l'autre, de ce qu'il a de fort et d'absolu à partir de ce qu'il a de faible. La guerre, c'est la recherche du talon d'Achille.

Emmanuel LEVINAS, *Liberté et commandement*, Fata Morgana, 1994.

Le match d'un homme de soixante-dix kilos avec un obus de même poids est, sans discussion, une des inventions les plus sottes de notre temps.

Pierre MAC ORLAN, *Petit Manuel du parfait aventurier*, La Sirène, 1920.

Ah ! Que la victoire demeure avec ceux qui auront fait la guerre sans l'aimer !

André MALRAUX, *Les Noyers de l'Altenburg*, Gallimard, 1948.

On ne peut abolir la guerre que par la guerre. Pour qu'il n'y ait plus de fusils, il faut prendre le fusil.

MAO TSÉ-TOUNG, 6 novembre 1938, in *Citations du président Mao Tsé-Toung*, Le Seuil, 1967.

La guerre, ça devient la barbe quand tout est mort, éteint, embaumé. Il faudrait lui trouver des limites. Par exemple, le foutebôle, on y joue dans des endroits spéciaux. Il devrait y avoir des terrains de guerre pour ceux qui aiment bien mourir en plein air. Ailleurs on danserait et on rirait.

Roger NIMIER, *Le Hussard bleu*, Gallimard, 1950.

— Donc vous n'aimez pas la guerre, mais vous voulez qu'elle ait lieu ?
— Dans l'état actuel des choses, c'est une nécessité. Tous ces petits cons de soldats bandent. Il faut leur donner l'occasion d'éjaculer, sinon ils auront des boutons et ils reviendront en pleurant chez leur maman. Décevoir les jeunes, c'est moche.

Amélie NOTHOMB, *Hygiène de l'assassin*, Albin Michel, 1992.

À la douane de la mort, ils ne déclarent même plus la guerre : ils la passent en fraude.

Jacques PRÉVERT, *Fatras*, Gallimard, 1966.

Ce que fut la guerre pour tant de très jeunes garçons : quatre ans de grandes vacances.

Raymond RADIGUET, *Le Diable au corps*, Grasset, 1923.

La guerre n'est pas une aventure. La guerre est une maladie. Comme le typhus.

Antoine de SAINT-EXUPÉRY, *Terre des hommes*, Gallimard, 1939.

Je me demande si la guerre n'éclate pas dans le seul but de permettre à l'adulte de *faire l'enfant*, de régresser avec soulagement jusqu'à l'âge des panoplies et des soldats de plomb.

Michel TOURNIER, *Le Roi des Aulnes*, Gallimard, 1970.

Tuer un type, tout le monde pouvait le faire, mais, en le tuant, loger la peur dans le crâne de dix mille autres, ça c'était notre boulot ! Pour ça, fallait y aller au couteau, comprends-tu ? C'est le couteau qui a gagné la guerre, pas le canon !

Roger VERCEL, *Capitaine Conan*, Albin Michel, 1934.

Le jour où personne ne reviendra d'une guerre, c'est qu'elle aura été bien faite.

Boris VIAN, in *Textes et chansons*, Bourgois, 1975.

Guerrier

Quand on retrouve dans le sol une ossature humaine, il y a toujours une épée près d'elle. C'est un os de la terre, un os stérile. C'est un guerrier.

Jean GIRAUDOUX, *La Guerre de Troie n'aura pas lieu*, Grasset, 1935.

Guide

« Führer », traduction banale de « guide ».

Claude AVELINE, *Le Haut Mal des créateurs*, Éperonniers, 1963.

Guillotine

La rêve secret d'une bonne partie de la France et de la plupart des ses intellectuels, c'est une guillotine sans guillotinés.

André MALRAUX, *Antimémoires*, Gallimard, 1967.

H

Habitude

L'habitude est une grande sourdine.

Samuel BECKETT, *En attendant Godot*, Minuit, 1953.

L'art consacre le meurtre d'une habitude. L'artiste se charge de lui tordre le cou.

Jean COCTEAU, *Journal d'un inconnu*, Grasset, 1953.

L'habitude est une somnolence, ou tout au moins un affaiblissement de la conscience du temps.

Thomas MANN, *La Montagne magique*, 1924, Fayard, 1985.

Ce n'est pas dans la nouveauté, c'est dans l'habitude que nous trouvons les plus grands plaisirs.

Raymond RADIGUET, *Le Diable au corps*, Grasset, 1923.

Il faut prendre très tôt de bonnes habitudes, surtout celle de savoir changer et facilement d'habitudes.

Pierre REVERDY, *Le Livre de mon bord*, Mercure de France, 1948.

Haine

Il n'y a que la haine pour rendre les gens intelligents.

Albert CAMUS, *Caligula*, Gallimard, 1958.

Et la haine qu'on se porte à soi-même est probablement celle entre toutes pour laquelle il n'est pas de pardon.

Georges BERNANOS, *Monsieur Ouine*, Plon, 1940.

Ne haïr que la haine.

Jean COCTEAU, *Journal d'un inconnu*, Grasset, 1953.

Il est doux de haïr dans les autres ce que nous ne parvenons pas à haïr en nous-mêmes.

Jacques DEVAL, *Afin de vivre bel et bien*, Albin Michel, 1970.

Ce qu'il nous faut, c'est la haine. D'elle naîtront nos idées.

Jean GENET, *Les Nègres*, Épigraphe, Gallimard, 1958.

Aucune mâchoire de bouledogue n'est plus tenace que les doigts d'une femme qui hait.

Jean GIRAUDOUX, *Pour Lucrèce*, Grasset, 1953.

La haine est une défaite de l'imagination.

Graham GREENE, *La Puissance et la gloire*, 1940, Laffont, 1948.

L'homme, cette créature qui aspire à l'équilibre, compense le poids du mal dont on lui a écrasé l'échine par la masse de sa haine.

Milan KUNDERA, *La Plaisanterie*, Gallimard, 1968.

Ce que veulent les gens, c'est la haine, la haine, rien d'autre que la haine. Et, au nom de l'amour et de la justice, ils haïssent.

David Herbert LAWRENCE, *Femmes amoureuses*, 1920, Gallimard, 1932.

Quoi que nous rêvions, nous n'enfantons que Haine.
La main de l'homme ne sait construire
que des cachots, et forger que des chaînes !

Filippo Tommazo MARINETTI, *Destruction*, 1904.

Comme on dit « faire l'amour », il faudrait pouvoir dire « faire la haine ». C'est bon de faire la haine, ça repose, ça détend.

François MAURIAC, *Le Sagouin*, La Palatine, 1951.

La haine est une patrie où les frères ennemis se rejoignent sans se voir.

François MAURIAC, *Mémoires intérieurs*, Flammarion, 1965.

L'amour n'est pas le contraire de la haine. C'est sa sublimation.

Georges PERROS, *Papiers collés*, Gallimard, 1960.

Il suffit qu'un seul homme en haïsse un autre pour que la haine gagne de proche en proche l'humanité entière.

Jean-Paul SARTRE, *Le Diable et le bon Dieu*, Gallimard, 1951.

Haïr

Peu importe la chose que nous haïssons, pourvu que nous haïssions quelque chose.

Samuel BUTLER, *Carnets*, 1912, Gallimard, 1936.

[...] si vous n'êtes pas prêt à tuer ce que vous prétendez haïr, ne dites pas que vous haïssez : vous prostituez ce mot.

Henry de MONTHERLANT, *Malatesta*, Gallimard, 1948.

Harmonie

Écrire, pour moi, c'est remettre de l'harmonie là où elle fait défaut.

Philippe DJIAN, *Entre nous soit dit. Conversations avec Jean-Louis Ezine*, Plon, 1996.

L'harmonie : faites attention, Guillaume, on risque de s'endormir ! Toute ma vie, face à la beauté qui parfois me submerge, à l'harmonie d'un paysage, d'une femme, d'un poème, j'ai essayé de ne pas m'endormir. Il faut être réveillé, aux aguets — j'allais dire : aux abois ! — pour goûter l'harmonie, la beauté d'une femme, d'un poème, d'un paysage.

Pierre Jean REMY, *Chine*, Albin Michel, 1990.

Hasard

Ce que nous appelons hasard, c'est peut-être la logique de Dieu.

Georges BERNANOS, in *Œuvres complètes*, Gallimard, 1961.

Le hasard serait la forme de manifestation de la nécessité extérieure qui se fraie un chemin dans l'inconscient humain...

André BRETON, *L'Amour fou*, Gallimard, 1937.

La notion même du hasard est liée au jeu de dés : le mot est dérivé de l'arabe *alz-zahr*, le dé.

Claude DUNETON, *La Puce à l'oreille*, Balland, 1978.

Le hasard, c'est Dieu qui se promène incognito.

Albert EINSTEIN, article écrit en 1927, in *Albert Einstein : a life for to-morrow*, Bookland, 1950.

Ce que nous appelons le hasard n'est que notre incapacité à comprendre un degré d'ordre supérieur.

Jean GUITTON, *Dieu et la science*, Grasset, 1991.

Le hasard sait toujours trouver ceux qui savent s'en servir.

Romain ROLLAND, *Le Voyage intérieur*, Albin Michel, 1942.

Laissons le choix au Hasard, cet homme de paille de Dieu.

Marguerite YOURCENAR, *Le Lait de la mort*, in *Nouvelles orientales*, Gallimard, 1963.

Héritage

Lentement, discrètement, papa nous préparait un héritage ; il nous glissait ce qui est mieux que l'argent : du courage, des provisions de courage pour l'avenir, car lui savait que dans le détour, après l'enfance, une bête nouvelle et compliquée, tapie hypocritement, fait le guet.

Félix LECLERC, *Pieds nus dans l'aube*, Bibliothèque québécoise, 1982.

Héros

Passé huit heures du soir, les héros de roman ne courent pas les rues dans le quartier des Invalides.

Antoine BLONDIN, *L'Europe buissonnière*, La Table ronde, 1961.

Les gens ne sont des héros que quand ils ne peuvent pas faire autrement.

Paul CLAUDEL, *Journal*, 1904-1955, Gallimard, 1968-1969.

Il ne suffit pas d'être des héros. Nous voulons être des vainqueurs.

Georges CLEMENCEAU, *Discours de guerre*, Plon, 1934.

Le héros n'est pas celui qui se précipite dans une belle mort ; c'est celui qui se compose une belle vie.

Jean GIONO, *Précisions*, 1939, in *Récits et Essais*, Gallimard, 1988.

Les héros sont ceux qui magnifient une vie qu'ils ne peuvent plus supporter.

Jean GIRAUDOUX, *Pour Lucrèce*, Grasset, 1953.

Héros, ne vous donnez pas la peine d'essuyer vos pieds sanglants sur le paillasson de la gloire, avant d'entrer dans l'Histoire.

Jacques PRÉVERT, *Fatras*, Gallimard, 1966.

Un héros, c'est celui qui fait ce qu'il peut.

Romain ROLLAND, *Jean-Christophe*, Albin Michel, 1949.

Heureux

Il est bien vrai que nous devons penser au bonheur d'autrui ; mais on ne dit pas assez que ce que nous pouvons faire de mieux pour ceux qui nous aiment, c'est encore d'être heureux.

ALAIN, *Propos sur le bonheur*, Gallimard, 1928.

Pour être heureux, il faut penser au bonheur d'un autre.

Gaston BACHELARD, *La Psychanalyse du feu*, Gallimard, 1938.

Essayer de rendre heureux un être est la seule chose positive qui soit à notre portée.

Jacques de BOURBON BUSSET, *Tu ne mourras pas*, Gallimard, 1978.

Le bonheur... ça compte ; pourquoi le refuser. En l'acceptant, on n'aggrave pas le malheur des autres ; et même, ça aide à lutter pour eux. Je trouve regrettable cette honte qu'on éprouve à se sentir heureux.

Albert CAMUS, cité par Simone de Beauvoir, in *La Force des choses*, Gallimard, 1963.

Venez ! Et quand nous aurons gémi sur nos malheurs, peut-être aurons-nous le bon sens d'être heureux.

Georges CLEMENCEAU, cité par Louis Pauwels, in *Ce que je crois*, Grasset, 1974.

Et maintenant, je dois avouer l'impardonnable, le scandale, dans une période qui méprise le bonheur : je suis heureux. Et je vais vous confier le secret de mon bonheur. Il est simple. J'aime autrui. J'aime aimer. Je hais la haine. Je m'efforce de comprendre et d'admettre.

Jean COCTEAU, *Démarche d'un poète*, Bruckmann, 1953.

Tout homme heureux était un homme qui portait Dieu en lui.

Paulo COELHO, *L'Alchimiste*, Anne Carrière, 1994.

C'est un devoir que d'être heureux.

André GIDE, *Journal*, 1889-1939, Gallimard, 1939.

L'heureux, c'est un demi-idiot pour qui tout est prospère et porte fruit.

Paul KLEE, *Journal*, Grasset, 1981.

Les peuples heureux n'ayant point d'histoire, les peuples prospères n'ont pas de géographie.

Pierre LOUŸS, *Les Aventures du Roi Pausole*, 1901, Albin Michel, 1925.

Plus on est heureux et moins on prête attention à son bonheur.

Alberto MORAVIA, *Le Mépris*, Flammarion, 1955.

Il faudrait essayer d'être heureux, ne serait-ce que pour donner l'exemple.

Jacques PRÉVERT, *Spectacle*, Gallimard, 1949.

266

Le bonheur, c'est d'être heureux ; ce n'est pas de faire croire aux autres qu'on l'est.

> Jules RENARD, *Journal*, 1906, Gallimard, 1960.

L'homme heureux est celui qui se retrouve avec plaisir au réveil, se reconnaît celui qu'il aime être.

> Paul VALÉRY, *Mélange*, Gallimard, 1941.

Hiroshima

La civilisation mécanique vient de parvenir à son dernier degré de sauvagerie. Il va falloir choisir, dans un avenir plus ou moins proche, entre le suicide collectif ou l'utilisation intelligente des conquêtes scientifiques.

> Albert CAMUS, in *Combat*, 8 août 1945.

Comment me serais-je douté que cette ville était faite à la taille de l'amour ?

> Marguerite DURAS, Dialogues du film *Hiroshima mon amour* d'Alain Resnais, 1959.

Histoire

L'histoire universelle est celle d'un seul homme.

> Jorge Luis BORGES, *Histoire de l'éternité*, 1936, Bourgois, 1985.

L'histoire ne repasse pas les plats.

> Louis-Ferdinand CÉLINE, in *L'Express*, n° 312.

Que l'évêque qui condamna Jeanne d'Arc se nomme Cauchon, que le gendarme qui brise la mâchoire de Robespierre s'appelle Merda, ce sont les clins d'œil que l'Histoire fait aux écoliers.

> Gilbert CESBRON, *Journal sans date*, Laffont, 1963.

L'histoire est une aiguille / à endormir les hommes
trempée dans le poison / de ce qu'ils veulent garder.

> Léonard COHEN, *En entendant un nom si longtemps oublié*, in *Poèmes et chansons*, 10/18, 1972.

Nous ne sommes jamais tout à fait contemporains de notre présent. L'histoire s'avance masquée : elle rentre en scène avec le masque de la scène précédente, et nous ne reconnaissons plus rien à la pièce.

Régis DEBRAY, *Révolution dans la révolution ?*, Maspero, 1967.

Les hommes font de la vie un rêve et ce rêve ils l'ont appelé l'histoire.

Pierre DRIEU LA ROCHELLE, *Plainte des soldats européens*, in *Anthologie des poètes de la NRF*, Gallimard, 1936.

Si nous connaissions le sens et la direction de l'histoire, celle-ci de ce fait même prendrait fin...

Georges GURVITCH, *Études sur les classes sociales*, Introduction, Gonthier, 1966.

L'Histoire ne connaît ni scrupules ni hésitations. Inerte et infaillible, elle coule vers son but. À chaque courbe de son cours elle dépose la boue qu'elle charrie et les cadavres des noyés. L'Histoire connaît son chemin. Elle ne commet pas d'erreurs.

Arthur KŒSTLER, *Le Zéro et l'infini*, Calmann-Lévy, 1945.

L'avenir d'un pays ne peut être un simple prolongement de son histoire — ce serait même désolant pour un peuple, quel qu'il soit, que de vénérer son histoire plus que son avenir...

Amin MAALOUF, *Les Identités meurtrières*, Grasset, 1998.

Celui qui invoque l'histoire est toujours en sécurité. Les morts ne se lèveront pas pour témoigner contre lui.

O. V. de L. MILOSZ, *Poèmes*, Fourcade, 1929.

L'histoire est bien plus rusée que les histoires et les réalités plus rusées que les réalistes.

Paul NIZAN, *Ambition du roman moderne*, in *Paul Nizan intellectuel communiste*, Maspero, 1967.

Qu'est-ce que l'histoire ? C'est la mise en chantier de travaux destinés à élucider progressivement le mystère de la mort et à la vaincre un jour.

Boris PASTERNAK, *Le Docteur Jivago*, Gallimard, 1958.

L'Histoire est la science du malheur des hommes.

Raymond QUENEAU, *Une histoire modèle*, Gallimard, 1966.

Aucun homme ne vit sans souvenirs et aucun homme ne peut vraiment vivre sans les souvenirs de l'histoire. Nous avons tous appris de l'histoire ; nous l'avons oubliée ; mais elle reste là ; elle oriente nos jugements à chaque instant ; elle forme notre identité ; elle préside à la naissance et à la prise de conscience de nos valeurs.

Jacqueline de ROMILLY, in *Le Figaro*, 26 mars 1998.

Chaque livre d'histoire en se fermant fait le même bruit : « abrutis ».

Louis SCUTENAIRE, *Mes Inscriptions*, Gallimard, 1945.

L'histoire des hommes est une si petite parcelle du temps que je ne suis pas sûr qu'au bout du compte elle ne soit pas parfaitement dérisoire.

Christian SIGNOL, *Bonheurs d'enfance*, Albin Michel, 1996.

L'Histoire justifie ce que l'on veut. Elle n'enseigne rigoureusement rien, car elle contient tout, et donne des exemples de tout. [...] L'histoire est le produit le plus dangereux que la chimie de l'intellect ait élaboré.

Paul VALÉRY, *Regards sur le monde actuel*, Gallimard, 1945.

Mieux vaut apprendre à faire l'amour correctement que de s'abrutir sur un livre d'histoire.

Boris VIAN, *L'Herbe rouge*, Pauvert, 1950.

Historien

Mais l'historien n'a rien d'un homme libre. Du passé, il sait seulement ce que ce passé même veut bien lui confier.

Marc BLOCH, *Apologie pour l'histoire ou Métier d'historien*, Introduction, Armand Colin, 1949.

Le temps n'est pas linéaire, il est multiple. L'historien regarde ces temps différents qui jouent les uns avec les autres et il essaie de voir ceux qui comptent et ceux qui ne comptent pas.

Fernand BRAUDEL, in *L'Express*, 22 novembre 1971.

Le romancier est l'historien du présent, alors que l'historien est le romancier du passé.

Georges DUHAMEL, *La Nuit de la Saint-Jean*, Mercure de France, 1935.

L'historien est comme un mineur de fond. Il va chercher les données au fond du sol et les ramène à la surface pour qu'un autre spécialiste — économiste, climatologiste, sociologue — les exploite.

Emmanuel LE ROY-LADURIE, in *L'Express*, septembre 1973.

La principale différence entre les sources du préhistorien et celles de l'historien, c'est que le premier détruit son document en le fouillant.

André LEROI-GOURHAN, *Les Religions de la préhistoire*, Introduction, PUF, 1995.

Toute l'histoire est sujette au doute. La vérité des historiens est une erreur infaillible.

André SUARÈS, *Le Voyage du condottiere*, Émile-Paul, 1911-1932.

Hiver

Aimer les jours d'hiver est un plaisir de provinciaux et de centenaires.

Ramón GÓMEZ DE LA SERNA, *Les Greguerias*, 1917, Cent pages, 1992.

En vérité, je hais l'hiver parce que l'hiver hait la chair... Le froid est une leçon de morale, de l'inspiration la plus janséniste.

Michel TOURNIER, *Le Roi des aulnes*, Gallimard, 1970.

Homme

Chacun de nous a un jour, plus ou moins triste, plus ou moins lointain, où il doit enfin accepter d'être un homme.

Jean ANOUILH, *Antigone*, La Table Ronde, 1943.

Qui ne « meurt » pas de n'être qu'un homme ne sera jamais qu'un homme.

Georges BATAILLE, *Somme athéologique, L'Expérience intérieure*, Gallimard, 1961.

Il était un pauvre serpent qui collectionnait toutes ses peaux. C'était l'homme.

Jean GIRAUDOUX, *Sodome et Gomorrhe*, Grasset, 1959.

Un homme est une créature qui marche délicatement sur une corde raide, avec l'intelligence, la conscience et tout ce qui est spirituel à un bout de son balancier, et le corps et l'instinct et tout ce qui est inconscient, terrestre et mystérieux à l'autre bout. En équilibre, ce qui est diablement difficile.

Aldous HUXLEY, *Contrepoint*, Plon, 1930.

On n'en finit pas d'être un homme.

Henri MICHAUX, in *Henri Michaux/René Bertelé*, Seghers, 1975.

Mais l'univers existe, il faut bien qu'il s'y produise des événements, tous également improbables, et l'homme se trouve être l'un deux.

Jacques MONOD, Leçon inaugurale au Collège de France, Chaire de biologie moléculaire, 3 novembre 1967.

Résignons-nous à n'être que des hommes. En cherchant bien, c'est-à-dire le plus mal possible, nous y trouverons peut-être de quoi vivre correctement...

Georges PERROS, *Papiers collés*, Gallimard, 1960.

L'homme est à venir. L'homme est l'avenir de l'homme.

Francis PONGE, *Notes premières de « l'homme »*, in *Proêmes*, Gallimard, 1948.

L'homme est une bête féroce par elle-même apprivoisée.

Pierre REVERDY, *Le Livre de mon bord*, Mercure de France, 1948.

L'homme, cet arrière-petit-neveu de limaces, qui inventa le calcul intégral et rêva de justice.

Jean ROSTAND, *Pensées d'un biologiste*, Stock, 1954.

Les hommes ? Il en existe, je crois, six ou sept... Mais on ne sait jamais où les trouver.

Antoine de SAINT-EXUPÉRY, *Le Petit Prince*, Gallimard, 1943.

L'homme est à inventer chaque jour.

Jean-Paul SARTRE, *Situations*, t.2, Gallimard, 1948.

L'homme n'est homme qu'à la surface. Lève la peau, dissèque : ici commencent les machines.

Paul VALÉRY, *Tel quel*, Gallimard, 1941-1971.

Homosexualité

Il n'y avait pas d'anormaux quand l'homosexualité était la norme.

Marcel PROUST, *Sodome et Gomorrhe*, Gallimard, 1921.

C'est peut-être cela, être homosexuel encore aujourd'hui : savoir qu'on est lié à un génocide pour lequel nulle réparation n'est prévue.

Guy HOCQUENGHEM, Préface à *Les Hommes au triangle rose* de H. Heiger, Persona, 1981.

Les homosexuels seraient les meilleurs maris du monde s'ils ne jouaient pas la comédie d'aimer les femmes.

Marcel PROUST, *Albertine disparue*, Gallimard, 1925.

Honnêteté

En somme, je suis vivant parce que j'ai volé. De là à conclure que les autres sont morts parce qu'ils étaient honnêtes...

Dialogues du film *Le Roman d'un tricheur* de Sacha Guitry, 1936.

L'honnêteté est pour les filles pauvres un défaut qui peut devenir mortel.

Pierre MAC ORLAN, *Les Dés pipés*, Gallimard, 1952.

Si infâmes que soient les canailles, il ne le sont jamais autant que les honnêtes gens.

Octave MIRBEAU, *Le Journal d'une femme de chambre*, Fasquelle, 1900.

Honneur

L'honneur, c'est la dignité — pas l'utilité.

Arthur KŒSTLER, *Le Zéro et l'infini*, Calmann-Lévy, 1945.

L'honneur, c'est comme les allumettes, ça ne sert qu'une fois.

Marcel PAGNOL, *Marius*, Fasquelle, 1929.

Honte

Le patrimoine d'un écrivain, ce sont ses secrets, ses défaites cuisantes et inavouées ; et c'est la fermentation de ses hontes qui est le gage de sa fécondité.

Emil Michel CIORAN, *Cahiers 1957-1972*, Gallimard, 1997.

Je souhaitais l'anéantissement du témoin de ma honte. Que disparût le témoin, et toute trace de ma honte était extirpée de la surface de la terre. Les autres sont tous des témoins. S'ils n'existaient pas, on ne saurait pas ce qu'est la honte.

Yukio MISHIMA, *Pavillon d'or*, Gallimard, 1961.

La honte n'est pas toujours la conscience du mal que nous faisons, elle est souvent la conscience du mal qu'on nous fait.

Paul MORAND, *L'Homme pressé*, Gallimard, 1941.

La Honte est, par nature, reconnaissante. Je reconnais que je suis comme autrui me voit.

Jean-Paul SARTRE, *L'Être et le néant*, Gallimard, 1943.

Horloge

Les horloges mécaniques, effrayants symboles du temps qui s'écoule [...] sont peut-être l'expression la plus gigantesque dont soit capable un sentiment historique de l'univers.

Oswald SPENGLER, *Le Déclin de l'Occident*, 1918, Gallimard, 1931.

Humanisme

Car les certitudes péremptoires de l'humanisme sont mortes dans les salles de torture et les camps de concentration, avant d'être disséquées par les penseurs contemporains. Et quoi qu'en disent les progressistes, il est devenu plus difficile de prouver l'existence de l'homme que de prouver l'existence de Dieu.

Jean-Marie DOMENACH, *Ce que je crois*, Grasset, 1978.

Humanité

L'humanité est une suite discontinue d'hommes libres qu'isole irrémédiablement leur subjectivité.

Simone de BEAUVOIR, *Pyrrhus et Cinéas*, Gallimard, 1944.

L'humanité entière, dans l'espace et dans le temps, est une immense armée qui galope à côté de chacun de nous, en avant et en arrière de nous...

Henri BERGSON, *L'Évolution créatrice*, 1907, PUF, 1959.

L'humanité est une maladie de la Terre. Sur les planètes saines il n'y a pas d'homme.

Jean ROSTAND, *Pensées d'un biologiste*, Stock, 1954.

L'humanité consiste dans le fait qu'aucun homme n'est sacrifié à un objectif.

Albert SCHWEITZER, *Kultur und Ethik*, München, 1955.

La vie humaine n'a de sens que dans la mesure où elle est au service d'un infini — qui pour nous est l'humanité.

Victor SERGE, *Mémoires d'un révolutionnaire*, Le Seuil, 1951.

L'humanité n'est pas un état à subir. C'est une dignité à conquérir.

VERCORS, *Les Animaux dénaturés*, Albin Michel, 1952.

Humiliation

Vous me demandez ce qui me pousse à l'action ? C'est la volonté de me trouver au cœur de toutes les révoltes contre l'humiliation, c'est d'être présent, toujours et partout, chez les humiliés en armes.

Ernesto « Che » GUEVARA, Conversation avec Jean Daniel, in *L'Ère des ruptures*, Grasset, 1979.

Humilité

L'humilité est l'antichambre de toutes les perfections.

Marcel AYMÉ, *Clérambard*, Grasset, 1950.

274

Il y a pour moi une chose très importante en matière d'œuvre d'art, qui est l'humilité.

Claude CHABROL, *Un jardin bien à moi*, Denoël, 1999.

Humoriste

L'humoriste, c'est un homme de bonne mauvaise humeur.

Jules RENARD, *Journal*, Gallimard, 1960.

Humour

L'humour consiste à mettre entre parenthèses le sérieux du présent.

Karl Barth, *Éthique*, t.2, PUF, 1998.

L'humour est une révolte supérieure de l'esprit.

André BRETON, *Anthologie de l'humour noir*, 1940, Pauvert, 1966.

L'humour est la politesse du désespoir.

Georges DUHAMEL, *Défense des lettres*, Mercure de France, 1937.

Il existe un art de perdre et qui s'appelle l'humour. Cela mène souvent à renoncer à la victoire par peur de la défaite...

Romain GARY, *Au-delà de cette limite votre ticket n'est plus valable*, Gallimard, 1975.

Fielleux comme souvent le sont ceux dont on dit qu'ils ont de l'humour.

Juliette GRÉCO, *Jujube*, Stock, 1993.

Où il n'y a pas d'humour, il n'y a pas d'humanité ; où il n'y a pas d'humour (cette liberté prise, ce détachement vis-à-vis de soi-même), il y a le camp de concentration.

Eugène IONESCO, *Notes et contre-notes*, Gallimard, 1962.

L'humour est le meilleur détecteur de mensonge.

Konrad LORENZ, *L'Agression*, Flammarion, 1969.

275

L'humour est une tentative pour décaper les grands sentiments de leur connerie.

Raymond QUENEAU, *Odile*, Gallimard, 1937.

[L'humour], c'est le verre d'alcool qui donne à l'esprit le courage un peu fou de monter à l'assaut.

Claude ROY, *Les Rencontres des jours*, 1992-1993, Gallimard, 1995.

L'humour est une façon de se tirer d'embarras sans se tirer d'affaire.

Louis SCUTENAIRE, *Mes Inscriptions*, Gallimard, 1945.

L'humour et les blagues peuvent non seulement avoir un effet thérapeutique à court terme mais aussi sauver des civilisations tout entières.

Bernard WERBER, *La Révolution des fourmis*, Albin Michel, 1996.

L'humour est le plus court chemin d'un homme à un autre.

Georges WOLINSKI, *Les Pensées*, Cherche Midi, 1981.

Humour noir

Pour prendre part au tournoi de l'humour, il faut en effet avoir échappé à de nombreuses éliminatoires. L'humour noir est borné par trop de choses, telles que la bêtise, l'ironie sceptique, la plaisanterie sans gravité... (l'énumération serait longue) mais il est par excellence l'ennemi mortel de la sentimentalité à l'air perpétuellement aux abois

André BRETON, *Anthologie de l'humour noir*, 1940, Pauvert, 1966.

Hurler

Écrire c'est aussi ne pas parler. C'est se taire. C'est hurler sans bruit.

Marguerite DURAS, *Écrire*, Gallimard, 1993.

Hymne

Il est plus difficile et plus important aujourd'hui de se dégager des mots qui sonnent faux, des idées creuses et des organisations étouffantes que de composer de nouveaux hymnes.

Alain TOURAINE, *La Société invisible*, Le Seuil, 1977.

Hypothèse

Une hypothèse, comme une calomnie, est d'autant plus dangereuse qu'elle est plus plausible.

Jean ROSTAND, *Inquiétudes d'un biologiste*, Stock, 1967.

Hystérique

Je tiens pour hystérique toute personne chez laquelle une occasion d'excitation sexuelle provoque surtout ou exclusivement du dégoût.

Sigmund FREUD, 1905, cité par Philippe Sollers, in *L'Année du tigre*, Le Seuil, 1999.

I

Idéal

Gloire à qui n'ayant pas d'idéal sacro-saint
Se borne à ne pas trop emmerder ses voisins.

Georges BRASSENS, *Don Juan*, 1975.

Avoir un idéal est bel et bon, mais mon domaine est celui du possible, et il faut bien que je me passe d'idéal.

Friedrich DÜRRENMATT, *Le Mariage de Monsieur Mississippi*, 1951, L'Avant-Scène, 1960.

Tout idéal, dès qu'il est formulé, prend un aspect désagréablement scolaire.

Valery LARBAUD, *Jaune, bleu, blanc*, Gallimard, 1927.

Il y a quelque chose de plus triste que de rater ses idéaux : c'est de les avoir réalisés.

Cesare PAVESE, *Le Métier de vivre*, 1937, Gallimard, 1958.

Idée

Rien n'est plus dangereux qu'une idée quand on n'a qu'une idée.

ALAIN, *Propos sur la religion*, PUF, 1938.

Il n'est pas difficile d'avoir une idée. Le difficile, c'est de les avoir toutes.

ALAIN, *Propos*, 1906-1914, Gallimard, 1970.

279

Toutes les idées qui triomphent courent à leur perte. [...] Il faut absolument convaincre l'homme qu'une fois acquis le consentement général sur un sujet, la résistance individuelle est la seule clé de la prison.

Antonin ARTAUD, in *Les Écrivains du* XXe *siècle. Un musée imaginaire de la littérature mondiale*, Retz, 1979.

J'ai toujours constaté que les idées les plus parfaites où les mots semblent parfaitement assemblés, ce sont celles qui fuient le plus vite. Ce sont comme des flèches. Donc il faut les arrêter en plein vol.

Hector BIANCIOTTI, Entretien avec André Rollin, in *Ils écrivent*, Mazarine, 1986.

Il faut toujours avoir deux idées, l'une pour détruire l'autre.

Georges BRAQUE, *Le Jour et la nuit*, Gallimard, 1952.

Mourir pour des idées, d'accord, mais de mort lente...

Georges BRASSENS, *Mourir pour des idées*, © Éditions Musicales, 1957.

Dans toute idée, il faut chercher à qui elle va et de qui elle vient ; alors seulement on comprend son efficacité.

Bertolt BRECHT, *Me Ti, Livre des retournements*, L'Arche, 1968.

Tous les impuissants regorgent d'idées !... et les philosophes !... c'est leur industrie les idées ! ils esbrouffent la jeunesse avec ! ils la maquereautent !... la jeunesse est prête vous le savez à avaler n'importe quoi...

Louis-Ferdinand CÉLINE, *Entretien avec le Professeur Y...*, Gallimard, 1955.

Une vogue philosophique s'impose comme une vogue gastronomique : on ne réfute pas plus une idée qu'une sauce.

Emil Michel CIORAN, *Syllogismes de l'amertume*, Gallimard, 1952.

Familiers que nous sommes des idées fausses qui « parlent vrai », nous ne prenons pas assez garde qu'une idée juste peut aussi parler faux.

Régis DEBRAY, *Le Code et le Glaive*, Albin Michel/Fondation Marc-Bloch, 1999.

Tu as peut-être les idées larges, mais t'as la tête trop petite... Alors, les idées, ça se débine de tous les côtés...

Dialogues du film *Le Jour se lève* de Marcel Carné, 1939.

Nos idées vieillissent avec nous, c'est pourquoi nous n'y prenons pas garde, et nous sommes tout étonnés que des esprits plus jeunes n'en tombent pas à leur tour amoureux comme nous.

Henri de LUBAC, *Paradoxes* suivi de *Nouveaux paradoxes*, Le Seuil, 1959.

Quand la France rencontre une grande idée, elles font ensemble le tour du monde.

François MITTERRAND, *Ici et maintenant*, Fayard, 1980.

[...] elle n'a pas d'idées, ce qui est la plus sûre façon pour une femme de n'en avoir pas de fausses.

Henry de MONTHERLANT, *Les Jeunes filles*, Gallimard, 1936.

L'idée, quand elle est en marche, renverse tout.

Marie NOËL, *Notes intimes*, Stock, 1959.

Quand on met le pied dans les idées générales, on glisse.

François NOURISSIER, *Le Musée de l'homme*, Grasset, 1980.

Au lieu de peindre des choses, on s'est mis à peindre les idées.

José ORTEGA Y GASSET, *La Déshumanisation de l'art*, 1925, in *Ortega y Gasset*, Seghers, 1969.

Si vous voulez avoir les idées propres, changez-en comme de chemise.

Francis PICABIA, *Écrits complets*, Belfond, 1975.

Devant les lézardes, ils ont tendu les grandes idées.

Louis SCUTENAIRE, *Mes inscriptions*, Gallimard, 1945.

Idée fixe

Rien de grand ne se fait sans l'idée fixe, ce clou à transpercer l'invisible.

Malcolm de CHAZAL, *Sens plastique*, Gallimard, 1948.

Quand une idée fixe s'empare de millions d'hommes, fût-ce à tort, sa vérité n'est pas loin.

François MITTERRAND, *L'Abeille et l'Architecte*, Flammarion, 1978

Identité culturelle

Nul ne devrait être contraint à « s'expatrier » mentalement chaque fois qu'il ouvre un livre, chaque fois qu'il s'assied devant un écran, chaque fois qu'il discute ou réfléchit. Chacun devrait pouvoir s'approprier la modernité, au lieu d'avoir constamment l'impression de l'emprunter aux autres.

Amin MAALOUF, *Les Identités meurtrières*, Grasset, 1998.

Idéologie

L'idéologie est l'épée des temps actuels. Et celui qui s'est servi de l'idéologie périra peut-être par l'idéologie.

Jean DUTOURD, *De la France considérée comme une maladie*, Flammarion, 1982.

Les idéologies sont aussi massacreuses que les religions.

Claude IMBERT, *Ce que je crois*, Grasset, 1985.

Idiot

Un idiot pauvre est un idiot, un idiot riche est un riche.

Paul LAFITTE, *Jéroboam ou la finance sans méningite*, 1920.

Ignorance

La belle avance que de définir, nommer ou prévoir ce que l'ignorance me permet de tenir pour merveilleux !

COLETTE, *Gigi*, Hachette, 1943.

Le peu que je sais, c'est à mon ignorance que je le dois.

Sacha GUITRY, *Toutes réflexions faites*, L'Élan, 1946.

Mon père, un brave homme, me disait : « Ne perds jamais ton ignorance ; tu ne pourras pas la remplacer. »

Erich Maria REMARQUE, interview, 1946.

Ignorer

Parler de ce qu'on ignore finit par vous l'apprendre.

Albert CAMUS, in préface à *La Maison du peuple* de Louis Guilloux, 1927, Grasset, 1983.

Nous sommes certains de choses que nous ne savons pas. Mais ce que nous ignorons est ce qui nous fait vivre, quand nous l'aimons.

Jacques PRÉVERT, *Spectacle*, Gallimard, 1949.

En savoir autant que les autres, mais en ignorer davantage.

Jean ROSTAND, *Inquiétudes d'un biologiste*, Stock, 1967.

Les connaissances barbouillent l'esprit, retardent le jugement et fatiguent la mémoire. On ne saurait commencer trop jeune à ignorer.

Alexandre VIALATTE, *Et c'est ainsi qu'Allah est grand*, Julliard, 1979.

Illusion

La vie est faite d'illusions. Parmi ces illusions, certaines réussissent. Ce sont elles qui constituent la réalité.

Jacques AUDIBERTI, *L'Effet Glapion*, Gallimard, 1959.

Illusion d'optique

Il n'y a que Dieu. L'homme, c'est une illusion d'optique.

Jean-Paul SARTRE, *Le Diable et le bon Dieu*, Gallimard, 1951.

Image

L'image est péremptoire, elle a toujours le dernier mot : aucune connaissance ne peut la contredire, l'aménager, la subtiliser.

Roland BARTHES, *Fragments d'un discours amoureux*, Le Seuil, 1977.

Le regard ne s'empare pas des images, ce sont elles qui s'emparent du regard. Elles inondent la conscience.

Franz KAFKA, in *Kafka m'a dit*, Calmann-Lévy, 1952.

Imaginaire

L'imaginaire est ce qui tend à devenir réel.

André BRETON, *Le Revolver à cheveux blancs*, Préface, Gallimard, 1966.

Imagination

Il faut que l'imagination prenne trop pour que la pensée ait assez.

Gaston BACHELARD, *L'Air et les songes*, Corti, 1943.

Les amateurs de littérature croient volontiers qu'un écrivain fait ce qu'il veut de son imagination. Hélas l'autorité de l'écrivain sur son imagination d'écrivain est à peu près celle que le Code civil nous garantit vis-à-vis de nos charmantes et pacifiques compagnes, vous voyez d'ici ce que je veux dire ?

Georges BERNANOS, *La Liberté pour quoi faire ?*, Gallimard, 1953.

Ce n'est pas la crainte de la folie qui nous forcera à laisser en berne le drapeau de l'imagination. [...] Chère imagination, ce que j'aime surtout en toi, c'est que tu ne pardonnes pas.

André BRETON, *Manifeste du surréalisme*, 1924, Pauvert, 1962.

Quand on n'a pas d'imagination, mourir c'est peu de chose, quand on en a, mourir c'est trop.

Louis-Ferdinand CÉLINE, *Voyage au bout de la nuit*, Gallimard, 1932.

Celui qui a vraiment de l'imagination, ce n'est pas celui qui en manifeste, mais bien celui qui m'en donne.

Georges DUHAMEL, *Biographie de mes fantômes*, Hartmann, 1944.

L'imagination est plus importante que le savoir.

Albert EINSTEIN, in *Albert Einstein : a life for to-morrow*, Bookland, 1958.

L'imagination est la grande créatrice. Ce qu'elle a conçu, elle le produit. Quand elle a toute sa puissance, elle est aussi bien l'action qui embrasse le monde, et la passion qui le subit.

André SUARÈS, *Poète tragique*, Émile-Paul, 1921.

Imaginer

Imaginer, c'est hausser le réel d'un ton.

Gaston BACHELARD, *L'Air et les Songes*, Corti, 1934.

L'homme est capable de faire ce qu'il est incapable d'imaginer.

René CHAR, *Feuillets d'Hypnos*, Gallimard, 1946.

Imaginer c'est choisir.

Jean GIONO, *Noé*, 1947, Gallimard, 1961.

Imbécile

Les imbéciles manquent d'amour pour voir et pour entendre, c'est à ce manque qu'on les reconnaît.

Christian BOBIN, *La Plus que vive*, Gallimard, 1996.

Il n'y a pas de honte à être heureux. Mais aujourd'hui l'imbécile est roi, et j'appelle imbécile celui qui a peur de jouir.

Albert CAMUS, *Noces*, Gallimard, 1956.

Passer pour un idiot aux yeux d'un imbécile est une volupté de fin gourmet.

Georges COURTELINE, *La Philosophie de Georges Courteline*, Flammarion, 1929.

Un imbécile peut à lui seul poser dix fois plus de questions que dix sages ensemble n'en sauraient résoudre.

LÉNINE, *Œuvres complètes*, t. 26, Moscou, 1950.

Que Dieu préfère les imbéciles, c'est un bruit que depuis dix-neuf siècles les imbéciles font courir.

François MAURIAC, *Bloc-notes*, Flammarion, 1957.

Il nous est devenu difficile de parler de bêtise, sachant bien qu'on est, ou deviendra, toujours l'imbécile de quelqu'un.

Jean-Jacques PAUVERT, *Anthologie historique des lectures érotiques*, Ramsay, 1980.

S'il fallait tourner le dos à tous les imbéciles, on marcherait à reculons.

Jules ROY, *Les Années cavalières, Journal 2 : 1966-1985*, Albin Michel, 1998.

Immobile

Il ne sont pas heureux, ils sont immobiles, ce qui est très différent.

Alfred CAPUS, *Les Pensées*, Cherche Midi, 1988.

L'immobilité, c'est le sourire de la vitesse.

Léo FERRÉ, *Il n'y a plus rien*, 1973.

Immortalité

Qu'est-ce que l'immortalité pour moi ? Vivre jusqu'à ce que le dernier homme ait disparu de la terre. Rien de plus.

Albert CAMUS, *Carnets II*, 1942-1951, Gallimard, 1964.

Notre idée de l'immortalité, ce n'est guère que la permission pour quelques-uns de continuer à vieillir un peu une fois morts.

Julien GRACQ, *Préférences*, Corti, 1961.

Nous comprendrons toujours assez difficilement qu'il soit nécessaire de mourir pour devenir immortel.

Maurice MAETERLINCK, *Devant Dieu*, Fasquelle, 1955.

La foi dans l'immortalité est née de la cupidité des gens qui font mauvais usage du temps qui nous est alloué par la nature. Le sage trouve sa vie suffisamment longue pour boucler le cercle entier des plaisirs qu'il peut atteindre...

Alexandre SOLJENITSYNE, in *Les Écrivains du XXe siècle. Un musée imaginaire de la littérature mondiale*, Retz, 1979.

Immuable

Ne dites jamais : « c'est naturel »
afin que rien ne passe pour immuable.

Bertolt BRECHT, *L'Exception et la Règle*, 1938, in *Nouveau théâtre complet*, t. 3, Arche, 1988.

Impatient

Les impatients arrivent toujours trop tard.

Jean DUTOURD, *Le Fond et la forme*, Gallimard, 1958-1965.

Impossible

Nous n'avons d'autre possibilité que l'impossible.

Georges BATAILLE, *L'Alleluiah*, Gallimard, 1973.

L'impossible, nous ne l'atteignons pas, mais il sert de lanterne.

René CHAR, *L'Âge cassant*, in *Recherche de la base et du sommet*, Gallimard, 1955.

L'impossible est le seul adversaire digne de l'homme.

Andrée CHÉDID, *Néfertiti et le rêve d'Akhenaton*, Flammarion, 1988.

Espérons l'impossible, car c'est peut-être une bassesse que de mettre son espoir en lieu sûr.

Natalie CLIFFORD-BARNEY, *Pensées d'une Amazone*, Émile-Paul, 1921.

À l'impossible je suis tenu.

Jean COCTEAU, *Orphée*, 1949, Stock, 1986.

Il faut toujours connaître les limites du possible. Pas pour s'arrêter, mais pour tenter l'impossible dans les meilleures conditions.

Romain GARY, *Charge d'âme*, Gallimard, 1977.

C'est faire confiance à la vie, que se mesurer avec l'impossible.

Panaït ISTRATI, *Pour avoir aimé la terre*, in *Œuvres*, t. 4, Gallimard, 1970.

Ce n'est pas l'impossible qui désespère le plus, mais le possible non atteint.

Robert MALLET, *Apostilles*, Gallimard, 1972.

« Ne cherchez pas l'impossible ! » nous dit-on.
— Si, justement.

Robert SABATIER, *Le Livre de la déraison souriante*, Albin Michel, 1991.

Impuissance

Il y a un apaisement au fond de toute grande impuissance.

Marguerite YOURCENAR, *Alexis ou le traité du vain combat*, Plon, 1929.

Incertitude

J'aime l'homme incertain de ses fins comme l'est, en avril, l'arbre fruitier.

René CHAR, *À une sérénité crispée*, in *Recherche de la base et du sommet*, Gallimard, 1955.

Inceste

La prohibition de l'inceste est moins une règle qui interdit d'épouser mère, sœur ou fille, qu'une règle qui oblige à donner mère, sœur ou fille à autrui. C'est la règle du don par excellence.

Claude LÉVI-STRAUSS, *Les Structures élémentaires de la parenté*, Mouton, 1949.

Incinération

Un écrivain, lui, devrait se faire incinérer. On mélangerait ses cendres à la pâte à papier utilisée pour une belle édition posthume. Il serait enterré chez ses lecteurs.

Hervé BAZIN, *Abécédaire*, Grasset, 1984.

Incompétence

Dans une hiérarchie, tout employé a tendance à s'élever à son niveau d'incompétence.

Laurence J. PETER et R. HULL, *Le Principe de Peter*, LGF, 1988.

Incompréhensible

L'intelligence est la faculté à l'aide de laquelle nous comprenons finalement que tout est incompréhensible.

Maurice MAETERLINCK, *La Vie des termites*, Fasquelle, 1926.

Inconnu

La vision admirable sera toujours celle qui nous donne l'impression de l'inconnu en s'imposant à notre mémoire comme une révélation.

André PIEYRE de MANDIARGUES, *Deuxième Belvédère*, Grasset, 1962.

La Joie de connaître est surtout celle d'entrer en contact avec un nouvel inconnu.

Jean ROSTAND, *Inquiétudes d'un biologiste*, Stock, 1967.

Inconscient

Allez au fond de l'inconscient ; retrouvez, avec le poète, le rêve primitif et vous verrez clairement la vérité : elle est rouge la petite fleur bleue !

Gaston BACHELARD, *La Psychanalyse du feu*, Gallimard, 1938.

[...] la théorie de « l'inconscient » se heurtait principalement à des résistances d'ordre affectif qui s'expliquent par ce fait que personne ne veut connaître son inconscient, et partant trouve plus expédient d'en nier la possibilité.

Sigmund FREUD, *Le Mot d'esprit et ses rapports avec l'inconscient*, 1905, Gallimard, 1930.

Tout ce qui est refoulé est inconscient, mais nous ne pouvons affirmer que tout ce qui est inconscient soit refoulé.

Sigmund FREUD, *Délire et rêves dans la Gradiva de Jensen*, 1907, Gallimard, 1949.

L'inconscient est ce chapitre de mon histoire qui est marqué par un blanc ou occupé par un mensonge : c'est le chapitre censuré.

Jacques LACAN, *Écrits*, Le Seuil, 1970.

Indestructible

Théoriquement, il existe une possibilité de bonheur parfait : croire à ce qu'il y a d'indestructible en soi et ne pas s'efforcer de l'atteindre.

Franz KAFKA, *Préparatifs de noce à la campagne*, Gallimard, 1908.

Indiens

Les blancs proclamaient que les Indiens étaient des bêtes, les seconds se contentaient de soupçonner les premiers d'être des dieux. À ignorance égale, le dernier procédé était certes plus digne d'hommes.

Claude LÉVI-STRAUSS, *Tristes tropiques*, Plon, 1955.

Individu

C'est un garçon sans importance collective, c'est tout juste un individu.

Louis-Ferdinand CÉLINE, *L'Église*, Gallimard, 1952.

Industriel

On croit mourir pour la patrie ; on meurt pour les industriels.

Anatole FRANCE, in *L'Humanité*, 18 juillet 1922.

Inertie

Chez le plus grand nombre, le fait de ne rien faire, de remettre à plus tard, d'empêcher que quoi que ce soit se fasse, devient presque une passion, la seule. On peut dire que ce sont des *militants de l'inertie* (les plus dangereux, en somme).

Philippe SOLLERS, *L'Année du tigre, Journal de l'année 1998*, Le Seuil, 1999.

Infini

L'homme est un infirme. Je veux dire qu'il est limité par des dimensions qui le finissent et l'empêchent de comprendre l'infini où les dimensions n'existent pas.

Jean COCTEAU, *Journal d'un inconnu*, Grasset, 1953.

Nous tenons tous l'infini au creux de notre main.

Jean GUITTON, *Dieu et la science*, Grasset, 1991.

Infirme

Un blessé de guerre n'est jamais un infirme. Il n'a pas perdu son bras
— il l'a donné.

Sacha GUITRY, *Mémoires d'un tricheur*, Gallimard, 1935.

Ingénieur

Il faut se méfier des ingénieurs, ça commence par la machine à coudre,
ça finit par la bombe atomique.

Marcel PAGNOL, *Critique des critiques*, in *Œuvres complètes*, de Fallois, 1995.

Inhumation

Inhumation. Eh bien, quoi ! Le mot le dit : voilà la Terre promise.

Hervé BAZIN, *Abécédaire*, Grasset, 1984.

Injustice

Il ne suffit pas de dénoncer l'injustice, il faut donner sa vie.

Albert CAMUS, *Les Justes*, Gallimard, 1950.

Il suffit d'une seule injustice, pour qu'un peuple en meure lentement,
frappé de démence.

Émile ZOLA, *Vérité*, 1902, Christian Pirot, 1993.

Innocence

L'état d'innocence contient en germe tout le péché futur.

Alexandre ARNOUX, *Études et caprices*, Albin Michel, 1953.

Il existe des hommes dont le cœur innocent a la fragilité du verre. Ce
sont ceux-là les meilleurs. Ce sont aussi les plus vulnérables, c'est pour
cette raison qu'il en reste si peu.

Christian SIGNOL, *Bonheurs d'enfance*, Albin Michel, 1996.

Inquiétude

Dans un coin de ma chambre, guettant son heure, qui est tantôt minuit, tantôt l'aube, je verrai réapparaître, familière, sarcastique et sûre d'elle, avec sa bouche tordue et son regard vitreux, la face empoisonnée de l'Inquiétude.

Philippe LABRO, *Le Petit garçon*, Gallimard, 1990.

Insoumis

Le monde ne sera sauvé, s'il peut l'être, que par des *insoumis*.

André GIDE, *Journal*, 1889-1939, Gallimard, 1939.

Inspiration

L'inspiration, dans le royaume obscur de la pensée, c'est peut-être quelque chose comme un jour de grand marché dans le canton. Il y a réjouissance en quelque endroit de la matière grise.

Léon-Paul FARGUE, *Le Piéton de Paris*, Gallimard, 1939.

Les vers, pour un poète, c'est le travail. L'inspiration est à l'usage des bourgeois.

Jean GIRAUDOUX, *Les Cinq tentations de La Fontaine*, Grasset, 1958.

Qu'est-ce que l'inspiration ? C'est d'avoir une seule chose à dire, que l'on n'est pas fatigué de dire.

Jean PAULHAN, *De la paille et du grain*, Gallimard, 1948.

Dans ce métier de poète, ce n'est pas la chaleur de l'inspiration qui crée l'idée heureuse, mais l'idée heureuse qui crée la chaleur inspirée.

Cesare PAVESE, *Le Métier de vivre*, 25 février 1938, Gallimard, 1958.

Instituteur

Vous êtes faits pour apprendre à lire, à écrire et à compter. Apprenez-leur donc [aux enfants] à lire, à écrire et à compter. Ce n'est pas seulement très utile, c'est la base de tout.

Charles PÉGUY, *L'Argent*, Gallimard, 1932.

Un instituteur, mais c'est la bête de somme, c'est le valet de tout le monde, le déclassé, le monsieur raté dont les paysans se défient et que les curés brûleraient, pour installer sur le pays entier l'unique règne du catéchisme.

Émile ZOLA, *Vérité*, 1902, Christian Pirot, 1993.

Instruire

L'appétit de savoir naît du doute. Cesse de croire et instruis-toi.

André GIDE, *Les Nouvelles Nourritures*, Gallimard, 1935.

Intellectuel

Intellectuels : ils sont plutôt le déchet de la société. Le déchet au sens strict, c'est-à-dire ce qui ne sert à rien, à moins qu'on ne les récupère.

Roland BARTHES, *Le Grain de la voix. Entretiens 1962-1980*, Le Seuil, 1981.

Intellectuels. Se méfiant beaucoup du sens *commun*, compliquant tous les problèmes de façon à être les seuls à s'y retrouver, ils connaissent de plus en plus de choses sur des sujets si rétrécis qu'ils finissent par savoir tout sur presque rien.

Hervé BAZIN, *Abécédaire*, Grasset, 1984.

Il n'y a qu'une classe dangereuse, c'est celle des intellectuels, c'est-à-dire des gens qui possèdent un instrument pour lequel il n'y a pas d'emploi.

Paul CLAUDEL, *Conversations dans le Loir-et-Cher*, Gallimard, 1935.

L'intellectuel n'est ni un homme ni une femme. C'est un ecclésiastique... Il met sa dialectique, son talent, quand il en a, au service de la pire des passions humaines, la politique, c'est-à-dire qu'il applique à des fins impures et basses des facultés qui ne sont pas faites pour cela.

Jean DUTOURD, *De la France considérée comme une maladie*, Flammarion, 1982.

L'artiste contient l'intellectuel. La réciproque est rarement vraie.

Léon-Paul FARGUE, *Sous la lampe*, Gallimard, 1929.

Je sais maintenant qu'un intellectuel n'est pas seulement celui à qui les livres sont nécessaires, mais tout homme dont une idée, si élémentaire soit-elle, engage et ordonne la vie. Ceux qui m'entourent, eux, vivent au jour le jour depuis des millénaires.

André MALRAUX, *Les Noyers de l'Altenburg*, Gallimard, 1948.

Pour être tout à fait franc, je ne sais pas ce qui est pire : une dictature des politiciens, des managers, des généraux, ou une dictature des intellectuels.

Herbert MARCUSE, in *L'Express*, 23 septembre 1968.

S'apercevoir que la vie est plus importante que la pensée, cela signifie être un homme de lettres, un intellectuel ; cela signifie que sa pensée n'est pas devenue vie.

Cesare PAVESE, *Le Métier de vivre*, 5 novembre 1942, Gallimard, 1958.

Un intellectuel, pour moi, c'est cela : quelqu'un qui est fidèle à un ensemble politique et social mais qui ne cesse de le contester.

Jean-Paul SARTRE, in *Le Nouvel Observateur*, 19 juin 1968.

L'intellectuel ne peut plus être un technicien de l'absolu, parlant au nom d'un ordre transcendant, celui des dieux, des idées, de l'histoire. Il est pris dans l'ordre social. Celui-ci lui demande des connaissances, mais surtout des justifications.

Alain TOURAINE, *La Société invisible*, Le Seuil, 1977.

Intelligence

Je plains ceux qui ont l'air intelligent ; c'est une promesse qu'on ne peut tenir.

ALAIN, *Propos sur l'esthétique*, PUF, 1923.

L'intelligence est caractérisée par une incompréhension naturelle de la vie.

Henri BERGSON, *L'Évolution créatrice*, 1907, PUF, 1959.

L'intelligence est presque inutile à celui qui ne possède qu'elle.

Alexis CARREL, *L'Homme, cet inconnu*, Plon, 1935.

Même les plus grands de tes philosophes sont d'accord sur ce point qu'il est nécessaire de se retremper de temps en temps dans l'intelligence du monde.

Marguerite DURAS, *Les Petits chevaux de Tarquinia*, Gallimard, 1953.

L'intelligence est un capitaine qui est toujours en retard d'une bataille. Et qui discute après la bataille.

Léon-Paul FARGUE, *Suite familière*, in *Sous la lampe*, Gallimard, 1929.

La culture, c'est l'art de faire société avec les morts ; l'intelligence, c'est l'art de faire marcher ses neurones et ses ordinateurs.

Alain FINKIELKRAUT, *L'Ingratitude. Conversations sur notre temps*, Gallimard, 1999.

La marque d'une intelligence de premier ordre, c'est la capacité d'avoir deux idées opposées présentes à l'esprit en même temps et de ne pas cesser de fonctionner pour autant.

Francis Scott FITZGERALD, Lettre, 1927, in *Correspondance*, Gallimard, 1966.

L'intelligence ? Une question de chimie organique, rien de plus. On n'est pas plus responsable d'être intelligent que d'être bête.

Paul LÉAUTAUD, *Le Théâtre de Maurice Boissard*, Gallimard, 1943.

L'intelligence, c'est le jugement plus l'esprit hypothétique plus la destruction de la comédie.

André MALRAUX, cité par François Nourissier, in *Mauvais genre*, Gallimard, 1996.

L'intelligence, c'est ce qui se passe quand rien n'empêche l'intelligence de fonctionner.

Louis PAUWELS, *Blumroch l'admirable*, Gallimard, 1976.

L'intelligence c'est de prévoir celle de l'autre.

Georges PERROS, *Papiers collés*, Gallimard, 1960.

L'intelligence humaine est, essentiellement, ce qui est inapte à comprendre.

Jean ROSTAND, *Inquiétudes d'un biologiste*, Stock, 1967.

L'intelligence ne vaut qu'au service de l'amour. [...] Ni l'intelligence, ni le jugement ne sont créateurs. Si le sculpteur n'est que science et intelligence, ses mains manqueront de génie.

Antoine de SAINT-EXUPÉRY, *Terre des hommes*, Gallimard, 1939.

Heureux ceux qui savent, heureux les intelligents, les hommes de volonté et d'action, parce que le royaume de la terre leur appartiendra.

Émile ZOLA, *Vérité*, 1902, Christian Pirot, 1993.

Intuition

L'intuition est l'alphabet de Dieu...

Paulo COELHO, *Manuel du guerrier de la lumière*, Anne Carrière, 1998.

Si je crois à l'inspiration ? Mais bien sûr ! Je crois même que tous les hommes sont inspirés. Ça s'appelle intuition.

Max JACOB, *Conseils à un jeune poète*, Gallimard, 1945.

Je me méfie pourtant de l'intuition, science de ceux qui bougent : le vrai savoir est sédentaire.

François MITTERRAND, *L'Abeille et l'Architecte*, Flammarion, 1978.

L'intuition est une vue du cœur dans les ténèbres.

André SUARÈS, *Trois hommes*, Gallimard, 1913.

Inventer

L'homme n'est heureux que de vouloir et d'inventer.

ALAIN, *Propos sur le bonheur*, Gallimard, 1928.

Je ne supporte pas d'être moi, je m'invente.

Alain BOSQUET, *Le Gardien des rosées*, Gallimard, 1990.

Moi ce qui me rend à une fraîcheur d'exister — qui j'espère cessera seulement avec ma mort — c'est que l'homme ait inventé Dieu, et la musique, et d'écrire.

Marguerite DURAS, in *Le Monde extérieur*, Outside 2, POL, 1993.

C'est peut-être parce que je vous invente que je tiens tant à vous.

Antoine de SAINT-EXUPÉRY, *Lettres de jeunesse*, 1923-1931, Gallimard, 1953.

Invention

Vive l'invention merveilleuse, les trouvailles qui nous enchantent ! Les artistes qui nous ennuient, c'est tout à fait comme ces inventeurs professionnels qui n'ont jamais rien inventé.

Jean DUBUFFET, *Prospectus aux amateurs de tout genre*, Gallimard, 1946.

Chaque homme s'invente lui-même. Mais c'est une invention dont il ne connaît pas le terme : dès qu'elle s'arrête, l'homme se convertit en chose.

Louis LAVELLE, *L'Erreur de Narcisse*, Grasset, 1939.

La grande histoire véritable est celle des inventions.

Raymond QUENEAU, *Bâtons, chiffres et lettres*, Gallimard, 1950.

Invisible

Le grand péché du monde moderne, c'est le refus de l'invisible.

Julien GREEN, *Journal*, in *Œuvres complètes*, Gallimard, 1976.

Irrationnel

Connaître un homme aujourd'hui, veut surtout dire connaître ce qu'il y a en lui d'irrationnel, ce qu'il ne contrôle pas, ce qu'il effacerait de l'image qu'il se fait de lui.

André MALRAUX, *Antimémoires*, Gallimard, 1967.

Italien

Les Italiens sont des Français de bonne humeur.

Jean COCTEAU, *Maalesch*, 1950, Gallimard, 1989.

Toi tu es gai comme un Italien / Quand il sait qu'il aura de l'amour et du vin...

Pierre DELANOË et V. PALLAVICINI, *Une femme avec toi*, © Productions Claude Pascal, 1975.

Ce qu'il y a de singulier dans le caractère des Italiens, c'est que leur conscience morale ne se manifeste qu'en présence du sang, car ils subordonnent tout au respect de la vie.

Curzio MALAPARTE, *Sang*, Préface, Le Rocher, 1937.

Ivresse

Je n'ai pas confiance en un homme qui se rationne. S'il doit faire attention à ne pas boire trop, c'est qu'il n'est plus fiable quand il est ivre.

Dialogues du film *Le Faucon maltais* de John Huston, 1941.

Ivrogne

Autrefois l'ivrognerie elle-même était intelligente. Elle n'allait pas sans choix ni érudition. Le vin se racontait avant de se boire. Un grand ivrogne n'était pas n'importe qui. [...] Où est passée la civilisation ?...

Alexandre VIALATTE, *Et c'est ainsi qu'Allah est grand*, Julliard, 1979.

J

Jalousie

Comme jaloux, je souffre quatre fois : parce que je suis jaloux, parce que je me reproche de l'être, parce que je crains que ma jalousie ne blesse l'autre, parce que je me laisse assujettir à une banalité : je souffre d'être exclu, d'être agressif, d'être fou et d'être commun.

Roland BARTHES, *Fragments d'un discours amoureux*, Le Seuil, 1977.

Le jaloux croit témoigner, par ses larmes et ses cris, de la grandeur de son amour. Il ne fait qu'exprimer cette préférence archaïque que chacun a pour soi-même.

Christian BOBIN, *La Plus que vive*, Gallimard, 1996.

La fin des jalousies, c'est l'indifférence.

Yves NAVARRE, *Le Jardin d'acclimatation*, Flammarion, 1980.

La jalousie n'est souvent qu'un inquiet besoin de tyrannie appliquée aux choses de l'amour.

Marcel PROUST, *La Prisonnière*, Gallimard, 1923.

Les femmes sont jalouses de tout et même du malheur.

André SUARÈS, *Variables*, Émile-Paul, 1929.

Jardin

Quand je me promène au jardin, je ne reviens jamais bredouille : je rapporte presque toujours trois fruits de consolation, deux fleurs de mélancolie et une graine d'amertume.

Georges DUHAMEL, *Le Bestiaire et l'herbier*, Mercure de France, 1949.

Jazz

Le voilà le jazz moderne : c'est celui qui se nourrit sans cesse de sa vérité et dont le pouvoir d'invention, que chaque instant renouvelle, promet cette jeunesse même qui ne finit jamais.

Kleber HAEDENS, *L'Air du pays*, Albin Michel, 1963.

La musique de jazz, c'est une insouciance accélérée.

Françoise SAGAN, *Un certain sourire*, Julliard, 1956.

Jean

Enfants révoltés, Sdf et mères à la mode ont adopté la même toile rugueuse, les mêmes coutures en Y modelant les lombes, ce sac de tout le monde et n'appartenant qu'à soi, rude et ami comme une seconde peau [...]
C'est la première fois dans son histoire que l'humanité entière porte le même pantalon, quels que soient continents, classes et circonstances. Logiquement, la standardisation du « haut » suivra celle du bas.

Bertrand POIROT-DELPECH, *Diagonales*, Gallimard, 1995.

Jésus-Christ

Épisode d'histoire qui dépasse l'histoire, la vie du Christ fait plus qu'acculer la raison à l'on ne sait quelle tragique humilité : elle est l'explication suprême et l'étalon auquel tout se heurte ; c'est par elle que l'histoire prend son sens et sa justification.

DANIEL-ROPS, *Jésus en son temps*, Fayard, 1962.

À la Noël, on alla saluer Jésus à l'Église [...]. En sortant, le vieux Bouscarle me mit la main à l'épaule : « Le Jésus, il me dit, il est là-

300

haut », et comme je regardais le large du ciel, il me dit : « Non, pas dans le large, dans ce petit bout, là, tu vois, cette toute petite étoile. »

Jean GIONO, *Le Serpent d'étoile*, Grasset, 1933.

Notre monde n'est pas tout l'univers. Peut-être y a-t-il un endroit où le Christ n'est pas mort.

Graham GREENE, *La Puissance et la gloire*, 1940, Laffont, 1948.

L'ordre de ne pas nous conformer au monde vient de notre Seigneur et Maître, Jésus-Christ, le non-conformiste le plus engagé du monde.

Martin Luther KING, *La Force d'aimer*, Casterman, 1963.

Jésus-Christ se désignait lui-même comme l'agneau qui avait pris sur lui tous les péchés. Je n'ai jamais compris en quelle façon cela pouvait aider l'humanité que quelqu'un déclarât se sacrifier pour elle. Mais depuis deux mille ans les hommes ont apparemment trouvé cela tout naturel.

Arthur KŒSTLER, *Le Zéro et l'infini*, Calmann-Lévy, 1945.

Savoir si Jésus a vraiment existé n'est pas le problème. On peut estimer que c'est un mythe ou une réalité, peu importe. Ce qui compte, c'est que cette histoire constitue, depuis des millénaires, la base et l'ossature de notre civilisation occidentale. Si irréelle soit elle, cette histoire est la plus parlante et la plus profonde sur le plan éthique.

Norman MAILER, en 1958, in *La Croix*, 12 avril 1998.

Comme je tiens à Jésus ! Voici que si l'on venait me prouver ce soir qu'il fut un pauvre voyant juif, je ne le croirais pas.

Claude MAURIAC, *Histoire de ne pas oublier*, 13 avril 1938, Grasset, 1992.

Dieu devient un homme parce qu'il aime les hommes plus que tout, et d'abord plus que lui-même. Et c'est dans l'amour et seulement dans l'amour que le fils de l'homme peut se confondre avec le fils de Dieu.

Jean d'ORMESSON, *Presque rien sur presque tout*, Gallimard, 1996.

Les choses auxquelles je crois, il n'y en a pas beaucoup : ce sont : premièrement et fondamentalement, la valeur du Monde ; et, deuxièmement, la nécessité de quelque Christ pour donner à ce monde une consistance, un cœur et un visage.

Pierre TEILHARD de CHARDIN, *L'Énergie humaine*, Le Seuil, 1962.

Dieu ne change rien à rien. On a tué le Christ, par colère, parce qu'il n'était que Dieu.

Simone WEIL, *La Pesanteur et la grâce*, Plon, 1947.

Jeune

On est jeune tant qu'on souhaite que chaque jour diffère de la veille, vieux, quand on espère que chaque année ressemblera à la précédente.

Gilbert CESBRON, *Journal sans date*, Laffont, 1963.

Y a une façon d'être jeune, puis une manière d'utiliser les restes.

René FALLET, in *Lire*, janvier 1982.

Les jeunes, après tout, s'ils jouent, ce n'est pas leur faute ; inachevés, la vie les plante dans un monde achevé où on exige qu'ils agissent en hommes faits.

Milan KUNDERA, *La Plaisanterie*, Gallimard, 1968.

Être jeune, c'est être spontané, rester proche des sources de la vie, pouvoir se dresser et secouer les chaînes d'une civilisation périmée, oser ce que d'autres n'ont pas eu le courage d'entreprendre ; en somme, se replonger dans l'élémentaire.

Thomas MANN, *Le Docteur Faustus*, Albin Michel, 1950.

On met très longtemps à devenir jeune.

Pablo PICASSO, cité par Jean Cocteau, in *Journal d'un inconnu*, Grasset, 1953.

Jeunesse

La beauté du diable... on voudrait bien nous faire prendre la jeunesse pour le diable, c'est rassurant pour ceux que leurs miroirs attristent.

Louis ARAGON, *J'abats mon jeu*, Stock, 1997.

C'est la fièvre de la jeunesse qui maintient le reste du monde à la température normale.

Georges BERNANOS, *Les Grands cimetières sous la lune*, Plon, 1938.

Une vraie jeunesse est aussi rare que le génie, ou peut-être ce génie même, un défi à l'ordre du monde, à ses lois, un blasphème.

Georges BERNANOS, *Monsieur Ouine*, Plon, 1940.

Ma jeunesse me fuit : c'est cela être malade.

Albert CAMUS, *Carnets II*, 1942-1951, Gallimard, 1964.

La jeunesse est injuste. Elle se doit de l'être.

Jean COCTEAU, *Journal d'un inconnu*, Grasset, 1953.

Il vaut mieux gâcher sa jeunesse que de n'en rien faire du tout.

Georges COURTELINE, *La Philosophie de Georges Courteline*, Flammarion, 1929.

La jeunesse, mais on ne la franchit jamais assez rapidement. Les vieux nous mentent lorsqu'ils vous disent : « Profitez-en. » C'est un os qu'ils vous jettent à ronger pour qu'on se tienne tranquille.

Roland DORGELÈS, *Le Château des brouillards*, Albin Michel, 1932.

L'argile fondamentale de notre œuvre reste la jeunesse.

Ernesto « Che » GUEVARA, *La Guerra de guerillas*, Departamento de Instrucción del Minfar, La Havane, 1960.

L'éternelle jeunesse est impossible ; même s'il n'y avait d'autre obstacle, l'observation de soi-même la rendrait impossible.

Franz KAFKA, *Journal intime*, 10 avril 1922, Grasset, 1945.

Quelle jeunesse n'a été meurtrière ? Quel homme ne garde, au fond de soi, le reproche muet d'une bouche à jamais scellée ?

François MAURIAC, *Journal*, 1934-1950, Grasset.

Si la jeunesse n'a pas toujours raison, la société qui la méconnaît et qui la frappe a toujours tort.

François MITTERRAND, à l'Assemblée nationale, 8 mai 1968.

Joie

Être capable de trouver sa joie dans la joie de l'autre : voilà le secret du bonheur.

Georges BERNANOS, *Œuvres romanesques*, Gallimard, 1961.

La joie n'a aucun antécédent, aucun poids, aucune profondeur. Elle est toute en commencements, en envols, en vibrations d'alouette.

Christian BOBIN, *La Plus que vive*, Gallimard, 1996.

La joie est une brûlure qui ne se savoure pas.

Albert CAMUS, *La Peste*, Gallimard, 1947.

La seul vraie preuve de l'existence de Dieu, c'est la preuve par la Joie.

Gilbert CESBRON, *Journal sans date*, Laffont, 1963.

Fais-leur comprendre qu'ils n'ont d'autre devoir au monde que de la joie !

Paul CLAUDEL, *Le Père humilié*, Gallimard, 1920.

Les joies du monde sont notre seule nourriture. La dernière petite goutte nous fait encore vivre.

Jean GIONO, *Que ma joie demeure*, Grasset 1935.

La joie est tributaire de la souffrance. La souffrance est partie essentielle de la joie. Quand nous avons faim, songez comme la nourriture nous paraît bonne !

Graham GREENE, *La Puissance et la gloire*, 1940, Laffont, 1948.

Cette planète n'est guère outillée pour la joie...

Vladimir MAÏAKOVSKI, cité par Victor Serge, in *Mémoires d'un révolutionnaire*, Le Seuil, 1951.

Jouer

Jouer, c'est rêver avec tout son corps.

Georges DUHAMEL, *Les Plaisirs et les jeux*, Mercure de France, 1922.

L'enfant qui ne joue pas n'est pas un enfant, mais l'homme qui ne joue pas a perdu à jamais l'enfant qui vivait en lui et qui lui manquera beaucoup. J'ai construit ma maison comme un jouet et j'y joue du matin au soir.

Pablo NERUDA, *J'avoue que j'ai vécu*, Gallimard, 1975.

Jour

Les jours sont des fruits et notre rôle est de les manger.

Jean GIONO, *Rondeur des jours*, Gallimard, 1973.

Les jours sont peut-être égaux pour une horloge, mais pas pour un homme. Il y a des jours montueux et malaisés qu'on met un temps infini à gravir et des jours en pente qui se laissent descendre à fond de train, en chantant. Pour parcourir les jours, les natures un peu nerveuses, surtout, disposent, comme les voitures automobiles, de « vitesses différentes ».

Marcel PROUST, *Vacances de Pâques*, in *Le Figaro*, 25 mars 1913.

Un jour est une feuille de l'arbre de ta vie.

Paul VALÉRY, *Cahiers*, 1894-1914, Gallimard, 1987-1990.

Un jour il y aura autre chose que le jour.

Boris VIAN, *Je voudrais pas crever*, Pauvert, 1962.

Journal intime

Un journal est une longue lettre que l'auteur s'écrit à lui-même, et le plus étonnant est qu'il se donne à lui-même de ses propres nouvelles.

Julien GREEN, *Journal*, in *Œuvres complètes*, Gallimard, 1976.

Journal, pour qui ? écrivais-je souvent ici. Mais pour moi ! pour moi ! répond un lecteur qui ne naîtra que dans de nombreuses années. Et un autre encore qui me lira alors que l'autre sera lui-même poussière.

Claude MAURIAC, *Le Temps accompli*, Grasset, 1991.

En lisant le journal intime d'un écrivain, il arrive que le désir me vienne de connaître son œuvre. La bête m'a retenu, me voilà curieux de son industrie.

Jean ROSTAND, *Pensées d'un biologiste*, Stock, 1954.

Le journal est un signe de faiblesse, puisque les hommes forts n'en tiennent pas dans leur volonté d'épaissir le mystère de leur vie. Ils laissent à leurs biographes le soin d'imaginer et de fabriquer.

Jules ROY, *Les Années cavalières, Journal 2 : 1966-1985*, Albin Michel, 1998.

Dans un journal littéraire, on commence par citer Nietzsche et Platon et on finit par parler de ses rhumes.

Robert SABATIER, *Le Livre de la déraison souriante*, Albin Michel, 1991.

Journalisme

Le journalisme consiste pour une large part à dire : « Lord Jones est mort », à des gens qui n'ont jamais su que Lord Jones existait.

Gilbert Keith CHESTERTON, *La Sagesse du père Brown*, 1914, Gallimard, 1930.

J'appelle journalisme tout ce qui sera moins intéressant demain qu'aujourd'hui.

André GIDE, *Journal*, 1889-1939, Gallimard, 1939.

Journaliste

J'étais destiné à devenir journaliste, et à relever l'entrefilet au niveau de la métaphysique.

ALAIN, *Histoire de mes pensées*, Gallimard, 1936.

Les journalistes : voilà les forçats de Larousse, parce qu'entre deux mots, ils ne choisissent jamais le moindre.

Antoine BLONDIN, in *Grand inventaire du génie français*, Albin Michel, 1990.

[...] le journaliste est une entité abstraite qui n'existe pas ; ce qui existe, ce sont des journalistes différents selon le sexe, l'âge, le niveau d'instruction, le journal, le « médium ». Le monde des journalistes est un monde divisé où il y a des conflits, des concurrences, des hostilités.

Pierre BOURDIEU, *Sur la télévision*, Liber, 1996.

Les journalistes se sont emparés du pouvoir. Ils l'ont toujours eu. Pour devenir une puissance, il faut que Zola soit journaliste.

Jules ROY, *Les Années cavalières, Journal 2 : 1966-1985*, Albin Michel, 1998.

Jugement dernier

Je vais vous dire un grand secret mon cher : « N'attendez pas le jugement dernier. Il a lieu tous les jours. »

Albert CAMUS, *La Chute*, Gallimard, 1956.

À l'heure du Jugement dernier, une seule créature se lèvera de chaque fosse commune. Et Dieu oserait la juger !

Elias CANETTI, *Le Territoire de l'homme*, Albin Michel, 1978.

Juger

Règle absolue : quand on ose juger plus grand que soi, il faut d'abord marquer le coefficient.

Hervé BAZIN, *Abécédaire*, Grasset, 1984.

Juger, c'est de toute façon ne pas comprendre, puisque, si l'on comprenait, on ne pourrait pas juger.

André MALRAUX, *Les Conquérants*, Grasset, 1928.

Jumeaux

Chaque enfant singulier ne naît solitaire que pour avoir tué et mangé *in utero* son frère jumeau.

Michel TOURNIER, *Les Météores*, Gallimard, 1975.

Justice

Le grand malheur est que la justice des hommes intervienne toujours trop tard : elle réprime ou flétrit des actes, sans pouvoir remonter plus haut ni plus loin que celui qui les a commis.

Georges BERNANOS, *Journal d'un curé de campagne*, Plon, 1936.

La Justice, c'est six mille ans d'erreurs judiciaires.

Robert BRASILLACH, *Lettre à un soldat de la classe 60*, in *Les Sept couleurs*, Plon, 1939.

La justice est à la fois une idée et une chaleur de l'âme. Sachons la prendre dans ce qu'elle a d'humain, sans la transformer en cette terrible passion abstraite qui a mutilé tant d'hommes.

Albert CAMUS, *Actuelles*, t. 1, Gallimard, 1950.

Je crois à la justice, mais je défendrai ma mère avant la justice.

Albert CAMUS, in *Le Monde*, décembre 1957.

Il faut trois jours à la justice pour décider de la mort d'un homme, et des années pour décider d'un héritage.

Jacques DEVAL, *Afin de vivre bel et bien*, Albin Michel, 1970.

Si le savoir est la condition première de tout progrès, rien ne se réalisera de définitif pour le bonheur des hommes, sans l'esprit de justice.

Émile ZOLA, *Vérité*, 1902, Christian Pirot, 1993.

L

Lâche

Bien souvent, le lâche demande aux autres le courage de ses opinions.

Jacques Prévert, *Fatras*, Gallimard, 1966.

Lâcheté

Toute possibilité de lâcheté devient une magnifique espérance à qui s'y connaît.

Louis-Ferdinand Céline, *Voyage au bout de la nuit*, Gallimard, 1932.

La lâcheté tend à projeter sur les autres la responsabilité qu'on refuse.

Julio Cortazar, *La Barque ou Nouvelle visite à Venise*, in *Façons de perdre*, Gallimard, 1978.

La femme rend lâche... C'est elle qui conseille au gréviste de rentrer à l'usine, à l'artiste de faire du commerce, au soldat de plier le dos. Parce qu'elle ne pense qu'à la pâtée, qu'elle a un pot-au-feu dans le cœur. Faites-en... une machine à plaisir, mais pas un moule à gosse.

Roland Dorgelès, *Le Château des brouillards*, Albin Michel, 1932.

La première lâcheté est la première ride d'un peuple.

Jean Giraudoux, *La Guerre de Troie n'aura pas lieu*, Grasset, 1935.

Laideur

Après tout, pourquoi n'y aurait-il pas autant d'art possible dans la laideur que dans la beauté ? C'est un genre à cultiver, voilà tout.

Louis-Ferdinand CÉLINE, *Voyage au bout de la nuit*, Gallimard, 1932.

Rien de plus émouvant que la beauté qui s'ignore, sinon la laideur qui se sait.

Robert MALLET, *Apostilles*, Gallimard, 1972.

La beauté, en art, n'est souvent que de la laideur matée.

Jean ROSTAND, *Pensées d'un biologiste*, Stock, 1954.

Langage

Le langage est aux postes de commande de l'imagination.

Gaston BACHELARD, *La Terre et les rêveries de la volonté*, Corti, 1948.

Le langage est une peau : je frotte mon langage contre l'autre.

Roland BARTHES, *Fragments d'un discours amoureux*, Le Seuil, 1977.

Travailler sur le langage, c'est le faire fermenter.

Michel BUTOR, in *Michel Butor Qui êtes-vous ?*, La Manufacture, 1988.

Interroger le langage, c'est s'interroger soi-même.

Edmond JABÈS, in *Le Monde*, 4 novembre 1989.

Par le langage, l'homme s'est fait le plus solitaire des êtres du monde, puisqu'il s'est exclu du silence.

J.-M.G. LE CLÉZIO, *L'Inconnu sur les terres*, Gallimard, 1978.

Une monstrueuse aberration fait croire aux hommes que le langage est né pour faciliter leurs relations mutuelles...

Michel LEIRIS, *Glossaire, j'y serre mes gloses*, Gallimard, 1940.

Qui dit homme dit langage, et qui dit langage dit société.

Claude LÉVI-STRAUSS, *Tristes tropiques*, Plon, 1955.

L'art doit chercher son langage dans le langage et contre le langage.

Gaëtan PICON, *Les Lignes de la main*, Gallimard, 1969.

Le langage ne se refuse qu'à une chose, c'est à faire aussi peu de bruit que le silence.

Francis PONGE, *Proêmes,* Notes d'un poème (sur Mallarmé), Gallimard, 1926.

Le langage est l'équivalent pour la bouche vide du rêve pour les yeux fermés.

Pascal QUIGNARD, *Vie secrète*, Gallimard, 1998.

Le langage est l'instrument privilégié du refus de l'homme d'accepter le monde tel qu'il est.

Georges STEINER, *Après Babel*, Albin Michel, 1998.

Langue

La langue, comme performance de tout langage, n'est ni réactionnaire ni progressiste, elle est tout simplement fasciste ; car le fascisme, ce n'est pas d'empêcher de dire, c'est d'obliger à dire.

Roland BARTHES, Leçon inaugurale au Collège de France, in *Œuvres complètes*, t. 3, Le Seuil, 1995.

Il n'existe pas de forme plus haute d'appartenance à un peuple que d'écrire dans sa langue.

Heinrich BÖLL, *Une mémoire allemande*, Le Seuil, 1978.

Je rêve d'une langue dont les mots, comme les poings, fracasseraient les mâchoires.

Emil Michel CIORAN, *Le Mauvais Démiurge*, Gallimard, 1970.

La langue est une raison humaine qui a ses raisons, et que l'homme ne connaît pas.

Claude LÉVI-STRAUSS, *La Pensée sauvage*, Plon, 1962.

La langue que le génie a conquise ne lui permet nullement de tout dire : elle lui permet de dire tout ce qu'il veut.

André MALRAUX, *Les Voix du silence*, Gallimard, 1951.

Langue française

Oui, j'ai une patrie : la langue française.

Albert CAMUS, *Carnets II*, 1942-1951, Gallimard, 1964.

Mon vice là moi, j'avoue, mon seul : le parler français !

Louis-Ferdinand CÉLINE, *Féerie pour une autre fois*, Gallimard, 1952.

Avec la langue française, j'ai engagé un combat qui est loin d'être terminé, qui ne le sera jamais. Avec un tel ennemi !

Emil Michel CIORAN, *Cahiers 1957-1972*, Gallimard, 1997.

La belle langue française ne se déroule pas, ne coule pas comme l'italienne. Elle s'emboîte. [...] elle se présente légère, compacte, étoilée, amassée comme une boule de neige.

Jean COCTEAU, *D'un ordre considéré comme une anarchie*, Stock, 1926.

C'est une langue bien difficile que le français. À peine écrit-on depuis quarante-cinq ans qu'on commence à s'en apercevoir.

COLETTE, *Journal à rebours*, Fayard, 1941.

La conviction que la langue française appartient à quiconque la parle et l'écrit est un gage d'avenir. Elle vaut tous les patriotismes de terroir. Le droit de tout usager sur cet instrument de vie, de savoir, de rêve et de liberté mériterait de figurer parmi les droits inaliénables.

Bertrand POIROT-DELPECH, *Diagonales*, Gallimard, 1995.

Langue morte

Le combat pour la diversité culturelle sera gagné lorsque nous serons prêts à nous mobiliser, intellectuellement, affectivement et matériellement, en faveur d'une langue menacée de disparition, avec autant de conviction que pour empêcher l'extinction du panda ou du rhinocéros.

Amin MAALOUF, *Les Identités meurtrières*, Grasset, 1998.

Il n'y a pas de langues mortes ; il y a des écrivains morts qui tuent les langues.

Elsa MORANTE, *Journal*, 1986.

Larmes

Les larmes de la femme moisissent le cœur de l'homme.

Jacques AUDIBERTI, *Le Mal court*, Gallimard, 1948.

Un homme blanc, un homme noir, un homme jaune : toutes les larmes sont salées.

Claude AVELINE, *Avec toi-même*, Émile-Paul, 1944.

Dans toutes les larmes s'attarde un espoir.

Simone de BEAUVOIR, *Les Mandarins*, Gallimard, 1954.

Les larmes du monde sont immuables. Pour chacun qui se met à pleurer, quelque part un autre s'arrête.

Samuel BECKETT, *En attendant Godot*, Minuit, 1953.

Ne me secouez pas. Je suis plein de larmes.

Henri CALET, *Peau d'ours*, Gallimard, 1958.

Mais j'aimais le goût des larmes retenues, de celles qui semblent tomber des yeux dans le cœur, derrière le masque du visage.

Valery LARBAUD, *Enfantines*, Gallimard, 1918.

Le monde est une vallée de pleurs, mais, somme toute, bien irriguée.

Paul MORAND, *Ouvert la nuit*, Gallimard, 1922.

Dans l'extrême jeunesse, l'on est trop enclin, comme les femmes, à croire que les larmes dédommagent de tout.

Raymond RADIGUET, *Le Diable au corps*, Grasset, 1923.

Même les larmes ont changé avec le temps : ce ne sont plus des larmes de joie, qu'on voit couler dans nos campagnes, mais des larmes de rage et de désespoir...

Christian SIGNOL, *Bonheurs d'enfance*, Albin Michel, 1996.

Lassitude

Ce n'est pas au moment où tu es las d'être toi que tu découvriras en toi la force de devenir un autre.

Joë BOUSQUET, *Œuvres romanesques complètes*, t. 3, Albin Michel, 1982.

Lecteur

Le livre est la mère du lecteur.

Christian BOBIN, *Autoportrait au radiateur*, Gallimard, 1997.

Celui qui est sans argent manque de tout. Celui qui est sans lecture manque du manque.

Christian BOBIN, *Une Petite robe de fête*, Gallimard, 1991.

Des livres qui peuvent choisir leurs lecteurs et se ferment aux autres.

Elias CANETTI, *Le Territoire de l'homme*, Albin Michel, 1978.

Le lecteur domine l'écrivain, même quand il en est subjugué.

Madeleine CHAPSAL, *Oser écrire*, Fayard, 1993.

On n'aime que les auteurs qui souffrent, dont on sent les douleurs et les tares secrètes. Tout lecteur est un sadique qui s'ignore, et il n'est pas de cri dont il ne soit avide.

Emil Michel CIORAN, *Cahiers 1957-1972*, Gallimard, 1997.

Maints éditeurs, pareils à d'adroits couturiers, se chargent d'habiller le livre de manière à séduire des acheteurs dont l'œil est plus accessible que l'intelligence et qui sont heureux que la jouissance les dispense d'une véritable possession. Quoi qu'il en soit, à l'abri de ces deux puissants instincts, le goût de la rareté et celui de la collection, les livres, un instant menacés, ont trouvé aujourd'hui un asile, sûr non seulement contre la pourriture et le ver, mais même contre le plus subtil ennemi, le lecteur.

Paul CLAUDEL, *Positions et propositions*, Gallimard, 1928-1934.

Ce que le lecteur veut c'est se lire. En lisant ce qu'il approuve il pense qu'il pourrait l'avoir écrit. Il peut même en vouloir au livre de prendre sa place, de dire ce qu'il n'a pas su dire et qu'il se dit qu'il dirait mieux.

Jean COCTEAU, *La Difficulté d'être*, Le Rocher, 1947.

Vous savez, je ne sais comment vous expliquer ça, mais un lien étrange unit l'écrivain à son lecteur. Il se crée entre eux une terrible intimité, voyez-vous. Inutile de se le cacher. Entre eux deux, des choses se sont passées dans le noir le plus complet, tenez, un peu comme à l'intérieur de ce tunnel, des choses terriblement intimes, croyez-moi.

Philippe Djian, *Sainte-Bob*, Gallimard, 1998.

Écrire c'est construire, à travers le texte, son propre modèle de lecteur. [...] Rythme, souffle, pénitence... Pour qui, pour moi ? Non, bien sûr, pour le lecteur. On écrit en pensant à un lecteur. Tout comme le peintre peint en pensant au spectateur du tableau.

Umberto Eco, *Apostille au nom de la rose*, Grasset, 1985.

Ouvre ta porte au lecteur. C'est à lui de trouver les cachettes.

Léon-Paul Fargue, *Suite familière*, in *Sous la lampe*, Gallimard, 1929.

Le *lecteur* doit être inventé par l'*auteur, imaginé* dans le but de lui faire lire ce que l'auteur *a besoin* d'écrire, non ce qu'on attend de lui. Où est donc ce lecteur ? Il se cache ? Il faut le chercher. Pas encore né ? Il faut attendre patiemment qu'il vienne au monde. Écrivain, jette ta bouteille à la mer, aie confiance, ne trahis pas ta parole, même si aujourd'hui tu n'es lu par personne, attends, espère, désire, désire même si tu n'es pas aimé...

Carlos Fuentes, *Diane ou La chasseresse solitaire*, Gallimard, 1996.

Le public français se conçoit à la manière d'un corps électoral où le vote est obligatoire, et où chaque écrivain, chaque livre un peu voyant, par sa seule apparition remet en route un perpétuel référendum.

Julien Gracq, *Préférences*, Corti, 1961.

Il nous vient quelquefois un dégoût d'écrire en songeant à la quantité d'ânes par lesquels on risque d'être lu.

Paul Léautaud, *Passe-temps*, Mercure de France, 1929.

Tous les écrivains commencent par être des lecteurs. Les livres conduisent aux livres, et j'ai le sentiment que les livres des autres m'ont conduit vers les miens.

François Nourissier, *Mauvais genre, conversations*, Gallimard, 1996.

J'aime mieux
ceux qui lisent
les livres

que ceux
qui les écrivent,
parce qu'au moins
ils en rajoutent.

Jacques PRÉVERT, *Le Grand Bal du printemps*, Gallimard, 1976.

Je ne me suis jamais demandé, quand j'écris une œuvre, s'il se trouve un public pour la comprendre et l'apprécier.

Romain ROLLAND, 1922, in *Romain Rolland par lui-même*, Le Seuil, 1955.

C'est dans le mépris du lecteur qu'on fait des œuvres qui le respectent.

Jean ROSTAND, *De la vanité et de quelques autres sujets*, Fasquelle, 1925.

Tout bon lecteur est le filtre d'un livre.

Robert SABATIER, *Le Livre de la déraison souriante*, Albin Michel, 1991.

Lecture

Je n'ai jamais rien demandé à ce que je lis que le vertige.

Louis ARAGON, *J'abats mon jeu*, Stock, 1997.

Même chez les gens cultivés, la pensée, c'est le plus souvent une voiture au garage. La lecture donne l'impression de remplir le réservoir ; mais on ne met que rarement le moteur en marche.

Hervé BAZIN, *Abécédaire*, Grasset, 1984.

La lecture est un bonheur qui demande plus d'innocence et de liberté que de considération.

Maurice BLANCHOT, *Le Livre à venir*, Gallimard, 1959.

La lecture, mes amis, c'est comme la parole d'amour ou comme Dieu le Père : jouissif en diable, charnel d'abord.

Christian BOBIN, *Autoportrait au radiateur*, Gallimard, 1997.

On lit avec ses mains autant qu'avec ses yeux. Le toucher d'une main calme sur la page d'un livre, c'est la plus belle image que je connaisse, l'image la plus apaisante et amoureuse qui soit : une main tendre sur une épaule d'encre, une main [...] qui conduit l'enfant sans dommages jusqu'à l'inconnu d'un sommeil ou d'un songe.

Christian BOBIN, *La Merveille et l'obscur*, Paroles d'Aube, 1996.

J'ai consacré une partie de ma vie à la littérature et je crois que la lecture est une forme de bonheur...

Jorge Luis BORGES, *Conférences*, Gallimard, 1985.

L'acte de lecture doit se faire dans une noble paresse... Tout lecteur réalise une vocation d'ermite à partir du moment où il entre dans un livre. Le livre lui-même est un ermitage.

Michel BUTOR, in *Michel Butor Qui êtes-vous ?*, La Manufacture, 1988.

En lisant, je m'enfouissais *sous* le texte, comme une taupe.

Louis CALAFERTE, *Septentrion*, Denoël, 1984.

La lecture est un art et tout le monde n'est pas artiste.

Madeleine CHAPSAL, *Oser écrire*, Fayard, 1993.

La véritable lecture est naïve, désintéressée. Elle seule donne du plaisir. Que je plains les critiques !
J'aime lire comme lit une concierge : m'identifier à l'auteur et au livre. Toute autre attitude me fait penser à l'espion ou au détective. Ou au dépeceur de cadavres.

Emil Michel CIORAN, *Cahiers 1957-1972*, Gallimard, 1997.

Mon principal plaisir était dans la lecture. Elle exerçait déjà sur mes sentiments une action prompte et bouleversante. Je n'ai pas beaucoup changé : encore aujourd'hui, et malgré la pratique et l'abus de ce divertissement, toute mauvaise lecture me décourage, toute bonne lecture m'exalte et me rend à moi-même.

Georges DUHAMEL, *Biographie de mes fantômes*, Hartmann, 1944.

Le livre n'est pas. La lecture le crée, à travers des mots créés, comme le monde est lecture recommencée du monde par l'homme.

Edmond JABÈS, *Le Livre des questions*, Gallimard, 1963.

Ce vice impuni, la lecture.

Titre d'un ouvrage de Valery LARBAUD, Gallimard, 1936.

Ainsi découvrit-il la vertu paradoxale de la lecture qui est de nous abstraire du monde pour lui trouver un sens.

Daniel PENNAC, *Comme un roman*, Gallimard, 1992.

La lecture ne relève pas de l'organisation du temps social, elle est, comme l'amour, une manière d'être.

Daniel PENNAC, *Comme un roman*, Gallimard, 1992.

J'aime à lire comme une poule boit, en relevant fréquemment la tête, pour faire couler.

Jules RENARD, *Journal*, Gallimard, 1960.

Lire un bon ouvrage, c'est planter un arbre en sa terre.

Robert SABATIER, *Le Livre de la déraison souriante*, Albin Michel, 1991.

Légende

Tous les pays qui n'ont plus de légende
Seront condamnés à mourir de froid.

Patrice de LA TOUR DU PIN, *Une Somme de poésie*, Gallimard, 1983.

Légèreté

Là où la légèreté nous est donnée, la gravité ne manque pas.

Maurice BLANCHOT, *L'Espace littéraire*, Gallimard, 1955.

Je n'écris pas avec de l'encre. J'écris avec ma légèreté.

Christian BOBIN, *La Folle allure*, Gallimard, 1995.

Liberté

La liberté politique contribue à rendre les hommes dignes d'elle, à en faire des citoyens, ni conformistes ni rebelles, critiques et responsables.

Raymond ARON, *Essai sur les libertés*, Calmann-Lévy, 1965.

L'homme qui réclame la liberté, c'est au bonheur qu'il pense.

Claude AVELINE, *Avec toi-même*, Émile-Paul, 1944.

Une liberté qui ne s'emploie qu'à nier la liberté doit être niée.

Simone de BEAUVOIR, *Pour une morale de l'ambiguïté*, Gallimard, 1947.

Il faut tout dire. La première des libertés est la liberté de tout dire.

Maurice BLANCHOT, *L'Entretien infini*, Gallimard, 1969.

Nous sommes les pires ennemis de notre liberté.

Jean-Louis BORY, *Ma moitié d'orange*, Julliard, 1972.

La liberté, c'est non seulement partir, mais ne pas savoir, ne pas vouloir savoir où l'on va.

André BRINCOURT, *Les Écrivains du XXᵉ siècle. Un musée imaginaire de la littérature mondiale*, Retz, 1979.

La liberté n'existe que là où l'intelligence et le courage parviennent à mordre sur la fatalité.

Roger CAILLOIS, *L'Incertitude qui vient des rêves*, Gallimard, 1956.

Ce monde est sans importance et qui le reconnaît conquiert la liberté.

Albert CAMUS, *Caligula*, Gallimard, 1958.

La liberté c'est pouvoir défendre ce que je ne pense pas, même dans un régime ou un monde que j'approuve. C'est pouvoir donner raison à l'adversaire.

Albert CAMUS, *Carnets II*, 1942-1951, Gallimard, 1964.

Il y a des feuilles, beaucoup de feuilles, sur les arbres de mon pays. Les branches sont libres de n'avoir pas de fruits.

René CHAR, *Les Matinaux*, Gallimard, 1950.

Je suis libre, délivrez-moi de la liberté !

Paul CLAUDEL, *Cinq grandes odes*, Gallimard, 1913.

La liberté est au bout du fusil, de l'arbalète, de la pique, de la massue. On perd son temps quand on la cherche ailleurs.

Jean DUTOURD, *De la France considérée comme une maladie*, Flammarion, 1982.

Je ne crois point, au sens philosophique du terme, à la liberté de l'homme. Chacun agit non seulement sous une contrainte extérieure, mais aussi d'après une nécessité intérieure.

Albert EINSTEIN, *Comment je vois le monde*, Flammarion, 1934.

Sur mes cahiers d'écolier
Sur mon pupitre et les arbres
Sur le sable sur la neige
J'écris ton nom...
Et par le pouvoir d'un mot
Je recommence ma vie
Je suis né pour te connaître
Pour te nommer
Liberté.

Paul ÉLUARD, *Poésie et Vérité*, Liberté, 1942.

Il n'y a pas une seule culture au monde où il soit permis de tout faire. Et on sait bien depuis longtemps que l'homme ne commence pas avec la liberté mais avec la limite et la ligne de l'infranchissable.

Michel FOUCAULT, *Histoire de la folie à l'âge classique*, Gallimard, 1972.

Qui ne s'est jamais laissé enchaîner / Ne saura jamais c'qu'est la liberté
Moi, oui, je le sais / Je suis un évadé

Serge GAINSBOURG, *Vidocq*, in *Dernières nouvelles des étoiles*, Plon 1994.

Pour un artiste, la liberté est aussi indispensable que le talent et l'intelligence.

Maxime GORKI, *Les Enfants du soleil*, 1905, in *Théâtre*, L'Arche, 1978.

L'idéal change, la nature demeure ; et le meilleur usage que l'homme puisse faire de la liberté, c'est de n'en faire aucun.

Jean GRENIER, *Entretiens sur le bon usage de la liberté*, Gallimard, 1948.

Pour que dans notre beau pays la liberté soit à tout le monde, il ne faut pas que n'importe qui s'en empare.

Bernard HALLER, *Dits et inédits*, Stock, 1972.

Le maximum de liberté coïncidait selon lui avec le maximum de choix possibles. En une métaphore empruntée à la mécanique des solides, il appelait ces choix des degrés de liberté.

Michel HOUELLEBECQ, *Extension du domaine de la lutte*, Maurice Nadeau, 1994.

La liberté, c'est la possibilité de tisser des liens avec ceux qui nous entourent. Elle n'est donc pas un exercice solitaire. La célèbre formule : « Ta liberté s'arrête là où commence celle de l'autre », nous trompe. Il faut être au moins deux pour être libre ; plus exactement pour mettre en place, jour après jour, des règles de vie en commun satisfaisantes pour chacun.

Albert JACQUARD, *Petite philosophie à l'usage des non-philosophes*, Calmann-Lévy, 1997.

Nous n'avons qu'une liberté : la liberté de nous battre pour conquérir la liberté.

Henri JEANSON, Dialogues du film *La Fête à Henriette*, 1952.

La liberté, c'est lorsque les autres ne peuvent plus rien pour vous.

Marcel JULLIAN, *Délit de vagabondage*, Grasset, 1978.

Le peuple n'a pas besoin de liberté, car la liberté est une des formes de la dictature bourgeoise. [...] Le peuple veut exercer le pouvoir. La liberté ! Que voulez-vous qu'il en fasse ?

LÉNINE, cité par André Castelot, in *Au fil de l'Histoire*, Perrin, 1981.

Depuis quelque cent ans, la bourgeoisie capitaliste occidentale tient boutique à l'enseigne de la « liberté » ; et il semble que le plus clair de ses ressources spirituelles se soit épuisé à laver cette alléchante enseigne de la boue intellectuelle et morale qui n'a cessé de l'atteindre.

René MAGRITTE, *La Poésie transfigurée*, in *Anthologie du surréalisme en Belgique*, Gallimard, 1972.

La liberté appartient à ceux qui l'ont conquise.

André MALRAUX, Discours à l'Assemblée nationale, 1945.

Pour l'homme, le seul moyen de prouver sa liberté est de décréter qu'il est libre.

Henry MILLER, *Un diable au paradis*, Corrêa, 1956.

La liberté existe toujours. Il suffit d'en payer le prix.

Henry de MONTHERLANT, *Carnets*, Gallimard, 1957.

La liberté, c'est la liberté de dire que deux et deux font quatre. Lorsque cela est accordé, le reste suit.

George ORWELL, *1984*, Gallimard, 1949.

Je pense que les femmes
sont les dépositaires de la liberté.

Francis PICABIA, *Poèmes de Dingalari*, PAB, 1955.

Ce n'est pas tellement de liberté qu'on a besoin, mais de n'être enchaîné que par ce qu'on aime.

Pierre REVERDY, *En vrac*, Le Rocher, 1956.

Tant qu'on entend gémir la liberté, c'est qu'on n'a pas trop à s'alarmer pour elle.

Jean ROSTAND, *Inquiétudes d'un biologiste*, Stock, 1967.

En fait, nous sommes une liberté qui choisit mais nous ne choisissons pas d'être libres : nous sommes condamnés à la liberté.

Jean-Paul SARTRE, *L'Être et le néant*, Gallimard, 1943.

La vraie liberté consiste à tout faire soi-même.

Michel TOURNIER, *Célébrations*, Mercure de France, 1999.

Librairie

Parmi les pierres vivantes de Paris, les plus vivantes sont peut-être celles qui abritent les librairies. Dans cette grande ville dont l'indifférence et l'aridité font un désert, les librairies sont des oasis pour l'âme. Les poètes et les enfants y sont chez eux.

Gabriel MATZNEFF, *Le Taureau de Phalaris*, La Table Ronde, 1987.

Libre

Se vouloir libre, c'est aussi vouloir les autres libres.

Simone de BEAUVOIR, *Pour une morale de l'ambiguïté*, Gallimard, 1947.

Personne n'est libre tant que nous ne sommes pas tous libres
personne ne sera libre tant qu'il y aura des nations et des classes
pour nous dresser les uns contre les autres
sans l'amour dont nous rêvons entre-temps.

Julian BECK, *Chant de la révolution*, 10/18, 1974.

Et ne regrettez rien si, libre enfin, vous tracez un beau sillage.

Natalie CLIFFORD-BARNEY, *Un panier de framboises*, Mercure de France, 1979.

Nous avons pleuré parce que nous ne pouvions aimer, parce que nous ne nous intéressions à rien, ne croyions à rien, vivions pour rien, parce que nous sommes libres ; libres comme les barques perdues en mer.

John DOS PASSOS, *Dans tous les pays*, 1934.

Être libre, ce n'est point pouvoir faire ce que l'on veut, mais c'est vouloir ce que l'on peut.

Jean-Paul SARTRE, *Situations*, t. 1, Gallimard, 1947.

Ligne droite

Je chemine toujours le long d'une ligne droite ; naturellement, quelquefois je change de ligne droite.

Armand SALACROU, *Histoire de rire*, Gallimard, 1973.

Limites

Le progrès en art ne consiste pas à étendre ses limites, mais à les mieux connaître.

Georges BRAQUE, *Le Jour et la nuit*, Gallimard, 1952.

Il faut avoir une parfaite conscience de ses propres limites, surtout si on veut les élargir et les approfondir.

Antonio GRAMSCI, *Lettres de prison*, Gallimard, 1971.

Quand on a un petit chez soi, il ne faut pas chercher à l'agrandir. Il faut tirer parti de ses limites.

Daniel PENNAC, *Aux fruits de la passion*, Gallimard, 1999.

Le bonheur, c'est de connaître ses limites et de les aimer.

Romain ROLLAND, *Jean-Christophe*, Albin Michel, 1949.

Lion

Le lion est fait de moutons assimilés.

Paul VALÉRY, *Tel quel*, Gallimard, 1941-1971.

Lire

Lire. Quand j'ai fini un livre, je ferme les yeux, j'essaie de voir ce qui m'en reste. Quelquefois rien qu'un bourdonnement. Quelquefois une gêne. Je reprends le texte aussitôt : il y a peut-être en moi un préjugé à détruire. Si tel passage m'a parfois justement irrité, une seconde lecture me donne plus souvent tort et c'est tout bénéfice : pour l'auteur et pour moi.

Hervé BAZIN, *Abécédaire*, Grasset, 1984.

Lire pour se cultiver, c'est l'horreur. Lire pour rassembler son âme dans la perspective d'un nouvel élan, c'est la merveille.

Christian BOBIN, *L'Épuisement*, Le Temps qu'il fait, 1994.

Le temps passé à lire n'est pas vraiment du temps.

Christian BOBIN, *La Folle allure*, Gallimard, 1995.

Un auteur n'existe que lorsque tous ceux qui le souhaitent peuvent le lire indépendamment de leur formation ou de leurs privilèges.

Heinrich BÖLL, *Une mémoire allemande*, Le Seuil, 1978.

Un livre ne doit pas réclamer d'effort, le bonheur ne doit pas réclamer d'efforts.

Jorge Luis BORGES, *Conférences*, Gallimard, 1985.

Et si par hasard vous avez la prétention de devenir écrivain à votre tour, ce que je ne vous souhaite pas, lisez attentivement et sans relâche. Le Littré, les articles de dernière heure, les insertions nécrologiques, le bulletin des menstrues de Queen Lisbeth, lisez, lisez tout ce qui passe à votre portée. À moins que, comme ce fut souvent mon cas, vous n'ayez même pas de quoi vous acheter le journal du matin. Alors descendez dans le métro, asseyez-vous au chaud sur le banc poisseux — et lisez ! Lisez les avis, les affiches, lisez les pancartes émaillées ou les papiers froissés dans la corbeille, lisez par-dessus l'épaule du voisin, mais lisez !

Louis CALAFERTE, *Septentrion*, Denoël, 1984.

Lire jusqu'à ce que les paupières résonnent doucement de fatigue.

Elias CANETTI, *Le Territoire de l'homme*, Albin Michel, 1978.

Je n'ai jamais lu que pour chercher dans les expériences des autres de quoi expliquer les miennes.
Il faut lire, non pas pour comprendre autrui, mais pour se comprendre soi-même.

Emil Michel CIORAN, *Cahiers 1957-1972*, Gallimard, 1997.

Mais les bonnes manières de lire aujourd'hui, c'est d'arriver à traiter un livre comme on écoute un disque, comme on regarde un film ou une émission télé, comme on reçoit une chanson : tout traitement du livre qui réclamerait pour lui un respect spécial, une attention d'une autre sorte, vient d'un autre âge et condamne définitivement le livre.

Gilles DELEUZE, *Dialogues avec Claire Parnet*, Flammarion, 1996.

Il n'y a que les bourgeois qui lisent, et qui lit est automatiquement un bourgeois.

Michel DÉON, *Lettre à un jeune Rastignac*, Fasquelle, 1956.

Lire est une forme de paresse dans la mesure où on laisse le livre penser à la place du lecteur. Le lecteur lit et se figure qu'il pense ; de là ce plaisir qui flatte l'amour-propre d'une illusion délicate.

Julien GREEN, *Journal*, in *Œuvres complètes*, Gallimard, 1976.

Ne lis jamais une prose encore fraîche. Ne lis pas un livre qui vient de paraître. Mais laisse au temps qui est le grand trieur, le soin de faire sa tâche silencieuse qui est d'éliminer... Ne lis que ce qui t'émeut.

Jean GUITTON, *Nouvel Art de Penser*, Aubier, 1954.

Je suis de ceux qui n'ont pas lu tous les livres. Que m'apprendraient-ils que le vent de la lande ne m'ait annoncé ?

Charles LE QUINTREC, *Stances du verbe amour*, Albin Michel, 1966.

Le temps de lire, comme le temps d'aimer, dilate le temps de vivre. [...] Il faut lire, il faut lire pour vivre, et c'est même — cette absolue nécessité de la lecture — ce qui nous distingue de la bête, du barbare, de la brute ignorante, du sectaire hystérique, du dictateur triomphant, du matérialiste boulimique, il faut lire ! il faut lire !

Daniel PENNAC, *Comme un roman*, Gallimard, 1992.

325

Je ne dirais jamais de mal de la littérature. Aimer lire est une passion, un espoir de vivre davantage, autrement, mais davantage que prévu.

Georges PERROS, *Papiers collés*, Gallimard, 1973.

Un aveugle au toucher me lira
Puis ses doigts iront jusqu'à vos lèvres.

André PIEYRE de MANDIARGUES, *Ruisseau des solitudes*, Gallimard, 1968.

Quand je pense à tous les livres qui me restent à lire, j'ai la certitude d'être encore heureux.

Jules RENARD, *Journal*, 1887-1910, Gallimard, 1960.

Il ne lit pas pour écouter les pensées des autres mais pour imposer silence aux siennes.

Claude ROY, *Les Rencontres des jours*, 1992-1993, Gallimard, 1995.

Lire, pour le vrai lecteur, ne serait-ce pas traduire une langue autre en la sienne ?

Robert SABATIER, *Les Années secrètes de la vie d'un homme*, Albin Michel, 1984.

Certains lisent parce qu'ils sont trop paresseux pour réfléchir. Le chemin de l'ignorance est pavé de bonnes éditions.

George Bernard SHAW, in *La Nation*, 1906.

Lire, c'est un peu comme ouvrir sa porte à une horde de rebelles qui déferlent en attaquant vingt endroits à la fois.

Virginia WOOLF, *Lettre à un jeune poète*, Mille et Une Nuits, 1998.

Littérateur

Les littérateurs, binocle au nez, qui s'occupent à assembler en un roman, comme en un jeu de patience, mille pensées qu'ils n'ont eues que séparément.

Jean GIRAUDOUX, *L'École des indifférents*, Grasset, 1911.

Les grands littérateurs n'ont jamais fait qu'une seule œuvre ou plutôt n'ont jamais que réfracté à travers des milieux divers une même beauté qu'ils apportent au monde.

Marcel PROUST, *La Prisonnière*, Gallimard, 1923.

Littérature

La littérature est une affaire sérieuse pour un pays, elle est, au bout du compte, son visage.

Louis ARAGON, *J'abats mon jeu*, Stock, 1997.

En réalité, il n'y a pas de littérature classique, ni de littérature romantique. Il y a, d'une part, la littérature saine, intelligible, dont les mots restent dans un rapport fidèle avec les objets qu'ils désignent et d'autre part la littérature viscérale, qui s'est donnée aux femmes et où le respect des mots, de la valeur propre a fait place au culte du flou, du vague, de l'étrange.

Marcel AYMÉ, *Le Confort intellectuel*, Flammarion, 1949.

La littérature ne permet pas de marcher, mais elle permet de respirer.

Roland BARTHES, *Qu'est-ce que la critique ?*

La littérature est l'essentiel, ou n'est rien.

Georges BATAILLE, *La Littérature et le mal*, avant-propos, Gallimard, 1957.

La littérature permet de se venger de la réalité en l'asservissant à la fiction.

Simone de BEAUVOIR, *Mémoires d'une jeune fille rangée*, Gallimard, 1958.

Il suffit d'ouvrir un manuel de littérature grecque ou latine pour constater que les belles époques littéraires sont d'un demi-siècle alors que les littératures dites de décadence durent six cents ans.

Julien BENDA, *La France byzantine*, Gallimard, 1945.

La littérature n'a jamais délivré personne. Et personne, d'ailleurs, ne réussit à se délivrer de soi-même. Des blagues.

Georges BERNANOS, *Un mauvais rêve*, Plon, 1951.

Ce qu'on apprend dans les livres, c'est la grammaire du silence, la leçon de lumière. Il faut du temps pour apprendre. Il faut tellement plus de temps pour s'atteindre.

Christian BOBIN, *La Part manquante*, Gallimard, 1989.

La littérature, c'est l'art de faire boiter.

Jean-Louis BORY, *Ma moitié d'orange*, 1972, Julliard, 1989.

Dites-vous bien que la littérature est un des plus tristes chemins qui mènent à tout.

André BRETON, *Manifeste du surréalisme*, 1924, Pauvert, 1962.

Faire de la peinture ou de la littérature, ce serait donc bien apprendre à mourir, trouver le moyen de ne pas mourir dans la sottise de cette mort que les autres avaient en réserve pour nous et qui ne nous convient nullement.

Michel BUTOR, *Répertoire*, Minuit, 1982.

Une littérature désespérée est une contradiction dans les termes.

Albert CAMUS, *L'Été*, Gallimard, 1954.

La littérature n'est-elle pas au fond la seule manière d'envisager l'avenir de toute mémoire ?

Jean CAYROL, in revue *Tel quel*, n° 13.

Ils mentent, ceux qui veulent déguiser la vie avec le masque fou de la littérature.

Camilio José CELA, *La Ruche*, 1951, Gallimard, 1958.

La littérature, c'est une religion ; elle a peu de fidèles ; elle n'a que des prêtres.

Jacques CHARDONNE, *Propos comme ça*, Grasset, 1966.

En littérature, tout ce qui n'est pas impitoyable est ennuyeux.

Emil Michel CIORAN, *Cahiers 1957-1972*, Gallimard, 1997.

En littérature, il n'y a pas de bons thèmes ni de mauvais thèmes, il y a seulement un bon ou un mauvais traitement du thème.

Julio CORTAZAR, *Quelques aspects du conte*, Casa de las Américas, 1963.

La littérature, c'est le meilleur moyen d'être un peu moins mal à l'aise dans le monde, d'être soi-même avec plus de joie.

Jean-Louis CURTIS, *Une éducation d'écrivain*, Flammarion, 1985.

La littérature ne commence que lorsque naît en nous une troisième personne qui nous dessaisit du pouvoir de dire Je...

Gilles DELEUZE, *Critique et Clinique*, Minuit, 1993.

Car la littérature, qu'est-ce que c'est ? C'est l'affrontement symbolique du réel et du refus du réel. C'est la définition même de la sorcellerie, où l'on oppose aux maléfices la magie du verbe, la puissance des formules et des incantations.

Philippe DJIAN, *Entre nous soit dit. Conversations avec Jean-Louis Ezine*, Plon, 1996.

Nous sommes intoxiqués par la littérature au point de ne pouvoir vivre par nous-mêmes.

John DOS PASSOS, *Trois soldats*, 1921, Plon, 1948.

La littérature, c'est la pensée accédant à la beauté dans la lumière.

Charles DU BOS, *Approximations*, Corrêa, 1934.

La littérature [...] devance toujours la vie. Elle ne la copie pas, mais la modèle à son gré.

Jean DUTOURD, *De la France considérée comme une maladie*, Flammarion, 1982.

La littérature est une blessure par où jaillit l'indispensable divorce entre les mots et les choses. Par cette plaie, nous pouvons perdre tout notre sang.

Carlos FUENTES, *Diane ou La chasseresse solitaire*, Gallimard, 1996.

La littérature française est une littérature de ruminement, c'est-à-dire une littérature euphorique. Ses grands moments sont les règnes, les jouissances... Elle a ses grands écrivains aux époques où elle a ses grands tapissiers. Il s'agit en effet de donner à l'esprit le mobilier le plus confortable...

Jean GIRAUDOUX, *Littérature*, Grasset, 1941.

La France, qui s'est si longtemps méfiée du billet de banque, est en littérature le pays d'élection des valeurs fiduciaires.

Julien GRACQ, *La Littérature à l'estomac*, Corti, 1950.

La littérature n'a qu'une raison d'être, c'est de sauver celui qui la fait du dégoût de vivre !

Joris-Karl HUYSMANS, *Correspondance*, 1901.

Je crois ne pas me tromper sur la littérature. Je sais si elle est là ou si elle n'y est pas. Nous ne sommes pas nombreux à le savoir. La littérature a son âme... Il y a des ultrasons que certains seulement perçoivent.

Je ne dis pas que la littérature ne peut pas s'apprendre, s'acquérir. Mais je veux dire que l'on est né à la littérature.

Eugène IONESCO, *Découvertes*, Skira, 1969.

La littérature qui monte autour de nous comme la poix autour des damnés dantesques nie le bonheur, et, peu s'en faut, le condamne.

Robert KEMP, *La Vie des livres*, Albin Michel, 1962.

La littérature, en fin de compte, ça doit être quelque chose comme l'ultime possibilité de jeu offerte, la dernière chance de fuite.

J.-M.G. LE CLÉZIO, *Le Livre des fuites*, Gallimard, 1969.

La littérature unit présent et passé littéraire, comme les grandes religions unissent le présent au passé sacré.

André MALRAUX, *L'Homme précaire et la littérature*, Gallimard, 1977.

Pour qu'une œuvre littéraire de quelque importance puisse exercer sur-le-champ une influence étendue et profonde, il faut qu'il y ait une secrète parenté, voire une véritable identité, entre le destin personnel de l'auteur et le destin anonyme de la génération contemporaine.

Thomas MANN, *La Mort à Venise*, Mermod, Lausanne, 1947.

Il faut faire en sorte que la littérature et l'art s'intègrent parfaitement dans le mécanisme général de la révolution, qu'ils deviennent une arme puissante pour unir et éduquer le peuple, pour frapper et anéantir l'ennemi, et qu'ils aident le peuple à lutter contre l'ennemi d'un même cœur et d'une même volonté.

MAO TSÉ-TOUNG, mai 1942, in *Citations du président Mao Tsé-Toung*, Le Seuil, 1967.

La littérature, le don ultime d'exprimer les aspects les plus subtils de la pensée et des sentiments humains peut ne pas survivre à la persécution : d'abord par la religion, ensuite par la bourgeoisie, puis le marxisme et maintenant le mercantilisme.

Anaïs NIN, *Journal 1939-1944*, Stock, 1971.

L'acte littéraire est-il un passe-temps de gentleman ? Bref, la littérature — surtout celle que j'aime, d'aveu et de confidence — a sans doute mauvais genre.

François NOURISSIER, *Mauvais genre, conversations*, Gallimard, 1996.

La grande littérature est simplement du langage chargé de sens au plus haut degré possible.

Ezra POUND, *L'ABC de la lecture*, 1934.

La vraie vie, la vie enfin découverte et éclaircie, la seule vie par conséquent réellement vécue, c'est la littérature.

Marcel PROUST, *Le Temps retrouvé*, Gallimard, 1927.

Autour de nous, défiant la meute de nos adjectifs animistes ou ménagers, les choses sont là. Leur surface est nette et lisse, intacte, sans éclat louche ni transparence. Toute notre littérature n'a pas encore réussi à en entamer le plus petit coin, à en amollir la moindre courbe.

Alain ROBBE-GRILLET, *Pour un nouveau roman*, Minuit, 1963.

La littérature, il me semble, est tournée vers ce qui a disparu, ou bien ce qui aurait pu advenir et n'est pas advenu, voilà pourquoi les temps modernes, si épris d'un avenir sans mémoire, lui sont hostiles. Voilà aussi pourquoi on dit désormais qu'elle ne sert à rien. Et en effet : pas plus qu'une défaite, une ruine, un cimetière, un souvenir d'enfance. C'est une grande résonance du passé.

Olivier ROLIN, *Méroé*, Le Seuil, 1998.

L'œuvre d'un auteur qui sait trop bien ce que doit être la littérature fait penser à l'écriture d'un homme qui connaît la graphologie.

Jean ROSTAND, *Pensées d'un biologiste*, Stock, 1954.

La littérature est parfaitement inutile : sa seule utilité est qu'elle aide à vivre.

Claude ROY, *Défense de la littérature*, Gallimard, 1968.

C'est que la littérature n'est pas le journalisme. C'est une dame exigeante. Une emmerderesse. Une femme-poison qui veut tout, exige tout et préfère même la pauvreté à l'aisance.

Jules ROY, *Les Années cavalières, Journal 2 : 1966-1985*, Albin Michel, 1998.

Rien ne nous assure que la littérature soit immortelle [...]. Le monde peut fort bien se passer de la littérature. Mais il peut se passer de l'homme encore mieux.

Jean-Paul SARTRE, *Situations*, t. 2, Gallimard, 1948.

Une littérature qui n'est pas l'air de la société qui lui est contemporaine, qui n'ose communiquer à la société ses propres souffrances et ses propres aspirations, qui n'est pas capable d'apercevoir à temps les dangers sociaux et moraux qui la concernent, ne mérite même pas le nom de littérature : au plus peut-elle aspirer à celui de cosmétologie.

Alexandre SOLJENITSYNE, *Les Droits de l'écrivain*, Le Seuil, 1969.

Pourquoi la littérature me paraît-elle être la voie royale, avec ses airs de rien ? Parce que, justement, vous ne pouvez pas réduire l'œuvre littéraire à un sens métaphysique... Ou alors, ce n'en est pas une. L'œuvre réellement littéraire est un fourmillement d'autonomie, d'individualité, rigoureusement irréductible.

Philippe SOLLERS, in *Filigrane n° 1, Question de littérature*, Albin Michel, 1988.

L'ensemble des langues et des littératures est traité comme un fonds commun dans lequel on peut puiser à volonté pour supprimer les lacunes et les erreurs de la réalité.

Georges STEINER, *Après Babel*, Albin Michel, 1998.

Laisser la littérature aux mains des imbéciles, [...] c'est laisser la science aux mains des militaires.

Boris VIAN, in *Boris Vian en verve*, Pierre Horay, 1970.

Livre

Il y a des livres qui ferment un monde. Ils sont un point final ; on les laisse ou on s'en va. Plus loin, ailleurs, n'importe. Il en est d'autres qui sont les portes de notre propre pays.

Louis ARAGON, *Les Cloches de Bâle*, Gallimard, 1968.

Je voudrais faire un Livre qui dérange les hommes, qui soit comme une porte ouverte et qui les mène où ils n'auraient jamais consenti à aller, une porte simplement abouchée avec la réalité.

Antonin ARTAUD, *L'Ombilic des limbes*, Gallimard, 1925.

Un livre est pour l'esprit un aliment dont les propriétés nutritives importent davantage que l'inspiration du cuisinier. En France on accorde généralement beaucoup moins à ce que dit un auteur qu'à la façon dont il le dit. Ce qui compte, c'est un certain ton, un parfum, un je ne sais quoi de vague et de léger...

Marcel AYMÉ, *Le Confort intellectuel*, Flammarion, 1949.

Mon œuvre, c'est moi-même, c'est ma maison ; je vous parle la pipe à la bouche, ma veste encore fraîche de la dernière averse, et mes bottes fument devant l'âtre. [...] Entre vous et moi, il n'y a pas même l'ordinaire truchement d'une bibliothèque, car je n'ai pas de livres. Entre vous et moi, il n'y a vraiment rien que ce cahier de deux sous. On ne confie pas de mensonges à un cahier de deux sous. Pour ce prix-là, je ne peux vous donner que la vérité.

Georges BERNANOS, *Lettre aux Anglais*, Gallimard, 1946.

L'écrivain appartient à l'œuvre, mais ce qui lui appartient, c'est seulement un livre : l'œuvre, qui lui échappe, lui fait toujours défaut. Et l'œuvre, à la fin, l'ignore, se referme sur son absence, dans l'affirmation impersonnelle, anonyme, qu'elle est — et rien de plus.

Maurice BLANCHOT, *La Solitude essentielle*, in *La Nouvelle Revue Française*, 1er janvier 1953.

Peu de livres changent une vie. Quand ils la changent c'est pour toujours, des portes s'ouvrent que l'on ne soupçonnait pas, on entre et on ne reviendra plus en arrière.

Christian BOBIN, *La Plus que vive*, Gallimard, 1996.

L'écriture est comme la pluie d'été. Les livres sont comme des flaques d'eau. Ce qui se dépose dans les livres n'est qu'une faible partie de l'écriture. L'essentiel ne croupit pas dans les livres mais continue de briller sur le cœur, de rafraîchir un regard.

Christian BOBIN, *La Merveille et l'obscur*, Paroles d'Aube, 1996.

Je crois que le livre, n'importe quel livre, est en lui-même quelque chose de sacré. Je peux difficilement expliquer la raison mais je sens le livre comme un objet sacré que nous ne devons pas détruire.

Jorge Luis BORGES, *Le Livre des préfaces*, Gallimard, 1975.

Je persiste à ne m'intéresser qu'aux livres qu'on laisse battants comme des portes, et desquels on n'a pas à chercher la clé.

André BRETON, *Nadja*, Gallimard, 1928.

On ne fait rien d'utile pour le prochain, sauf des livres.

Jacques CHARDONNE, *Vivre à Madère*, Grasset, 1953.

Ne compte que le livre qui est planté comme un couteau dans le cœur du lecteur. [...] Il ne faut écrire et surtout publier que des choses qui fassent mal, c'est-à-dire dont on se souvienne. Un livre doit remuer des plaies, en susciter même. Il doit être à l'origine d'un désarroi *fécond* : mais par-dessus tout un livre doit constituer un danger.

Emil Michel CIORAN, *Cahiers 1957-1972*, Gallimard, 1997.

Écrire des livres n'est pas sans avoir quelque rapport avec le péché originel. Car qu'est-ce qu'un livre sinon une perte d'innocence, un acte d'agression, une répétition de notre chute ? Publier ses tares pour amuser ou exaspérer !

Emil Michel CIORAN, *La Tentation d'exister*, Gallimard, 1956.

Ce qui est important pour moi, c'est que chacun de mes livres a été écrit pour une femme, et que sans cela je ne les aurais sûrement pas écrit. [...] C'est en cela que je ne suis pas un véritable écrivain.

Albert COHEN, in *Albert Cohen ou le pouvoir de vie*, L'Âge d'Homme, 1981.

Un bon livre, c'est celui qu'on retrouve toujours plein après l'avoir vidé.

Jacques DEVAL, *Afin de vivre bel et bien*, Albin Michel, 1970.

Le livre est l'ami de la solitude. Il nourrit l'individualisme libérateur. Dans la lecture solitaire, l'homme qui se cherche lui-même a quelque chance de se rencontrer.

Georges DUHAMEL, *Défense des lettres*, Mercure de France, 1937.

Vous allez tout droit à la solitude.
Moi, non, j'ai les livres.

Marguerite DURAS, *C'est tout*, POL, 1995.

Quand j'écris un livre, je m'y promène comme dans une forêt très touffue, avec des spectacles imprévus, des correspondances bizarres, des chansons d'oiseaux qui viennent des buissons, des choses qui s'expliquent chemin faisant, des clairières, tout à coup des avenues.

Jean DUTOURD, *Carnet d'un émigré*, Flammarion, 1973.

En littérature, une œuvre neuve peut être, au sens précis du mot, réactionnaire.

Jean GENET, *Journal du voleur*, Gallimard, 1949.

Nathanaël ! quand aurons-nous brûlé tous les livres ! [...] Jette mon livre ; ne t'y satisfais point. Ne crois pas que ta vérité puisse être trouvée par quelque autre ; plus que de tout, aie honte de cela.

André GIDE, *Les Nourritures terrestres* suivi de *Les Nouvelles nourritures*, Gallimard, 1942.

Un livre est clos, plein, lisse comme un œuf. On n'y saurait faire entrer rien, pas une épingle, que par force, et sa forme en serait brisée.

André GIDE, *Paludes*, Gallimard, 1920.

Un livre naît d'une insatisfaction, d'un vide dont les contours ne se révéleront précis qu'au cours du travail, et qui demande à être comblé par l'écriture.

Julien GRACQ, *Lettrines*, Corti, 1967.

Un livre est une fenêtre par laquelle on s'évade.

Julien GREEN, *Devant la porte sombre*, Journal 1940-1943, LGF, 1974.

Il faut autant de travail pour écrire un mauvais livre qu'un bon ; il sort avec la même sincérité de l'âme de l'auteur.

Aldous HUXLEY, *Contrepoint*, Plon, 1930.

Chaque écrivain porte en lui un livre mythique qu'il ne fera jamais, et c'est tant mieux, car l'inachevé, l'inaccompli, c'est la vie.

Edmond JABÈS, in *Le Monde*, 4 novembre 1989.

Tout bon livre est un attentat et appelle au moins le martyre de celui qui le commet.

Marcel JOUHANDEAU, *Essai sur moi-même*, Gallimard, 1947.

On ne devrait lire que les livres qui nous piquent et nous mordent. Si le livre que nous lisons ne nous réveille pas d'un coup de poing sur le crâne, à quoi bon le lire ? [...] Un livre doit être la hache qui brise la mer gelée en nous.

Franz KAFKA, *Lettres à sa famille et à ses amis*, 27 janvier 1904, Gallimard, 1957.

Il faut donner aux hommes ce beau courage que l'on met dans les livres pour leur apprendre à ne pas mourir.

Charles LE QUINTREC, *Stances du verbe amour*, Albin Michel, 1966.

Les choses sont une façade, une croûte. Dieu seul est. Mais dans les livres, il y a quelque chose de divin.

Henri MICHAUX, *Plume*, Gallimard, 1938.

À quoi servent les livres s'ils ne nous ramènent pas vers la vie, s'ils ne parviennent pas à nous faire boire avec plus d'avidité ?

Henry MILLER, *Lire ou ne pas lire*, Stock, 1976.

La chair n'est pas triste et je n'ai pas lu tous les livres.

Henry de MONTHERLANT, *Carnets*, 1930-1944, Gallimard, 1957.

Mes livres je les fis pour vous, ô jeunes hommes,
Et j'ai laissé dedans,
Comme font les enfants qui mordent dans des pommes
La marque de mes dents.

Anna de NOAILLES, *Les Éblouissements*, Calmann-Lévy, 1907.

Le temps de la lecture : le livre envisagé comme une menace d'éternité !

Daniel PENNAC, *Comme un roman*, Gallimard, 1992.

Cette petite marchande de prose qui, depuis les temps immémoriaux de leur enfance, envisageait le livre comme l'indispensable matelas de l'âme.

Daniel PENNAC, *La Petite marchande de prose*, Gallimard, 1989.

Autrefois, les souris, hardiment, les grignotaient [les livres]. Mais, devant la prolifération des couvertures, elles y ont à peu près toutes renoncé. Les souris sont la preuve qu'une trop grande accumulation d'imprimé peut décourager.

Bernard PIVOT, *La Bibliothèque idéale*, Préface, Albin Michel, 1988.

Un homme ne comprend pas un livre profond avant d'avoir vu et vécu au moins une partie de ce qu'il contient.

Ezra POUND, *L'ABC de la lecture*, L'Herne, 1934.

Les vrais livres doivent être les enfants non du grand jour et de la causerie, mais de l'obscurité et du silence.

Marcel PROUST, *Le Temps retrouvé*, Gallimard, 1927.

Quand on a lu tous les livres, il y en a toujours un qui reste à lire.

Pierre Jean REMY, *Annette ou l'éducation des filles*, Albin Michel, 1988.

Mais les livres ne corrompent que ceux qui sont naturellement préparés à recevoir leur poison.

Jacques RIVIÈRE, Lettre à Claudel, 7 avril 1907, in *Correspondance Jacques Rivière et Paul Claudel*, Plon, 1926.

Je demande à un livre de créer en moi le besoin de ce qu'il m'apporte.

Jean ROSTAND, *Carnet d'un biologiste*, Stock, 1959.

Un livre, c'est la mort d'un arbre.

SAINT-JOHN PERSE, *Œuvres complètes*, Gallimard, 1972.

Les livres ont les mêmes ennemis que l'homme : le feu, l'humide, les bêtes, le temps ; et leur propre contenu.

Paul VALÉRY, *Tel Quel, Littérature*, Gallimard, 1941

Étudier les comparaisons c'est pénétrer par la fenêtre dans l'ouvrage d'un écrivain. En entrant par la porte on peut mieux voir l'ensemble. Par la fenêtre, on peut surprendre des secrets.

Alexandre VIALATTE, *Et c'est ainsi qu'Allah est grand*, Julliard, 1979.

Il est facile de dire que ce n'est pas un grand livre. Mais quelles qualités lui manque-t-il ? Celle de ne rien ajouter à notre vision de la vie, peut-être.

Virginia WOOLF, *Journal d'un écrivain*, Le Rocher, 1958.

Livre scolaire

Il ne devrait pas y avoir de chefs-d'œuvre plus beaux que les livres scolaires.

Sacha GUITRY, *Toutes réflexions faites*, L'Élan, 1946.

Logis

La mort de la société présente est inscrite dans la dégénérescence du logis.

LE CORBUSIER, *Des Canons, des munitions ? Merci ! Des logis... s.v.p.*, Éditions de l'architecture d'aujourd'hui, 1938.

Loi

L'homme ne saurait connaître la loi, mesurer ses limites, qu'en passant outre. L'homme d'aujourd'hui, plus encore que l'homme de naguère, s'il veut connaître au péril de l'esprit, doit transgresser la loi.

Arthur ADAMOV, *L'Aveu*, Introduction, Le Sagittaire, 1946.

Quand la loi redevient celle de la jungle, c'est un honneur que d'être déclaré hors-la-loi.

Hervé BAZIN, *Un feu dévore un autre feu*, Le Seuil, 1978.

Quand les lois seront justes, les hommes seront justes.

Anatole FRANCE, *Monsieur Bergeret à Paris*, Calmann-Lévy, 1901.

Dès que quelqu'un comprend qu'il est contraire à sa dignité d'homme d'obéir à des lois injustes, aucune tyrannie ne peut l'asservir.

Le Mahâtmâ GÂNDHÎ, *Hind Swaraj*, in *Gandhi et la non-violence*, Le Seuil, 1970.

Nul n'est insensé qui ignore la loi.

Jacques PRÉVERT, *Choses et autres*, Gallimard, 1972.

Lolita

Lo-li-ta : le bout de la langue fait trois petits bonds le long du palais pour venir, à trois, cogner les dents. Lo.Li.Ta.

Vladimir NABOKOV, *Lolita*, Gallimard, 1959.

Lucidité

La lucidité est un exil construit, une porte de secours, le vestiaire de l'intelligence. C'est aussi une maladie qui nous mène à la solitude.

Léo FERRÉ, *Testament phonographe*, Plasma, 1980.

Lumière

Je n'ai plus besoin de soleil, je porte ma lumière avec moi.

Georges BRAQUE, *Le Jour et la nuit*, Gallimard, 1952.

La vie, c'est ça, un bout de lumière qui finit dans la nuit.

Louis-Ferdinand CÉLINE, *Voyage au bout de la nuit*, Gallimard, 1932.

Il faut souffler sur quelques lueurs pour faire de la bonne lumière.

René CHAR, *Rougeur des matinaux*, in *Les Matinaux*, Gallimard, 1950.

Les disciples de la lumière n'ont jamais inventé que des ténèbres peu opaques.

Robert DESNOS, *Corps et biens*, Gallimard, 1930.

Contre l'avidité des marchands, contre l'ignorance et la méchanceté des nantis, contre la stupidité guerrière des nations qui organisent les tueries et les famines, les peuples pauvres ont cet invincible pouvoir : le silence, la lumière.

J.-M.G. LE CLÉZIO, *L'Inconnu sur la terre*, Gallimard, 1978.

La lumière est l'ombre de Dieu.

Jean d' ORMESSON, *Presque rien sur presque tout*, Gallimard, 1996.

— Mais tu ne peux pas voir, Maman. Il n'y a pas de lumière.
— Mais si, mon biquet. Qu'est-ce que tu fais donc des yeux du cœur ?

Catherine PAYSAN, *Les Feux de la Chandeleur*, Denoël, 1966.

À l'échelle astronomique, la lumière progresse à pas de tortue. Les nouvelles qu'elle nous apporte ne sont plus fraîches du tout !

Hubert REEVES, *Patience dans l'azur*, Le Seuil, 1981.

C'est la nuit qu'il est beau de croire à la lumière.

Edmond ROSTAND, *Chanteclerc*, Fasquelle, 1910.

Je n'ai qu'une passion, celle de la lumière, au nom de l'humanité qui a tant souffert et qui a droit au bonheur.

Émile ZOLA, *La Vérité en marche*, Lettre à M. Félix Faure.

Lune

Ronde et qui tourne en rond, ce cadran sans aiguilles ne fournit que l'heure des marées. Je ne sais pas trop pourquoi je la déteste pleine : peut-être parce qu'elle n'a jamais accouché de rien. La Terre est un cimetière, mais on y a vécu.

Hervé BAZIN, *Abécédaire*, Grasset, 1984.

La lune est le soleil des statues.

Jean COCTEAU, *Essai de critique indirecte*, Grasset, 1932.

Luxe

Le luxe est le pain de ceux qui vivent de brioche.

André SUARÈS, *Voici l'homme*, Albin Michel, 1948.

Lyrisme

Coupe les cheveux à ton lyrisme. Coupe-lui même un peu les ailes. Laisse voir tes yeux entre tes doigts. Scalpe l'emphase. Une grande phrase est un cri de mondaine. Un mot, rien qu'un mot bien placé, je t'en supplie.

Léon-Paul FARGUE, *Suite familière*, in *Sous la lampe*, Gallimard, 1929.

Je ne connais d'autre critère de la beauté d'un acte, d'un objet ou d'un être, que le chant qu'il suscite en moi et que je traduisis par des mots afin de vous le communiquer : c'est le lyrisme.

Jean GENET, *Journal du voleur*, Gallimard, 1949.

M

Machine

On doit appeler machine, dans le sens le plus étendu, toute idée sans penseur.

ALAIN, *Propos sur la religion*, PUF, 1938.

C'est la rationalisation des techniques qui a fait oublier l'origine irrationnelle des machines.

Georges CANGUILHEM, *La Connaissance de la vie*, Vrin, 1985.

La machine c'est l'infection même. La défaite suprême ! Quel flanc ! Quel bidon ! La machine la mieux stylée n'a jamais délivré personne. Elle abrutit l'Homme plus cruellement et c'est tout !...

Louis-Ferdinand CÉLINE, *Mea Culpa*, Denoël et Steele, 1937.

Je ne me défie pas de la machine que je regarde avec curiosité sur son socle ou sous sa verrière. Je me défie de la *machine qui est en moi*.

Georges DUHAMEL, *Paroles de médecin*, Le Rocher, 1944.

Le moment est venu de rechercher en toutes choses les limites de la machine et de poser en principe que, si l'on écrit à Dieu, il faut écrire à la main.

Georges DUHAMEL, *Querelles de famille*, Mercure de France, 1932.

La possession de merveilleux moyens de production n'a pas apporté la liberté, mais le souci et la famine.

Albert EINSTEIN, *Comment je vois le monde*, Flammarion, 1934.

La machine conduit l'homme à se spécialiser dans l'humain.

Jean FOURASTIÉ, *Le Grand espoir du XXe siècle*, Gallimard, 1963.

Il n'est pas exact que la machine supprime *par elle-même* toute joie au travail. Ce sont les conditions imposées par une rationalisation étroitement techniciste, au service d'intérêts particuliers, qui approfondissent la scission entre l'ouvrier et son travail mécanisé.

Georges FRIEDMANN, *Sept études sur l'homme et la technique*, Bibliothèque Médiation / Denoël-Gonthier, 1966.

Rien n'est prévu en Amérique, sauf les améliorations. Et toutes les améliorations sont pour la machine. L'homme devient alors moins que rien. La machine est bien nourrie.

Henry MILLER, *Le Soutien de la vie*, in *La Nouvelle Revue Française*, 1956.

Les machines sont les seules femmes que les Américains savent rendre heureux.

Paul MORAND, *U.S.A.*, in *Poèmes*, Gallimard, 1973.

Peut-être fabriquerons-nous ce qui nous comprendra.

Jean ROSTAND, *Pensées d'un biologiste*, Stock, 1954.

Les hommes demanderont de plus en plus aux machines de leur faire oublier les machines.

Philippe SOLLERS, *Logiques*, Le Seuil, 1968.

Main

Elles sont petites et douces
Ce sont les mains de toutes les femmes
Et les mains des hommes leur vont comme un gant.

Paul ÉLUARD, *Facile, L'Entente*, Gallimard, 1935.

La vraie condition de l'homme, c'est de penser avec ses mains.

Denis de ROUGEMONT, *Penser avec les mains*, Gallimard, 1972.

Comme mes mains sont petites, par rapport à tout ce que la vie a voulu me donner !

Ramón SENDER, *La Sphère*, 1951, Laffont, 1972.

Maintenant

S'il n'y a pas de « pour longtemps » ni de « pour le reste de notre vie » ni de « désormais » mais que seul « maintenant » existe, eh bien, c'est à l'heure présente qu'il faut rendre grâce.

Ernest HEMINGWAY, *Pour qui sonne le glas*, 1940, Gallimard, 1961.

Maître

Il faut donc se choisir un maître, Dieu n'étant plus à la mode.

Albert CAMUS, *La Chute*, Gallimard, 1956.

L'unique liberté des peuples est de changer de maître.

Jacques DEVAL, *Afin de vivre bel et bien*, Albin Michel, 1970.

Le Maître a toujours raison parce qu'il est l'autre nom du Monde...

Bernard-Henri LÉVY, *La Barbarie à visage humain*, Grasset, 1977.

Majuscule

La majuscule est un coup de chapeau calligraphique.

Henri JEANSON, Dialogues du film *Copie conforme*, 1947.

Mal

Le mal profite au bien comme la nuit cède au jour.

Hervé BAZIN, *Ce que je crois*, Grasset, 1977.

L'art est une tentative pour intégrer le mal.

Simone de BEAUVOIR, *Les Mandarins*, Gallimard, 1954.

Il faut tout faire bien, même le mal.

Paul CLAUDEL, *Journal*, 1904-1955, Gallimard, 1968-1969.

Que le mal nous façonne, il faut bien l'accepter. Mieux est de façonner le mal à notre usage, et même à notre commodité.

COLETTE, *L'Étoile Vesper*, Le Milieu du Monde, 1947.

Vous êtes formidable ! Vous croyez que les gens sont tout bons ou tout mauvais ! Vous croyez que le bien, c'est la lumière et que l'ombre, c'est le mal... Mais où est l'ombre ? Où est la lumière ?... Où est la frontière du mal ? Savez-vous si vous êtes du bon ou du mauvais côté ?

Dialogues du film *Le Corbeau* de Henri Georges Clouzot, 1943.

Le Mal, c'est ce qu'on ne peut se pardonner.

Marcel JOUHANDEAU, *Éléments pour une éthique*, Grasset, 1955.

J'ai envie de te dire, à toi, non à n'importe qui : n'aborde pas le mal de front, mais dévie-le, aie de l'ironie pour combattre certaines gravités, de la gravité pour remettre en place certaines voluptés, de la sensualité pour recouvrir l'intellect trop froid.

Patrice de LA TOUR DU PIN, *Une Somme de poésie*, Gallimard, 1983.

Le mal dans le monde : « Il y a là, dit Dieu, quelque chose qui m'échappe. »

Thierry MAULNIER, *Le Dieu masqué*, Gallimard, 1985.

Le mal, on peut le faire à tous, et chacun le peut : le bien seulement à ceux qui en ont besoin.

Luigi PIRANDELLO, *Le Brevet*, 1918, in *Théâtre*, t. 7, Gallimard, 1956.

On ne peut vaincre le mal que par un autre mal.

Jean-Paul SARTRE, *Les Mouches*, Gallimard, 1947.

Malade

Les gens bien portants sont des malades qui s'ignorent.

Jules ROMAINS, *Knock ou Le Triomphe de la médecine*, Gallimard, 1924.

Maladie

La maladie n'est jamais une cause. La maladie est une réponse, une pauvre réponse que l'on invente à une souffrance.

Christian BOBIN, *La Plus que vive*, Gallimard, 1996.

La maladie est une croix, mais peut-être aussi un garde-fou. L'idéal cependant serait de lui prendre sa force et d'en refuser les faiblesses.

Albert CAMUS, *Carnets II*, 1942-1951, Gallimard, 1964.

Sans intention de plaisanterie, la santé c'est le luxe de pouvoir tomber malade et de s'en relever. Toute maladie est au contraire la réduction du pouvoir d'en surmonter d'autres.

Georges CANGUILHEM, *La Connaissance de la vie*, Vrin, 1985.

Ah ! Les petites maladies de l'enfance qui vous laissent quelques jours de convalescence, à lire au lit des Bugs Bunny !

Philippe DELERM, *La Première gorgée de bière...*, Gallimard/L'Arpenteur, 1997.

Une vraie autoanalyse est réellement impossible, sans quoi il n'y aurait plus de maladie.

Sigmund FREUD, *Lettre à W. Fliess*, in *Naissance de la psychanalyse*, PUF, 1956.

L'Homme depuis la chute est dans la nature un accident pathologique, une maladie.
Nécessairement malsain dans ses rapports avec la nature, avec Dieu, les autres et lui-même, tout homme a droit à sa maladie.

Marcel JOUHANDEAU, *De l'abjection*, Gallimard, 1939.

La santé peut être bonne. La maladie peut parfois être meilleure. Les maladies sont des questions posées. Ce sont aussi des tâches à remplir, et même des distinctions. Le fait décisif, c'est la manière dont on les supporte.

Ernst JÜNGER, *Visite à Godenholm*, Bourgois, 1968.

Toute maladie est une confession par le corps.

O. V. de L. MILOSZ, *Poèmes*, Fourcade, 1929.

Les maladies ont de tout temps contribué à l'évolution de l'espèce humaine. La peste nous a appris l'hygiène, le choléra à filtrer l'eau, la tuberculose a conduit à la découverte des antibiotiques. Qui peut prédire ce qu'apporteront de bon les nouvelles maladies qui, pour l'heure, effraient encore tant les humains ?

Bernard WERBER, *Le Père de nos pères*, Albin Michel, 1998.

On n'a rien compris à la maladie, tant qu'on n'a pas reconnu son étrange ressemblance avec la guerre et l'amour : ses compromis, ses feintes, ses exigences, ce bizarre et unique amalgame produit par le mélange d'un tempérament et d'un mal.

Marguerite YOURCENAR, *Mémoires d'Hadrien*, Plon, 1951.

Malédiction

Il paraît qu'il n'est pas de malédiction sans Dieu. Ce serait faire fi des chromosomes, des cellules altérées, de la nature humaine, de l'arbre généalogique et de ses fruits gâtés. On dira que c'est dans les coupes cellulaires que le doigt de Dieu apparaît.

Pierre SEGHERS, *Anthologie des poètes maudits du XXe siècle*, Introduction, Belfond, 1985.

Malheur

Le bonheur, c'est la somme de tous les malheurs qu'on n'a pas.

Marcel ACHARD, in *Théâtre*, Gallimard, 1942-1943.

Que le bonheur qu'on prend ne soit pas du malheur qu'on donne : je n'ai pas d'autre morale.

Maurice CHAPELAN, *Amours Amour*, Grasset, 1967.

Je n'ai rien à offrir que du sang, du labeur, des larmes et de la sueur.

Winston CHURCHILL, Discours radiodiffusé, 13 mai 1940.

Un homme est la somme de ses propres malheurs. On pourrait croire que le malheur finira un jour par se lasser, mais c'est alors le temps qui devient votre malheur.

William FAULKNER, *Le Bruit et la fureur*, 1929, Gallimard, 1963.

Le meilleur remède à nos propres maux est le malheur d'autrui.

Witold GOMBROWICZ, *Ferdydurke*, 1937, Julliard, 1958.

Le malheur, c'est toujours la même chose. C'est un bonheur ancien qui ne veut pas recommencer.

Pierre LOUŸS, *Le Crépuscule des Nymphes*, *Danaë ou le Malheur*, Éditions Montaigne, 1930.

Regardez comme il fait doux, le ciel, les arbres, cette respiration du soleil... Allez, vivez davantage, cessez de ne voir que les forces de destruction et de malheur !

François MITTERRAND, en novembre 1995, cité par J.-P. Elkabbach, in *Vingt-neuf mois et quelques jours*, Grasset, 1997.

L'histoire est la science du malheur des hommes [...]. S'il n'y avait pas de malheurs, il n'y aurait rien à raconter.

Raymond QUENEAU, *Une histoire modèle*, Gallimard, 1966.

On n'est pas heureux : notre bonheur, c'est le silence du malheur.

Jules RENARD, *Journal*, Gallimard, 1960.

Nous sommes beaucoup plus malheureux dans le malheur qu'heureux dans le bonheur.

Armand SALACROU, *Histoire de rire*, Gallimard, 1973.

Les femmes sont jalouses de tout, et même du malheur.

André SUARÈS, *Variables*, Émile-Paul.

On commence à avoir des malheurs quand on a cessé de ne penser qu'à soi.

Boris VIAN, in *Boris Vian en verve*, Pierre Horay, 1970.

Le bonheur n'est peut-être qu'un malheur mieux supporté.

Marguerite YOURCENAR, *Alexis ou le traité du vain combat*, Plon, 1929.

Malheureux

Il préférait avoir été malheureux pour une bonne raison qu'heureux pour une mauvaise.

Françoise SAGAN, *Aimez-vous Brahms ?*, Julliard, 1959.

Manège

Les modestes chevaux de bois, gloire de nos enfances, sur lesquels je n'osais pas monter, sont devenus de somptueux manèges... Des manèges à vapeur et à l'électricité... Où est le vieux cheval aux yeux bandés qui du matin au soir tournait, tournait le manège comme pour faire monter l'eau d'un puits ?

Charles Péguy, *Victor-Marie, comte Hugo*, Gallimard, 1934.

Manger

Tout ce qu'on ne mange pas fait du bien à la santé.

Guido Ceronetti, *Le Silence du corps*, Albin Michel, 1984.

Si ce que tu manges ne te grise pas, c'est que tu n'avais pas assez faim.

André Gide, *Les Nourritures terrestres* suivi de *Les Nouvelles nourritures*, Gallimard, 1942.

Manquer

Manquer de certaines choses que l'on désire, est une des conditions indispensables au bonheur.

Bertrand Russell, *Ma Conception du monde*, Gallimard, 1962.

Un seul être vous manque et tout est repeuplé.

Jean Giraudoux, *La Guerre de Troie n'aura pas lieu*, Grasset, 1935.

Marcher

Car tu sais maintenant que le sel de la vie
N'est pas dans le renom, la puissance ou l'amour
Mais dans ce pur bonheur, respecté de l'envie,
De marcher droit et fier jusqu'au déclin du jour
Sans même demander où mène cette vie.

O. V. de L. Milosz, *Le Consolateur*, 1915.

Mariage

Le mariage, c'est l'état, c'est le trône de la femme.

Jacques AUDIBERTI, *Le Mal court*, Gallimard, 1948.

Quand on ne se mariera plus par amour, mais qu'on aura trouvé dans les liaisons polygames ce qu'on cherche vainement aujourd'hui dans les mariages d'amour, quand une expérience égale aura permis, de part et l'autre, en soi-même et chez l'autre, de reconnaître les motifs de son choix, alors on sentira pleinement qu'il est doux de vivre ensemble.

Léon BLUM, *Du mariage*, in *L'Œuvre de Léon Blum*, Albin Michel, 1962.

Le mariage, c'est comme un lundi matin, c'était beau la veille.

Jean-Louis BORY, *Tous nés d'une femme*, Gallimard, 1976.

Ceux qui aiment la vérité doivent chercher l'amour dans le mariage, c'est-à-dire l'amour sans illusions.

Albert CAMUS, *Carnets II*, 1942-1951, Gallimard, 1964.

En somme, la mort, c'est un peu comme un mariage.

Louis-Ferdinand CÉLINE, *Voyage au bout de la nuit*, Gallimard, 1932.

La décision essentielle que prend un être humain au cours de sa vie est le mariage. On dira qu'on épouse un inconnu. Il ne s'agit pas de faire le meilleur choix possible, cela n'a aucun sens, il s'agit de donner sa parole à quelqu'un qui, comme vous, y engage tout.

Jacques CHARDONNE, *L'Épithalame*, Albin Michel, 1921.

— Dieu condamne la violence.
— Dieu n'est pas marié, monsieur l'abbé.

Jacques DEVAL, *La Rose de septembre*, L'Illustration, 1926.

C'est pas mal un beau mariage... C'est presque aussi beau qu'un bel enterrement.

Dialogues du film *Toni* de Jean Renoir, 1934.

La seule joie des gens mariés, c'est d'assister au mariage des autres... une joie diabolique !

Ramón GÓMEZ DE LA SERNA, *Les Greguerias*, 1917, Cent pages, 1992.

Pour se marier, il faut un témoin, comme pour un accident ou un duel.

Sacha GUITRY, *Elles et toi*, Solar, 1947.

Tout mariage est une rencontre dramatique entre la nature et la culture, entre l'alliance et la parenté.

Claude LÉVI-STRAUSS, *Les Structures élémentaires de la parenté*, Mouton, 1949.

Un mariage heureux est une longue conversation qui semble toujours trop brève.

André MAUROIS, *Mémoires*, 1885-1967, Flammarion, 1970.

« Mais alors, pourquoi les hommes se marient-ils ? » demandai-je un jour à l'abbé Mugnier. Il me répondit : « Par goût de la catastrophe. »

Henry de MONTHERLANT, *Le Démon du bien*, Gallimard, 1954.

C'est comme dans le mariage : d'abord sous le gui, ensuite sous le houx.

Paul MORAND, *Fermé la nuit*, Gallimard, 1923.

Les mariages aussi sont des îles. Il faut un bateau pour s'en échapper.

Érik ORSENNA, *Deux étés*, Fayard, 1997.

Il me souvient que l'ivresse nous emporta dans un vivant exercice : le mariage.

Henri PICHETTE, *Les Épiphanies*, Gallimard, 1969.

Toute une vie auprès du même être, c'est long : un des bienfaits du mariage est de nous faire sentir la durée.

Jean ROSTAND, *Pages d'un moraliste*, Fasquelle, 1952.

Le mariage est l'acte nécessaire, il faut qu'une femme se marie, car elle n'a pas vécu, elle n'a pas rempli sa destinée, si elle n'a pas été épouse et mère. Il n'est point de santé ni de bonheur possible, pour une créature humaine, en dehors de sa complète floraison.

Émile ZOLA, *Vérité*, 1902, Christian Pirot, 1993.

Marivaudage

Parler amoureusement, c'est dépenser sans terme, sans crise ; c'est pratiquer un rapport sans orgasme. Il existe peut-être une forme littéraire de ce coïtus reservatus : c'est le marivaudage.

Roland BARTHES, *Fragments d'un discours amoureux*, Le Seuil, 1977.

Masses

Les masses amorphes et anonymes, qui en tous temps constituent la substance de l'histoire [...] Les masses sont redevenues sourdes et muettes, elles sont de nouveau la grande inconnue silencieuse de l'histoire, indifférente comme la mer aux navires qu'elle porte. Toute lumière qui passe se reflète sur sa surface, mais au-dessous tout est ténèbres et silence.

Arthur KŒSTLER, *Le Zéro et l'infini*, Calmann-Lévy, 1945.

On ne peut pas faire un art qui parle aux masses quand on n'a rien à leur dire.

André MALRAUX, *L'Espoir*, Gallimard, 1937.

Ces gens-là, c'était la France, la grande foule pesante, inerte, beaucoup de braves gens sans doute, mais une masse de plomb qui clouait la nation au sol, incapable de vie meilleure, incapable d'être libre, juste, heureuse, puisqu'elle était ignorante et empoisonnée.

Émile ZOLA, *Vérité*, 1902, Christian Pirot, 1993.

Maternité

La maternité doit être réinterprétée comme une puissance et revendiquée comme une force. Elle est un modèle de création sans être incompatible avec toutes les autres formes de créativité ou d'expression dans lesquelles les femmes voudront manifester leur liberté.

Sylviane AGACINSKI, *Politique des sexes*, Le Seuil, 1998.

Concevoir avant d'avoir joui de l'amour, ne recueillir du mariage, au lieu des joies attendues, que les dégoûts de la grossesse et les souffrances de l'enfantement, voir se déformer un corps qui n'a pas servi, être mère, en un mot, quand on n'a pas encore cessé tout à fait d'être vierge, quelle monstrueuse anomalie, et il faut toute la docilité des femmes pour que la colère ou la haine ne s'ajoute pas à leur désenchantement.

Léon BLUM, *Du mariage*, in *L'Œuvre de Léon Blum*, Albin Michel, 1962.

En nous donnant [aux femmes] la maternité, Dieu nous donne une approche de lui bien plus forte que ce que peut ressentir un homme à l'égard de Dieu.

Jeanne BOURIN, in *Si nous parlions de Dieu*, Le Centurion, 1985.

La mort en couches est le tribut exigé par Dieu. Les femmes doivent payer pour les joies de la maternité.

Benoîte GROULT, *Ainsi soit-elle*, Grasset, 1975.

Mathématicien

Dans cette société, la science est entachée de magie. Nous, les mathématiciens, sommes essentiellement des gens qui « démagifient » les choses.

André LICHNEROWICZ, in *L'Express*, 8 janvier 1968.

Mathématiques

En art, il faut que la mathématique se mette aux ordres des fantômes.

Léon-Paul FARGUE, *Suite familière*, in *Sous la lampe*, Gallimard, 1929.

Les mathématiques sont une ruse de l'esprit...

Denis GUEDJ, *Le Théorème du perroquet*, Le Seuil, 1998.

La première preuve, c'est la beauté ; il n'y a pas de place durable dans le monde pour des mathématiques laides.

Godfrey Harold HARDY, *A Mathematician's apology*, 1941, Cambridge University Press, 1969.

Le moyen de connaître les formes mortes est la loi mathématique. Le moyen de comprendre les formes vivantes est l'analogie.

Oswald SPENGLER, *Le Déclin de l'Occident*, 1918, Gallimard, 1931.

Matière

Toutes nos analyses nous montrent dans la vie un effort pour remonter la pente que la matière descend.

Henri BERGSON, *L'Évolution créatrice*, 1907, PUF, 1959.

La matière, c'est ce qui ne dure pas.

Emmanuel BERL, *Mort de la morale bourgeoise*, Gallimard, 1930.

La guerre moderne est une révolte maléfique de la matière asservie par l'homme.

Pierre DRIEU LA ROCHELLE, *La Comédie de Charleroi*, Gallimard, 1934.

Nous sommes une matière qui épouse toujours la forme du premier monde venu.

Robert MUSIL, *L'Homme sans qualités*, Le Seuil, 1969.

La matière est réelle parce qu'elle est une expression de l'esprit.

Marcel PROUST, *Pastiches et mélanges*, Gallimard, 1919.

La matière est, avant tout, ce qui pouvait produire de la pensée.

Jean ROSTAND, *Inquiétudes d'un biologiste*, Stock, 1967.

Matin

Peut-être qu'un jour, en un autre monde / Nous souviendrons-nous D'avoir trop aimé le matin qui tremble / Et ses frelons fous.

Charles LE QUINTREC, *Stances du verbe amour*, Albin Michel, 1966.

Maturité

La maturité conduit facilement à une stérilité voisine de l'idiotie.

Michel HOUELLEBECQ, *C'est ainsi que je fabrique mes livres*, in *La Nouvelle Revue Française*, janvier 1999.

Ma jeunesse est finie
Ma jeunesse est partie
Je reste sur le cul
avec quarante ans d'âge
J'ai pris le pucelage
de la maturité...

Raymond QUENEAU, *L'instant fatal*, Gallimard, 1948.

Mauvais goût

Michel-Ange n'est pas responsable du buffet Henri II.

Pablo PICASSO, in *Ombre et soleil*, Gallimard, 1960.

Certains écrivains ont pris le mauvais goût de leur époque, comme ces poissons qui ont le goût de vase.

Jean ROSTAND, *Pensées d'un biologiste*, Stock, 1954.

Mauvaise foi

Je te donne un exemple : un élève étranger a de mauvaises notes à l'école. Au lieu de s'en prendre à lui-même parce qu'il n'a pas assez travaillé, il dira que s'il a de mauvaises notes, c'est parce que l'institutrice est raciste.

Tahar BEN JELLOUN, *Le Racisme expliqué à ma fille*, Le Seuil, 1998.

Mauvaise volonté

On peut défaire n'importe quel bonheur par la mauvaise volonté.

ALAIN, *Les Arts et les dieux*, Gallimard, 1958.

Méchanceté

La peur est ce qui rend méchant ; la méchanceté est ce qui fait peur.

Eugen DREWERMANN, *Strukturen des Bösen*, München, Schöningh, 1978.

La méchanceté ne consiste pas à faire le mal mais à mal faire.

Jean GRENIER, *L'Existence malheureuse*, Gallimard, 1957.

Méchant

L'authentique méchant, le vrai, le pur, l'artiste, il est rare qu'on le rencontre même une fois dans sa vie.

COLETTE, *La Naissance du jour*, 1928, Flammarion, 1984.

Moi, je suis méchante : ça veut dire que j'ai besoin de la souffrance des autres pour exister. Une torche. Une torche dans les cœurs. Quand je suis toute seule, je m'éteins.

Jean-Paul SARTRE, *Huis clos*, Gallimard, 1949.

Médecin

Un médecin [...], c'est le curé du républicain.

Georges BERNANOS, *Sous le soleil de Satan*, Plon, 1926.

Découvrir que le médecin n'est pas un dieu fait souffrir, car nous ne parvenons pas à abandonner l'idée d'un dieu guérisseur au-dessus de nous.

Guido CERONETTI, *Le Silence du corps*, Albin Michel, 1984.

Un médecin consciencieux doit mourir avec le malade s'ils ne peuvent pas guérir ensemble.

Eugène IONESCO, *La Cantatrice chauve*, Gallimard, 1964.

Médecine

La médecine est née du mal, si elle n'est pas née de la maladie et si elle a, au contraire, provoqué et créé de toutes pièces le malade pour se donner une raison d'être.

Antonin ARTAUD, *Van Gogh ou le suicidé de la société*, Gallimard, 1947.

La médecine est une science des pannes, celles de l'organisme humain [...] Mais si le médecin est un dépanneur — rien de plus, rien de moins — il est le dépanneur d'une machine dont il ne possède pas les plans.

Lucien ISRAËL, *La Décision médicale*, Calmann-Lévy, 1980.

Croire à la médecine serait la suprême folie si n'y pas croire n'en était pas une plus grande, car de cet amoncellement d'erreurs se sont dégagées, à la longue, quelques vérités.

Marcel PROUST, *Le Côté de Guermantes*, Gallimard, 1920.

Médiatique

Un médiatique [...] est un salarié remarquablement spécial, qui ne reçoit d'ordre de personne, et qui sait tout sur tous les sujets dont il veut parler. Il porte donc, suivant *sa* déontologie, qu'il ne saurait trahir sans hideuse concussion, littéralement toute la conscience de l'époque.

Guy DEBORD, *Cette mauvaise réputation*, Gallimard, 1993.

Médiocrité

Aimer, c'est [...] échapper par un seul être à la médiocrité de tous les autres.

Abel BONNARD, *Savoir aimer*, Albin Michel, 1937.

Allez, allez, en prison ! En prison pour médiocrité.

Henry de MONTHERLANT, *La Reine morte*, Gallimard, 1942.

La mort n'est rien d'autre qu'un exil loin de la médiocrité.

Romain GARY, *Romain Gary*, Mercure de France, 1987.

Le monde appartient aux médiocres supérieurs.

Edmond ROSTAND, *L'Aiglon*, 1900, M. Petit, 1963.

Mégalomanie

Comment oser croire qu'il y a encore des choses à dire ? C'est une espèce de folie, de mégalomanie, la mégalomanie étant la silicose de l'artiste.

Bertrand POIROT-DELPECH, Entretien avec André Rollin, in *Ils écrivent*, Mazarine, 1986.

Mémoire

L'érudition c'est la mémoire et la mémoire c'est l'imagination.

Max JACOB, *Conseils à un jeune poète*, Gallimard, 1945.

Les souvenirs sont enfants du hasard, seuls les truqueurs ont la mémoire en ordre.

Daniel PENNAC, *Aux fruits de la passion*, Gallimard, 1999.

La mémoire est comme le dessus d'une cheminée. Pleine de bibelots qu'il sied de ne pas casser, mais qu'on ne voit plus.

Georges PERROS, *Papiers collés*, Gallimard, 1960.

Tout le monde a une mémoire d'ordinateur... Et si tu fouilles un peu toi-même, si tu vas t'épancher sur un divan, c'est ton disque dur qui parlera. Ces engins-là, les psychanalystes, c'est leur fonds de commerce.

Patrick POIVRE d'ARVOR, *Petit homme*, Albin Michel, 1998.

Il y a dans nos coulisses une industrieuse personne occupée sans cesse à trier et choisir, à éclairer ou censurer, la Mémoire.

Claude ROY, préface à l'*Anthologie de la poésie française du XXe siècle*, Gallimard, 1983.

Mémoires

Je lirais les mémoires d'un homme pour savoir ce qu'il n'a pas été.

Jean ROSTAND, *Pensées d'un biologiste*, Stock, 1954.

Je crois que le roman est une sorte de retard, de courbe que fait l'écrivain sur la mémoire, sur les mémoires. Le roman serait un désir de Mémoires.

Philippe SOLLERS, in *La Bibliothèque idéale*, Albin Michel, 1988.

Mendiant

Le monde souffre de ne pas avoir assez de mendiants pour rappeler aux hommes la douceur d'un geste fraternel.

Marcel AYMÉ, *Clérambard*, Grasset, 1950.

Mensonge

Le mensonge n'est pas haïssable en lui-même, mais parce qu'on finit par y croire.

Marcel ARLAND, *La Route obscure*, Gallimard, 1924.

La vérité existe, on n'invente que le mensonge.

Georges BRAQUE, *Le Jour et la nuit*, Gallimard, 1952.

La vérité, comme la lumière, est aveugle. Le mensonge, au contraire, est un beau crépuscule qui met chaque objet en valeur.

Albert CAMUS, *La Chute*, Gallimard, 1956.

Le mensonge, ce rêve pris sur le fait.

Louis-Ferdinand CÉLINE, *Voyage au bout de la nuit*, Gallimard, 1932.

Je suis un mensonge qui dit toujours la vérité.

Jean COCTEAU, *Opéra*, *Le Paquet rouge*, in *Œuvres complètes*, Marguerat, 1946-1951.

Le mensonge est la base de la vie amoureuse, comme le ciment de la vie sociale.

Dialogues du film *Le Déclin de l'empire américain* de Denys Arcand, 1985.

Sans le mensonge, [l'humanité] périrait de désespoir et d'ennui.

Anatole FRANCE, *La Vie en fleur*, Postface, Gallimard, 1922.

Ce qu'aiment les hommes, ce que tu aimes, ce n'est pas connaître, ce n'est pas savoir : c'est osciller entre deux vérités ou deux mensonges.

Jean GIRAUDOUX, *Intermezzo*, Grasset, 1933.

Un mensonge est utile quand il permet de transformer la réalité, songea-t-il ; mais quand la transformation échoue il ne reste plus que le mensonge, l'amertume et la conscience du mensonge.

Michel HOUELLEBECQ, *Les Particules élémentaires*, Flammarion, 1998.

N'importe qui sait proférer des paroles menteuses ; les mensonges du corps exigent une autre science.

François MAURIAC, *Thérèse Desqueyroux*, Grasset, 1927.

Le mensonge est essentiel à l'humanité. Il y joue peut-être un aussi grand rôle que la recherche du plaisir, et d'ailleurs est commandé par cette recherche.

Marcel PROUST, *Albertine disparue*, Gallimard, 1925.

Il n'y a qu'une chose vraiment infâme, qui déshonore la créature que Dieu a faite à son image, le mensonge.

Marcel PROUST, *Jean Santeuil*, Gallimard, 1952.

Je vous laisse le choix du mensonge qui vous paraîtra le plus digne d'être la vérité.

Paul VALÉRY, *Mon Faust*, Gallimard, 1946.

Mer

Il y a deux sortes de temps
Il y a le temps qui attend
Et le temps qui espère
Il y a deux sortes de gens
Il y a les vivants
Et ceux qui sont en mer.

Jacques BREL, *L'Ostendaise*, Éditions musicales Pouchenel, 1968.

Grande mer, toujours labourée, toujours vierge, ma religion avec la nuit !

Albert CAMUS, *L'Été*, Gallimard, 1954.

On oublie souvent que la mer, avant tout, n'a pas d'âge ; sa force réside en cela.

Mohammed DIB, *Qui se souvient de la mer*, Le Seuil, 1959.

Quand j'écris sur la mer, sur la tempête, sur le soleil, sur la pluie, sur le beau temps, sur les zones fluviales de la mer, je suis complètement dans l'amour.

Marguerite DURAS, citée par Laure Adler, in *Marguerite Duras*, Gallimard, 1998.

Il y a trois ans, pour la première fois, à bord de mon navire, j'avais pris la mer ; maintenant je sais qu'elle m'a pris pour toujours.

Alain GERBAULT, *Seul à travers l'Atlantique*, Grasset, 1991.

La mer, tu sais, c'est quelqu'un...

Henri JEANSON, Dialogues du film *Le Garçon sauvage* de Jean Delannoy.

La mer ne prend que les cités qui s'abandonnent.

Thierry MAULNIER, *La Ville au fond de la mer*, Gallimard, 1968.

Il pensait que le temps était une affaire terrestre. En mer, voyez-vous, le temps n'existe pas. Tout le mal vient des escales, sans les escales nous ne vieillirions jamais, vous ne croyez pas ?

Érik ORSENNA, *L'Exposition coloniale*, Le Seuil, 1988.

Si je pouvais écrire avec des algues,
toute la mer tiendrait dans un seul mot.

Robert SABATIER, *Dédicace d'un navire*, Albin Michel, 1959.

La mer est un élément capital pour la connaissance des peuples. La mer modèle les mœurs comme elle fait les rivages. Tous les peuples marins ont du caprice, sinon de la folie, dans l'âme.

André SUARÈS, *Trois hommes*, Gallimard, 1913.

Le rêve de l'homme est semblable
Aux illusions de la mer.

Paul-Jean TOULET, *Les Contrerimes*, Gallimard, 1979.

La mer, la mer, toujours recommencée !
Ô récompense après une pensée
Qu'un long regard sur le calme des dieux !

Paul VALÉRY, *Le Cimetière marin*, in *Poésies*, Gallimard, 1929.

Mère

J'ai souvent pensé que c'était parce qu'il m'avait destiné à être heureux que Dieu n'avait pas jugé utile de me donner une mère.

Marcel ACHARD, *Noix de Coco*, L'Illustration, 1936.

Entre toutes les femmes, il n'y a de vrai que notre mère.

Maurice BARRÈS, *Un Jardin sur l'Oronte*, 1922, Gallimard, 1990.

Une fille qui souffre, est-ce une mère qui triomphe ?

Ingmar BERGMAN, Dialogues du film *Sonate d'automne*.

Les mères grandissent dans la vie en même temps que leur enfant, et comme l'enfant est dès sa naissance l'égal de Dieu, les mères sont d'emblée au saint des saints, comblées de tout, ignorantes de tout, ignorantes de tout ce qui les comble.

Christian BOBIN, *Le Très-Bas*, Gallimard, 1992.

Toutes les mères [...] ne comprennent pas qu'elles nous rendent fous avec cette anxiété du bonheur, est-ce que tu es heureux, comment vas-tu, mon trésor ?

Christophe DONNER, *Les Maisons*, Grasset, 1993.

Avec l'amour d'une mère, la vie nous fait à l'aube une promesse qu'elle ne tient jamais.

Romain GARY, *La Promesse de l'aube*, Gallimard, 1960.

La mère [...] ne saurait donner la vie. Elle n'est qu'un vase où le germe vivant du père se développe... C'est au père que sont dus le respect et l'amour des enfants. Qui tue sa mère n'est pas parricide.

Benoîte GROULT, *Ainsi soit-elle*, Grasset, 1975.

Rappelez-vous, mon Dieu, devant l'enfant qui meurt,
Que vous vivez toujours auprès de votre Mère.

Francis JAMMES, *Le Deuil des primevères*, Mercure de France, 1901.

Combien d'enfants ont reçu de leur mère des baisers qui n'étaient pas pour eux !

Étienne REY, *De l'amour*, Grasset, 1925.

L'enfant qui a mué et perdu l'usage de la mère ne connaîtra point de repos qu'il n'ait trouvé la chaleur de la femme. Seule, de nouveau, elle l'assemblera.

Antoine de SAINT-EXUPÉRY, *Citadelle*, Gallimard, 1948.

Si Dieu n'inscrit pas les mots des mères et des amantes dans son grand livre, c'est qu'il les grave dans le cœur des vivants et les fait circuler dans le sang de leurs veines.

Christiane SINGER, *Du bon usage des crises*, Albin Michel, 1996.

L'enfant trouve sa mère, lorsqu'il a quitté ses entrailles. Et parce que j'ai été séparé de toi et jeté loin de ton seuil, je suis libre de contempler ton visage.

Rabindranath TAGORE, *L'Offrande lyrique*, Gallimard, 1914.

Merveille

Il n'y a pas cinq ou six merveilles dans le monde, mais une seule : l'amour.

Jacques PRÉVERT, *Choses et autres*, Gallimard, 1972.

Merveilleux

Tranchons-en : le merveilleux est toujours beau, n'importe quel merveilleux est beau, il n'y a même que le merveilleux qui soit beau.

André BRETON, *Premier Manifeste du surréalisme*, 1924, Pauvert, 1962.

Messe

— Vous allez à la messe, le dimanche ?
— Ça dépend... Quand nous avons la sécheresse, moi je n'y vais pas, jusqu'à tant qu'il pleuve. Le bon Dieu a besoin qu'on lui fasse comprendre.

Marcel PAGNOL, *La Gloire de mon Père*, 1957, Pastorelly, 1981.

Cette brume d'un latin mal connu semblait dissimuler Dieu et les anges. Voilà que la messe fut dite en français. Sans la brume, la plupart n'y virent plus goutte.

Robert SABATIER, *Le Livre de la déraison souriante*, Albin Michel, 1991.

Messie

Le Messie ne viendra que lorsqu'il ne sera plus nécessaire, il ne viendra qu'un jour après son arrivée, il ne viendra pas au dernier, mais au tout dernier jour.

Franz KAFKA, *Préparatifs de noce à la campagne*, Gallimard, 1908.

Mètre-étalon

J'ai besoin que tu existes et que tu ne changes pas. Tu es comme ce mètre de platine qu'on conserve quelque part à Paris ou aux environs... je suis contente de savoir qu'il existe, qu'il mesure exactement la dix millionième partie du quart du méridien terrestre. J'y pense chaque fois qu'on prend des mesures dans un appartement ou qu'on me vend de l'étoffe au mètre.

Jean-Paul SARTRE, *La Nausée*, Gallimard, 1938.

Métro

Au déboulé garçon pointe ton numéro
pour gagner ainsi le salaire
d'un morne jour utilitaire
métro boulot bistrots mégots dodo zéro.

Pierre BÉARN, *Couleurs d'usine*, Rougerie, 1950.

Les accidents de métro, chemins de fer, tramways, etc., ont ceci de bon, comme les guerres, qu'ils éclaircissent le trop-plein misérable de la population.

Alfred JARRY, in *Grand inventaire du génie français*, Albin Michel, 1990.

Le métro est un endroit éminemment sartrien où, à « huis clos », chaque voyageur devient la proie de tous les autres.

François MAURIAC, *Journal*, 1934-1950, Grasset.

Meurtre

Il y a toujours des raisons au meurtre d'un homme, il est au contraire impossible de justifier qu'il vive.

Albert CAMUS, *La Chute*, Gallimard, 1956.

Le meurtre est possible. Mais il est possible quand on n'a pas regardé autrui en face.

Emmanuel LÉVINAS, *Difficile liberté*, Albin Michel, 1983.

Dans le meurtre, le difficile n'est pas de tuer. C'est de ne pas déchoir. D'être plus fort que... ce qui se passe en soi à ce moment-là.

André MALRAUX, *La Condition humaine*, Gallimard, 1933.

Microbe

L'homme est aussi un microbe têtu.

Jean GIONO, *Le Hussard sur le toit*, Gallimard, 1951.

Microscope

À son apparition le microscope fut le kaléidoscope du minuscule.

Gaston BACHELARD, *La Terre et les rêveries de la volonté*, Corti, 1948.

Mieux

Vouloir vivre, c'est toujours vouloir vivre mieux.

Maurice DRUON, *Remarques*, Julliard, 1952.

Je fais de mon mieux, alors que très souvent je pourrais faire mieux que mon mieux.

Marguerite YOURCENAR, *Les Yeux ouverts*, Entretiens avec Matthieu Galey, Le Centurion, 1980.

Militaire

Les beaux militaires, depuis un siècle, remplissent merveilleusement leurs culottes, mais ils ne remplissent pas leurs destins.

Georges BERNANOS, *La Joie*, Plon, 1991.

Tant que le militaire ne tue pas, c'est un enfant. On l'amuse aisément.

Louis-Ferdinand CÉLINE, *Voyage au bout de la nuit*, Gallimard, 1932.

La guerre ! c'est une chose trop grave pour la confier à des militaires.

Georges CLEMENCEAU, in *Soixante années d'histoire française. Clemenceau*, de Georges Suarez, Tallandier, 1932.

Je méprise profondément celui qui aime marcher en rang derrière une musique, ce ne peut être que par erreur qu'il a reçu un cerveau, une moelle épinière lui suffirait amplement.

Albert EINSTEIN, *Comment je vois le monde*, Flammarion, 1934.

Ah ! je ne suis pas patriote, moi, t'sais, je trouve ça pas malin quand on est des petits d'aller se faire cabosser pour l'oseille des gros. J'aime bien le soldat, c'est pas sa faute s'il a la livrée, mais l'officier me débecte !

Jean GALTIER-BOISSIÈRE, *La Bonne Vie*, Grasset, 1925.

Il est vrai que, parfois, les militaires, s'exagérant l'impuissance relative de l'intelligence, négligent de s'en servir.

Charles de GAULLE, *Le Fil de l'épée*, Plon, 1932.

Toutes les fois que la fatalité se prépare à crever sur un point de la Terre, elle l'encombre d'uniformes.

Jean GIRAUDOUX, *Siegfried*, 1928, Grasset, 1959.

La guerre justifie l'existence des militaires. En les supprimant.

Henri JEANSON, Chroniques du journal *La Flèche*.

La guerre serait un bienfait des dieux si elle ne tuait que les professionnels.

Jacques PRÉVERT, *Fatras*, Gallimard, 1966.

Le propre du militaire est le sale du civil.

Boris VIAN, in *Boris Vian en verve*, Pierre Horay, 1970.

Milliardaire

Parce que le milliardaire n'a pas récolté sans peine, il s'imagine qu'il a semé.

Jean JAURÈS, *L'Armée nouvelle*, Rouff, 1911.

Miracle

Si quelque chose pouvait prouver qu'il y a un Dieu, ce serait l'ordre plutôt que le désordre, et le retour constant des jours et des saisons, plutôt que le spectacle d'un homme marchant sur la mer.

ALAIN, *Propos*, 1906-1914, Gallimard, 1970.

Le miracle n'est pas à expliquer ni à justifier. Il est le bon plaisir de Dieu et cela suffit.

Léon BLOY, *Dans les ténèbres*, in *Œuvres*, t.9, Mercure de France, 1969.

Les miracles, cela arrive, ou presque.

Edmonde CHARLES-ROUX, *Une enfance sicilienne*, Grasset, 1982.

Le miracle est logique, et même banal, en ce qu'il dévoile la suprématie de l'Inventeur sur son invention, du Moteur sur la machine, de la Cause sur ses effets. [...] Ce qui me paraît miraculeux, ce ne sont pas les miracles, mais les instants où Dieu n'en fait pas.

Didier DECOIN, *Il fait Dieu*, Fayard, 1997.

Miracle n'est pas œuvre.

Georges DUHAMEL, *Le Notaire du Havre*, Mercure de France, 1933.

On appelle miracle quand Dieu bat ses records.

Jean GIRAUDOUX, *Le Sport*, Grasset, 1928.

L'homme est un miracle sans intérêt.

Jean ROSTAND, *Pensées d'un biologiste*, Stock, 1954.

Miroir

Les miroirs sont comme la conscience. On s'y voit comme on est, et comme on n'est pas.

Miguel Angel ASTURIAS, *Hommes de maïs*, Albin Michel, 1967.

Les miroirs et la copulation sont abominables, parce qu'ils multiplient le nombre des hommes.

Jorge Luis BORGES, *Fictions*, 1944, Gallimard, 1951.

Les miroirs feraient bien de réfléchir un peu avant de renvoyer les images.

Jean COCTEAU, *Essai de critique indirecte*, Grasset, 1932.

Il y a même eu beaucoup de gens qui se sont noyés dans un miroir.

Ramón GÓMEZ DE LA SERNA, *Gustave l'incongru*, Ivrea, 1985.

366

On peut toujours aller de l'autre côté du miroir, dans les négatifs, les imaginaires, etc., pourvu qu'on en revienne les mains chargées de merveilles.

Denis GUEDJ, *Le Théorème du perroquet*, Le Seuil, 1998.

Chaque objet est le miroir de tous les autres.

Maurice MERLEAU-PONTY, *Phénoménologie de la perception*, Gallimard, 1945.

Les miroirs sont des glaces qui ne fondent pas ; ce qui fond, c'est qui s'y mire.

Paul MORAND, *Ouvert la nuit*, Gallimard, 1922.

Et maintenant, réfléchissez, les miroirs.

Jacques RIGAUT, *Écrits*, Gallimard, 1970.

Misanthrope

Le misanthrope est celui qui reproche aux hommes d'être ce qu'il est.

Louis SCUTENAIRE, *Mes Inscriptions*, Gallimard, 1945.

Misère

La misère est géante, elle se sert pour essuyer les ordures du monde de votre figure comme d'une toile à laver. Il en reste.

Louis-Ferdinand CÉLINE, *Voyage au bout de la nuit*, Gallimard, 1932.

Des milliers de gens sur terre meurent de faim. Cette pensée est recevable à la rigueur devant un pavé au chocolat amer. Mais comment l'affronter face au banana-split ?

Philippe DELERM, *La Première gorgée de bière...*, Gallimard/L'Arpenteur, 1997.

Si les peuples libres ne sont pas capables, pour la guerre à la misère, de demander à leur jeunesse autant d'héroïsme qu'ils lui en ont demandé pour la guerre à la tyrannie, ce n'est pas la peine de demander à cette jeunesse de donner son sang, car alors la liberté victorieuse n'est déjà plus qu'un cadavre.

Dwight David EISENHOWER, Discours à la nation, Washington, 1959.

Une seule misère suffit à condamner une société. Il suffit qu'un seul homme soit tenu, ou sciemment laissé dans la misère pour que le pacte civique tout entier soit nul.

Charles Péguy, *De Jean Coste*, Gallimard, 1937.

Misogynie

La haine de la femme n'est jamais que la haine non surmontée de l'homme contre sa propre sexualité.

Otto Weininger, *Carnets*, fragments publiés in *L'Infini*, n° 4, 1983.

Mode

Conjuration mercantile ! Il s'agit d'abolir le chic d'hier pour contraindre la cliente à faire la dépense du chic d'aujourd'hui. Génie du gaspillage et racket du snobisme !

Hervé Bazin, *Abécédaire*, Grasset, 1984.

La mode : la recherche d'un ridicule nouveau.

Natalie Clifford-Barney, *Pensées d'une amazone*, Émile-Paul, 1921.

La mode meurt jeune. C'est ce qui fait sa légèreté si grave.

Jean Cocteau, *Le Grand écart*, 1923, Stock, 1984.

La mode est une fille à qui sa mère veut survivre.

Léon-Paul Fargue, *Suite familière*, in *Sous la lampe*, Gallimard, 1929.

Il n'y a aucun exemple qu'une mode venue des États-Unis n'ait pas réussi à submerger l'Europe occidentale quelques années plus tard ; aucun.

Michel Houellebecq, *Les Particules élémentaires*, Flammarion, 1998.

Moderne

Être moderne, c'est bricoler dans l'Incurable.

Emil Michel Cioran, *Syllogismes de l'amertume*, Gallimard, 1952.

Vouloir être de son temps, c'est déjà être dépassé.

Eugène IONESCO, *La Cantatrice chauve*, Gallimard, 1964.

Modernité

La modernité est une scène sur laquelle, à un rythme vertigineux, le monde continuellement se défait et se recompose. Les langages se perdent les uns dans les autres, les idées trouvent leur forme, avec une indifférence absolue, dans les matériaux les plus nobles ou les déchets les plus triviaux de la machine à consommer, toute ligne de démarcation certaine entre l'art et la pure séduction a tout simplement disparu.

Alessandro BARICCO, *L'Âme de Hegel et les vaches du Wisconsin*, Albin Michel, 1998.

Monde

Ouvrez les yeux ! Le monde est encore intact ; il est vierge comme au premier jour, frais comme le lait !

Paul CLAUDEL, *Art poétique*, Mercure de France, 1951.

Il n'y a pas un millimètre du monde qui ne soit savoureux.

Jean GIONO, *Les Vraies richesses*, Grasset, 1936.

Il ne faut donc pas se demander si nous percevons vraiment un monde, il faut dire au contraire : le monde est cela que nous percevons.

Maurice MERLEAU-PONTY, *Phénoménologie de la perception*, Avant-propos, Gallimard, 1945.

Le monde n'est grand qu'à la clarté des lampes.

Suzanne PROU, *Le Rapide Paris-Vintimille*, Mercure de France, 1977.

Le monde et moi ne formons qu'un seul livre ;
Pour bien l'écrire, il faut vivre pour lui.

Robert SABATIER, *Dédicace d'un navire*, Albin Michel, 1959.

Faute d'être en mesure de fonder par magie un État du monde tel qu'on le souhaite, il convient de tenter de sauver ce qui reste d'un monde souhaitable.

Antoine de SAINT-EXUPÉRY, Lettre à André Breton, 1941, in *Écrits de guerre*, Gallimard, 1998.

Monde (Refaire le)

Chaque génération, sans doute, se croit vouée à refaire le monde. La mienne sait pourtant qu'elle ne le refera pas. Mais sa tâche est peut-être plus grande. Elle consiste à empêcher que le monde ne se défasse.

Albert CAMUS, *Discours de Suède*, Gallimard, 1958.

Monstre

Ne sommes-nous pas comme le fond des mers, peuplés de monstres insolites ?

Henri BOSCO, *Le Récif*, Gallimard, 1971.

En chacun de nous existe un Mr Hyde : le tout est d'empêcher que les conditions d'émergence du monstre ne soient rassemblées.

Amin MAALOUF, *Les Identités meurtrières*, Grasset, 1998.

Montagne

Montagnes !
Poignards dans le ciel bleu
Qui n'émousse pas la pointe.
Le ciel s'écroulerait
S'il ne reposait pas sur elles.

MAO TSÉ-TOUNG, in *Poésies complètes*, Seghers, 1965.

Il ne faut pas baisser les yeux qu'on a levés une fois sur les montagnes.

Henry de MONTHERLANT, *Carnets*, Gallimard, 1957.

Monter

Monter au-dessus de soi-même, pour se regarder...

André GIDE, *Journal*, 1889-1939, Gallimard, 1939.

Tant que tu ne cesseras de monter, les marches ne cesseront pas ; sous tes pieds qui montent, elles se multiplieront à l'infini !

Franz KAFKA, *Protecteurs*, in *Œuvres complètes*, Cercle du livre précieux, 1964-1965.

Homme, tout affronter vaut mieux que tout comprendre.
La vie est à monter, et non pas à descendre...

Émile VERHAEREN, *La Multiple Splendeur, Les Rêves,* 1908, in *Œuvres complètes,* Slatkine, 1979.

Morale

Si j'avais à écrire un livre de morale, il aurait cent pages. Quatre-vingt-dix-neuf seraient blanches et sur la dernière j'écrirais : « Je ne connais qu'un seul devoir, c'est d'aimer. »

Albert CAMUS.

Parler morale n'engage à rien ! Ça pose un homme, ça le dissimule. Tous les fumiers sont prédicants !

Louis-Ferdinand CÉLINE, *Mea Culpa,* Denoël et Steele, 1937.

Sans morale, il n'y a plus de vin de Bordeaux, ni de style. La morale, c'est le goût de ce qui est pur et défie le temps.

Jacques CHARDONNE, *L'Amour, c'est beaucoup plus que l'amour,* Albin Michel, 1936.

La morale est un semblant d'amour : agir moralement, c'est agir *comme si* l'on aimait.

André COMTE-SPONVILLE, *Petit Traité des grandes vertus,* PUF, 1995.

Ou bien la morale n'a aucun sens, ou bien c'est cela qu'elle veut dire, elle n'a rien d'autre à dire : ne pas être indigne de ce qui nous arrive.

Gilles DELEUZE, *Logique du sens,* Minuit, 1969.

En somme, la morale, c'est ce que nous souhaitons trouver chez les autres.

Jacques DUQUESNE, *Le Bonheur en 36 vertus,* Albin Michel, 1998.

La pure morale est unique et universelle. Elle ne subit aucune altération au cours du temps, non plus qu'aucune adjonction. Elle ne dépend d'aucun facteur historique, économique, sociologique ou culturel ; elle ne dépend absolument de rien du tout. Non déterminée, elle détermine. Non conditionnée, elle conditionne. En d'autres termes, c'est un absolu.

Michel HOUELLEBECQ, *Les Particules élémentaires,* Flammarion, 1998.

371

On ne fait pas de politique avec de la morale, mais on n'en fait pas
davantage sans.

André MALRAUX, *L'Espoir*, Gallimard, 1937.

La morale n'est rien d'autre qu'un ordre de l'âme et des choses,
embrassant l'un et l'autre domaine, et il n'est pas surprenant que les
jeunes gens, dont la volonté de vivre n'est pas encore émoussée, en
parlent beaucoup.

Robert MUSIL, *L'Homme sans qualités*, Le Seuil, 1969.

La morale, c'est ce qui reste de la peur quand on l'a oubliée.

Jean ROSTAND, *Pensées d'un biologiste*, Stock, 1954.

La pesanteur morale nous fait tomber de haut.

Simone WEIL, *La Pesanteur et la grâce*, Plon, 1947.

Mort

Peut-être quand nous mourrons, peut-être la mort seule nous donnera
la clef et la suite et la fin de cette aventure manquée.

ALAIN-FOURNIER, *Le Grand Meaulnes*, Émile-Paul, 1913.

On ne meurt pas, puisqu'il y a les autres.

Louis ARAGON, *La Semaine sainte*, Gallimard, 1958.

La mort est d'abord une image. Elle ne peut s'exprimer que par des
métaphores.

Gaston BACHELARD, *La Terre et les rêveries de la volonté*, Corti, 1948.

La mort n'est pas anatomique mais chimique. Elle est due au désordre
des molécules de l'intérieur, troublant sa décomposition, lui faisant
perdre sa composition, lui faisant perdre sa nécessité constante.

Jean BERNARD, in *Discours de réception de Jean Hamburger à l'Académie française
et réponse de Jean Bernard*, Flammarion, 1986.

Le sang qui ne coule plus dans les veines des morts, ce sont les vivants
alentour qui le perdent.

Christian BOBIN, *La Plus que vive*, Gallimard, 1996.

La mort (ou son illusion) rend les hommes précieux et pathétiques.

Jorge Luis BORGES, *L'Aleph*, 1949, Gallimard, 1967.

Dans l'Histoire des temps la vie n'est qu'une ivresse, la Vérité c'est la Mort.

Louis-Ferdinand CÉLINE, *Semmelweis*, Gallimard, 1952.

Nous n'avons qu'une ressource avec la mort : faire de l'art avant elle.

René CHAR, *Les Dentelles de Montmirail*, 1960, in *Œuvres complètes*, Gallimard, 1983.

La mort, quel déshonneur ! Devenir objet.

Emil Michel CIORAN, *Écartèlement*, Gallimard, 1979.

Je suis en pourparlers avec la mort. Je pèse ses propositions.

Paul CLAUDEL, *Journal*, 1904-1955, Gallimard, 1968-1969.

Qu'est-ce que vous voulez, je ne peux pas prendre ma mort au tragique.

Dialogues du film *L'Assassin habite au 21* de Henri Georges Clouzot, 1942.

La grandeur des morts ne grandit pas les vivants, elle écrase, au contraire, leurs existences chétives de son accablante perfection.

Alain FINKIELKRAUT, *L'Ingratitude. Conversations sur notre temps*, Gallimard, 1999.

La croyance à la nécessité interne de la mort n'est peut-être qu'une de ces nombreuses illusions que nous nous sommes créées pour nous rendre supportable le fardeau de l'existence.

Sigmund FREUD, *Essai de psychanalyse appliquée*, Gallimard, 1933.

La mort est si ancienne qu'on lui parle latin.

Jean GIRAUDOUX, *Provinciales*, 1909, Grasset, 1950.

J'ai toujours pensé qu'il ne fallait pas rater sa mort, que la mort devait être regardée comme une réussite, le grand point d'achèvement ou de rassemblement de soi-même.

Louis GUILLOUX, *Carnets 1944-1974*, Gallimard, 1982.

Songez à la perplexité d'un homme hors du temps et de l'espace, qui a perdu sa montre, et sa règle de mesure, et son diapason. Je crois, Monsieur, que c'est bien cet état qui constitue la mort.

Alfred JARRY, *Gestes et opinions du docteur Faustroll pataphysicien*, Gallimard, 1911.

Toute civilisation est hantée, visiblement ou invisiblement, par ce qu'elle pense de la mort.

André MALRAUX, *Antimémoires*, Gallimard, 1967.

Le christianisme a beaucoup tisonné la mort pour y chercher la présence de Dieu.

André MALRAUX, *Lazare*, Gallimard, 1974.

Mort, la seule de mes aventures que je ne commenterai pas...

François MAURIAC, *Journal*, 1934-1950, Grasset.

Vivre authentiquement, c'est vivre en conformité entière à ce sens de la vie, vivre dans l'attente constante de la mort et de son imminence possible, regarder face à face cette compagne de chaque instant.

Emmanuel MOUNIER, *Introduction aux existentialismes*, Denoël, 1947.

La Mort, l'ordure sacrée qui nourrit les fleurs pures.

Marie NOËL, *Notes intimes*, Stock, 1959.

La mort, c'est tellement obligatoire que c'est presque une formalité.

Marcel PAGNOL, *César*, Fasquelle, 1936.

La mort viendra, elle aura tes yeux...

Cesare PAVESE, *La Mort viendra...*, 1950, in *La Poésie italienne*, Seghers, 1964.

L'obsession de la mort enlève la vie comme une lame de fond. Reste l'homme, qui attrape le torticolis de l'attente.

Georges PERROS, *Papiers collés*, Gallimard, 1960.

Aimer la vie c'est repousser les êtres qui veulent mourir.

Francis PICABIA, *Écrits complets*, Belfond, 1975.

C'est par sa mort parfois qu'un homme montre qu'il était digne de vivre.

Francis PONGE, *Tome premier*, Gallimard, 1965.

Mangez sur l'herbe
Dépêchez-vous
Un jour ou l'autre
l'herbe mangera sur vous.

Jacques PRÉVERT, *Fatras*, Gallimard, 1966.

La mort est le côté de la vie qui n'est pas tourné vers nous et que nous n'éclairons pas.

Rainer Maria RILKE, Lettre à Witold von Hulevicz, 1925, in *Œuvres complètes*, Le Seuil, 1970-1972.

La mort, seule chose plus grande que le mot qui la nomme.

Jean ROSTAND, *Pages d'un moraliste*, Fasquelle, 1952.

Les gens ne disent plus : « Il est mort », mais « Il est décédé ». On ne meurt plus, on décède, c'est moins grave... C'est moins important. Qui sait ? On s'en remet peut-être, tandis qu'une fois mort...

Jules ROY, *Les Années cavalières, Journal 2 : 1966-1985*, Albin Michel, 1998.

Que l'humanité vienne à disparaître, elle tuera ses morts pour de bon.

Jean-Paul SARTRE, *Les Mots*, Gallimard, 1964.

La mort lui apparaissait comme un sacre dont seuls les plus purs sont dignes : beaucoup d'hommes se défont, peu d'hommes meurent.

Marguerite YOURCENAR, *Feux*, Gallimard, 1974.

Mot

Il ne me faudrait qu'un seul mot parfois, un simple petit mot sans importance, pour être grand, pour parler sur le ton des prophètes, un mot témoin, un mot précis, un mot subtil, un mot bien macéré dans mes moelles, sorti de moi, qui se tiendrait à l'extrême bout de mon être.

Antonin ARTAUD, *Le Pèse-nerf*, Gallimard, 1956.

Méfions-nous des mots qui disent d'avance, pour ainsi dire, ce qu'ils veulent dire, et qui le tuent dans l'Œuf, des mots qui sont une musique, une propagande, une fumée.

Jacques AUDIBERTI, *Le Mal court*, Gallimard, 1948.

J'ai l'amour du mot, les mots ont été mes seules amours, quelques-uns.

Samuel BECKETT, *Têtes-mortes*, Minuit, 1967.

Et un jour il nous suffira, pour prendre connaissance d'un livre, de poser l'index sur sa couverture, et toute la lumière des mots passera en nous, sans reste, et ce jour-là nous saurons que nous sommes morts — car tant que nous étions vivants, nous étions voués au laborieux, au mot à mot et à l'indéchiffrable.

Christian BOBIN, *Autoportrait au radiateur*, Gallimard, 1997.

Je ne sais pas si le monde peut être exprimé avec des mots, mais peut-être l'écrivain en dresse-t-il la carte ?

Jorge Luis BORGES, *Entretiens sur la poésie et la littérature*, Gallimard, 1990.

Des mots bien usés, des mots utiles qui sentaient l'assiette, le pain, l'huile, le linge et le feu de bois.

Henri BOSCO, *Le Jardin d'Hyacinthe*, Gallimard, 1946.

Pour être moi, j'écris :
C'est aux mots de comprendre.

Alain BOSQUET, *Poèmes, un*, Gallimard, 1979.

Écrire, c'est arracher aux mots leurs secrets.

François BOTT, *Journées intimes*, Albin Michel, 1984.

Chaque mot écrit est une victoire contre la mort.

Michel BUTOR, *Entretiens avec Georges Charbonnier*, Gallimard, 1967.

Les mots. Silex et diamant. Votre rôle est de fouiller là-dedans à pleines mains au petit bonheur. Pourvu que ça rende le son qui est en vous au moment où vous écrivez.

Louis CALAFERTE, *Septentrion*, Denoël, 1984.

Il est vrai peut-être que les mots nous cachent davantage les choses invisibles qu'ils ne nous révèlent les visibles.

Albert CAMUS, préface aux *Poésies posthumes de René Leynaud*, Gallimard, 1947.

Il attend un mot qui, pour lui, réhabiliterait et justifierait tous les autres.

Elias CANETTI, *Le Territoire de l'homme*, Albin Michel, 1978.

On ne se méfie pas d'eux les mots et le malheur arrive.
Des mots il y en a des cachés parmi les autres comme des cailloux. On les reconnaît pas spécialement et puis les voilà qui vous font trembler pourtant toute la vie qu'on possède et tout entière, et dans son faible et dans son fort... C'est la panique alors... Une avalanche... On en reste là comme un pendu au-dessus des émotions... C'est une tempête qui est arrivée, qui est passée, bien trop forte pour vous, si violente qu'on l'aurait jamais crue possible rien qu'avec des sentiments... Donc on ne se méfie jamais assez des mots, c'est ma conclusion.

Louis-Ferdinand CÉLINE, *Voyage au bout de la nuit*, Gallimard, 1932.

Les mots savent ce que nous ignorons d'eux.

René CHAR, *Chants de la Balandrane*, Gallimard, 1977.

Un écrivain célèbre souille les mots dont il abuse. Ils deviennent à leur tour aussi connus que lui et par là il les rend inutilisables, sauf pour le grand public.

Emil Michel CIORAN, *Cahiers 1957-1972*, Gallimard, 1997.

Les mots que j'emploie,
Ce sont les mots de tous les jours, et ce ne sont point les mêmes !

Paul CLAUDEL, *Cinq grandes odes*, Gallimard, 1913.

Je ne crois pas qu'un mot puisse expliquer la vie d'un homme.

Dialogues du film *Rosebud* d'Orson Welles, 1941.

Les mots sont des silex, et les écrivains des voleurs de feu, des incendiaires dans le meilleur des cas. Ils sentent le soufre.

Philippe DJIAN, *Entre nous soit dit. Conversations avec Jean-Louis Ezine*, Plon, 1996.

L'écrivain partage avec le politicien cet ignoble secret : on peut faire n'importe quoi avec des mots.

Jean-Marie DOMENACH, *Ce que je crois*, Grasset, 1978.

J'ai peur quand j'écris comme si tout s'écroulait autour de moi. Les mots sont dangereux, chargés physiquement de poudre, de poison. Ils empoisonnent.

Marguerite DURAS, in *Le Ravissement de la parole*, coffret Radio France, 1996.

Je ne prétends pas que les mots ne vivent pas par eux-mêmes. Mais une combinaison heureuse de mots donne naissance à une chose vivante, de même que le sol, le climat et un gland, convenablement conjugués, produiront un arbre. Les mots sont comme les glands. [...] Chacun d'eux ne donne pas un chêne, mais si vous en plantez un nombre suffisant, vous obtiendrez sûrement un chêne tôt ou tard.

William FAULKNER, *Moustiques*, Minuit, 1948.

Je ne crois qu'au fleuve vie, je ne veux être que les flots de ce fleuve. Je ne veux pas de formules ; rien que des mots qui suivent pas à pas dans ses moindres détours, retours et rencontres, la marche complexe de la vie.

ALAIN-FOURNIER, Lettres d'Alain-Fournier à sa famille, 7 février 1906.

Les mots finissent toujours par construire le contraire d'eux-mêmes.

Carlos FUENTES, *La Tête de l'hydre*, Gallimard, 1978.

Je ne veux pas déjà me méfier des mots
— ce sont eux qui m'écrivent...

Daniel GÉLIN, in *La Poésie du vingtième siècle*, t. 3, Albin Michel, 1988.

J'aime un peu trop les mots, c'est vrai, quand je les aime...
Mais c'est avec les mots qu'on fait les Paradis.

Paul GÉRALDY, in *La Poésie du vingtième siècle*, t. 1, Albin Michel, 1982.

La pensée vole et les mots vont à pied. Voilà tout le drame de l'écrivain.

Julien GREEN, *Journal*, in *Œuvres complètes*, Gallimard, 1976.

Tous les mots que nous employons, à force d'avoir servi, ont perdu leur tranchant.

Ernest HEMINGWAY, in *Œuvres Complètes*, Gallimard, préface, 1966.

Les mots peuvent ressembler aux rayons X, si l'on s'en sert convenablement, ils transpercent n'importe quoi.

Aldous HUXLEY, *Le Meilleur des mondes*, Plon, 1933.

Le mot ne montre plus. Le mot bavarde. Le mot est littéraire. Le mot est une fuite. Le mot empêche le silence de parler. Le mot assourdit. Au lieu d'être action, il vous console comme il peut de ne pas agir. Le mot use la pensée. Il la détériore. Le silence est d'or. La garantie du mot doit être le silence. Hélas ! c'est l'inflation.

Eugène IONESCO, *Journal en miettes*, Mercure de France, 1967.

Suggérer au lieu de dire, faire dans la route des phrases un carrefour de tous les mots.

Alfred JARRY, *Les Minutes de sable mémorial*, Fasquelle, 1932.

Car les mots sont de mauvais alpinistes et de mauvais mineurs ! Ils ne vont chercher ni les trésors des sommets ni ceux du fond de la mine !

Franz KAFKA, *Lettres à sa famille et à ses amis*, 1900, Gallimard, 1957.

Le mot a par conséquent deux sens, un sens immédiat et un sens intérieur. Il est la pure matière de la poésie et de l'art, la seule matière dont cet art peut se servir et grâce à laquelle il parvient à toucher l'âme.

Wassily KANDINSKY, *Du spirituel dans l'art et dans la peinture en particulier*, Denoël, 1969.

Les mots ne veulent pas dire les sentiments, les passions ou les obsessions. Cela ne les intéresse pas. Ils vibrent et tremblent comme des oiseaux avant de crier.

J.-M.G. LE CLÉZIO, *L'Inconnu sur la Terre*, Gallimard, 1978.

La chair contre la chair produit un parfum, mais le frottement des mots n'engendre que souffrance et division.

Anaïs NIN, *Journal*, Stock, 1934.

Les mots qui ont un son noble contiennent toujours de belles images.

Marcel PAGNOL, *La Gloire de mon père*, 1957, Pastorelly, 1981.

Les mots sont des pistolets chargés.

Brice PARAIN, *Recherches sur la nature et les fonctions du langage*, Introduction, Gallimard, 1942.

Tout a été dit. Sans doute. Si les mots n'avaient changé de sens ; et les sens, de mots.

Jean PAULHAN, *Clef de la poésie*, Gallimard, 1944.

La conscience des mots amène à la conscience de soi : à se connaître, à se reconnaître.

Octavio PAZ, *À propos de López Velarde*, in *Octavio Paz*, Seghers, 1965.

Un mot n'est pas le même dans un écrivain et dans un autre. L'un se l'arrache du ventre. L'autre le tire de la poche de son pardessus.

Charles PÉGUY, *Pensées*, Gallimard, 1934.

Les mots sont les fantômes des imaginations malades, au-dessus desquels il y a la vie qu'il faut vivre sans penser aux mots.

Charles-Louis PHILIPPE, *Bubu de Montparnasse*, Éditions de la Revue Blanche, 1901.

Ce sont les mots qui existent, ce qui n'a pas de nom n'existe pas. Le mot lumière existe, la lumière n'existe pas.

Francis PICABIA, *Écrits complets*, Belfond, 1975.

L'amour des mots est en quelque façon nécessaire à la jouissance des choses.

Francis PONGE, *Le Grand Recueil*, Gallimard, 1961.

Bien placés bien choisis
Quelques mots font une poésie
Les mots il suffit qu'on les aime

Raymond QUENEAU, *Œuvres complètes*, t. 1, Gallimard, 1989.

Tout mot retrouvé est une merveille.

Pascal QUIGNARD, *Petit Traité sur Méduse*, in *Le Nom sur le bout de la langue*, POL, 1993.

Les mots : la monnaie d'une phrase. Il ne faut pas que ça encombre. On a toujours trop de monnaie.

Jules RENARD, *Journal*, 1908, Gallimard, 1960.

Un mot est ce qui a plusieurs sens et qui peut en acquérir de nouveaux.

Paul RICŒUR, *La Métaphore vive*, Le Seuil, 1975.

Essayer de ne pas dégoûter des mots avec les phrases.

Jean ROSTAND, *Pensées d'un biologiste*, Stock, 1954.

Il faut [...] se fier aux mots. Ils en savent plus que nous sur les choses. Ils en savent plus que nous sur nous.

Claude ROY, *Descriptions critiques*, Gallimard, 1958.

Frotter les mots les plus nus jusqu'à l'étincelle.

Robert SABATIER, *Le Livre de la déraison souriante*, Albin Michel, 1991.

Les mots boivent notre pensée avant que nous ayons eu le temps de la reconnaître ; nous avions une vague intention, nous la précisons par des mots et nous voilà en train de dire tout autre chose que ce que nous voulions dire.

Jean-Paul SARTRE, *L'Existentialisme est un humanisme*, 1946, Nagel, 1960.

Les mots sont ces quelques feuilles qui créent l'illusion d'un arbre avec toutes ses feuilles, l'illusion de tout dire.

Elsa TRIOLET, *La Mise en mots*, Skira, 1969.

Entre deux mots, il faut choisir le moindre

Paul VALÉRY, *Tel Quel*, Gallimard, 1941-1971.

Nous vivons une époque où l'on se figure qu'on pense dès qu'on emploie un mot nouveau. On ne sait pas le tiers du quart des mots de la langue française et on va en chercher dans des modes prétentieuses...

Alexandre VIALATTE, *Et c'est ainsi qu'Allah est grand*, Julliard, 1979.

Manier les mots, les soupeser, en explorer le sens, est une manière de faire l'amour...

Marguerite YOURCENAR, citée par Josiane Savigneau, in *Marguerite Yourcenar*, 1990.

Mot d'amour

Tout le linge sale des mots d'amour que l'on a si peur de toucher, parce qu'il est couvert de taches suspectes que les mensonges y ont laissées...

Romain GARY, *Au-delà de cette limite votre ticket n'est plus valable*, Gallimard, 1975.

Mot de passe

Ce qui nous rend la disparition d'un être plus sensible, ce sont les mots de passe existant entre lui et nous, et qui soudain deviennent inutiles et vides.

Patrick MODIANO, *Villa triste*, Gallimard, 1975.

Mourir

On meurt chaque soir. Mais nous sommes des morts qui se souviennent.

José CABANIS, *Des jardins en Espagne*, Gallimard, 1969.

Mourir, c'est refuser toute compréhension, et pour toujours, de la part des autres.

Yasunari KAWABATA, *Nuée d'oiseaux blancs*, 1952, Plon, 1960.

Mourir, c'est revenir à cet état d'irresponsabilité, c'est être la secousse enfantine du sanglot.

Emmanuel LEVINAS, *Le Temps et l'Autre*, PUF, 1983.

Les hommes ne meurent que pour ce qui n'existe pas.

André MALRAUX, *L'Espoir*, Gallimard, 1937.

Nous mourons, quand il n'y a plus personne pour qui nous voulons vivre.

Henry de MONTHERLANT, *Les Garçons*, Gallimard, 1969.

Mourir : c'est comme sortir d'un film avant la fin.

Bertrand POIROT-DELPECH, *Diagonales*, Gallimard, 1995.

Mourir, c'est passer du côté du plus fort !

Jean ROSTAND, *Pages d'un moraliste*, Fasquelle, 1952.

On meurt pour une cathédrale. Non pour des pierres. On meurt pour un peuple. Non pour une foule. On meurt par amour de l'Homme, s'il est clef de voûte d'une Communauté. On meurt pour cela seul dont on peut vivre.

Antoine de SAINT-EXUPÉRY, *Terre des hommes*, Gallimard, 1939.

Mouvement

L'essentiel de la vie tient dans le mouvement qui la transmet.

Henri BERGSON, *L'Évolution créatrice*, PUF, 1907.

Je n'aime pas voyager, je n'aime que le mouvement.

Paul MORAND, *Rien que la terre*, Grasset, 1926.

Il faut être constamment dans une relative désorganisation, en perte d'équilibre constante. Vous avez fait du ski ? C'est le même mécanisme... La condition du mouvement, c'est d'être en perte d'équilibre.

Alfred SAUVY, in *L'Express*, 19 février 1968.

Moyens

Ce n'est pas le but qui intéresse, ce sont les moyens pour y parvenir.

Georges BRAQUE, *Le Jour et la nuit*, Gallimard, 1952.

La fin est dans les moyens comme l'arbre est dans la semence.

Le Mahâtmâ GÂNDHÎ, in *Gandhi et la non-violence*, Le Seuil, 1970.

Multiplier

Ils voudraient tous que leur vie fût prolongée... Qu'ils cherchent donc d'abord à la multiplier !

Gilbert CESBRON, *Journal sans date*, Laffont, 1963.

Murmure

Fiez-vous au caractère inépuisable du murmure.

André BRETON, *Premier manifeste du surréalisme*, 1924, Pauvert, 1962.

Le tout est d'approfondir même un murmure.

Jean CAYROL, *Je l'entends encore*, Le Seuil, 1968.

Musée

J'aime beaucoup ces hommes qui se laissent enfermer la nuit dans un musée pour pouvoir contempler à leur aise, en temps illicite, un portrait de femme qu'ils éclairent au moyen d'une lampe sourde...

André BRETON, *Nadja*, Gallimard, 1928.

L'art est la présence dans la vie de ce qui devrait appartenir à la mort ; le musée est le seul lieu du monde qui échappe à la mort.

André MALRAUX, *La Tête d'obsidienne*, Gallimard, 1974.

Musicien

Quelqu'un qui ne sacrifie pas *tout* à la musique, à commencer par sa vie, ne mérite pas le titre de musicien.

Érik ORSENNA, *Deux étés*, Fayard, 1997.

Devenir musicien, c'est sans doute chercher à mettre la main sur les sons, chercher à éduquer leur violence, à apaiser la vieille souffrance sonore.

Pascal QUIGNARD, *Le Salon du Wurtemberg*, Gallimard, 1986.

Si les insomnies d'un musicien lui font créer de belles œuvres, ce sont de belles insomnies.

Antoine de SAINT-EXUPÉRY, *Vol de nuit*, Gallimard, 1931.

Musique

Notre époque ne fait plus de musique. Elle camoufle par du bruit la solitude des hommes en leur donnant à entendre ce qu'elle croit être de la musique.

Jacques ATTALI, in *Le Bonheur, la Vie, la Mort, Dieu...*, Le Cerf.

La musique, ce qu'elle est : respiration. Marée. Longue caresse d'une main de sable.

Christian BOBIN, *Souveraineté du vide*, Fata Morgana, 1985.

Tout est musique. Un tableau, un paysage, un livre, un voyage ne valent que si l'on entend leur musique.

Jacques de BOURBON BUSSET, *Tu ne mourras pas*, Gallimard, 1978.

Le vase donne une forme au vide, et la musique au silence.

Georges BRAQUE, *Le Jour et la nuit*, Gallimard, 1952.

Personne ne lui résiste au fond à la musique. On n'a rien à faire avec son cœur, on le donne volontiers. Faut entendre au fond de toutes les musiques l'air sans notes, fait pour nous, l'air de la Mort.

Louis-Ferdinand CÉLINE, *Voyage au bout de la nuit*, Gallimard, 1932.

Une des magies de la musique est de parvenir à donner la nostalgie de ce qu'on n'a jamais connu.

Gilbert CESBRON, *Journal sans date*, Laffont, 1963.

Nous ne sentons vraiment que nous avons une « âme » que lorsque nous écoutons de la musique.

Emil Michel CIORAN, *Cahiers 1957-1972*, Gallimard, 1997.

Ce n'est pas nous qui faisons la musique, elle est là, rien n'y échappe ; il n'y a qu'à s'y adapter, il n'y a qu'à nous y enfoncer jusque par-dessus les oreilles.

Paul CLAUDEL, *Le Soulier de satin*, Gallimard, 1929.

L'essentiel n'est pas la flûte, ni ce qu'elle joue, mais le visage derrière la flûte et qui en joue.

COLETTE, *Gigi*, Hachette, 1943.

J'ai toujours été attiré par la musique mais aucun instrument n'a voulu de moi. Ça ne fait rien. Je continue de rôder autour d'elle.

Philippe DJIAN, *Entre nous soit dit. Conversations avec Jean-Louis Ezine*, Plon, 1996.

La musique seule peut parler de la mort.

André MALRAUX, *La Condition humaine*, Gallimard, 1933.

Swann tenait les motifs musicaux pour de véritables idées, d'un autre monde, d'un autre ordre, idées voilées de ténèbres, inconnues, impénétrables à l'intelligence.

Marcel PROUST, *Du côté de chez Swann*, Gallimard, 1919.

La musique est peut-être l'exemple unique de ce qu'aurait pu être — s'il n'y avait pas eu l'invention du langage, la formation des mots, l'analyse des idées — la communication des âmes.

Marcel PROUST, *La Prisonnière*, Gallimard, 1923.

La musique est simplement là pour parler de ce dont la parole ne peut parler. En ce sens, elle n'est pas tout à fait humaine.

Pascal QUIGNARD, *Tous les matins du monde*, Gallimard, 1991.

La musique nous donne accès au cœur du monde. Quand j'écoute Mozart, Schubert ou Wagner, je sens monter en moi un irrésistible sentiment d'exaltation et de reconnaissance pour l'univers qui a engendré la vie et la musique.

Hubert REEVES, *L'Espace prend la forme de mon regard*, Le Seuil, 1999.

La vie passe. Le corps et l'âme s'écoulent comme un flot. Les ans s'inscrivent sur la chair de l'arbre qui vieillit. Le monde entier des formes s'use et se renouvelle. Toi seule ne passes pas, immortelle Musique. Tu es la mer intérieure. Tu es l'âme profonde.

Romain ROLLAND, *Jean-Christophe*, Albin Michel, 1949.

J'ai dit quelque part qu'il ne suffisait pas d'entendre la musique, mais qu'il fallait encore la voir.

Igor STRAVINSKY, *Poétique musicale*, Plon.

Mutiler

Qu'est-ce sauver l'homme ? Mais je vous le crie de tout moi-même, c'est de ne pas le mutiler et c'est donner ses chances à la justice qu'il est le seul à concevoir.

Albert CAMUS, *Lettres à un ami allemand*, Gallimard, 1945.

Mystère

Je désignerai par le mot *mystère* ce que d'ordinaire l'on appelle Dieu.

Georges BATAILLE, *L'Expérience intérieure*, Gallimard, 1943.

C'est un mystère, Matt, et si tu avais été élevé dans la religion catholique, tu saurais que les mystères ne s'expliquent pas. On ne peut que les contempler.

Lawrence BLOCK, *Ils y passeront tous*, Le Seuil, 1999.

L'homme est prêt à croire tout, pourvu qu'on le lui dise avec mystère. Qui veut être cru, doit parler bas.

Malcolm de CHAZAL, *Sens plastique*, Gallimard, 1948.

Puisque ces mystères me dépassent, feignons d'en être l'organisateur.

Jean COCTEAU, *Les Mariés de la tour Eiffel*, Gallimard, 1921.

La plus belle chose que nous puissions éprouver, c'est le mystère des choses.

Albert EINSTEIN, *Comment je vois le monde*, Flammarion, 1934.

Quand les mystères sont très malins, ils se cachent dans la lumière.

Jean GIONO, *Ennemonde*, Gallimard, 1968.

Il est bien vrai que les gens gagnent à être connus. Ils y gagnent en mystère.

Jean PAULHAN, *De la paille et du grain*, Gallimard, 1948.

Mystique

André Malraux m'a dit : « Le prochain siècle sera mystique, ou il ne sera pas » Et j'insiste bien sur ceci : Malraux a dit « mystique » et non pas « spirituel », comme on l'a répété souvent à tort. Car, pour lui comme pour moi, l'état mystique, c'est ce qui permet d'accéder directement à Dieu, par l'expérience.

André Frossard, Dialogue avec Jean Guitton, in *Paris-Match*, 29 août 1991.

Les mystiques, ces fous admirables qui se coupent les pieds pour se faire pousser des ailes.

Marie Noël, *Notes intimes*, Stock, 1959.

Un mystique, c'est toujours un homme qui veut oublier quelque chose.

Jean-Paul Sartre, *Situations*, t. 1, Gallimard, 1947.

N

Naissance

Il nous faut naître deux fois pour vivre un peu, ne serait-ce qu'un peu. Ils nous faut naître par la chair et ensuite par l'âme. Les deux naissances sont comme un arrachement.

> Christian BOBIN, *La Plus que vive*, Gallimard, 1996.

Il mourut en se demandant pourquoi diable la Loi universelle voulait que l'on commençât par naître.

> Anthony BURGESS, *La Symphonie Napoléon*, Laffont, 1978.

Nous ne naissons pas seuls. Naître, pour tout, c'est connaître. Toute naissance est une connaissance.

> Paul CLAUDEL, *Art poétique*, Mercure de France, 1951.

On ne donne pas la vie. On la transmet.

> Françoise GIROUD, *Ce que je crois*, Grasset, 1978.

Le véritable lieu de naissance est celui où l'on a porté pour la première fois un coup d'œil intelligent sur soi-même.

> Marguerite YOURCENAR, *Mémoires d'Hadrien*, Plon, 1951.

Napalm

J'aime l'odeur du napalm au petit matin... Tiens, une fois, nous avons bombardé une colline pendant douze heures et quand ça a été fini, je l'ai escaladée. Nous n'avons rien trouvé, pas un seul cadavre de Viet. Mais l'odeur, cette odeur d'essence... Toute la colline sentait la victoire !

Dialogues du film *Apocalypse Now* de Francis Ford Coppola, 1979.

Nation

La nation est la garante de toutes nos libertés individuelles et collectives ; elle est la garante de nos droits de citoyens ; elle est la garante d'une bonne justice. Au cours des temps modernes chaque nation a pris la forme d'une personne comme pour donner un corps à l'idéal commun. On la pare des qualités qu'on lui souhaite et on lui attribue une mission universelle.

Robert DEBRÉ, *Ce que je crois*, Grasset, 1976.

Nationalisme

N'est-ce pas la vertu première du nationalisme que de trouver pour chaque problème un coupable plutôt qu'une solution ?

Amin MAALOUF, *Les Identités meurtrières*, Grasset, 1998.

Nature

Nous comprenons la Nature en lui résistant.

Gaston BACHELARD, *La Formation de l'esprit scientifique*, Vrin, 1938.

L'homme a été mis par Dieu au milieu de la nature pour l'achever et la lui offrir.

Paul CLAUDEL, *Conversations dans le Loir-et-Cher*, Gallimard, 1935.

La science, à cause de sa méthode et de ses concepts, a promu un univers dans lequel la domination de la nature est restée liée à la domination de l'homme.

Herbert MARCUSE, *L'Homme unidimensionnel*, Minuit, 1968.

L'idée qu'on se fait de la nature en France, c'est qu'elle pousse et qu'elle est verte.

Roger NIMIER, *Cahiers Roger Nimier*, n° 1.

Il n'est rien d'essentiel à l'homme qui ne soit figuré naturellement, dans le caillou, la plante ou la bête.

André PIEYRE de MANDIARGUES, *Le Belvédère*, Grasset, 1958.

Si nous connaissons les termes d'infanticide, de parricide, de fratricide, et non de naturicide, c'est peut-être parce qu'il n'y aurait pas là une faute de vocabulaire, mais une faute de sens. Parce que ce serait « la » faute, la grande faute, l'impensable et innommable faute.

Françoise SAGAN, *...et toute ma sympathie*, Julliard, 1993.

Naufrage

La devise de l'époque, c'est « le sexe et l'argent », c'est-à-dire corps et biens. Cela sent le naufrage.

Gilbert CESBRON, *Mourir étonné*, Laffont, 1980.

Négligence

Dans la racine du mot « négligence », il y a le mot « lire ». Faire preuve vis-à-vis d'autrui de négligence, c'est être devant lui comme devant un livre que l'on n'ouvrira pas, le laissant à lui-même obscur, privé de sens.

Christian BOBIN, *Autoportrait au radiateur*, Gallimard, 1997.

Négre

Essayez un instant d'imaginer votre confusion si, dans le royaume des cieux, vous découvriez que Dieu est un nègre...

Robert KENNEDY, cité in *The New York Times*, juin 1968.

Névrosé

Le névrosé est celui dont le blocage résulte de diverses censures qui annihilent tous ses symboles. Son silence est un silence de censure.

Roland BARTHES, in *L'Express*, 25 mai 1970.

Les chambres intérieures de l'âme sont comme la chambre noire du photographe. On ne peut y séjourner longtemps, sinon cela devient la cellule du névrosé.

Anaïs NIN, *Journal*, 1944, Stock, 1959.

New York

Ces longues lignes tirées au cordeau m'ont donné soudain la sensation de l'espace. Nos villes d'Europe sont construites pour nous protéger contre lui : les maisons s'y groupent comme des moutons. Mais l'espace traverse New York, l'anime, le dilate. L'espace, le grand espace vide des steppes et des pampas, coule dans ses artères comme un courant d'air froid, séparant les riverains de droite des riverains de gauche.[...] Les buildings sont des ex-votos à la réussite, ils sont derrière la statue de la Liberté, comme les statues d'un homme ou d'une entreprise qui se sont élevés au-dessus des autres.

Jean-Paul SARTRE, *Situations*, t. 3, Gallimard, 1949.

Nier

Une idée que j'ai, il faut que je la nie ; c'est ma manière de l'essayer.

ALAIN, *Histoire de mes pensées*, Gallimard, 1936.

Nier Dieu, c'est se priver de l'unique intérêt que peut avoir la mort.

Sacha GUITRY, *Toutes réflexions faites*, L'Élan, 1946.

Noir

La souffrance est pire dans le noir ; on ne peut poser les yeux sur rien.

Graham GREENE, *Le Fond du problème*, Laffont, 1948.

Le noir est comme un bûcher éteint, consumé, qui a cessé de brûler, immobile et insensible comme un cadavre sur qui tout glisse et que rien ne touche plus. Il est comme le silence dans lequel entre le corps après la mort quand la vie s'est usée jusqu'au bout. C'est, extérieurement, la couleur la plus dépourvue de résonance.

Wassily KANDINSKY, *Du spirituel dans l'art et dans la peinture en particulier*, Denoël, 1969.

Nom

Un nom ne vaut que pour l'ancêtre qui l'a mérité en son temps.

Pierre Jakez HÉLIAS, *Les Autres et les miens*, Plon, 1979.

Rien ne devrait recevoir un nom, de peur que ce nom même le transforme.

Virginia WOOLF, *Les Vagues*, 1931, Plon, 1957.

Non

Penser, c'est dire non. Remarquez que le signe du oui est d'un homme qui s'endort ; au contraire le réveil secoue la tête et dit non.

ALAIN, *Propos sur la religion*, PUF, 1938.

On est jeune tant que l'on sait dire : « Non ! » Premier oui, première ride.

Henri JEANSON, *Les Peintres témoins de leur temps*.

Non-Violence

La non-violence sous sa forme active consiste en une bienveillance envers tout ce qui existe. C'est l'Amour pur.

Le Mahâtmâ GÂNDHÎ, *La Jeune Inde*, Stock, 1924.

Nostalgie

Tous les protagonistes du débat idéologique, aujourd'hui, sont des vivants qui se traitent mutuellement de morts et la nostalgie, d'où qu'elle vienne, est systématiquement qualifiée de frileuse.

Alain FINKIELKRAUT, *L'Ingratitude. Conversations sur notre temps*, Gallimard, 1999.

Se lamenter sur les bonheurs passés et les modes du temps jadis n'est pas mon fort. J'y vois même une incapacité de vivre comme il faut vivre, avec appétit et l'amour de ce qui sera.

François MITTERRAND, *L'Abeille et l'Architecte*, Flammarion, 1978.

Nourriture

Face à la nourriture, le corps ne sait rester neutre ; il est prêt à toutes les folies, à toutes les fantasmagories, et la mort ne lui fait plus peur.

Noëlle CHATELET, *Le Corps à corps culinaire*, Le Seuil, 1977.

Nouveau

Qui oserait dire que, pour ceux qui sont dignes de la joie, ce qui est nouveau ne soit pas beau ?

Guillaume APOLLINAIRE, *L'Esprit nouveau et les poètes* : conférence donnée au Vieux Colombier, 26 novembre 1917.

Les mondes nouveaux doivent être vécus avant d'être expliqués.

Alejo CARPENTIER, *Le Partage des eaux*, Gallimard, 1955.

C'est vieux comme le monde, la nouveauté !

Dialogues du film *Les Enfants du paradis* de Marcel Carné, 1945.

« Nouveau » maintenant veut dire « meilleur ». Plus personne ne se réclame du « déjà-là » contre le « pas-encore », tout le monde se réclame de l'innovation contre la tradition.

Alain FINKIELKRAUT, *L'Ingratitude. Conversations sur notre temps*, Gallimard, 1999.

Le nouveau n'est pas nécessairement le meilleur, et c'est peut-être la vérité de l'idée postmoderne. [...] La vraie nouveauté naît toujours dans le retour aux sources.

Edgar MORIN, *Amour, poésie, sagesse*, Le Seuil, 1997.

Chaque fois que le jour se lève, on croit qu'il va se passer quelque chose de nouveau... quelque chose de frais... Et puis le soleil se couche... et on fait comme lui. C'est triste.

Dialogues du film *Quai des brumes* de Marcel Carné, 1938.

Ce qui m'est difficile, m'est toujours nouveau.

Paul VALÉRY, *Moralités*, in *Tel Quel*, t.1, Gallimard, 1941.

Nouveau testament

— J'ai peur de Dieu.
— Vous êtes de l'Ancien Testament... Dans le Nouveau, c'est Dieu qui a peur.

Marcel JOUHANDEAU, *Monsieur Godeau intime*, Gallimard, 1926.

Nuit

Pour lire, la nuit convient mieux, cette égalité enfin établie entre l'obscurité du dedans et l'obscurité du dehors.

Christian BOBIN, *Souveraineté du vide*, Fata Morgana, 1985.

Qu'est-ce qui se passe dans le silence de la nuit ? À quoi sont occupées les forêts et la mer ?

Paul CLAUDEL, *Cent phrases pour éventails*, Gallimard, 1942.

La nuit rassemble ses forces pour vaincre la lumière, mais c'est dans le dos que la lumière va frapper la nuit.

Dialogues du film *Soigne ta droite* de Jean-Luc Godard, 1987.

Il ne faut cesser de s'enfoncer dans sa nuit : c'est alors que brusquement la lumière se fait.

Francis PONGE, *Pour un Malherbe*, Gallimard, 1965.

Les étoiles déversent constamment de la lumière, et pourtant le cosmos est noir !

Hubert REEVES, *La Saga du cosmos*, in *La Science : dieu ou diable ?*, Odile Jacob, 1999.

La vie est tout de même une chose bien curieuse... pour qui sait observer entre minuit et trois heures du matin.

Dialogues du film *Quai des brumes* de Marcel Carné, 1938.

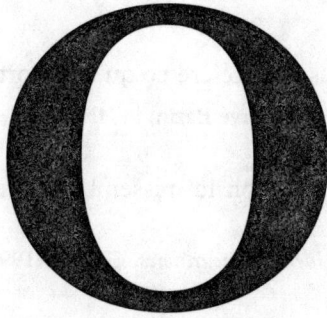

O

Obscénité

L'obscénité n'apparaît que si l'esprit méprise et craint le corps, si le corps hait l'esprit et lui résiste.

David Herbert LAWRENCE, *L'Amant de Lady Chatterley*, Préface, 1928, Gallimard, 1946.

Obsession

Une obsession, une seule obsession, tenace, infatigable, une obsession profonde, insistante, incurable : c'est avec ça qu'on fait un écrivain — ou un fou.

Christian BOBIN, *Autoportrait au radiateur*, Gallimard, 1997.

Obstacle

Je crois que l'absence complète d'obstacles est plus dangereuse que des obstacles insurmontables.

Konrad LORENZ, in *L'Express*, 1er juin 1970.

Il faut un obstacle nouveau pour un savoir nouveau.

Henri MICHAUX, *Passages*, Gallimard, 1950.

Si la route est aisée, inventons l'obstacle.

Robert SABATIER, *Le Livre de la déraison souriante*, Albin Michel, 1991.

Occident

L'Occident ne sait plus s'il préfère ce qu'il apporte à ce qu'il détruit.

Raymond ARON, cité par Hervé Bazin, in *Abécédaire*, Grasset, 1984.

L'Occident ne veut pas qu'on lui ressemble, il veut seulement qu'on lui obéisse.

Amin MAALOUF, *Les Identités meurtrières*, Grasset, 1998.

Océan

L'océan, preuve immense que Dieu pleura sur son ouvrage.

Paul FORT, *Empire de France*, in *Ballades françaises*, Flammarion, 1983.

On peut dire que l'océan — son mystère, son infini, sa grande vie solitaire sous le ciel changeant —, c'est la métaphysique à la portée d'un enfant de sept ans.

Michel TOURNIER, *Célébrations*, Mercure de France, 1999.

Œil

N'importe quel imbécile peut fermer l'œil, mais qui sait ce que voit l'autruche dans le sable ?

Samuel BECKETT, *Murphy*, Minuit, 1947.

Un œil pur et un regard fixe voient toutes choses devant eux devenir transparentes.

Paul CLAUDEL, *La Ville*, Mercure de France, 1901.

À l'âge du visuel, le regard perd son ancienne éminence. L'œil ne contemple ni n'observe : il avale, il ingurgite, il s'abreuve, il est devenu une sorte de bouche.

Alain FINKIELKRAUT, *L'Ingratitude. Conversations sur notre temps*, Gallimard, 1999.

Œuf

Il y avait une vieille dame qui refusait avec scandale de mettre du beurre dans son œuf à la coque. «Je le mange comme le bon Dieu l'a fait», disait-elle. Et elle tendait la main vers la salière.

Simone de BEAUVOIR, *Pyrrhus et Cinéas*, Gallimard, 1944.

Œuvre

[...] une œuvre d'homme n'est rien d'autre que ce long cheminement pour retrouver par les détours de l'art les deux ou trois images simples et grandes sur lesquelles le cœur une première fois s'est ouvert.

Albert CAMUS, *L'Envers et l'endroit*, Préface, Gallimard, 1958.

Toute œuvre qui n'est pas la sueur d'une morale, toute œuvre qui ne résulte pas d'un exercice de l'âme exigeant une volonté plus forte que n'importe quel effort physique, toute œuvre trop visible [...], toute œuvre trop vite convaincante, sera une œuvre décorative et fantaisiste.

Jean COCTEAU, *Journal d'un inconnu*, Grasset, 1953.

On croit pincer l'œuvre, on tire des lambeaux d'homme.

Georges DUMÉZIL, in *La Nouvelle Revue Française*, janvier 1999.

La vie d'artiste, c'est la peau de chagrin. Une œuvre de plus, c'est autant d'enlevé à la vie. Et une œuvre c'est comme les mois de campagne, cela compte double... C'est du temps et de la substance en moins, et la mort qui se rapproche en vitesse accélérée.

Jean DUTOURD, *Carnet d'un émigré*, Flammarion, 1973.

L'œuvre est un reflet en petit de l'harmonie du grand Tout.

Luc FERRY, in *Le Point*, 31 octobre 1998.

« Comprendre une œuvre » n'est pas une expression moins confuse que « comprendre un homme ».

André MALRAUX, *L'Homme précaire et la littérature*, Gallimard, 1977.

Mourir en laissant une œuvre, ce n'est plus mourir autant.

Roger MARTIN du GARD, *Journal*, Gallimard, 1992-1993.

Une œuvre, tant qu'elle survit, c'est une blessure ouverte par où toute une race continue de saigner.

François MAURIAC, *Mémoires intérieurs*, Flammarion, 1965.

Quand on connaît un homme à travers son œuvre, on a l'impression qu'il vivra éternellement.

Anaïs NIN, *Journal*, 1933, Stock, 1959.

Œuvre d'art

J'aime à supposer que l'œuvre d'art est celle qui fait le salut de l'âme au moins un petit instant.

ALAIN, *Les Aventures du cœur*, Hartmann, 1945.

Une œuvre d'art, c'est le moyen d'une âme.

Maurice BARRÈS, *Mes Cahiers*, Plon, 1929-1950.

Il y a dans toute œuvre d'art une tentation surmontée de suicide.

Michel BUTOR, *Vanité*, Balland, 1980.

On disait à Renoir : « Vous devez être fier de ce que vos œuvres atteignent de tels prix en salle des ventes. » Et Renoir répondait : « On ne demande pas à un cheval s'il est fier d'avoir gagné le Grand Prix. »

Jean COCTEAU, *Journal d'un inconnu*, Grasset, 1953.

La vérité que cherche l'œuvre d'art, c'est la vérité universelle de ce qui est singulier.

Michel DEGUY, *Fragment du cadastre*, Gallimard, 1960.

L'artiste travaille seul, n'emploie personne et n'a pas de profession. Peindre ou écrire ne relève pas d'une question de métier ; il s'agit d'une respiration. L'outil lui-même est incertain. Si l'idée meurt, ou l'imagination, si la tête est en panne, rien ni personne ne sauvera l'homme asphyxié par le néant. Et nul ne le remplacera : l'œuvre d'art est unique, tout comme celui qui la produit.

Dan FRANCK, *Bohèmes*, préface, Calmann-Lévy, 1998.

Une œuvre d'art est une brume devenue sculpture.

Khalil GIBRAN, *L'Œil du prophète*, Albin Michel, 1991.

L'œuvre d'art, c'est une idée qu'on exagère.

André GIDE, *Les Faux-Monnayeurs*, Gallimard, 1925.

Ce qui importe par-dessus tout dans une œuvre d'art, c'est la profondeur vitale de laquelle elle a pu jaillir.

James JOYCE, *Ulysse*, 1922, Adrienne Monnier, 1929.

L'œuvre surgit dans son temps et de son temps, mais elle devient œuvre d'art par ce qui lui échappe.

André MALRAUX, *Les Voix du silence*, Gallimard, 1951.

On doit prendre son bien où on le trouve, sauf dans ses propres œuvres.

Pablo PICASSO, *Conversations avec Christian Zervos*, in *Cahiers d'Art*, 1935.

Les œuvres d'art naissent toujours de qui a affronté le danger, de qui est allé jusqu'au bout d'une expérience.

Rainer Maria RILKE, *Lettre à sa femme*, in *Œuvres complètes*, Le Seuil, 1970-1972.

Le but fondamental de toute œuvre d'art est de nous aider à mieux nous connaître.

François TRUFFAUT, in *François Truffaut*, Julliard, 1989.

Oiseau

Les oiseaux sont des nombres
L'algèbre est dans les arbres
C'est Rousseau qui peignit sur la portée du ciel
cette musique à vocalises.

Louis ARAGON, *Acrobate*, in *Feu de joie*, 1920, Gallimard, 1970.

Au plus fort de l'orage, il y a toujours un oiseau pour nous rassurer. C'est l'oiseau inconnu. Il chante avant de s'envoler.

René CHAR, *Rougeur des matinaux*, in *Les Matinaux*, Gallimard, 1950.

Dieu aima les oiseaux et inventa les arbres. L'homme aima les oiseaux et inventa les cages.

Jacques DEVAL, *Afin de vivre bel et bien*, Albin Michel, 1970.

Les petits oiseaux entretiennent l'amitié.

René de OBALDIA, *Les Richesses naturelles*, Julliard, 1952.

Un seul oiseau en cage
La liberté est en deuil.

Jacques PRÉVERT, *Fatras*, Gallimard, 1966.

Et, de nouveau, cette pensée toute simple : on ne voit jamais les oiseaux mourir.

Philippe SOLLERS, *L'Année du tigre, Journal de l'année 1998*, Le Seuil, 1999.

Ombre

Il n'y a pas de lumière sans ombre. Un livre sans ombre est un non-sens, et ne mérite pas d'être ouvert. Rien n'est dangereux comme les belles images. C'est avec cela qu'on pervertit les esprits.

Louis ARAGON, *J'abats mon jeu*, Stock, 1997.

Tout ce qui est intéressant se passe dans l'ombre. On ne sait rien de la véritable histoire des hommes.

Louis-Ferdinand CÉLINE, *Voyage au bout de la nuit*, Gallimard, 1932.

Lâcher la proie pour l'ombre, comme si l'ombre n'était pas la meilleure des proies !

Jean CHALON, *L'Avenir est à ceux qui s'aiment*, Stock, 1979.

Chacun est l'ombre de tous.

Paul ÉLUARD, *Les Armes de la douleur*, Centre des intellectuels, 1943.

Opinion

Nous vivons en un temps où la plupart des gens se croiraient déshonorés s'ils n'avaient pas d'opinion.

Sacha GUITRY, *Toutes réflexions faites*, L'Élan, 1946.

Pourquoi faire part de nos opinions ? Demain, nous en aurons changé.

Paul LÉAUTAUD, *Journal littéraire*, Mercure de France, 1954-1964.

Toute preuve contre-prouve et (si je peux dire) toute pensée contre-pense. Former une opinion, c'est aussitôt la perdre.

Jean PAULHAN, *Le Clair et l'obscur*, in *La Nouvelle revue française*, avril-juin 1958.

Il n'y a pas de maladies, mais seulement des malades, disent quelques médecins ; je dis pour moi, qu'il n'y a pas d'opinions, mais des gens qui donnent la leur.

Miguel de UNAMUNO, *Ma religion et autres essais*, in *Miguel de Unamuno*, Éditions universitaires, 1956.

Opinion publique

Chacun parle de l'opinion publique, entendant par là l'opinion publique moins la sienne.

Gilbert Keith CHESTERTON, *Hérétiques*, 1912, Plon, 1930.

Optimisme

L'optimisme est une fausse espérance à l'usage des lâches et des imbéciles.

Georges BERNANOS, *La Liberté pour quoi faire ?*, Gallimard, 1953.

L'optimisme est comme l'oxyde de carbone : il tue en laissant sur les cadavres une empreinte de rose.

Guido CERONETTI, *Le Silence du corps*, Albin Michel, 1984.

L'optimisme est l'opium du genre humain ! L'esprit sain pue la connerie.

Milan KUNDERA, *La Plaisanterie*, Gallimard, 1968.

L'optimiste pense qu'une nuit est entourée de deux jours, le pessimiste qu'un jour est entouré de deux nuits.

Francis PICABIA, *Écrits complets*, Belfond, 1975.

Or

Mon père était chercheur d'or,
L'ennui, c'est qu'il en a trouvé.

Jacques Brel, *L'Enfance*, © Éditions musicales Pouchenel, 1973.

Hélas, ce que les hommes ont trouvé de mieux à faire avec l'or, ce sont des pièces de vingt francs...

Francis Picabia, *Écrits complets*, Belfond, 1975.

Maintenant, je sais que de l'or,
De l'or, il y en a plein le monde,
Et que ça appartient aux gens raisonnables
Qui couchent tous les soirs avec leurs épouses,
Et, de temps en temps, avec la bonne aussi...

André Spire, in *Poèmes juifs*, Albin Michel, 1959.

Ordinaire

Choisir, noter ce qui fut marquant, garder l'insolite, éliminer le banal, ce n'est pas mon affaire, puisque la plupart du temps, c'est l'ordinaire qui me pique et me vivifie.

Colette, *Le Fanal bleu*, Ferenczi, 1949.

Ordinateur

Le grand danger de l'ordinateur, c'est sa gigantesque productivité. Plus il accumule les données, plus la part consacrée à la réflexion doit être grande.

Emmanuel Le Roy-Ladurie, in *L'Express*, septembre 1973.

Original

Être original, c'est, en un sens, mettre en valeur la médiocrité des autres, ce qui me paraît d'un goût très douteux.

Ernesto Sábato, *Le Tunnel*, Gallimard, 1956.

Originalité

L'originalité est souvent un bloc de préjugés.

Jacques CHARDONNE, *Propos comme ça*, Grasset, 1966.

Je déteste l'originalité. Je l'évite le plus possible. Il faut employer une idée originale avec les plus grandes précautions pour n'avoir pas l'air de mettre un costume neuf.

Jean COCTEAU, *Opium*, Stock, 1983.

Malheur à celui qui veut conserver son originalité !

Eugène IONESCO, *Rhinocéros*, Gallimard, 1959.

Il faut avoir le courage de faire comme tout le monde pour n'être comme personne.

Jean-Paul SARTRE, *L'Âge de raison*, Gallimard, 1945.

Orthographe

Elle m'avait dit un jour : « Chéri, est-ce que tu savais qu'oroscope, idrogène, ipocrite et arpie ne sont pas dans le dictionnaire ? »

Sacha GUITRY, *Elles et toi*, Solar, 1947.

La mythologie et les contes de fées sont plus nécessaires aux jeunes intelligences que l'orthographe et l'arithmétique.

Edmond JALOUX, *Le Reste est silence*, Stock, 1909.

On a trop réduit la connaissance de la langue à la simple mémoire. Faire de l'orthographe le signe de la culture, signe des temps et de sottise.

Paul VALÉRY, *Choses tues*, in *Tel Quel*, Gallimard, 1941.

Je me demande ce que dirait un garagiste si on lui mettait sous un globe sa pince ou sa clef à molette ! C'est ce qu'on veut faire pour l'orthographe. On la fera visiter comme un vieux monument. Du coup, nul ne pourra plus lire Descartes, Montaigne ou Pascal. Est-ce qu'on se doute que ce sont des outils ? On relègue tout au grenier sous prétexte de neuf. Ensuite, quand on veut se mettre à table on s'aperçoit qu'il manque de chaises.

Alexandre VIALATTE, *Et c'est ainsi qu'Allah est grand*, Julliard, 1979.

Ortie

Les orties ont des yeux, un regard de côté qui médite l'égratignure.

André SUARÈS, *Temples grecs, maisons des dieux*, Granit, 1980.

Oubli

Chaque fois que tu oublies, c'est la mort que tu te rappelles en oubliant.

Maurice BLANCHOT, *L'Attente, L'oubli*, Gallimard, 1962.

L'individu ne s'affirme jamais plus que lorsqu'il s'oublie. Qui songe à soi s'empêche.

André GIDE, *Les Nouvelles nourritures*, Gallimard, 1935.

Le meilleur que nous puissions attendre des hommes, c'est l'oubli.

François MAURIAC, *Bloc-notes*, Flammarion, 1957.

L'oubli ! Quel mot plein d'horreur, de consolation et de magie ! Peut-on vivre sans oublier ?... Mais qui peut oublier suffisamment ? Le fond du cœur est lourd des cendres du souvenir. Ce n'est que lorsqu'on n'a plus de but dans la vie qu'on est vraiment libre.

Erich Maria REMARQUE, *Arc de triomphe*, Plon, 1963.

P

Pain

Le mot pain est comme un coup de feu
quand une bouche affamée le prononce.

> Jesus LOPEZ PACHECO, *Chanson de pain*, 1958, in *La Poésie espagnole des origines à nos jours*, Seghers, 1963.

Celui qui manque trop du pain quotidien n'a plus aucun goût au pain éternel.

> Charles PÉGUY, *Le Mystère de la charité de Jeanne d'Arc*, Gallimard, 1918.

Le pain joue tant de rôles ! Nous avons appris à reconnaître, dans le pain, un instrument de la communauté des hommes, à cause du pain à rompre ensemble. Nous avons appris à reconnaître, dans le pain, l'image de la grandeur du travail, à cause du pain à gagner à la sueur du front... La saveur du pain partagé n'a point d'égale.

> Antoine de SAINT-EXUPÉRY, *Pilote de guerre*, Gallimard, 1942.

Paix

Il n'est paix qui ne repose sur les boucliers, les têtes et les corps sans tête de l'ennemi !

> Miguel Angel ASTURIAS, *Légendes du Guatemala*, Cahiers du Sud, 1932.

La guerre, c'est quand on attend la mort du dehors ; la paix, c'est quand on l'attend du dedans.

> Gilbert CESBRON, *La Fleur, le fruit, l'amande*, La Guilde du livre, 1958.

Il est plus facile de faire la guerre que la paix.

Georges CLEMENCEAU, *Discours de guerre*, Plon, 1934.

La colombe de la paix était un pigeon. Un pigeon mort...

Dialogues du film *Berlin Express* de Jacques Tourneur, 1948.

Il faut faire une paix qui ait la grandeur d'âme de la guerre.

Henry de MONTHERLANT, *La Relève du matin*, Gallimard, 1954.

Pamphlet

Le pamphlet est le seul lieu où ce qui est exagéré n'est pas insignifiant.

Robert SABATIER, *Le Livre de la déraison souriante*, Albin Michel, 1991.

Paperasserie

Quant à la paperasserie administrative, elle doit répondre à une exigence du grand nombre, ou plutôt à une peur élémentaire : *la peur d'être une bête*. Car vivre sans papiers, c'est vivre comme une bête.

Michel TOURNIER, *Le Roi des Aulnes*, Gallimard, 1970.

Papier

Le papier couvert d'écriture brûle mal.

Mikhaïl BOULGAKOV, *Le Maître et Marguerite*, 1942, Laffont, 1968.

Se cramponner au papier blanc jusqu'à ce qu'on voie rouge, et qu'on réagisse comme un taureau...

Emil Michel CIORAN, *Cahiers 1957-1972*, Gallimard, 1997.

Le parole n'est qu'un bruit et les livres ne sont que du papier.

Paul CLAUDEL, *Tête d'Or*, in *Œuvres complètes*, t. 6, Gallimard, 1954.

Je ne crois en rien, bordel, je sais seulement que la machine à écrire est fatale aux enfantillages, que le papier blanc est le suaire de la connerie.

Daniel PENNAC, *La Petite marchande de prose*, Gallimard, 1989.

Tant de forêts arrachées à la terre
et massacrées
achevées
rotativées

Tant de forêts sacrifiées pour la pâte à papier...

> Jacques PRÉVERT, *La pluie et le beau temps*, Gallimard, 1955.

L'écrivain, de sa flamme, fait du papier.

> Jean ROSTAND, *Pensées d'un biologiste*, Stock, 1954.

Parachutiste

Il y a un para chez tout homme... Il y a le para de la famille. Je crois que tout homme est beaucoup plus près d'un général, d'un militaire que de la moindre femme.

> Marguerite DURAS, *Les Parleuses*, entretien avec Xavière Gauthier, Minuit, 1974.

Paradis

Notre vie est une succession de paradis qui nous sont l'un après l'autre refusés.

> Samuel BECKETT, *Proust*, Minuit, 1990.

Quand l'homme essaie d'imaginer le Paradis sur terre, ça fait tout de suite un enfer très convenable.

> Paul CLAUDEL, *Conversations dans le Loir-et-Cher*, Gallimard, 1935.

Les vrais paradis sont les paradis qu'on a perdus.

> Marcel PROUST, *Le Temps retrouvé*, Gallimard, 1927.

Il vaut mieux [...] s'unir pour obtenir le bonheur sur la terre que de se disputer sur l'existence d'un paradis dans le ciel.

> Maurice THOREZ, *Fils du peuple*, Éditions sociales internationales, 1937.

Je crois aux surprises de l'histoire. J'espère comprendre si peu, si mal ce qui se passe, que ça ne m'étonnerait pas si nous débouchions à notre grande surprise sur le Paradis.

Elsa TRIOLET, *Le Rossignol se tait à l'aube*, Gallimard, 1970.

Pardon

La liberté, c'est de ne jamais avoir à demander pardon.

Dialogues du film *L'Associé du Diable* de Taylor Hackford, 1997.

Le plus difficile est de pardonner à ceux qu'on aime le mal qu'ils vous font sans le savoir.

Louis GUILLOUX, *Carnets 1944-1974*, Gallimard, 1982.

Le pardon, c'est en quelque sorte l'aspect maternel de Dieu. Une mère aimante pardonne toujours à son enfant.

L'abbé PIERRE, *Mémoire d'un croyant*, Fayard, 1997.

Parents

Les parents, il ne suffit pas qu'ils aient ce titre, il faut qu'ils soient agréés, légitimés par leurs enfants.

Hervé BAZIN, *Ce que je crois*, Grasset, 1977.

Les parents sont bien coupables qui ne respectent plus les cheveux blonds ou bruns de la jeunesse ! Cette enfant est un sujet de premier ordre et vous n'avez pas le droit de lui gâcher la vie sous le prétexte assez vain que vous lui tenez lieu de mère...

Henri JEANSON, Dialogues du film *Entrée des artistes* de Marc Allégret, 1938.

Les animaux, quand leurs petits sont grands, les chassent. Et le plus souvent, d'ailleurs, les mâles ne les connaissent pas. Ces sentiments qui survivent à la fonction, c'est une invention des hommes.

François MAURIAC, *Le Désert et l'amour*, Grasset, 1925.

Comme ce serait étrange si les enfants connaissaient leurs parents tels qu'ils étaient avant leur naissance, quand ils n'étaient pas encore des parents mais tout simplement eux-mêmes.

Patrick MODIANO, *Une jeunesse*, Gallimard, 1981.

[Mes parents] étaient plongés dans une de ces conversations à voix basse qui séparent plus qu'un fleuve le monde des enfants et celui des adultes.

Pablo NERUDA, *J'avoue que j'ai vécu*, Gallimard, 1975.

On s'étonne que nos parents meurent alors que la mort des parents n'est que la punition des enfants indifférents que nous sommes.

Érik ORSENNA, *L'Exposition coloniale*, Le Seuil, 1988.

Paresse

La paresse est nécessaire. Il faut la mêler à sa vie pour prendre conscience de la vie.

Jacques CHARDONNE, *L'Amour, c'est beaucoup plus que l'amour*, Albin Michel, 1936.

La paresse, un des péchés capitaux, ne s'expie que par le travail, châtiment que Dieu imposa au premier homme, après la faute.

Émile ZOLA, *Travail*, 1901, Verdier, 1979.

Paris

Quand Paris se sent morveux, c'est la France tout entière qui se mouche.

Marcel AYMÉ, *Silhouette du scandale*, Grasset, 1973.

Tu me plais, tu sais, t'es belle. Et puis avec toi, c'est comme si j'étais à Paris. Avec toi, je m'évade, tu saisis ? Tu me changes de paysage... Tu me fais penser au métro, à des cornets de frites et à des cafés-crème à la terrasse.

Dialogues du film *Pépé le Moko* de Julien Duvivier, 1937.

Marcel Pagnol jure que le sous-sol de Paris est fait d'une composition sablonneuse qui donne de l'esprit aux gens. Il suffit de marcher sur les bords de la Seine pour recevoir de la terre une force qui permet d'exprimer tous les dons.

Kléber HAEDENS, *L'Air du pays*, Albin Michel, 1963.

Paris est devenu un monstre aplati sur une région entière, un monstre du type de biologie la plus primaire : un protoplasma, une flaque.

LE CORBUSIER, *La Ville radieuse*, Éditions de l'architecture d'aujourd'hui, 1935.

Paris est une solitude peuplée ; une ville de province est un désert sans solitude.

François MAURIAC, *La Province*, 1926, Arlea, 1988.

Paris est tout petit pour ceux qui s'aiment, comme nous, d'un aussi grand amour...

Dialogues du film *Les Enfants du Paradis* de Marcel Carné, 1945.

Parler

L'important, c'est de toujours parler de façon à être écrit ; comme ça, on sent qu'on n'est pas libre. On n'est pas libre de parler comme si on était soi.

J.-M.G. LE CLÉZIO, *Le Procès-verbal*, Gallimard, 1963.

Parler, c'est, inévitablement, dire et articuler la loi. Il n'y a pas de parole pleine qui ne soit pleine d'interdit.

Bernard-Henri LÉVY, *La Barbarie à visage humain*, Grasset, 1977.

Parler faux, parler mou, parler vague, parler bête, parler obscur, amène, oblige à penser mou, vague, bête, obscur. Met en circulation les idées les plus sottes, les goûts les plus artificiels. Les sentiments s'ensuivent, les mœurs, bref, toute la civilisation.

Alexandre VIALATTE, *Et c'est ainsi qu'Allah est grand*, Julliard, 1979.

Il parlait lentement comme s'il s'exprimait en lettres majuscules.

H. G. WELLS, *Le Joueur de croquet*, Gallimard, 1938.

Parole

La parole n'a pas été donnée à l'homme : il l'a prise.

Louis ARAGON, *Le Libertinage*, Gallimard, 1924.

La parole ne représente parfois qu'une manière, plus adroite que le silence, de se taire.

Simone de BEAUVOIR, *La Force de l'âge*, Gallimard, 1960.

La parole soulève plus de terre que le fossoyeur ne le peut.

René CHAR, *Trois respirations*, in *Recherche de la base et du sommet*, Gallimard, 1955.

Je parle. Il le faut bien. L'action met les ardeurs en œuvre. Mais c'est la parole qui les suscite.

Charles de GAULLE, *Mémoires de guerre*, Plon, 1989.

Les paroles des femmes montent, celles des hommes s'étalent.

Jean GIRAUDOUX, *La Guerre de Troie n'aura pas lieu*, Grasset, 1935.

La parole est cette roue de moulin par où sans cesse le désir humain se médiatise en rentrant dans le système du langage.

Jacques LACAN, *Le Séminaire*, Le Seuil, 1975.

L'homme est un être qui s'est créé lui-même en créant un langage. Par la parole, l'homme est une métaphore de lui-même.

Octavio PAZ, *L'Arc et la Lyre*, 1956, Gallimard, 1965.

Partir

Celui qui n'est jamais parti, le matin, au petit jour, tout son bagage à l'épaule, et la canne en main, ne sait pas ce que c'est que de partir. Il ne sait pas davantage ce que c'est d'arriver.

Georges DUHAMEL, *Biographie de mes fantômes*, Hartmann, 1944.

Pas

Le dernier pas dépend du premier. Ne te crois pas arrivé parce que tu vois la cime. Veille à tes pieds, assure ton pas prochain, mais que cela ne te distraie pas du but *le plus haut*. Le premier pas dépend du dernier.

René DAUMAL, *Le Mont Analogue*, Gallimard, 1952.

Mao Tsé-toung répétait qu'une longue marche commence par un petit pas. Elle se continue souvent de même. L'important n'est pas l'ampleur du pas, mais le pas.

Jules ROY, *Les Années cavalières, Journal 2 : 1966-1985*, Albin Michel, 1998.

Ce qui sauve, c'est de faire un pas. Encore un pas. C'est toujours le même pas que l'on recommence...

Antoine de SAINT-EXUPÉRY, *Terre des hommes*, Gallimard, 1939.

Passé

Un beau soir l'avenir s'appelle le passé
C'est alors qu'on se tourne et qu'on voit sa jeunesse.

Louis ARAGON, *Le Nouveau Crève-Cœur*, Gallimard, 1948.

L'homme n'a vraiment un passé que s'il a conscience d'en avoir un, car seule cette conscience introduit la possibilité du dialogue et du choix.

Raymond ARON, *Dimensions de la conscience historique*, Plon, 1961.

Les vieilles choses, il faut les laisser pour les rats.

Marcel AYMÉ, *Le Chemin des écoliers*, Gallimard, 1946.

La création est l'art de prédire son passé.

Jean CAYROL, *Il était une fois Jean Cayrol*, Le Seuil, 1982.

Exister, c'est fabriquer du passé.

Emil Michel CIORAN, *Cahiers 1957-1972*, Gallimard, 1997.

Si l'on pouvait déchirer et jeter le passé comme le brouillon d'une lettre ou les épreuves d'un livre... Mais il demeure obstinément et entache le texte définitif.

Julio CORTAZAR, *Les Armes secrètes*, in *Gîtes*, Gallimard, 1968.

Les amères leçons du passé doivent être réapprises sans cesse.

Albert EINSTEIN, in *Einstein ou le conflit des générations*, Complexe, 1978.

C'est une perversité d'être jaloux du passé parce qu'il est d'ordinaire fait de cendres. Mais avec l'artiste, le passé devient un monument et je comprends ceux qui sont jaloux d'un artiste.

Anaïs NIN, *Journal*, 1937, Stock, 1959.

Tout comme l'avenir, ce n'est pas tout à la fois, mais grain par grain qu'on goûte le passé.

Marcel PROUST, *La Fugitive*, Gallimard, 1925.

Le passé, ce mort que nul ne peut nous enlever.

Jean ROSTAND, *Carnet d'un biologiste*, Stock, 1959..

C'est sur les trésors du passé que se bâtit la richesse spirituelle — la seule qui importe — de notre avenir, de la même manière que, pour pousser haut, les hommes, comme les arbres, ont besoin de racines profondes et vigoureuses.

Christian SIGNOL, *Bonheurs d'enfance*, Albin Michel, 1996.

Le passé a des blancs qui sont noirs, on y place les rêves qu'on veut, on n'est pas obligé de se conformer aux manuels d'histoire.

Elsa TRIOLET, *Écoutez voir*, Gallimard, 1968.

Le passé existe dès qu'on est malheureux.

Louise de VILMORIN, *Madame de*, Gallimard, 1951.

Chacun contenait son passé enfermé en lui, tel un livre connu par cœur, livre dont ses amis ne lisaient que le titre.

Virginia WOOLF, *La Chambre de Jacob*, 1922, Plon, 1958.

Quand on aime la vie, on aime le passé parce que c'est le présent tel qu'il a survécu dans la mémoire humaine.

Marguerite YOURCENAR, *Mishima ou la Vision du vide*, Gallimard, 1981.

Passion

Ce que le public réclame, c'est l'image de la passion, non la passion elle-même.

Roland BARTHES, *Mythologies*, Le Seuil, 1957.

Le propre d'une grande passion c'est de donner de l'importance aux espoirs les plus puérils...

Henri BÉRAUD, *Le Martyre de l'obèse*, Albin Michel, 1922.

Je n'ai jamais vu la dignité de l'homme que dans la sincérité de ses passions.

Pierre DRIEU LA ROCHELLE, *L'Homme à cheval*, Gallimard, 1943.

Si on n'est pas passé par l'obligation absolue d'obéir au désir du corps, c'est-à-dire si l'on n'est pas passé par la passion, on ne peut rien faire dans la vie.

Marguerite DURAS, mai 1977, citée par Michèle Manceaux, in *L'Amour des stars*, Albin Michel, 1999.

Chaque passion donne au monde une chance supplémentaire de briser les murailles d'indifférence derrière lesquelles l'humanité a pris ses quartiers d'hiver — une chance supplémentaire d'entrer enfin dans la ferveur.

Christiane SINGER, *Une passion*, Albin Michel, 1992.

Patience

Si j'avais devant moi l'éternité ce n'est pas la résignation, c'est la patience que je prêcherais.

Elsa TRIOLET, *Mille regrets*, Denoël, 1942.

Patrie

Qu'est-ce que la patrie ? La nation, plus le sentiment. Le droit, plus l'amour.

Régis DEBRAY, *Le Code et le Glaive*, Albin Michel/Fondation Marc-Bloch, 1999.

Pour être internationaliste, il faut d'abord avoir une patrie.

Georges DUHAMEL, *Le Combat contre les ombres*, Mercure de France, 1939.

L'État se nomme toujours patrie quand il prépare un assassinat.

Friedrich DÜRRENMATT, *Romulus le Grand*, L'Avant-Scène, 1964.

Quant à moi, je n'appelle pas patrie la motte de terre sous mes pieds. La langue, la religion, les lois, le gouvernement et le sang : l'identité en tout cela fait les hommes membres d'une même patrie.

Katherine MANSFIELD, *Cahier de notes*, Stock, 1944.

Le problème de la patrie n'est peut-être, au fond, qu'un problème de langage ! Où qu'il soit, où qu'il aille, l'homme continue à penser avec les mots, avec la syntaxe de son pays.

Roger MARTIN du GARD, *Les Thibault*, Gallimard, 1922.

La patrie, c'est toutes les promenades qu'on peut faire à pied autour de son village.

Jules RENARD, *Journal*, 1904, Gallimard, 1960.

Patron

Le vrai patron est quelqu'un qui se mêle passionnément de votre travail, qui le fait avec vous, par vous.

Jules ROMAINS, *Les Hommes de bonne volonté*, Flammarion, 1932-1946.

Pauvre

Aucune société n'aura raison du Pauvre. Les uns vivent de la sottise d'autrui, de sa vanité, de ses vices. Le Pauvre, lui vit *de la charité*.

Georges BERNANOS, *Journal d'un curé de campagne*, Plon, 1936.

[...] des pauvres, c'est-à-dire des gens dont la mort n'intéresse personne.

Louis-Ferdinand CÉLINE, *Voyage au bout de la nuit*, Gallimard, 1932.

— Salauds de pauvres !
— « Salauds de pauvres », qu'est-ce que ça veut dire ? C'est-y la faute des gens s'ils sont pauvres ?

Dialogues du film *La Traversée de Paris* de Claude Autant-Lara, 1956.

Il y a des gens qui tiennent aux pauvres parce que ça leur permet d'être charitables, d'autres parce que ça leur permet de dire du mal des riches.

Jean-Marie DOMENACH, *Ce que je crois*, Grasset, 1978.

Quand les riches se font la guerre, ce sont les pauvres qui meurent.

Jean-Paul SARTRE, *Le Diable et le bon Dieu*, Gallimard, 1951.

Vous êtes extraordinaire, Édouard ! Non seulement vous êtes riche, mais encore vous voulez qu'on vous aime comme si vous étiez pauvre... Et les pauvres, alors ! Soyez un peu raisonnable, mon ami, on ne peut tout de même pas tout leur prendre, aux pauvres !

Dialogues du film *Les Enfants du paradis* de Marcel Carné, 1945.

Pauvreté

C'est curieux comme l'argent aide à supporter la pauvreté.

Alphonse ALLAIS, *Le Boomerang ou Rien n'est mal qui finit bien*, 1903.

Riches ou pauvres, regardez-vous donc plutôt dans la pauvreté comme dans un miroir, car elle est l'image de votre déception fondamentale, elle garde ici-bas la place du Paradis perdu, elle est le vide de vos cœurs, de vos mains.

Georges BERNANOS, *Journal d'un curé de campagne*, Plon, 1936.

Presque tous les désirs du pauvre sont punis de prison.

Louis-Ferdinand CÉLINE, *Voyage au bout de la nuit*, Gallimard, 1932.

La pauvreté pousse au changement, à l'action, à la révolution. Sur une feuille blanche, tout est possible ; on peut y écrire et dessiner ce qu'il y a de plus beau.

MAO TSÉ-TOUNG, 15 avril 1958, in *Citations du président Mao Tsé-Toung*, Le Seuil, 1967.

La pauvreté est une compagne ardente et redoutable ; elle est la plus vieille noblesse du monde. Bien peu sont dignes d'elle.

André SUARÈS, *Péguy*, Émile-Paul, 1915.

Payer

L'homme a le droit de croire ou de ne pas croire. C'est son affaire ! L'homme est libre... il paye comptant pour tout : pour la foi, pour l'absence de foi, pour l'intelligence... L'homme paye comptant, et c'est pour cela qu'il est libre.

Maxime GORKI, *Les Bas-Fonds*, Éditeurs français réunis, 1902.

Pays

Question : Peut-on aimer un pays comme une femme ?

Albert CAMUS, *Carnets II*, 1942-1951, Gallimard, 1964.

Ne demandez pas ce que votre pays peut faire pour vous. Demandez ce que vous pouvez faire pour votre pays.

John Fitzgerald KENNEDY, Discours d'investiture, 1960.

Pays natal

Une femme se réclame d'autant de pays natals qu'elle a eu d'amours heureux.

COLETTE, *La Naissance du jour*, 1928, Flammarion, 1984.

Péché

Je m'arrange assez bien du regard de Dieu sur mes péchés, mais je n'y supporte pas le regard des autres.

Françoise CHANDERNAGOR, *L'Allée du Roi*, Julliard, 1981.

Le christianisme a beaucoup fait pour l'amour en en faisant un péché.

Anatole FRANCE, *Le Jardin d'Épicure*, Calmann-Lévy, 1925.

Est-ce moi ou le mal que je respecte dans le mal que je fais ? Car on peut ne pas se respecter dans ses péchés et respecter le péché, se respecter dans le péché et ne pas respecter le péché. Le bien que je fais, je ne le respecte pas ; il est sacré pour tout le monde, mais le mal que je fais n'est sacré que pour moi !

Marcel JOUHANDEAU, *Algèbre des valeurs morales*, Gallimard, 1935.

Le péché n'est pas horrible : il est vide. Tout est vide. Même le repentir au loin et le pardon ne sont pas désirables.

Jules ROMAINS, *Les Hommes de bonne volonté*, Flammarion, 1932-1946.

Peindre

Ce n'est pas assez de faire voir ce qu'on peint, il faut encore le faire toucher.

Georges BRAQUE, *Le Jour et la nuit*, Gallimard, 1952.

Peindre, c'est faire apparaître une image qui n'est pas celle de l'apparence naturelle des choses, mais qui a la force de la réalité.

Raoul DUFY, *Carnet*, Éditions de la Galerie Carré.

Peine

La peine qu'on a n'est rien, mais celle qu'on a faite aux autres empêche de manger son pain.

Paul CLAUDEL, *L'Annonce faite à Marie*, Gallimard, 1912.

L'homme en proie au malheur cherche une consolation dans l'amalgame de sa peine à la peine d'autrui.

Milan KUNDERA, *La Plaisanterie*, Gallimard, 1968.

Peine de mort

Peine de mort. On tue le criminel parce que le crime épuise toute la faculté de vivre dans un homme. Il a tout vécu s'il a tué. Le meurtre est exhaustif.

Albert CAMUS, *Carnets II*, 1942-1951, Gallimard, 1964.

On ne devrait jamais condamner un homme à mort parce que nous ne savons pas ce que c'est que la mort.

Julien GREEN, *Julien Green en liberté avec Marcel Jullian*, Atelier Marcel Jullian, 1980.

Peiner

La grandeur de l'homme est qu'il peut trouver à peiner là où une fourmi se reposerait.

Jean GIRAUDOUX, *Supplément au voyage de Cook*, Grasset, 1937.

Peintre

Un peintre n'a vraiment d'ennemis sérieux que ses mauvais tableaux.

Henri MATISSE, cité par Aragon, in *Henri Matisse, roman*, Gallimard, 1971.

On devrait crever les yeux aux peintres comme l'on fait aux chardonnerets pour qu'ils chantent mieux.

Pablo PICASSO, *Conversations avec Christian Zervos*, in *Cahiers d'Art*, 1935.

Vous travaillez vite et vous ne faites pas trop de saletés par terre. Qu'est-ce qu'on peut demander de plus à un peintre ?

Dialogues du film *La Kermesse héroïque* de Jacques Feyder, 1935.

Le peintre ne doit pas faire ce qu'il voit, mais ce qui sera vu.

Paul VALÉRY, *Mauvaises pensées et autres*, Gallimard, 1942.

L'art pour l'art ne mène à rien. Si vous vous engagez dans cette voie, vous êtes condamné à la bohème et vous finirez alcoolique ou syphilitique, mais peintre, certainement pas !

Victor VASARELY, *Le Musée imaginaire de Vasarely*, Duculot.

Si chaque cordonnier est respectable parce que son utilité est hors de question, tout peintre ou poète qui n'est pas un grand peintre ou un grand poète est franchement inutile.

Hermann von KEYSERLING, *Analyse spectrale de l'Europe*, Stock, 1930.

Peinture

On s'achemine ainsi vers un art entièrement nouveau [...]. Ce sera de la peinture pure, de même que la musique est de la littérature pure.

Guillaume APOLLINAIRE, *Les Peintres cubistes : méditations esthétiques*, 1913, Hermann, 1980.

On ne peut pas avoir toujours son chapeau à la main, c'est pourquoi on a inventé le porte-manteau. Moi j'ai trouvé la peinture pour suspendre à un clou mes idées : cela permet d'en changer et d'éviter l'idée fixe.

Georges BRAQUE, *Le Jour et la nuit*, Gallimard, 1952.

Peindre est un état d'âme et non pas une réalité, c'est introduire l'idéal dans l'art.

Pearl BUCK, *Impératrice de Chine*, LGF, 1992.

Peintre, si tu veux t'assurer une place prédominante dans la Société, il faut que, dès ta première jeunesse, tu lui donnes un terrible coup de pied dans la jambe droite.

Salvador DALI, *Les Cocus du vieil art moderne*, Fasquelle, 1956.

La grande peinture, c'est des tableaux très ennuyeux ; plus ils sont ennuyeux et plus ils sont délicats et de bon goût.

Jean DUBUFFET, *Prospectus aux amateurs de tout genre*, Gallimard, 1946.

Ce sont les REGARDEURS qui font les tableaux. On découvre aujourd'hui le Greco ; le public peint les tableaux trois cents ans après l'auteur en titre.

Marcel DUCHAMP, *Marchand de sel*, Le Terrain vague, 1958.

Le motif est pour moi une chose secondaire, ce que je veux reproduire, c'est ce qu'il y a entre le motif et moi.

Claude MONET, *Carnets*, 1910.

La peinture est une machine à imprimer la mémoire...
La peinture n'est pas faite pour décorer les appartements. C'est un instrument de guerre offensive et défensive.

Pablo PICASSO, *Conversations avec Christian Zervos*, in *Cahiers d'Art*, 1935.

En réalité on travaille avec peu de couleurs. Ce qui donne l'illusion de leur nombre, c'est d'avoir été mises à leur juste place.

Pablo PICASSO, *Conversations avec Christian Zervos*, in *Cahiers d'Art*, 1935.

En peinture on peut tout essayer. On a le droit, même. À condition de ne jamais recommencer.

Pablo PICASSO, *Métamorphoses et unité*, Skira.

Malheureusement, moins la peinture est prise au sérieux par le peintre, plus il se prend lui-même au sérieux. Moins on sait la grammaire et plus on philosophe.

Alexandre VIALATTE, *Et c'est ainsi qu'Allah est grand*, Julliard, 1979.

Pénétration

On commence à faire l'amour dès qu'on regarde quelqu'un, mais la pénétration inconsciente commence même avant cela, avec l'olfaction : dès que les molécules de l'un pénètrent dans l'organisme de l'autre.

Boris CYRULNIK, *Les Hormones du fantasme*, in *La Science : dieu ou diable ?*, Odile Jacob, 1999.

Pensée

La pensée est révolutionnaire, ou elle n'est pas.

Emmanuel BERL, *Mort de la morale bourgeoise*, Gallimard, 1930.

Ne pas alourdir ses pensées du poids de ses souliers.

André BRETON, *Nadja*, Gallimard, 1928.

Pour qu'une pensée change le monde, il faut d'abord qu'elle change la vie de celui qui la porte. Il faut qu'elle se change en exemple.

Albert CAMUS, *Carnets II*, 1942-1951, Gallimard, 1964.

Je mesure la lâcheté des hommes dans leur besoin de faire de la pensée un remède aux maux terrestres.

René CREVEL, *Révolution, surréalisme, spontanéité*, Plasma, 1978.

Toute pensée qui n'est pas chargée d'amour semble impie.

André GIDE, *Journal*, 1939-1949, Gallimard, 1954.

Nous ne parvenons jamais à des pensées. Elles viennent à nous.

Martin HEIDEGGER, in *L'Expérience de la pensée*, Seghers, 1973.

Et moi, je ne sais pas ce que mes pensées pensent.

Francis JAMMES, *Le Deuil des primevères*, Mercure de France, 1901.

423

Il y a entre les hommes et en chacun une incroyable végétation de paroles dont les pensées sont la nervure.

Maurice MERLEAU-PONTY, *Signes*, Gallimard, 1960.

Les pensées ne sont souvent rien de plus que des accidents qui disparaissent sans laisser de traces, elles ont leurs temps morts et leurs saisons florissantes. On peut faire une découverte géniale et la voir néanmoins se faner lentement dans nos mains comme une fleur.

Robert MUSIL, *Les Désarrois de l'élève Toerless*, Le Seuil, 1967.

Homme
Tu as regardé la plus triste la plus morne de toutes les fleurs de la terre
Et comme aux autres fleurs tu lui as donné un nom
Tu l'as appelée Pensée.

Jacques PRÉVERT, *Paroles*, Gallimard, 1949.

La pensée qu'on avait écartée et qui revient, il faut y prendre garde, elle veut vivre.

Jean ROSTAND, *Journal d'un caractère*, Fasquelle, 1931.

La pensée est un acte, et le plus fécond qui puisse influer sur le monde.

Émile ZOLA, *Travail*, 1901, Verdier, 1979.

Pensée unique

Pensée unique : c'est la marotte à la mode. Elle signifie que sous le poids de la classe dominante, de ses élites, de ses médias, tout le monde pense de la même manière, que toute pensée subversive ou simplement originale est étouffée, dans quelque domaine que ce soit.
Faux. Une pensée originale, si elle a de la vigueur, finit toujours par éclater.

Françoise GIROUD, *Gais-z-et-contents, Journal d'une Parisienne 3*, Le Seuil, 1997.

Penser

Le cerveau est la tripe de la tête
et il faut le fouiller pour rencontrer l'idée,
cette goutte très pure ! Penser est un couteau !

Miguel Angel ASTURIAS, *Bolivar*, in *Les Ancêtres de l'avenir*, Le Cerf, 1971.

Il faut agir en homme de pensée et penser en homme d'action.

Henri BERGSON, *Écrits et paroles*, PUF, 1957.

Il faut vivre comme on pense, sinon tôt ou tard on finit par penser comme on a vécu.

Paul BOURGET, *Le Démon de midi*, Plon, 1914.

Penser, c'est réapprendre à voir, diriger sa conscience, faire de chaque image un lieu privilégié.

Albert CAMUS, *Essais*, Gallimard, 1965.

Écrire, ce n'est pas penser, c'est une grimace ou, au mieux, une imitation de la pensée.

Emil Michel CIORAN, *Cahiers 1957-1972*, Gallimard, 1997.

Je pense que si vous pensez que je pense à ce que vous pensez, nous ne sommes pas très loin de nous comprendre.

Dialogues du film *La Fête à Henriette* de Julien Duvivier, 1952.

À mesure qu'on s'avance dans la vie, on s'aperçoit que le courage le plus rare est celui de penser.

Anatole FRANCE, *La Vie littéraire*, Calmann-Lévy, 1925.

Peut-être découvrirons-nous un jour que la même logique est à l'œuvre dans la pensée mythique et dans la pensée scientifique, et que l'homme a toujours pensé aussi bien.

Claude LÉVI-STRAUSS, *Anthropologie structurale*, Plon, 1958.

Penser sincèrement, même si c'est contre tous, c'est encore pour tous.

Romain ROLLAND, *Clérambault*, Albin Michel, 1920.

Penseur

Dans neuf pays sur dix le piéton est moins exposé que le penseur. Au carrefour des idées, vous n'avez droit qu'à un étroit passage où clignent les feux réglementaires : rouge de honte ou vert de peur.

Hervé BAZIN, *Abécédaire*, Grasset, 1984.

Un écrivain, un penseur ne doit jamais avoir d'influence personnelle. Sinon il cesse d'être un penseur ou un artiste ; il est un apôtre.

Léon BLUM, *Nouvelles conversations de Gœthe avec Eckermann*, in *Œuvre complète*, t.1, Albin Michel, 1954.

Pente

Il est bon de suivre sa pente, pourvu que ce soit en montant.

André GIDE, *Les Faux-Monnayeurs*, Gallimard, 1925.

Père

La plupart des pères aiment se répéter chez leurs enfants, préparer leur avenir avec du passé.

Hervé BAZIN, *Au nom du fils*, Grasset, 1960.

Un père mort peut être encore plus encombrant qu'un père vivant, même un salaud de père vivant. Le problème c'est juste d'avoir un père.

Marie DESPLECHIN, *Sans moi*, L'Olivier/Le Seuil, 1998.

Mort depuis un an, mon père est un jeune cadavre que je regarde grandir en moi.

Christian GIUIDICELLI, *Une Affaire de famille*, Le Seuil, 1981.

Perfection

Mettre à mort un être, c'est supprimer sa chance de perfection.

Albert CAMUS, *Carnets II*, 1942-1951, Gallimard, 1964.

Je préfère quelques légers défauts de nature à l'orthopédie de la perfection.

Marie NOËL, *Notes intimes*, Stock, 1959.

Il semble que la perfection soit atteinte non quand il n'y a plus rien à ajouter, mais plus rien à retrancher.

Antoine de SAINT-EXUPÉRY, *Terre des hommes*, Gallimard, 1939.

Perfectionnement

Tout homme qui n'aide pas à mon perfectionnement : zéro.

Henri MICHAUX, *Ecuador*, Gallimard, 1929.

Personnalité

Nous sommes à la fois un fluide qui se solidifie, un trésor qui s'appauvrit, une histoire qui s'écrit, une personnalité qui se crée.

Alexis CARREL, *L'Homme, cet inconnu*, Plon, 1935.

Notre personnalité sociale est une création de la pensée des autres.

Marcel PROUST, *Du côté de chez Swann*, Gallimard, 1919.

Perversion

Il n'y a sans doute rien de plus émouvant dans une vie d'homme que la découverte fortuite de la perversion à laquelle il est voué.

Michel TOURNIER, *Le Roi des Aulnes*, Gallimard, 1970.

Perversité

La religion était le frein nécessaire à la perversité féminine.

Émile ZOLA, *Vérité*, 1902, Christian Pirot, 1993.

Pessimisme

Je fais encore le rêve que nous serons capables de repousser au loin les tentations du désespoir et de jeter une nouvelle lumière sur les ténèbres du pessimisme.

Martin Luther KING, *Je fais un rêve*, Le Centurion, 1987.

Le pessimisme ne vaut que s'il dégage au bout du compte une mince mais dure plage de *certitude* et de *refus*.

Bernard-Henri LÉVY, *La Barbarie à visage humain*, Grasset, 1977.

Le comble du pessimisme : croire à Dieu.

Georges PERROS, *Papiers collés*, Gallimard, 1960.

Je me sens très optimiste quant à l'avenir du pessimisme.

Jean ROSTAND, *Carnet d'un biologiste*, Stock, 1959.

Pessimiste

Combien d'esprits pessimistes finissent par désirer ce qu'ils craignent, pour avoir raison.

Robert MALLET, *Apostilles*, Gallimard, 1972.

J'ai appris que pour être prophète, il suffisait d'être pessimiste.

Elsa TRIOLET, *Mille regrets*, Denoël, 1942.

Pétanque

La preuve que Dieu est ami des joueurs de boules, c'est que les feuilles des platanes sont proportionnées à la force du soleil.

Marcel PAGNOL, *Le Temps des amours*, Pastorelly, 1979.

Petit

La politique la plus coûteuse, la plus ruineuse, c'est d'être petit...

Charles de GAULLE, *Discours et messages*, 1962-1965, Plon, 1970.

Pétrole

Le pétrole me paraît très nettement être l'odeur la plus parfaite du désespoir humain.

Pierre MAC ORLAN, *L'Inhumaine*, Albin Michel, 1924.

Peuple

Ils ne peuvent nous écraser. Ils ne peuvent nous détruire. Toujours, nous continuerons, Pa'. Car nous sommes le peuple ! *

Dialogues du film *Les Raisins de la colère* de John Ford, 1940.

La santé comme littérature, comme écriture, consiste à inventer un peuple qui manque. Il appartient à la fonction fabulatrice d'inventer un peuple.

Gilles DELEUZE, *Critique et Clinique*, Minuit, 1993.

Quand le peuple ne parle pas, ne crie pas ou ne chante pas, il ferme les yeux. Il a le tort de fermer les yeux.

Jean GIONO, *Le Hussard sur le toit*, Gallimard, 1951.

En vérité, il n'existe pas de peuples enfants ; tous sont adultes, même ceux qui n'ont pas tenu le journal de leur enfance et de leur adolescence.

Claude LÉVI-STRAUSS, *Race et histoire*, Unesco, 1952.

Il n'y a plus d'art populaire parce qu'il n'y a plus de peuple.

André MALRAUX, *Les Voix du silence*, Gallimard, 1951.

C'est que d'être peuple, il n'y a encore que ça qui permette de n'être pas démocrate.

Charles PÉGUY, *Notre jeunesse*, Gallimard, 1933.

Le Peuple est vaste, obscur et incliné,
Incliné toujours,

---

* « We, the people » sont les trois premiers mots de la Constitution des États-Unis.

Sur le labeur et sur la pitance et sur les berceaux...

Charles VILDRAC, *Élégie à Henri Doucet tué le 11 mars 1915*, in *Anthologie des poètes de la NRF*, Gallimard, 1936.

Peur

Et sans arrêt, chaque jour, à chaque instant, tandis que le monde fuit en rond dans l'absurde espoir d'échapper à lui-même, tandis qu'il s'égorge et renaît pour recommencer à se meurtrir, sans cesse augmente la somme monstrueuse, la somme inexpiable de sa souffrance et de sa peur.

René BARJAVEL, *La Faim du tigre*, Denoël, 1966.

On peut haïr les Nègres, les Portoricains et les Jaunes, on a tout de même un peu peur d'eux. Les femmes ne jouissent même pas du respect qui vient de la peur.

Marilyn FRENCH, *Toilettes pour femmes*, Laffont, 1978.

Il n'est pas possible que nous continuions à vivre dans la peur — peur de l'avenir, peur pour les enfants, peur du sida, peur du chômage, peur du voisin quand il est coloré. Cela ronge l'esprit. On devient faible quand on a peur. Il faut en sortir, sinon nous allons sombrer sans phrases.

Françoise GIROUD, *Gais-z-et-contents, Journal d'une Parisienne 3*, Le Seuil, 1997.

Les hommes ont peur, pas seulement les uns des autres, mais d'eux-mêmes, peur de reconnaître les merveilleuses richesses qui sont en eux, peur de se construire, peur de la vie.

Louis GUILLOUX, *Carnets 1944-1974*, Gallimard, 1982.

Ce n'est pas la libération de la peur, mais l'équilibre de la peur qui a rendu possible la survie de notre civilisation.

Golda MEIR, Discours à la Knesset, 1970.

Un homme cesse d'avoir peur lorsqu'il a pris son parti de la mort et de sa propre damnation.

Morris WEST, *L'Ambassadeur*, Plon, 1965.

Peut-être

Je n'écris plus une phrase affirmative sans être tenté d'y ajouter : « peut-être ».

André GIDE, *Journal*, 1889-1939, Gallimard, 1939.

Philosophe

Le philosophe serait celui pour qui les hommes resteraient aussi importants que les pensées.

Elias CANETTI, *Le Territoire de l'homme*, Albin Michel, 1978.

Il était philosophe, il ne redoutait pas d'être illisible, il y prétendait même.

Emil Michel CIORAN, *Cahiers 1957-1972*, Gallimard, 1997.

Les philosophes apportent de nouveaux concepts, ils les exposent, mais ne disent pas, ou pas complètement, les problèmes auxquels ces concepts répondent.

Gilles DELEUZE, *Signes et événements*, in *Le Magazine littéraire*, septembre 1988.

Les philosophes qui recherchent les principes et les causes ressemblent, a-t-on dit, aux éléphants qui, en marchant, ne posent jamais le second pied à terre que le premier n'y soit bien affermi.

Anatole FRANCE, *La Vie littéraire*, Calmann-Lévy, 1925.

Quand un philosophe vous répond, on ne comprend plus ce qu'on lui avait demandé.

André GIDE, *Journal*, 1889-1939, Gallimard, 1939.

Pourquoi donc ne rangerait-on pas les systèmes des philosophes parmi les œuvres d'art ?

Bernard GROETHUYSEN, *Introduction à la pensée allemande depuis Nietzsche*, Stock, 1926.

Je voudrais que l'idée inspiratrice d'un philosophe soit parfois capable de descendre des neiges où elle est née et qu'elle vienne, comme une colombe, se poser sur la branche d'un arbre au milieu des hommes qui peinent.

Jean GUITTON, *Cours de philosophie religieuse à l'usage du temps présent*, Éditions Provençales, 1936-1939.

La philosophie — la sagesse — est en quelque sorte une affaire personnelle du philosophe. Elle doit se constituer en tant que *sienne*, être *sa* sagesse, *son* savoir qui, bien qu'il tende vers l'universel, soit acquis par lui et qu'il doit pouvoir justifier dès l'origine et à chacune de ses étapes, en s'appuyant sur ses intuitions absolues.

Edmund HUSSERL, *Méditations cartésiennes, Introduction à la phénoménologie*, 1929, Vrin, 1953.

Dans tout le livre de ce philosophe, dans toute la suite des livres qu'il écrit au cours de sa vie, il n'y a guère qu'une page, une phrase, une pensée qui soit réellement importante. Tout le reste n'est qu'emballage autour du cadeau, garniture autour du plat, pour faire prendre cette pensée au sérieux.

Thierry MAULNIER, *Le Dieu masqué*, Gallimard, 1985.

Ce qui fait le philosophe, c'est le mouvement qui reconduit sans cesse du savoir à l'ignorance, de l'ignorance au savoir, et une sorte de repos dans ce mouvement.

Maurice MERLEAU-PONTY, *Éloge de la philosophie*, Gallimard, 1953.

Certains hommes ne semblent commencer à vivre que le jour où la conscience se met en branle. Ce sont les philosophes.

Georges PERROS, *Papiers collés*, Gallimard, 1960.

Les poètes mystiques sont des philosophes malades,
Et les philosophes sont des hommes déments.

Fernando PESSOA, *J'ai lu aujourd'hui*, in *Je ne suis personne*, Bourgois, 1994.

La véritable affaire du philosophe, ce n'est pas de changer le monde, c'est de le comprendre.

Bertrand RUSSELL, *Ma Conception du monde*, Gallimard, 1962.

Les philosophes croient faire leur miel de tout, mais ce n'est que de la cire.

Alain TOURAINE, *La Société invisible*, Le Seuil, 1977.

Si un philosophe n'est pas un homme, c'est tout ce qu'on veut, sauf un philosophe ; c'est par-dessus tout un pédant, c'est-à-dire une copie et non un original d'homme.

Miguel de UNAMUNO, *Du sentiment tragique de la vie*, Gallimard, 1937.

Avec les philosophes il ne faut jamais craindre de ne pas comprendre. Il faut craindre énormément de comprendre.

Paul VALÉRY, *Analecta*, in *Tel quel*, t. 2, Gallimard, 1943.

Philosophie

Ce qui l'ébranlait, en général, dans la philosophie, c'était qu'elle existât. Il en faisait l'épreuve comme d'un alcool. Mais elle le laissait aussi désemparé qu'un lendemain d'ivresse.

Louis ARAGON, *Les Beaux Quartiers*, Gallimard, 1970.

La philosophie n'est pas seulement le retour de l'esprit à lui-même, la coïncidence de la conscience humaine avec le principe vivant d'où elle émane, une prise de contact avec l'effort créateur. Elle est l'approfondissement du devenir en général, l'évolutionnisme vrai, et par conséquent le vrai prolongement de la science.

Henri BERGSON, *L'Évolution créatrice*, 1907, PUF, 1959.

Il faut atteindre sans la philosophie le but qu'elle devrait s'assigner.

Joë BOUSQUET, *Langage entier*, Rougerie, 1967.

On ne pense que par image. Si tu veux être philosophe, écris des romans.

Albert CAMUS, *Le Mythe de Sisyphe*, Gallimard, 1942.

La philosophie est la forme contemporaine de l'impudeur.

Albert CAMUS, *Carnets II*, 1942-1951, Gallimard, 1964.

La philosophie sert d'antidote à la tristesse. Et beaucoup croient encore à la *profondeur* de la philosophie.

Emil Michel CIORAN, *Syllogismes de l'amertume*, Gallimard, 1952.

La philosophie n'est pas communicative, pas plus que contemplative ou réflexive : elle est créatrice ou même révolutionnaire, par nature, en tant qu'elle ne cesse de créer de nouveaux concepts.

Gilles DELEUZE, in *Le Magazine littéraire*, septembre 1988.

La philosophie émousse les douleurs, mais en contrepartie elle affadit les bonheurs. Un stoïcien vrai n'est jamais malheureux ; jamais heureux non plus. Bref, le philosophe complet n'est pas si philosophe qu'il croit.

Jean DUTOURD, *Carnet d'un émigré*, Flammarion, 1973.

La philosophie [...] est jugée coupable ou compromise en tout cas par le monde effrayant qu'elle a contribué à façonner. Le XXᵉ siècle interdit l'arrogance à la philosophie.

Alain FINKIELKRAUT, *L'Ingratitude. Conversations sur notre temps*, Gallimard, 1999.

Les philosophies ne sont jamais aussi belles que quand elles sont encore poésie, découverte et conquête du monde.

Jean GUÉHENNO, *Changer la vie*, Grasset, 1961.

La philosophie est essentiellement inactuelle parce qu'elle appartient à ces rares choses dont le destin est de ne jamais pouvoir rencontrer une résonance immédiate dans leur propre aujourd'hui et de ne jamais non plus avoir le droit d'en rencontrer une.

Martin HEIDEGGER, *Introduction à la métaphysique*, Gallimard, 1967.

Trouver de mauvaises raisons à ce que l'on croit en vertu d'autres mauvaises raisons — voilà la philosophie.

Aldous HUXLEY, *Le Meilleur des mondes*, Plon, 1933.

La philosophie, en moi, c'est quelque chose comme le voisin du dessus qui ferait les cent pas dans sa chambre, avec des chaussures cloutées sur son parquet, et qui vous piétinerait les pensées. C'est ça : un bruit étranger à la pièce, mais dans la pièce, et jusque dans mon sommeil, comme un écho, s'éteignant interminablement.

Pascal LAINÉ, *L'Irrévolution*, Gallimard, 1971.

Le professeur de philosophie, c'est trop souvent un spécialiste à quelque degré intoxiqué par sa propre spécialité, qui débite devant ses étudiants ou parfois devant un public plus étendu soit son système, si par hasard il en a un, soit plus fréquemment une décoction de système, soit enfin, ce qui est assurément moins compromettant, une histoire des systèmes qui ont précédé le sien.

Gabriel MARCEL, *Les Hommes contre l'humain*, La Colombe, 1951.

Philosophie. — Il s'agit d'aller au plus simple par les chemins les plus subtils et les plus difficiles.

Thierry MAULNIER, *Le Dieu masqué*, Gallimard, 1985.

La philosophie n'est pas une illusion : elle est l'algèbre de l'histoire.

Maurice MERLEAU-PONTY, *Éloge de la philosophie*, Gallimard, 1953.

La philosophie n'est pas un certain savoir, elle est la vigilance qui ne nous laisse pas oublier la source de tout savoir.

Maurice MERLEAU-PONTY, *Signes*, Gallimard, 1960.

L'histoire de la Philosophie est l'histoire des fausses positions d'équilibre conscient adoptées successivement.

Henri MICHAUX, *Plume*, Gallimard, 1938.

La philo n'est pas mal non plus. Malheureusement, elle est comme la Russie : pleine de marécages et souvent envahie par les Allemands.

Roger NIMIER, *Le Hussard bleu*, Gallimard, 1950.

La philosophie, pour quoi faire ? Pour nous faire.

Louis PAUWELS, *L'Apprentissage de la sérénité*, Retz, 1977.

Il ne suffit pas d'ouvrir la fenêtre
Pour voir les champs et la rivière.
Il n'est pas suffisant de ne pas être aveugle
Pour voir les arbres et les fleurs.
Il faut aussi n'avoir aucune philosophie.
Quand il y a philosophie, il n'y a pas d'arbres : il y a des idées,
sans plus.

Fernando PESSOA, *Il ne suffit pas*, in *Je ne suis personne*, Bourgois, 1994.

Les mots de philosophie ne s'éventent pas moins que les mots d'argot.

Jean ROSTAND, *Pensées d'un biologiste*, Stock, 1954.

Pour ma part, philosopher, c'est spéculer sur des sujets où une connaissance exacte n'est pas encore possible. [...] En gros, on peut dire que la science, c'est ce que nous connaissons ; et la philosophie, ce que nous ne connaissons pas.

Bertrand RUSSELL, *Ma Conception du monde*, Gallimard, 1962.

Les philosophies sont des tumeurs de la réflexion.

Louis SCUTENAIRE, *Mes Inscriptions*, Gallimard, 1945.

À quoi bon la philosophie si elle n'ouvre pas toutes les aventures, sans en interdire aucune, la science, la docte ignorance, la naïveté, la beauté, l'ivresse de Dieu ?

Michel SERRES, *Statues*, François Bourin, 1987.

Méditer en philosophe, c'est revenir du familier à l'étrange et dans l'étrange affronter le réel.

Paul VALÉRY, *Choses tues*, in *Tel Quel*, Gallimard, 1941.

Photographie

Conseil philosophique : faites-vous photographier. Si vous apparaissez sur la photo, c'est que vous existez.

Ramón GÓMEZ DE LA SERNA, in *Dictionnaire des aphorismes*, 1994.

On photographie les objets pour les chasser de son esprit.

Franz KAFKA, cité par Gustav Janouch, in *Kafka m'a dit*, Calmann-Lévy, 1952.

L'art de la photographie offre un beau symbole. On « prend » le paysage, ou le phénomène, ou le visage. Et l'on développe. Mais ce qui a eu besoin de lumière, d'exposition, ne pourra se « rendre » que dans l'obscurité.

Georges PERROS, *Papiers collés*, Gallimard, 1960.

Les fusils se sont transformés en appareils photographiques... On tire quand on a peur, mais, quand on est d'humeur nostalgique, on prend des photos.

Susan SONTAG, *La Photographie*, Le Seuil, 1979.

Phrase

Toute phrase est vouée au musée dans la mesure où persiste un vide littéraire.

Georges BATAILLE, *Somme athéologique*, Gallimard, 1954.

La phrase, c'est le rythme. Le rythme, c'est le souffle, et le souffle c'est l'âme non entravée dans sa capacité de jouir.

Christian BOBIN, *Lettres d'or*, Fata Morgana, 1987.

L'œuvre la plus volumineuse ne pèse guère plus qu'une phrase et parfois même (s'il se laisse découvrir) qu'un simple mot.

André BRINCOURT, in *Les Écrivains du XXᵉ siècle. Un musée imaginaire de la
littérature mondiale*, Retz, 1979.

Laissez-moi finir mes phrases car souvent les phrases ne prennent tout
leur sens qu'avec leur fin.

Albert CAMUS, in *Le Monde*, décembre 1957.

Une phrase est pure tant qu'elle est seule. Déjà la suivante lui retire
quelque chose.

Elias CANETTI, *Le Territoire de l'homme*, Albin Michel, 1978.

Foncer dans le système nerveux du lecteur... Tordre la langue... Forcer
les phrases à sortir de leurs gonds...

Louis-Ferdinand CÉLINE, in *Les Écrivains du XXᵉ siècle. Un musée imaginaire de
la littérature mondiale*, Retz, 1979.

À l'origine n'est pas le mot, mais la phrase, une modulation. Écoutez
le chant des oiseaux !

Blaise CENDRARS, *Blaise Cendrars vous parle*, Denoël, 1952.

Ne te demande pas pour quoi ni pour qui tu écris mais pense que
chacune de tes phrases pourrait être la dernière.

Philippe DJIAN, *Lent dehors*, Bernard Barrault, 1991.

Une phrase parfaite est au point culminant de la plus grande expérience vitale.

Léon-Paul FARGUE, *Suite familière*, in *Sous la lampe*, Gallimard, 1929.

Écrire c'est choisir entre plusieurs phrases qui se proposent à vous.
Montesquieu disait : Bien écrire, c'est savoir sauter les phrases intermédiaires. Dans l'immense majorité des livres d'aujourd'hui, manque
la phrase principale. En revanche les phrases intermédiaires y sont
toutes.

Julien GREEN, *Julien Green en liberté avec Marcel Jullian*, Atelier M. Jullian,
1980.

Ce qui me tue, dans l'écriture, c'est qu'elle est trop courte. Quand la
phrase s'achève, que de choses sont restées au-dehors !

J.-M.G. LE CLÉZIO, *Le Livre des fuites*, Gallimard, 1969.

Parfois des phrases émergent, toutes faites, que je m'étonne à la fois d'avoir si bien formulées, alors que je croyais penser à tout autre chose, et de les avoir dites, le plus souvent dans mon cabinet de toilette, à haute voix.

Claude MAURIAC, *Le Temps accompli*, Grasset, 1991.

N'être jamais si mécontent de sa phrase que lorsqu'elle a l'air content d'elle-même.

Robert SABATIER, *Le Livre de la déraison souriante*, Albin Michel, 1991.

L'ordure va aux ordures, l'enfant à la vie, les phrases au néant.

Paul VALÉRY, *La Jeune Parque*, Gallimard, 1917.

Pierre

Priez votre Dieu qu'il vous fasse semblable à la pierre. C'est le bonheur qu'il prend pour lui, c'est le seul vrai bonheur. Faites comme lui, rendez-vous sourde à tous les cris, rejoignez la pierre pendant qu'il en est temps.

Albert CAMUS, *Le Malentendu*, Gallimard, 1958.

La pierre n'a point d'espoir d'être autre chose que pierre. Mais de collaborer elle s'assemble et devient temple.

Antoine de SAINT-EXUPÉRY, *Citadelle*, Gallimard, 1948.

Pire

Le bonheur, c'est de passer à côté du pire.

Louis-Ferdinand CÉLINE, in *Romans*, t. 1, Gallimard, 1981.

Ce n'est pas toujours le pire que les hommes cachent.

François MAURIAC, *Journal*, 1934-1950, Grasset.

Pitié

Mais ce vice qu'est la pitié, jusqu'ici je suis parvenu à l'éviter. La plus petite dose, et tu es fichu. Pleurer sur le genre humain et se lamenter

— tu sais combien notre race y est pathologiquement encline. Nos plus grand poètes se sont anéantis avec ce poison-là.

Arthur KŒSTLER, *Le Zéro et l'infini*, Calmann-Lévy, 1945.

Plagiat

Le plagiat est la base de toutes les littératures, excepté de la première, qui d'ailleurs est inconnue.

Jean GIRAUDOUX, *Siegfried*, 1928, Grasset, 1959.

C'est encore plagier un auteur que de faire systématiquement le contraire de ce qu'il fait.

Sacha GUITRY, *Toutes réflexions faites*, L'Élan, 1946.

Mon verre est petit, mais je ne veux pas que vous buviez dedans.

Jules RENARD, *Journal*, 1904, Gallimard, 1960.

L'alibi du plagiaire est d'ouvrir parfois des guillemets. Son erreur est d'oublier de les refermer.

Robert SABATIER, *Le Livre de la déraison souriante*, Albin Michel, 1991.

Plaire

Le péché originel de l'art est d'avoir voulu convaincre et plaire, pareil à des fleurs qui pousseraient avec l'espoir de finir dans un vase.

Jean COCTEAU, *Le Testament d'Orphée*, 1959, Le Rocher, 1989.

Tu me plais, quel événement !

Marguerite DURAS, *Hiroshima mon amour*, Gallimard, 1960.

Plaisir

Je ne sais pas quelle conjuration de cagots et de vieilles filles a pu réussir en deux siècles, à discréditer le mot plaisir.

Jean ANOUILH, *La Répétition ou L'Amour puni*, 1950, Larousse, 1957.

Le plaisir, c'est le bonheur de ceux qui ne seront jamais heureux.

René Benjamin.

Le plaisir est pour moi comme un excellent livre que j'aurais lu trop souvent.

Julien Green, *Journal*, in *Œuvres complètes*, Gallimard, 1976.

La multitude de ceux qui se livrent au plaisir sans respect a plus fait pour le déshonorer que ceux qui le condamnent et s'en abstiennent.

Marcel Jouhandeau, *Éloge de la volupté*, Gallimard, 1951.

Tout amour contient un abîme qui est le Plaisir.

Pierre-Jean Jouve, *La Scène capitale*, Mercure de France, 1961.

Rien ne prouve que le plaisir soit un phénomène heureux.

Georges Perros, *Papiers collés*, Gallimard, 1960.

On est impuissant à trouver du plaisir quand on se contente de le chercher.

Marcel Proust, *Le Côté de Guermantes*, Gallimard, 1920.

Les hommes peuvent avoir plusieurs sortes de plaisirs. Le véritable est celui pour lequel ils quittent l'autre.

Marcel Proust, *Sodome et Gomorrhe*, Gallimard, 1921.

Il ne serait pas impossible que, dans le futur, le plaisir d'être cédât au plaisir de faire.

Jean Rostand, *Inquiétudes d'un biologiste*, Stock, 1967.

Plante

Le monde des plantes contient toute la métaphysique enclose ; et je ne connais pas de meilleur cours sur l'invisible que « l'Année du jardinier ».

Ernst Jünger, *Journaux de guerre*, 7 avril 1944, Julliard, 1990.

Plein

Car il n'y a pas d'autre bonheur pour l'homme que de donner son plein.

Paul CLAUDEL, *Feuilles de saints*, Gallimard, 1925.

Pleurer

Il faut pleurer, parce que c'est la seule réponse efficace à certaines contradictions plus féroces, à certaines incompatibilités essentielles de la vie, simplement enfin parce que l'injustice existe, et qu'il est vain de la nier.

Georges BERNANOS, *Sous le soleil de Satan*, Plon, 1926.

Hein dis mon poulot c'est fini ?... Un homme ça chiale pas !...

Louis-Ferdinand CÉLINE, *Mort à crédit*, Denoël et Steele, 1936.

Les pleurs sont la lessive des sentiments.

Malcolm de CHAZAL, *Penser par étapes*, 1950.

Nous autres hommes pouvons aussi pleurer, tu vois ? Simplement, nous n'y pensons pas.

Dialogues du film *Madame porte la culotte* de George Cukor, 1949.

La femme, ça a toujours un coin où, en appuyant, ça pleure.

Jean GIONO, *Le Chant du monde*, Gallimard, 1934.

Plume

Je ne trempe pas ma plume dans un encrier, mais dans la vie.

Blaise CENDRARS, *L'Homme foudroyé*, Denoël, 1945.

Pour activer mon feu, dérangez chaque bûche,
Que ma plume ait un air de femme qui a bu.

Jean COCTEAU, in *La Poésie du vingtième siècle*, t. 2, Albin Michel, 1982.

Somptueuse, toi, ma plume d'or, va sur la feuille, va au hasard tandis que j'ai quelque jeunesse encore, va ton lent cheminement irrégulier, hésitant comme en rêve, cheminement gauche mais commandé. Va, je t'aime, ma seule consolation, va sur les pages où tristement je me complais et dont le strabisme morosement me délecte. Oui, les mots, ma patrie, les mots, ça console et ça venge.

Albert COHEN, in *Albert Cohen ou le pouvoir de vie*, L'Âge d'Homme, 1981.

Ils trempent leurs plumes dans nos cœurs et prétendent qu'ils sont inspirés.

Khalil GIBRAN, *Le Sable et l'écume*, 1926, Albin Michel, 1990.

Une bonne plume est pour moitié dans le plaisir que je prends à écrire.

André GIDE, *Ainsi soit-il ou Les Jeux sont faits*, Gallimard, 1952.

Pour se venger de l'écrivain qui leur a donné la vie, les héros qu'il a créés lui cachent son porte-plume.

Max JACOB, *Le Cornet à dés*, Stock, 1917.

Poème

J'aime les beaux poèmes, les vues bouleversantes et tout l'au-delà de ces vers. Je suis comme pas un sensible à ces pauvres mots merveilleux laissés dans notre nuit par quelques hommes que je n'ai pas connus.

Louis ARAGON, *Traité du style*, Gallimard, 1928.

Le poème est une grappe d'images.

Gaston BACHELARD, *La Terre et les rêveries de la volonté*, Corti, 1948.

Le poème — la littérature — semble lié à une parole qui ne peut s'interrompre, car elle ne parle pas, elle est.

Maurice BLANCHOT, *L'Espace littéraire*, Gallimard, 1955.

Écrire un poème, c'était, pour lui, faire en sorte que les mots débauchent les pensées.

André BRINCOURT, *Les Écrivains du XXᵉ siècle. Un musée imaginaire de la littérature mondiale*, Retz, 1979.

L'homme le plus lamentable que j'aie jamais connu était ce boutiquier qui, jeté au milieu des mots, les prit dans sa bouche, grain après grain et, les ruminant, écrivit un poème.

Elias CANETTI, *Le Territoire de l'homme*, Albin Michel, 1978.

Tout poème est une mise en demeure.

Jean CAYROL, *Pour tous les temps*, Le Seuil.

Le poème n'est point fait de ces lettres que je plante comme des clous, mais du blanc qui reste sur le papier.

Paul CLAUDEL, *Les Muses*, in *Cinq grandes odes*, Gallimard, 1913.

Les poèmes ont toujours de grandes marges blanches, de grandes marges de silence où la mémoire ardente se consume pour recréer un délire sans passé.

Paul ÉLUARD, *L'Évidence poétique*, Gallimard, 1967.

L'essence de l'art, c'est le Poème. L'essence du Poème, c'est l'instauration de la vérité.

Martin HEIDEGGER, *Chemins qui ne mènent nulle part*, Gallimard, 1962.

Et surtout se rappeler que faire des poèmes, c'est comme faire l'amour : on ne saura jamais si sa joie est partagée.

Cesare PAVESE, *Le Métier de vivre*, 17 novembre 1937, Gallimard, 1958.

L'on devrait pouvoir à tous poèmes donner ce titre : « Raisons de vivre heureux »...

Francis PONGE, *Le Grand Recueil*, Gallimard, 1961.

Mon poème est un oiseau qui veut sortir de la cage du livre.

Jacques PRÉVERT, *Les Chiens ont soif*, in *Fatras*, Gallimard, 1966.

Un poème c'est bien peu de chose
à peine plus qu'un cyclone aux Antilles
qu'un typhon dans la mer de Chine
un tremblement de terre à Formose

Une inondation du Yang Tse Kiang
ça vous noie cent mille Chinois d'un seul coup
vlan
ça ne fait même pas le sujet d'un poème
Bien peu de chose.

Raymond QUENEAU, *L'Instant fatal*, Gallimard, 1948.

Le poème c'est ce qui s'apprend par cœur sans même qu'on ait songé à l'apprendre.

Claude ROY, préface à l'*Anthologie de la poésie française du* XXe *siècle*, Gallimard, 1983.

À une époque de matérialisme outré, de bêtise pontifiante et de diarrhée verbale, lire un poème c'est prendre une sorte de bain de pureté.

Robert SABATIER, in *Écrire, Lire et en Parler*, Laffont, 1985.

Le poème doit créer dès ses premiers mots le silence dans lequel on l'entendra.

Robert SABATIER, *Le Livre de la déraison souriante*, Albin Michel, 1991.

Prenez un journal.
Prenez des ciseaux.
Choisissez dans ce journal un article ayant la longueur
que vous comptez donner à votre poème.
Découpez l'article.
Découpez ensuite avec soin chacun des mots
qui forment cet article et mettez-les dans un sac.
Copiez consciencieusement.
Le poème vous ressemblera.
Et vous voilà « un écrivain infiniment original
et d'une sensibilité charmante, encore qu'incomprise du vulgaire ».

Tristan TZARA, *Pour faire un poème dadaïste*, in *La Revue surréaliste*, n° 1.

Le poème — cette hésitation prolongée entre le son et le sens.

Paul VALÉRY, *Rhumbs*, in *Tel Quel*, t.2, Gallimard, 1943.

Poésie

C'est à la poésie que tend l'homme.
Il n'y a de connaissance que du particulier.
Il n'y a de poésie que du concret.

Louis ARAGON, *Le Paysan de Paris*, Gallimard, 1926.

J'appelle poésie aujourd'hui la connaissance de ce destin interne et dynamique de la pensée.

Antonin ARTAUD, *L'Homme contre le destin*, Conférence du 27 février 1936.

Ah ! Monsieur, on ne se méfiera jamais assez de la poésie. Je parle de la vraie, celle qui consiste à dire des choses fausses ou à ne rien dire. Elle prépare immanquablement le règne de la confusion, de l'anarchie, et de toutes les déviations mentales et sentimentales.

Marcel AYMÉ, *Le Confort intellectuel*, Flammarion, 1949.

On vient nous parler de la poésie de la nature. Quelle blague ! Il n'y a que la poésie de l'homme et il est lui-même toute la poésie.

Marcel AYMÉ, *Uranus*, Gallimard, 1948.

De la poésie, je dirai maintenant qu'elle est, je crois, le sacrifice où les mots sont victimes.

Georges BATAILLE, *Somme athéologique*, Gallimard, 1954.

La poésie est parole aimante, parole émerveillante, parole enveloppée sur elle-même, pétales d'une voix tout autour d'un silence.

Christian BOBIN, *La Merveille et l'obscur*, Paroles d'Aube, 1996.

Je pense que la poésie tout entière est un jeu. Une inappétence réelle de bonheur, tout au moins durable, une impossibilité foncière de pactiser avec la vie, à la stupidité, à la méchanceté de laquelle l'homme ne remédiera jamais que dans une faible mesure....

André BRETON, *Point du jour*, Gallimard, 1934.

La poésie se fait dans un lit comme l'amour
Ses draps défaits sont l'aurore des choses

André BRETON, *Sur la route de San Romano*, in *Signe ascendant*, Gallimard, 1949.

J'aimerais assez cette critique de la poésie : la poésie est inutile comme la pluie.

René Guy CADOU, *Usage interne*, Bauhier, 1951.

La poésie est cette démarche qui, par le mot, l'image, le mythe, l'amour et l'humour, m'installe au cœur du vivant de moi-même et du monde.

Aimé CÉSAIRE, *Sur la poésie*, Seghers.

La poésie est le fruit que nous serrons, mûri, avec liesse, dans notre main au même moment qu'il nous apparaît, d'avenir incertain, sur la tige givrée, dans le calice de la fleur.

René CHAR, *Quitter*, in *La Parole en archipel*, Gallimard, 1962.

La poésie n'est pas autre chose pour moi que l'art de décrire l'invisible avec des images d'ange.

Malcolm de CHAZAL, *La Vie Filtrée*, Gallimard, 1949.

La poésie qui approche de la prière est supérieure et à la prière et à la poésie.

Emil Michel CIORAN, *Cahiers 1957-1972*, Gallimard, 1997.

L'objet de la poésie, ce n'est donc pas, comme on le dit souvent, les rêves, les illusions ou les idées. C'est la sainte réalité, donnée une fois pour toutes, au centre de laquelle nous sommes placés. C'est l'univers des choses invisibles. C'est tout cela qui nous regarde et que nous regardons.

Paul CLAUDEL, *Introduction à un poème sur Dante*, in *Accompagnements*, Gallimard, 1949.

Je sais que la poésie est indispensable, mais je ne sais pas à quoi.

Jean COCTEAU, Discours de réception à l'Académie française, 1955.

On gouverne une nation avec de la poésie. Et la poésie, c'est le verbe, c'est la démesure, c'est le miracle, c'est un rêve qui va devenir réalité.

Jean DUTOURD, *De la France considérée comme une maladie*, Flammarion, 1982.

La poésie contemporaine ne chante plus... elle rampe. Elle a cependant le privilège de la distinction... elle ne fréquente pas les mots mal famés... elle les ignore.
On ne prend les mots qu'avec des gants : à menstruel on préfère pério-dique, et l'on va répétant qu'il est des termes médicaux qu'il ne faut pas sortir des laboratoires et du codex.
Le snobisme scolaire qui consiste, en poésie, à n'employer que certains mots déterminés, à la priver de certains autres, qu'ils soient techni-ques, médicaux, populaires ou argotiques, me fait penser au prestige du rince-doigts et du baisemain.
Ce n'est pas le rince-doigts qui fait mes mains propres ni le baisemain qui fait la tendresse.
Ce n'est pas le mot qui fait la poésie mais la poésie qui illustre le mot.

Léo FERRÉ, *Amour Anarchie*, Préface, 1970-1973.

Toutes les choses ont leur mystère, et la poésie, c'est le mystère de toutes les choses.

Federico GARCÍA LORCA, 1936, in *Théâtre*, Gallimard, 1955.

La poésie n'est pas une opinion exprimée.
C'est une mélodie qui s'élève
d'une plaie béante
ou d'une bouche en sourire.

Khalil Gibran, *Le Sable et l'écume*, 1926, Albin Michel, 1990.

Si, quand tu seras un homme, tu connais ces deux choses : la poésie et la science d'éteindre les plaies, alors tu seras un homme.

Jean Giono, *Jean le Bleu*, Grasset, 1932.

Vivre tout événement quotidien dans les coordonnées de l'éternité, c'est pour moi la poésie.

Eugène Guillevic, *Vivre en poesie*, Entretiens, Stock, 1980.

La poésie est un véhicule intérieur de l'amour. Nous devons donc, poètes, produire cette « sueur de sang » qu'est l'élévation à des substances si profondes, ou si élevées, qui dérivent de la pauvre, de la belle puissance érotique humaine.

Pierre-Jean Jouve, *Sueur de sang*, 1933-1935, Gallimard, 1966.

La musique est une amplification de la vie sensible. La poésie, par contre, est une façon de maîtriser, de sublimer.

Franz Kafka, cité par Gustav Janouch, in *Kafka m'a dit*, Calmann-Lévy, 1952.

La poésie moderne est une maladie pénétrante et subtile... La poésie est une production maladive comme la perle des coquillages sous-marins....

Robert Kemp, *La Vie des livres*, Albin Michel, 1962.

La matière de la poésie est l'insaisissable.

Thierry Maulnier, *Le Dieu masqué*, Gallimard, 1985.

L'éternité des poètes, c'est celle de la mémoire humaine — je veux dire qu'ils n'ont pas à compter sur la seule écriture et que toute poésie qui ne se grave pas dans ma mémoire s'effacera.

François Mauriac, article : *La Jeune Parque éveillée*, 2 novembre 1947.

La musique est le cri de l'Amour ; la poésie en est la pensée...

O. V. de L. Milosz, *Maximes et Pensées*, Silvaire, 1967.

La poésie est un grain de beauté sur la joue de l'intelligence.

Henry de MONTHERLANT, *Carnets*, XIX, 1930-1931, La Table Ronde, 1956.

Nous écrivons pour des gens si humbles que très, très souvent ils ne savent pas lire. Pourtant la poésie existait sur terre avant l'écriture et avant l'imprimerie. C'est pour cela que nous savons que la poésie est comme le pain et doit être partagée entre tous, érudits et paysans, entre toutes nos immenses, fabuleuses, extraordinaires familles de peuples...

Pablo NERUDA, *Discours au congrès de Santiago*, Seghers, 1975.

À quoi servent les vers si ce n'est pour cette nuit où un poignard amer nous transperce, pour ce jour, pour ce crépuscule, pour ce coin brisé où le corps frappé de l'homme se dispose à mourir ?

Pablo NERUDA, *Résidence sur la terre*, 1935, Gallimard, 1969.

Mais je dis, moi, que la poésie se mange.

Géo NORGE, *La Langue verte*, Gallimard, 1954.

La poésie est aujourd'hui l'algèbre supérieure des métaphores.

José ORTEGA Y GASSET, *La Déshumanisation de l'art*, 1925, in *Ortega y Gasset*, Seghers, 1969.

La poésie sera toujours dans l'herbe. Elle est et restera la fonction organique d'un être heureux, reforgeant toute la félicité du langage, crispé dans le cœur natal... Plus il y aura d'hommes heureux, plus il sera facile d'être poète.

Boris PASTERNAK, au Congrès international des écrivains, Paris, La Mutualité, 21 juin 1935.

Mais au fond, l'expression poétique est une blessure toujours ouverte, d'où s'exhale la bonne santé du corps.

Cesare PAVESE, *Le Métier de vivre*, 29 décembre 1936, Gallimard, 1958.

La poésie, comme l'art, est inséparable de la merveille.

André PIEYRE de MANDIARGUES, *L'Âge de craie*, Gallimard, 1961.

La poésie, cet art de sourire à l'imminence du précipice, à la menace du n'importe quoi.

Bertrand POIROT-DELPECH, *Diagonales*, Gallimard, 1995.

La poésie, c'est ce qu'on rêve, ce qu'on imagine, ce qu'on désire et ce qui arrive, souvent. La poésie est partout comme Dieu n'est nulle part. La poésie, c'est un des plus vrais, un des plus utiles surnoms de la vie.

Jacques PRÉVERT, *Hebdromadaires*, Gallimard, 1980.

La poésie n'est ni dans la pensée, ni dans les choses, ni dans les mots ; elle n'est ni philosophie, ni description, ni éloquence : elle est inflexion.

Charles-Ferdinand RAMUZ, *Journal*, Grasset.

La poésie n'est ni dans la vie ni dans les choses — c'est ce que vous en faites et ce que vous y ajoutez.

Pierre REVERDY, *Le Livre de mon bord*, Mercure de France, 1948.

C'est une atroce boule d'enfance
Qui remonte la gorge ; on la baptise
Poésie ; et beaucoup en sont morts
Sur ces terres nouvelles que le sang fertilise.

Jean ROUSSELOT, in *La Poésie du vingtième siècle*, t.3, Albin Michel, 1988.

Ce n'est pas ce qui est regardé qui définit la poésie, c'est le regard. Ce ne sont pas les choses qui arrivent qui font un poème, c'est la façon du poète d'arriver dans les choses.

Claude ROY, préface à l'*Anthologie de la poésie française du XXᵉ siècle*, Gallimard, 1983.

Avoir pour but non pas la Poésie, mais un au-delà de la Poésie qui serait la Poésie.

Robert SABATIER, *Le Livre de la déraison souriante*, Albin Michel, 1991.

La poésie est une éternelle jeunesse qui ranime le goût de vivre jusque dans le désespoir.

André SUARÈS, *Temples grecs, maisons des dieux*, Granit, 1980.

La poésie n'est que la littérature réduite à l'essentiel de son principe actif.

Paul VALÉRY, *Littérature*, in *Tel Quel*, t.1, Gallimard, 1941.

Poète

cette lumière que tu vois
ce n'est qu'un poète qui veille
et qui fabrique des merveilles
de quelques sous. Il en mourra.

Louis AMADE, *Cette Lumière que je vois*, in *Chef-lieu : la Terre*, Seghers, 1959.

On peut être poète dans tous les domaines : il suffit que l'on soit aventureux et que l'on aille à la découverte.

Guillaume APOLLINAIRE, *L'Esprit nouveau et les poètes* : conférence donnée au Vieux Colombier le 26 novembre 1917.

La poésie est d'abord musique. Mais ce sont justement vos crétins de poètes qui l'ont oublié.

Marcel AYMÉ, *Le Confort intellectuel*, Flammarion, 1949.

Des poètes, tous susceptibles, nous en avons dix mille, dont les deux tiers usent chacun d'une langue sacrée : la leur.

Hervé BAZIN, *Abécédaire*, Grasset, 1984.

Le poète aime la terre comme une femme étrangère qu'il enlace une fois et ne revoit jamais plus. La poésie, c'est l'impression d'être toujours en contact avec la mort.

Heinrich BÖLL, *Une mémoire allemande*, Le Seuil, 1978.

Un grand poète est moins un inventeur qu'un éclaireur.

Jorge Luis BORGES, *La Quête d'Averroès*, in *Borges*, Seghers, 1971.

Les poètes traitent le monde à leur manière et ce n'est pas peu dire...

André BRETON, *Point du jour*, Gallimard, 1934.

Le poète sera toujours cet égaré sublime qui porte en lui-même sa bergerie.

René Guy CADOU, *Usage interne*, Bauhier, 1951.

Un poète doit laisser des traces de son passage, non des preuves. Seules les traces font rêver.

René CHAR, *La Parole en archipel*, Gallimard, 1962.

La poésie est partout. Elle est partout, excepté chez les mauvais poètes.

Paul CLAUDEL, *Positions et propositions*, Gallimard, 1928-1934.

Un poète n'est d'abord pas lu. Ensuite il est mal lu. Ensuite il devient classique et l'habitude empêche de le lire. Somme toute, il garde éternellement ses quelques amoureux de la première heure.

Jean COCTEAU, *Secrets de beauté*, in *Œuvres complètes*, Marguerat, 1946-1951.

Le poète est celui qui inspire bien plus que celui qui est inspiré.

Paul ÉLUARD, *L'Évidence poétique*, Gallimard, 1967.

Les écrivains qui ont recours à leurs doigts pour savoir s'ils ont leur compte de pieds, ne sont pas des poètes, ce sont des dactylographes.

Léo FERRÉ, *Amour Anarchie*, Préface, 1970-1973.

Nos poètes sont, dans la connaissance de l'âme, nos maîtres à nous, hommes vulgaires, car ils s'abreuvent à des sources que nous n'avons pas encore rendues accessibles à la science...

Sigmund FREUD, in *La Poésie du vingtième siècle*, t.2, Albin Michel, 1982.

Le poète doit être un professeur d'espérance. À cette seule condition il a sa place à côté des hommes qui travaillent et il a droit au pain et au vin.

Jean GIONO, *Aux sources même de l'espérance*, in *L'Eau vive*, Gallimard, 1943.

Les poètes tentent de greffer aux hommes d'autres yeux et de transformer ainsi le réel.

Franz KAFKA, cité par Gustav Janouch, in *Kafka m'a dit*, Calmann-Lévy, 1952.

Le premier poète fut un voleur de feu. Le second un ravisseur de femme. Le troisième mourut sur la croix. Nous n'avons plus que des imitateurs.

Charles LE QUINTREC, *Stances du verbe amour*, Albin Michel, 1966.

Ce qui fait le poète, n'est-ce pas l'amour, la recherche désespérée du moindre rayon de soleil d'autrefois jouant sur le parquet d'une chambre d'enfant ?

François MAURIAC, *Préséances*, Émile-Paul, 1921.

Ce que le poète veut nous dire est aussi fragile que la neige, mais aussi fort que le Déluge. Est-ce la puissance de la sensibilité qui fécondera les grandes villes en béton de demain avec l'eau nécessaire ?

Anaïs NIN, *Journal 1944-1947*, Stock, 1972.

L'idéal, pour un poète, ne serait-il pas de poser — à peine — dans un vase verbal plus pur que l'eau pure, une fleur d'âme jamais cueillie ?

Marie NOËL, *Notes intimes*, Stock, 1959.

Que le poète obscur persévère dans son obscurité, s'il veut trouver la lumière.

Jean PAULHAN, *Entretien sur des faits divers*, 1930, Gallimard, 1945.

La poésie commence lorsqu'un idiot dit de la mer : « On dirait de l'huile. »

Cesare PAVESE, *Le Métier de vivre*, 28 octobre 1935, Gallimard, 1958.

Comme les grands amants, les grands poètes sont rares. Les velléités, les fureurs et les rêves ne suffisent pas ; il faut ce qu'il y a de mieux, des couilles dures. Ce qu'on appelle également le regard olympien.

Cesare PAVESE, *Le Métier de vivre*, 17 novembre 1937, Gallimard, 1958.

Le poète, amoureux fou du silence, ne peut faire autrement que de parler.

Octavio PAZ, cité par Catherine Singer, in *Du bon usage des crises*, Albin Michel, 1996.

Être poète n'est pas une ambition que j'ai,
C'est ma manière à moi d'être seul.

Fernando PESSOA, *Le Gardeur de troupeaux et les autres poèmes d'Alberto Caeiro*, Gallimard, 1960.

Et toutes les âmes intérieures des poètes sont amies et s'appellent les unes les autres.

Marcel PROUST, *Contre Sainte-Beuve*, Gallimard, 1954.

Le vrai poète n'est jamais « inspiré » : il se situe précisément au-dessus de ce plus et de ce moins, identiques pour lui, que sont la technique et l'inspiration.

Raymond QUENEAU, *Odile*, Gallimard, 1937.

Le poète est un géant qui passe sans effort par le trou d'une aiguille et, à la fois, un nain qui remplit l'univers.

Pierre REVERDY, *Le Gant de crin*, Plon, 1977.

Le poète n'est pas celui qui dit
Je n'y suis pour personne
Le poète dit J'y suis pour tout le monde
Ne frappez pas avant d'entrer
Vous êtes déjà là...

Claude ROY, *Un seul poème*, Gallimard, 1954.

Et c'est assez pour le poète d'être la mauvaise conscience de son temps.

SAINT-JOHN PERSE, *Discours de Stockholm*, in *Œuvres complètes*, Gallimard, 1972.

L'humanité prend conscience d'elle-même, il faudra lui parler son langage, et le poète sera celui qui le lui parlera avec grandeur.

Jules SUPERVIELLE, in *Supervielle*, Gallimard, 1960.

Dans le poète :
L'oreille parle,
La bouche écoute ;
C'est l'intelligence, l'éveil, qui enfante et rêve ;
C'est le sommeil qui voit clair ;
C'est l'image et le phantasme qui regardent,
C'est le manque et la lacune qui créent.

Paul VALÉRY, *Littérature*, in *Tel Quel*, t.1, Gallimard, 1941.

Polémique

Les écrivains se ruent vers la polémique. Penser contre a toujours été la façon la moins difficile de penser.

Jacques de BOURBON BUSSET, *Tu ne mourras pas*, Gallimard, 1978.

Politicien

Tout ce que je demande aux Politiques, c'est qu'ils se contentent de changer le monde sans changer la vérité.

Jean PAULHAN, *De la paille et du grain*, Gallimard, 1948.

Ce sont des hommes publics : ils sont sortis de l'ombre pour entrer dans la boue.

Louis SCUTENAIRE, *Mes Inscriptions*, Gallimard, 1945.

Politique

Le choix en politique n'est pas entre le bien et le mal mais entre le préférable et le détestable.

Raymond ARON, cité par Jacques Duquesne, in *Le Bonheur en 36 vertus*, Albin Michel, 1998.

Je ne suis pas fait pour la politique puisque je suis incapable de vouloir ou d'accepter la mort de l'adversaire.

Albert CAMUS, *Carnets II*, 1942-1951, Gallimard, 1964.

La politique peut être relativement honnête aux moments où l'Histoire suit un cours paresseux ; à ses tournants critiques, la seule règle possible est le vieil adage selon lequel la fin justifie les moyens.

Arthur KŒSTLER, *Le Zéro et l'infini*, Calmann-Lévy, 1945.

La politique est une guerre sans effusion de sang, et la guerre une politique avec effusion de sang.

MAO TSÉ-TOUNG, in *Citations du président Mao Tsé-Toung*, Le Seuil, 1967.

L'action politique est de soi impure parce qu'elle est action de l'un sur l'autre et parce qu'elle est action à plusieurs.

Maurice MERLEAU-PONTY, *Humanisme et Terreur*, Gallimard, 1947.

Tout parti vit de sa mystique et meurt de sa politique.

Charles PÉGUY, *Notre jeunesse*, Gallimard, 1933.

On peut tout faire, en politique, sauf insulter l'espoir.

Bertrand POIROT-DELPECH, *Diagonales*, Gallimard, 1995.

Je ne m'occupe pas de politique — C'est comme si vous disiez : « Je ne m'occupe pas de la vie. »

Jules RENARD, *Journal*, 1905, Gallimard, 1960.

Je crois que tu es dans le vrai en traitant la politique comme l'art d'arriver par n'importe quels moyens à une fin dont on ne se vante pas.

Jules ROMAINS, *Les Hommes de bonne volonté*, Flammarion, 1932-1946.

Je voudrais [...] qu'on rayât « politique », ce sale mot, du dictionnaire et que jamais plus on n'osât parler d'autre chose que de Vie publique.

André SALMON, *L'Entrepeneur d'illuminations*, Gallimard, 1921.

La politique est l'art d'empêcher les gens de se mêler de ce qui les regarde.

Paul VALÉRY, *Rhumbs*, in *Tel Quel*, t.2, Gallimard, 1943.

Pornographie

Non, non, la pornographie n'a jamais été et ne sera jamais révolutionnaire, pas plus que l'immoralité.

Jacques DUCLOS, *Les Droits de l'intelligence*, Éditions sociales internationales, 1938.

Les puritains jurent que la pornographie est lassante, qu'elle montre toujours la même chose. J'ai peur qu'ils surestiment la variété du reste.

Tony DUVERT, *Journal d'un innocent*, Minuit, 1976.

Le roman contemporain à succès n'est plus qu'un hypocrite dosage de pornographie sournoise et de pudibonderie verbale...

Louis PERGAUD, *La Guerre des boutons*, Préface, Mercure de France, 1912.

Porte

Quand on veut enfoncer les portes ouvertes avec succès, il ne faut pas oublier qu'elles ont un solide chambranle.

Robert MUSIL, *L'Homme sans qualités*, Le Seuil, 1969.

Posséder

Chaque bibelot repose sur un napperon. Chaque fleur a son pot, chaque pot son cache-pot... non seulement posséder, mais souligner deux fois, trois fois ce qu'on possède, c'est la hantise du pavillonnaire et du petit possédant.

Jean BAUDRILLARD, *Pour une critique de l'économie politique du signe*, Gallimard, 1972.

Tout dans la vie m'a paru gratuit, supplémentaire. Dans *posséder*, j'entends *céder* et je suis ravi de ce qui me reste.

Hervé BAZIN, *Ce que je crois*, Grasset, 1977.

Aujourd'hui je suis peut-être l'homme le plus heureux du monde.
Je possède tout ce que je ne désire pas.

Blaise CENDRARS, *Du monde entier*, in *Poésies complètes 1912-1924*, Denoël, 1947.

Pour posséder, il faut avoir désiré. Nous ne possédons une ligne, une surface, un volume que si notre amour l'occupe.

Marcel PROUST, *La Prisonnière*, Gallimard, 1923.

Possible

Il faut toujours connaître les limites du possible. Pas pour s'arrêter, mais pour tenter *l'impossible* dans les meilleures conditions.

Romain GARY, *Charge d'âme*, Gallimard, 1977.

Postérité

Invoquer la postérité, c'est faire un discours aux asticots.

Louis-Ferdinand CÉLINE, *Voyage au bout de la nuit*, Gallimard, 1932.

Sans doute mes livres, eux aussi, comme mon être de chair finiraient un jour par mourir. Mais il faut se résigner à mourir. On accepte la pensée que dans dix ans soi-même, dans cent ans ses livres, ne seront plus. La durée éternelle n'est pas plus promise aux œuvres qu'aux hommes.

Marcel PROUST, *Le Temps retrouvé*, Gallimard, 1927.

Pourquoi

Plus la science progressera, plus l'homme devra s'interroger sur sa finalité. Le Dieu du « comment ? » s'estompera un jour, mais le Dieu du « pourquoi ? » ne mourra jamais.

Amin MAALOUF, *Les Identités meurtrières*, Grasset, 1998.

La nausée métaphysique nous fait hoqueter des pourquoi.

Jean ROSTAND, *Pensées d'un biologiste*, Stock, 1954.

Poussière

L'œil doit se garer de la poussière, et le pied au contraire ne pas la craindre.

Paul CLAUDEL, *Journal*, 1904-1955, Gallimard, 1968-1969.

La poussière n'est pas encore le néant : elle doit être dispersée.

François MAURIAC, *Journal*, 1934-1950, Grasset.

Pouvoir

Le pouvoir doit se définir par la possibilité d'en abuser.

André MALRAUX, *La Voie royale*, Grasset, 1930.

Il n'y a pas le pouvoir, il y a l'abus de pouvoir, rien d'autre.

Henry de MONTHERLANT, *Le Cardinal d'Espagne*, Gallimard, 1960.

Dès l'instant qu'un homme fait la loi, il se place hors la loi et échappe du même coup à sa protection. C'est pourquoi la vie d'un homme exerçant un pouvoir quelconque a moins de valeur que celle d'une blatte ou d'un morpion.

Michel TOURNIER, *Le Roi des Aulnes*, Gallimard, 1970.

Préjugé

Donnez-moi un préjugé et j'ébranlerai le monde.

Gabriel GARCIA MARQUEZ, *Chronique d'une mort annoncée*, Grasset, 1981.

Prendre

Ce qu'on ne nous prend pas nous reste, c'est le meilleur de nous-mêmes.

Georges BRAQUE, *Le Jour et la nuit*, Gallimard, 1952.

Présent

Ne portez pas de montre... C'est ça l'heure indienne. Le passé, l'avenir, tout est englobé dans le présent. C'est comme ça. *Nous sommes prisonniers du présent.*

Sherman ALEXIE, *Phœnix, Arizona*, Albin Michel, 1999.

Le présent n'est pas un passé en puissance, il est le moment du choix et de l'action.

Simone de BEAUVOIR, *Pour une morale de l'ambiguïté*, Gallimard, 1947.

Le présent, ce n'est pas une ligne d'arrêt. C'est un obstacle chargé d'éternelles tragédies que l'espérance humaine a toujours su franchir.

Fernand BRAUDEL, in *L'Express*, 22 novembre 1971.

La vraie générosité envers l'avenir consiste à tout donner au présent.

Albert CAMUS, *L'Homme révolté*, Gallimard, 1951.

Notre temps est le présent, et ce présent ne finira jamais.

Ernest HEMINGWAY, *Pour qui sonne le glas*, 1940, Gallimard, 1961.

Le passé est irréparable mais le présent vous est fourni comme matériaux en vrac aux pieds du bâtisseur et c'est à vous d'en forger l'avenir.

Antoine de SAINT-EXUPÉRY, *Citadelle*, Gallimard, 1948.

Prêtre

Quand le prêtre joint les mains, le ciel s'agenouille.

Julien GREEN, *Journal*, in *Œuvres complètes*, Gallimard, 1976.

C'était un prêtre, c'est-à-dire la moitié d'un homme.

V. S. NAIPAUL, *À la courbe du fleuve*, Albin Michel, 1982.

Chez le prêtre, comme chez l'aliéniste, il y a toujours quelque chose du juge d'instruction.

Marcel PROUST, *Le Côté de Guermantes*, Gallimard, 1920.

Prier

Et c'est quoi, au juste, prier. C'est faire silence. C'est s'éloigner de soi dans le silence.

Christian BOBIN, *Une Petite robe de fête*, Gallimard, 1991.

Principes

Les principes sont des préjugés de grande taille, c'est tout.

Hervé BAZIN, *Vipère au poing*, Grasset, 1948.

Les principes sont faits pour être violés. Être humain est aussi un devoir.

Graham GREENE, *Le Troisième homme*, Laffont, 1950.

Ce qu'il y a de vraiment commode avec les principes, c'est qu'on peut toujours les sacrifier quand c'est nécessaire.

Somerset MAUGHAM, *Le Cercle*, in *Théâtre*, Éditions de France, 1940.

Printemps

Je vous souhaite de penser printemps.

ALAIN, *Propos*, 1906-1914, Gallimard, 1970.

Est-ce Dieu est-ce diable ou les deux à la fois
Qui un jour s'unissant ont fait ce printemps-là
Est-ce l'un est-ce l'autre vraiment je ne sais pas
Mais pour tant de beauté merci et chapeau bas

BARBARA, *Chapeau bas*, Éditions Cravelle, © Polygram Distribution.

Le printemps s'annonce toujours / plein de promesses. / Mais lui au moins les tient.

Félix LECLERC, *Rêves à vendre*, Nouvelles Éditions de l'Arc, 1984.

Prison

Il y a des temps où la seule place d'un homme vraiment libre est en prison.

Gilbert CESBRON, *La Fleur, le fruit, l'amande*, La Guilde du livre, 1958.

Mon désir n'est pas de créer l'ordre, mais le désordre au contraire au sein d'un ordre absurde, ni d'apporter la liberté, mais simplement de rendre la prison visible.

Paul CLAUDEL, *Conversations dans le Loir-et-Cher*, Gallimard, 1935.

Même si la prison est à perpétuité, mieux vaut pour un prisonnier comprendre qu'il est en prison. Cela engendre l'espoir, et cet espoir n'est autre que la foi.

Jean COCTEAU, *Journal d'un inconnu*, Grasset, 1953.

Prisonnier

À quoi sert un terrain de golf ? À jouer au golf... Un court de tennis ? À jouer au tennis... Eh bien ! un camp de prisonnier, ça sert à s'évader...

Dialogues du film *La Grande illusion* de Jean Renoir, 1937.

Problème

Un problème sans solution est un problème mal posé.

Albert EINSTEIN, in *Albert Einstein : a life for to-morrow*, Bookland, 1958.

Il n'y a pas de problème ; il n'y a que des solutions. L'esprit de l'homme invente ensuite le problème.

André GIDE, *Journal*, 1889-1939, Gallimard, 1939.

Tant qu'un problème n'est pas entièrement résolu, le chercheur qui s'y attache a le droit de s'en exagérer la beauté.

Jean ROSTAND, *Inquiétudes d'un biologiste*, Stock, 1967.

Au Pérou il y a deux sortes de problèmes : ceux qu'on ne résout jamais et ceux qui se résolvent tout seuls.

Manuel SCORZA, *Roulement de tambours pour Rancas*, Grasset, 1972.

Produit national brut

Dans un pays comme le mien [les États-Unis], tout se passe comme si, quand Dieu reçoit les âmes au ciel pour les orienter vers le paradis, l'enfer ou le purgatoire, il leur posait cette seule question : « Qu'as-tu fait sur la terre pour augmenter le produit national brut ? »

John Kenneth GALBRAITH, cité par Roger Garaudy, in *Dieu existe-t-il ? Non...*, Fayard, 1973.

Professeur

L'admirable dans ce métier, c'est de faire lever le jour dans les visages.

Jean-Louis BORY, *Ma moitié d'orange*, Julliard, 1972.

Profondeur

La profondeur devient le seul but de l'homme qui creuse.

Françoise MALLET-JORIS, *Le Jeu du souterrain*, Grasset, 1973.

Progrès

Ce monde où l'on ne parle tant de progrès que parce qu'on désespère de progresser.

Antonin ARTAUD, *Chez les Tarahumaras*, L'Arbalète, 1955.

Les découvertes de la science s'annulent les unes les autres mais un chef-d'œuvre n'annule pas un chef-d'œuvre. Le privilège de l'art est qu'il est invulnérable et ne souffre pas des massacres successifs du progrès.

Jean COCTEAU, *Les Armes secrètes de la France*, in *Œuvres complètes*, Marguerat, 1946-1951.

La science serait plus aimable si elle ne servait à rien. Dans ce que nous nommons progrès, il y a 90 % d'efforts pour remédier aux inconvénients liés aux avantages que nous procurent les 10 % qui restent.

Claude LÉVI-STRAUSS, in *L'Express*, 15 mars 1971.

Chaque progrès donne un nouvel espoir, suspendu à la solution d'une nouvelle difficulté. Le dossier n'est jamais clos.

Claude LÉVI-STRAUSS, *Le Cru et le cuit*, Plon, 1964.

Le progrès de l'espèce humaine n'est qu'un mythe : il n'existe pas en-dehors du cœur des hommes de bonne volonté.

François MAURIAC, *Le Cahier noir*, publié sous le pseudonyme de Forez, Minuit, 1943.

Le progrès n'a que l'âme de celui qui s'en sert.

François MITTERRAND, in *L'Express*, 13 juillet 1989.

Prolétaire

Le bourgeois croit qu'il est dans le même rapport avec le prolétaire que l'âme avec le corps.

Emmanuel BERL, *Mort de la morale bourgeoise*, Gallimard, 1930.

Promettre

Tiens vis-à-vis des autres ce que tu t'es promis à toi seul.

René CHAR, *Feuillets d'Hypnos*, Gallimard, 1946.

Promiscuité

Cette fosse commune de la vie qu'est la promiscuité.

Jean GIRAUDOUX, *Pour Lucrèce*, Grasset, 1953.

Prosateur

Le poète est maçon, il ajuste des pierres, le prosateur cimentier, il coule du béton.

Pierre REVERDY, *Le Livre de mon bord*, Mercure de France, 1948.

Prose

Et je pourrais encore comparer la belle prose à une danseuse espagnole ou japonaise qui prend son assiette non pas sur ses jambes mais sur ses reins.

Paul CLAUDEL, *Positions et propositions*, Gallimard, 1928-1934.

La prose n'est pas une danse. Elle marche. C'est à cette marche ou démarche qu'on reconnaît sa race, cet équilibre propre à l'indigène dont la tête porte des fardeaux. Cela me fait penser que la prose élégante est en fonction du fardeau que l'écrivain transporte dans sa tête et que toute autre élégance résulte d'une chorégraphie.

Jean COCTEAU, *La Difficulté d'être*, Le Rocher, 1947.

La prose, relève de l'architecture et non de l'art du décorateur. L'âge du baroque est fini.

Ernest HEMINGWAY, in *Œuvres Complètes*, Préface, Gallimard, 1966.

Il faut aimer en vers, il faut pleurer en prose.

Francis JAMMES, *Jeunes Filles*, Mercure de France, 1964.

Nous n'aurons jamais fini de déplanter, d'arracher, de jeter au fumier des racines grecques, si nous voulons que notre prose ne ressemble pas à un jardin de curé janséniste.

André PIEYRE de MANDIARGUES, *Deuxième Belvédère*, Grasset, 1962.

Il faut bien laisser refroidir sa prose, comme une crème avant d'y goûter.

Jules RENARD, *Journal*, Gallimard, 1960.

Prospérité

Jamais le bonheur de tous ne s'accommodera avec la prospérité exagérée d'un seul...

Émile ZOLA, *Travail*, 1901, Verdier, 1979.

Protester

Deux sortes d'hommes habitent la Terre : ceux qui protestent et ceux qui ne protestent pas.

Charles-Louis PHILIPPE, *Chroniques du Canard sauvage*, Gallimard, 1923.

Province

Que l'on vive à Paris, on vit tous en province quand on vit trop long-temps.

Jacques BREL, *Les Vieux*, © Éditions musicales Pouchenel, 1963.

La Province nous enseigne à connaître les hommes. On ne connaît bien que ceux contre lesquels il faut se défendre.

François MAURIAC, *Commencements d'une vie*, Grasset, 1932.

Provisoire

La violence et la force ne paient jamais les hommes. Elles ne peuvent que contenter ceux qui se satisfont avec du provisoire. Malgré toutes nos civilisations occidentales nous n'avons pas cessé de nous satisfaire de provisoire. Il serait peut-être temps de penser à de l'éternel.

Jean GIONO, *Lettre au paysan sur la pauvreté et la paix*, Grasset, 1938.

Provocation

La provocation est une façon de remettre la réalité sur ses pieds.

Bertolt BRECHT, *Remarques sur Grandeur et Décadence de la ville de Mahagonny*, in *Lecture de Brecht*, Le Seuil, 1960.

Psychanalyse

D'une certaine façon, la psychanalyse met fin à l'inconscient et au désir, tout comme le marxisme met fin à la lutte des classes, en les hypostasiant et en les enterrant dans leur entreprise théorique.

Jean BAUDRILLARD, cité par Jean-Marie Domenach, in *Ce que je crois*, Grasset, 1978.

La psychanalyse n'est ni la source ni le complément d'une démarche littéraire jusqu'alors méconnue, elle se substitue au fait littéraire lui-même dans la mesure où elle s'affirme comme une nouvelle représentation de l'homme, de son comportement et de ses pensées.

André BRINCOURT, *Les Écrivains du xxᵉ siècle. Un musée imaginaire de la littérature mondiale*, Retz, 1979.

Ce qui manque à la psychanalyse, c'est le sens du ridicule. Une discipline, théoriquement séduisante, pratiquement grotesque. Il est inconcevable que tant d'intelligences l'aient prise au sérieux.

Emil Michel CIORAN, *Cahiers 1957-1972*, Gallimard, 1997.

Nous sommes, après tout, la seule civilisation où des préposés reçoivent rétribution pour écouter chacun faire confidence de son sexe...

Michel FOUCAULT, *La Volonté de savoir*, Gallimard, 1976.

La psychanalyse triomphe absolument. Elle est partout, ce qui revient à dire qu'elle n'est plus nulle part ; elle n'échappe à la banalité des fausses évidences populaires que pour tomber dans le formalisme ésotérique.

René GIRARD, *La Violence et le sacré*, Grasset, 1972.

Une femme tombée entre les mains des psychanalystes devient définitivement impropre à tout usage [...] Mesquinerie, égoïsme, sottise arrogante, absence complète de sens moral, incapacité chronique d'aimer : voilà le portrait exhaustif d'une femme « analysée ».

Michel HOUELLEBECQ, *Extension du domaine de la lutte*, Maurice Nadeau, 1994.

L'abus de la psychanalyse fait sans doute plus de victimes que son usage n'opère de guérisons.
Son premier ravage est alors de persuader qu'il ne s'agit que de guérison à obtenir, en des cas où c'est une conversion qu'il s'agirait de provoquer.

Henri de LUBAC, *Paradoxes* suivi de *Nouveaux paradoxes*, Le Seuil, 1959.

Je vous résume le freudisme : pourquoi ? Parce queue.

Louis PAUWELS, *Blumroch l'admirable*, Gallimard, 1976.

Le sens profond de la cure psychanalytique est un triomphe de la conscience sur ses propres interdits par le détour d'une autre conscience déchiffreuse.

Paul RICŒUR, *Philosophie de la volonté*, Aubier, 1949.

« J'ai horreur de la psychanalyse », dit-elle. Là-dessus, elle parle de son père pendant trois quarts d'heure.

Philippe SOLLERS, *L'Année du tigre, Journal de l'année 1998*, Le Seuil, 1999.

Psychologie

Jamais la psychologie ne pourra dire sur la folie la vérité, puisque c'est la folie qui détient la vérité de la psychologie.

Michel FOUCAULT, *Maladie mentale et psychologie*, PUF, 1995.

Après trente ans passés à étudier la psychologie féminine, je n'ai toujours pas trouvé de réponse à la grande question : *Que veulent-elles au juste ?*

Sigmund FREUD, *Correspondance 1873-1939*, Gallimard, 1966.

Psychologue

Chaque système est pur à ses débuts, et il est corrompu par la nature humaine. Les psychologues sont les seuls à faire un travail constructif.

Anaïs NIN, *Journal*, 1944, Stock, 1959.

Publier

C'est en détruisant ce qu'il a fait, c'est en jetant au feu les textes dont il n'est pas content qu'un écrivain fait preuve de force. *Publier aussi peu que possible*, telle devrait être sa devise.

Emil Michel CIORAN, *Cahiers 1957-1972*, Gallimard, 1997.

Publier un livre, c'est parler à table devant les domestiques.

Henry de MONTHERLANT, *Carnets*, 1930-1944, Gallimard, 1957.

Je ne sais parler qu'en écrivant. Je suis muette dans la vie. Il faut que j'écrive. Dans mes écrits je parle avec les autres, je les touche. Que l'on me publie. En ne me publiant pas on me clôt les lèvres, on m'enterre, on nie mon existence.

Anaïs NIN, *Journal 1939-1944*, Stock, 1971.

Purée

Vous me parliez de la duchesse de Guermantes. Je vais vous dire la différence : Mme Verdurin c'est une grande dame, la duchesse de Guermantes est probablement une purée. Vous saisissez bien la nuance, n'est-ce pas ?

Marcel Proust, *Sodome et Gomorrhe*, Gallimard, 1921.

Pureté

En art, comme partout, la pureté seule m'importe.

André Gide, *Les Faux-Monnayeurs*, Gallimard, 1925.

La pureté est le pouvoir de contempler la souillure.

Simone Weil, *La Pesanteur et la grâce*, Plon, 1947.

Puritanisme

Le puritanisme est la crainte épouvantable que quelqu'un puisse être heureux quelque part.

Henry Louis Mencken, *American Mercury*, 1925.

Question

La vie est de brûler des questions.

Antonin ARTAUD, *L'Ombilic des limbes*, Gallimard, 1925.

Je ne crois pas que la vie soit faite pour résoudre les questions, elle est faite pour les vivre.

Raymond-Léopold BRUCKBERGER, *À l'heure où les ombres s'allongent*, Albin Michel, 1989.

Et si c'était cela perdre sa vie : se poser les questions essentielles juste un peu trop tard ?

Gilbert CESBRON, *Don Juan en automne*, Laffont, 1975.

Aucun oiseau n'a le cœur de chanter dans un buisson de questions.

René CHAR, *Recherche de la base et du sommet*, Gallimard, 1965.

Poser les questions, c'est les résoudre.

Albert EINSTEIN, *Conceptions scientifiques, morales et sociales*, Flammarion, 1990.

Les questions auxquelles on répond par oui ou par non sont rarement intéressantes.

Julien GREEN, *Minuit*, Plon, 1936.

Tu ne peux donner de réponses à toutes les questions. Mais tu peux faire des questions avec toutes les réponses.

Thierry MAULNIER, *Le Dieu masqué*, Gallimard, 1985.

Dans le cas peu probable où la fin des temps serait indéfiniment reconduite, nous dirons, en consolation, que la noblesse de l'homme est de poser des questions sans réponse.

Jacques PERRET, *Bâtons dans les roues*, Gallimard, 1953.

Quitter

Les êtres nous deviennent supportables dès que nous sommes sûrs de pouvoir les quitter.

François MAURIAC, *Thérèse Desqueyroux*, Grasset, 1927.

Il est vraiment rare qu'on se quitte bien, car si on était bien, on ne se quitterait pas.

Marcel PROUST, *Albertine disparue*, Gallimard, 1925.

Quotidien

Si votre quotidien vous paraît pauvre, ne l'accusez pas ; accusez-vous vous-même, dites-vous que vous n'êtes pas assez poète pour appeler à vous ses richesses ; car pour celui qui crée il n'y a pas de pauvreté, pas de lieu pauvre et indifférent.

Rainer Maria RILKE, *Lettres à un jeune poète*, 1903, Le Seuil, 1992.

R

Racisme

Le raciste est celui qui pense que tout ce qui est trop différent de lui le menace dans sa tranquillité.

Tahar BEN JELLOUN, *Le Racisme expliqué à ma fille*, Le Seuil, 1998.

Il y a racisme dès que l'on considère que ce que l'on était à sa naissance doit vous coller à la peau toute votre vie, comme une malédiction ou un privilège. On est raciste quand on aime ou qu'on hait quelqu'un non pour ses vertus, pour ce qu'il s'est fait lui-même, pour ce dont il est responsable enfin, mais pour ce dont il n'est pas responsable, c'est-à-dire l'endroit où le ciel l'a jeté.

Jean DUTOURD, *De la France considérée comme une maladie*, Flammarion, 1982.

Le racisme, c'est quand ça ne compte pas. Quand *ils* ne comptent pas. [...] Ils sont tellement différents de nous qu'il n'y a pas à se gêner, il ne peut y avoir... il ne peut y avoir *jugement*, voilà. On peut leur faire faire n'importe quelle basse besogne parce que, de toute façon, le jugement qu'ils portent sur nous, ça n'existe pas, ça ne peut pas salir... C'est ça, le racisme.

Romain GARY, *Au-delà de cette limite votre ticket n'est plus valable*, Gallimard, 1975.

Moins le blanc est intelligent, plus le noir lui paraît bête.

André GIDE, *Voyage au Congo*, Gallimard, 1927.

Je fais encore le rêve qu'un jour, chaque homme de ce pays, chaque homme de couleur dans le monde entier, sera jugé sur sa valeur personnelle plutôt que sur la couleur de sa peau.

Martin Luther KING, *Je fais un rêve*, Le Centurion, 1987.

Le raciste est mal dans sa peau, c'est pourquoi il en veut à la peau de l'autre (quand il ne veut pas, tout simplement, lui faire la peau). Le racisme n'est pas un problème par rapport à l'*autre* (comme on s'acharne à le répéter), mais par rapport à soi-même.

Philippe SOLLERS, *L'Année du tigre, Journal de l'année 1998*, Le Seuil, 1999.

Radio

L'usage des transistors ne les a pas rendus plus sots, mais la sottise s'est faite plus sonore.

Jean ROSTAND, *Inquiétudes d'un biologiste*, Stock, 1967.

Raffinement

La vie n'est pas raffinée. La vie ne se prend pas avec des gants.

Romain ROLLAND, *Jean-Christophe*, Albin Michel, 1949.

Raison

Dès qu'on s'écarte de deux et deux font quatre, les raisons ne sont que la façade des sentiments.

Marcel AYMÉ, *Uranus*, Gallimard, 1948.

La raison ne nous sert qu'à disséquer la réalité dans le calme ou à analyser ses futures tempêtes, mais jamais à résoudre une crise sur l'instant.

Julio CORTAZAR, *Marelle*, Gallimard, 1966.

La raison est donnée à l'homme pour lui faire reconnaître qu'elle ne sert de rien.

Erich Maria REMARQUE, *Le Ciel n'a pas de préférés*, Presses de la Cité, 1964.

Tout le progrès de l'homme, toute l'histoire des sciences est l'histoire de la lutte de la *raison* contre le *sacré*.

Roger VAILLAND, *Le Surréalisme contre la révolution*, © E. Vailland, 1948.

Il faut beaucoup souffrir, pour avoir raison...

Émile ZOLA, *Vérité*, 1902, Christian Pirot, 1993.

Raison de vivre

L'ennui, c'est que, lorsqu'on ne sait pas pourquoi on serait capable de mourir, on ne sait pas non plus quelles sont nos raisons de vivre.

Jean-Marie ROUART, in *Le Figaro littéraire*, 7 janvier 1999.

Raisonnable

L'homme est un être raisonnable, mais les hommes le sont-ils ?

Raymond ARON, *Dimensions de la conscience historique*, Plon, 1961.

Raisonnement

Vous faites le ménage de l'univers avec les ustensiles du raisonnement. Bon. Vous arrivez à une saleté bien rangée.

Léon-Paul FARGUE, *Suite familière*, in *Sous la lampe*, Gallimard, 1929.

Rationnel

Tout ce qui a fait le monde, tout ce qui a été beau et grand dans ce monde n'est jamais né d'un discours rationnel.

Yasmina REZA, *Art*, in *Théâtre*, Albin Michel, 1998.

Réactionnaire

Tous les réactionnaires sont des tigres en papier. En apparence, ils sont terribles, mais en réalité, ils ne sont pas si puissants.

MAO TSÉ-TOUNG, août 1946, in *Citations du président Mao Tsé-Toung*, Le Seuil, 1967.

Étant donné que la majorité des gens simples ne connaissent que la soif de bonheur mais ne s'intéressent pas aux conditions qui le rendraient possible, la réaction politique ne peut que triompher partout.

Wilhelm REICH, *Les Hommes dans l'État*, 1963, Payot, 1978.

Un réactionnaire est un somnambule qui marche à reculons.

Franklin D. ROOSEVELT, *Discours*, 1939.

Réalité

Il n'y a plus que la réalité qui m'intéresse et je sais que je pourrais passer le restant de ma vie à copier une chaise.

Alberto GIACOMETTI, *Notes sur les copies*, in *l'Éphémère*, 1966.

Lucidité, superficialité, vénalité : toutes les qualités pour bien coller à la réalité.

Philippe SOLLERS, *Femmes*, Gallimard, 1983.

Recherche scientifique

Recherche scientifique : la seule forme de poésie qui soit rétribuée par l'État.

Jean ROSTAND, *Inquiétudes d'un biologiste*, Stock, 1967.

Reculer

Ne cesse pas de reculer derrière toi-même.

René DAUMAL, *Le Contre-ciel*, Gallimard, 1970.

Refaire

— Refaire le monde est une tâche insignifiante.
— Ce n'est pas le monde qu'il s'agit de refaire, mais l'homme.

Albert CAMUS, *Carnets II*, 1942-1951, Gallimard, 1964.

Réfléchir

Réfléchir, c'est nier ce que l'on croit.

ALAIN, *Propos sur la religion*, PUF, 1938.

Il vaut mieux ne pas réfléchir du tout que de ne pas réfléchir assez.

Tristan BERNARD, *Triplepatte*, Librairie théâtrale, 1919.

Je suis votre miroir, la Belle. Réfléchissez pour moi. Je réfléchirai pour vous.

Dialogues du film *La Belle et la Bête* de Jean Cocteau, 1946.

Réfléchir, c'est déranger ses pensées.

Jean ROSTAND, *Pensées d'un biologiste*, Stock, 1954.

Réflexion

Nous avons perdu l'usage d'une rigoureuse harmonie entre la conscience et la réflexion.

Matthieu GALEY, in *Les Yeux ouverts, entretiens avec Marguerite Yourcenar*, Le Centurion, 1980.

Une fois, et une fois seulement, au cours de son existence planétaire, la Terre a pu s'envelopper de vie. Pareillement, une fois, et une fois seulement, la vie s'est trouvée capable de franchir le pas de la Réflexion.

Pierre TEILHARD de CHARDIN, *Le Phénomène humain*, Le Seuil, 1955.

Regard

Un regard d'enfant enregistre vite. Plus tard, il développe l'épreuve.

Jean COCTEAU, *Portraits-souvenirs*, Stock, 1935.

Le monde a la beauté du regard qu'on y pose...

Yves DUTEIL, *Regard impressionniste*, in *Les Mots qu'on n'a jamais dit...*, Écritoire, 1987.

Que l'*importance* soit dans ton regard, non pas dans la chose regardée.

André GIDE, *Les Nourritures terrestres* suivi de *Les Nouvelles nourritures*, Gallimard, 1942.

Tant de mains pour transformer ce monde, et si peu de regards pour le contempler !

Julien GRACQ, *Lettrines*, Corti, 1967.

Car c'est notre regard qui enferme souvent les autres dans leurs plus étroites appartenances, et c'est notre regard aussi qui peut les libérer.

Amin MAALOUF, *Les Identités meurtrières*, Grasset, 1998.

Un tableau ne vit que par celui qui le regarde.

Pablo PICASSO, *Métamorphoses et unité*, Skira.

Il suffit d'un regard pour vaincre le visible...

Robert SABATIER, *Dédicace d'un navire*, Albin Michel, 1959.

On imagine mal à quel point le désir du gain, l'envie, la vantardise, la grossièreté, l'avidité, et en général tout cet ensemble d'attributs qui forment la malheureuse condition humaine, peuvent s'observer dans un visage, une façon de marcher, un regard.

Ernesto SÁBATO, *Le Tunnel*, Gallimard, 1956.

Si j'appréhende le regard, je cesse de percevoir les yeux.

Jean-Paul SARTRE, *L'Être et le néant*, Gallimard, 1943.

Que d'enfants, si le regard pouvait féconder. Que de morts, s'il pouvait tuer.

Paul VALÉRY, *Tel quel*, Gallimard, 1941-1971.

Regarder

Et pourquoi des yeux quand il faut inventer ce qu'il y a à regarder ?

Antonin ARTAUD, *Œuvres complètes*, Gallimard, 1976-1990.

Je te regarde pour que tu me voies.

Robert SABATIER, *Le Livre de la déraison souriante*, Albin Michel, 1991.

Réglement de comptes

L'aisance avec laquelle les éternels seconds passent de la gratitude servile au lynchage, dès qu'une autorité chancelle, confirme toujours le principe selon lequel celui qui ne fait rien pour personne s'épargne de futurs règlements de comptes.

Didier van CAUWELAERT, *Corps étranger*, Albin Michel, 1998.

Regret

Les regrets, ce n'est que de la rature : on n'efface pas. L'homme est sans un seul moment de repos, créateur de choses définitives.

Armand SALACROU, *L'Inconnue d'Arras*, Gallimard, 1973.

Surtout ne pas revenir en arrière
les regrets sont des anémones
qui n'attendent que le remords...

Philippe SOUPAULT, *Sans phrases*, Osmose, 1953.

Réinventer

En somme, rien n'est inadmissible, sauf peut-être la vie, à moins qu'on ne l'admette pour la réinventer tous les jours.

Blaise CENDRARS, *Vol à voile*, L'Âge d'homme, 1986.

Relier

Le travail de l'écrivain, c'est de *relier*. Pas seulement de relier un lecteur à un auteur, une œuvre à un public, et dans le cas de très grandes voix, une parole à un peuple, et un peuple par une parole. Relier, c'est aussi établir une communication ou une corrélation qui n'avaient été, au mieux, qu'entrevues et pressenties.

Claude ROY, *Les Rencontres des jours*, 1992-1993, Gallimard, 1995.

Religion

Alors ? Alors, la seule utilité de Dieu serait de garantir l'innocence et je verrais plutôt la religion comme une grande entreprise de blanchissage, ce qu'elle a été d'ailleurs ...

Albert CAMUS, *La Chute*, Gallimard, 1956.

Nombre de savants modernes sont croyants, et la religion se rapproche de la science. Il est fort dommage qu'elle s'en rapproche au lieu de la détenir.

Jean COCTEAU, *Journal d'un inconnu*, Grasset, 1953.

La religion serait la névrose obsessionnelle universelle de l'humanité ; comme celle de l'enfant, elle dérive du complexe d'Œdipe, des rapports de l'enfant au père.

Sigmund FREUD, *L'Avenir d'une illusion*, Denoël, 1932.

La vie sans religion est une vie sans principe, et une vie sans principe est comme un bateau sans gouvernail.

Le Mahâtmâ GÂNDHÎ, *Lettres à l'Ashram*, Albin Michel, 1960.

Mais, la religion, vous le voyez bien : c'est la lumière en plein jour.

Louis GUILLOUX, *Carnets 1944-1974*, Gallimard, 1982.

Il me semble que l'on exagère trop souvent l'influence des religions sur les peuples, tandis qu'on néglige, à l'inverse, l'influence des peuples sur les religions [...] : la société façonne la religion qui, à son tour, façonne la société.

Amin MAALOUF, *Les Identités meurtrières*, Grasset, 1998.

La religion, c'est la science d'autrefois, desséchée, devenue dogme ; ce n'est que l'enveloppe d'une explication scientifique dépassée depuis longtemps.

Roger MARTIN du GARD, *Jean Barois*, Gallimard, 1914.

Le problème de Dieu ne regarde pas les religions.

Jean ROSTAND, *Inquiétudes d'un biologiste*, Stock, 1967.

La religion en tant que source de consolation est un obstacle à la véritable foi, et en ce sens l'athéisme est une purification.

Simone WEIL, *Cahiers II*, Gallimard, 1994.

Remords

À quoi cela servirait-il, mon Dieu, d'être catholique si, en plus, il fallait avoir des remords comme les protestants !

Jean ANOUILH, *Pièces*, La Table Ronde, 1957-1977.

Vivez, ah ! vivez donc, et qu'importe la suite ! N'ayez pas de remords, vous n'êtes pas Juge.

Blaise CENDRARS, *Bourlinguer*, 1948, Gallimard, 1974.

La seule liberté que nous concède la vie, c'est de choisir nos remords.

Jean ROSTAND, *Pages d'un moraliste*, Fasquelle, 1952.

Le plus lâche des assassins, c'est celui qui a des remords.

Jean-Paul SARTRE, *Les Mouches*, Gallimard, 1947.

Rencontre

De chacun de ceux que je rencontre j'attends quelque chose, et je le reçois, puisque je l'attends.

Christian BOBIN, *Autoportrait au radiateur*, Gallimard, 1997.

Repentir

Alors il m'a dit très vite et d'une façon passionnée que lui croyait en Dieu, que sa conviction était qu'un homme n'était assez coupable pour que Dieu ne lui pardonnât pas, mais qu'il fallait pour cela que l'homme par son repentir devînt comme un enfant dont l'âme est vide et prête à tout accueillir.

Albert CAMUS, *L'Étranger*, Gallimard, 1957.

Le repentir qui est peut-être ce qui différencie le plus l'homme de l'animal [...] est une valeur que notre siècle enragé et affolé a égarée.

Alexandre SOLJENITSYNE, *Du repentir et de la modération*, 1973, in *Des voix dans les décombres*, Le Seuil, 1975.

Réponse

La réponse est le malheur de la question.

Maurice BLANCHOT, *L'Entretien infini*, Gallimard, 1969.

Il ne s'agit pas de répondre mais de *s'interroger*.

Louis GUILLOUX, *Carnets 1944-1974*, Gallimard, 1982.

Repos

L'homme en tant qu'homme ne peut vivre horizontalement. Son repos, son sommeil est le plus souvent une chute.

Gaston BACHELARD, *L'Air et les songes*, Corti, 1943.

Résignation

Et vivre, c'est ne pas se résigner.

Albert CAMUS, *Noces*, Gallimard, 1956.

Résistance

— Dans la Résistance, y avait-il autre chose que le courage ?
— C'est sûr... Mais moi, personnellement, les deux sentiments qui me furent les plus fréquents furent le chagrin et la pitié...

Interview extraite du film *Le Chagrin et la pitié* de Marcel Ophuls, André Harris et Alain de Sédouy, 1971.

Respirer

Un poète m'a dit : Ouvre les mains, tu y verras pousser des roses. Il faut accepter la vie sans y mettre trop de conditions, ne pas lui chercher chicane, la respirer à fond. Comme elle sent bon ! Si vous l'aimez, elle vous aimera, soyez-en sûr. Faites-lui confiance.

Louis GUILLOUX, *Carnets 1944-1974*, Gallimard, 1982.

Je vous reproche de ne pas respirer à la hauteur où je respire.

Henry de MONTHERLANT, *La Reine morte*, Gallimard, 1942.

Responsable

Chacun est responsable de tous. Chacun est seul responsable. Chacun est seul responsable de tous.

Antoine de SAINT-EXUPÉRY, *Terre des hommes*, Gallimard, 1939.

On ne fait pas ce qu'on veut et cependant on est responsable de ce qu'on est.

Jean-Paul SARTRE, *Situations*, t.2, Gallimard, 1948.

Ressemblance

Il s'agit de t'avancer, ne fût-ce que d'un pas, sur le chemin de ta ressemblance avec ce que tu veux être.
Il s'agit de faire avancer le monde, ne fût-ce que d'un pas, sur le chemin de sa ressemblance avec ce que tu veux qu'il soit.

Thierry MAULNIER, *Le Dieu masqué*, Gallimard, 1985.

Il n'arrive pas toujours à un homme ce qu'il mérite, mais il lui arrive toujours ce qui lui ressemble.

Louis PAUWELS, *L'Apprentissage de la sérénité*, Retz, 1977.

Retard

Lorsqu'une œuvre semble en avance sur son époque, c'est simplement que son époque est en retard sur elle.

Jean COCTEAU, *Le Rappel à l'ordre*, Stock, 1926.

Réussir

Ce que d'autres ont réussi, on peut toujours le réussir.

Antoine de SAINT-EXUPÉRY, *Terre des hommes*, Gallimard, 1939.

Réussite

La réussite n'est souvent qu'une revanche sur le bonheur.

Bernard GRASSET, *Remarques sur l'action*, Gallimard, 1928.

Ceux-là seuls qui se prosternent comme des esclaves devant la réussite peuvent trouver que l'efficacité est admirable indépendamment de l'accomplissement auquel elle tend.

Bertrand RUSSELL, *Pourquoi je ne suis pas chrétien*, 1964, 10/18, 1997.

Le paradis des illusions paraît préférable au musée Grévin des réussites.

Pierre SEGHERS, *Anthologie des poètes maudits du xxᵉ siècle*, Introduction, Belfond, 1985.

Rêve

Il est trop certain que la vie n'a pas de but et que l'homme pourtant a besoin de poursuivre un rêve.

Maurice BARRÈS, *Le Voyage de Sparte*, Hatier, 1906.

Réaliser dans l'âge d'homme les rêves de la jeunesse, c'est ainsi qu'un poète a défini le bonheur.

Léon BLUM, *Stendhal et le Beylisme*, 1914, Albin Michel, 1930.

Le rêve est la promenade perpétuelle en pleine zone interdite.

André BRETON, *Second Manifeste du surréalisme*, 1930, Pauvert, 1962.

L'homme est un être sentimental. Point de grandes créations hors du sentiment, et l'enthousiasme vite s'épuise chez la plupart d'entre eux à mesure qu'ils s'éloignent de leur rêve.

Louis-Ferdinand CÉLINE, *Semmelweis*, Gallimard, 1952.

On choisit parmi les rêves ceux qui vous réchauffent le mieux l'âme.

Louis-Ferdinand CÉLINE, *Voyage au bout de la nuit*, Gallimard, 1932.

Les rêves sont la fiente
Du sommeil...

Jean COCTEAU, *Le Modèle des dormeurs*, in *Œuvres complètes*, Marguerat, 1946-1951.

À mesure que la nécessité se trouve socialement rêvée, le rêve devient nécessaire.

Guy DEBORD, *La Société du spectacle*, Champ libre, 1971.

Un rêve sans étoile est un rêve oublié.

Paul ÉLUARD, *152 Proverbes mis au goût du jour*, La Révolution surréaliste, 1925.

[...] le suprême degré de la sagesse était d'avoir des rêves assez grands pour ne pas les perdre de vue pendant qu'on les poursuit.

William FAULKNER, *Sartoris*, 1929, Gallimard, 1937.

À regarder de près, un rêve n'est pas chose sans danger. C'est comme un pistolet à double détente. S'il vit assez longtemps, il finit pas blesser quelqu'un.

William FAULKNER, *Une odeur de verveine*, in *Treize histoires*, 1931, Club français du livre, 1966.

Dans le lait des rêves, il tombe toujours une mouche.

Ramón GÓMEZ DE LA SERNA, *Les Greguerias*, 1917, Cent pages, 1992.

Aussi longtemps que les hommes ne seront pas complets et libres, ils rêveront la nuit.

Paul NIZAN, *Œuvres*, Maspero.

Quand on vit dans son rêve, on n'a pas besoin de sommeil autour.

Érik ORSENNA, *L'Exposition coloniale*, Le Seuil, 1988.

Le rêve est explosif. Éclate. Redeviens soleil.

Octavio PAZ, *Le Prisonnier*, 1946, in *Octavio Paz*, Seghers, 1965.

Le rêve est un tunnel qui passe sous la réalité. C'est un égout d'eau claire, mais c'est un égout.

Pierre REVERDY, *Le Gant de crin*, Plon, 1927.

La vie est l'arc ; et la corde est le rêve.

Romain ROLLAND, *Le Voyage intérieur*, Albin Michel, 1942.

Les rêves volent haut, [...] quand ils touchent terre, ils rampent et crèvent.

Romain GARY, in *Romain Gary*, Mercure de France, 1987.

Un rêve qui ne devient pas réalité est un rêve qui n'a pas été assez rêvé.

Robert SABATIER, *Le Livre de la déraison souriante*, Albin Michel, 1991.

Réveil

Se réveiller, c'est se mettre à la recherche du monde.

ALAIN, *Vigiles de l'esprit*, Gallimard, 1942.

Révéler

Me révéler ! Tout d'abord à mes propres yeux et, sans doute, uniquement à mes propres yeux. Faire, enfin, naître en moi l'homme que je cache.

Georges DUHAMEL, *Journal de Salavin*, Mercure de France, 1927.

Rêver

Il est permis de rêver. Il est recommandé de rêver. Sur les livres et les souvenirs. Sur l'Histoire et sur la vie.

Louis ARAGON, *Michael Kolhaas*, Préface à la traduction française, Éditeurs français réunis.

Nous vivons une vie, nous en rêvons une autre, mais celle que nous rêvons est la vraie.

Jean GUÉHENNO, *La Foi difficile*, Grasset, 1957.

Il vaut mieux rêver sa vie que la vivre, encore que la vivre ce soit encore la rêver.

Marcel PROUST, *Les Plaisirs et les Jours*, Gallimard, 1924.

Rêver et révéler, c'est à peu près le même mot.

Raymond QUENEAU, *Les Fleurs bleues*, Gallimard, 1965.

Rêveur

Le vrai rêveur est celui qui rêve de l'impossible.

> Elsa TRIOLET, *Mille regrets*, Denoël, 1942.

Révolte

C'est la révolte même, la révolte seule qui est créatrice de lumière.

> André BRETON, *Arcane 17*, Pauvert, 1989.

Je me révolte, donc nous sommes.

> Albert CAMUS, *L'Homme révolté*, Gallimard, 1951.

Nous grandissons en révolte ouverte presque aussi furieusement contre ce qui nous entraîne que contre ce qui nous retient.

> René CHAR, *Rougeur des matinaux*, in *Les Matinaux*, Gallimard, 1950.

Révolution

La mot de Révolution n'est pas pour nous, Français, un mot vague. Nous savons que la Révolution est une rupture, la Révolution est un absolu. Il n'y a pas de révolution modérée...

> Georges BERNANOS, *La France contre les robots*, in *Essais et écrits de combat*, t.2, Gallimard, 1995.

Il faut aussi rêver sa révolution, pas seulement la construire.

> Pierre BOULEZ, *Relevés d'apprenti*, Le Seuil, 1966.

Encor s'il suffisait de quelques hécatombes
Pour qu'enfin tout changeât, qu'enfin tout s'arrangeât !
Depuis tant de « grands soirs » que tant de têtes tombent,
Au paradis sur terre on y serait déjà.

> Georges BRASSENS, *Mourir pour des idées*, © Éditions Musicales, 1957.

L'art d'un pays en révolution, c'est sa révolution.

> Jean COCTEAU, *Lettre à Jacques Maritain*, Stock, 1983.

Les révolutions, ce sont des hommes de chair et d'os, pas des saints, qui les font, et toutes finissent par créer une nouvelle caste privilégiée.

Carlos FUENTES, *La Plus limpide région*, 1958, Gallimard, 1964.

La première vertu révolutionnaire, c'est l'art de faire foutre les autres au garde-à-vous.

Jean GIONO, *Le Hussard sur le toit*, Gallimard, 1951.

La révolution n'est pas un opium. La révolution est une purge ; une extase que seule prolonge la tyrannie. Les opiums sont pour avant ou après.

Ernest HEMINGWAY, *Le Joueur, la religieuse et la radio*, 1933.

Il ne peut y avoir révolution que là où il y a conscience.

Jean JAURÈS, *Études socialistes*, Ollendorff, 1902.

Il s'est découvert une conscience et une conscience vous rend aussi inepte à la révolution qu'un double menton.

Arthur KŒSTLER, *Le Zéro et l'infini*, Calmann-Lévy, 1945.

La révolution, c'est les vacances de la vie.

André MALRAUX, *L'Espoir*, Gallimard, 1937.

La Révolution n'est pas un dîner de gala ; elle ne se fait pas comme une œuvre littéraire, un dessin ou une broderie...

MAO TSÉ-TOUNG, mars 1927, in *Citations du président Mao Tsé-Toung*, Le Seuil, 1967.

Une révolution est toujours aussi violente que la violence qu'elle combat.

Herbert MARCUSE, in *L'Express*, 23 septembre 1968.

Pour moi, la vraie révolution, la révolution qui mérite qu'on lui voue toutes ses forces, elle ne s'accomplira jamais dans le déni des valeurs morales !

Roger MARTIN du GARD, *Les Thibault*, Gallimard, 1922.

Toute révolution qui ne s'accompagnera pas d'une transfiguration mourra de sa mort.

Emmanuel MOUNIER, in Revue *Esprit*, avril 1933.

Les révolutions produisent des hommes d'action, des fanatiques munis d'œillères, des génies bornés.

Boris PASTERNAK, *Le Docteur Jivago*, Gallimard, 1958.

Révolution... Quelle aventure ! D'un son qui ne servait d'abord qu'à signifier la rotation des astres, et finalement leur éternel retour, les générations successives ont fait paradoxalement le véhicule, s'agissant de vie sociale, de saut brutal dans l'inconnu sans esprit de retour.

Bertrand POIROT-DELPECH, *Diagonales*, Gallimard, 1995.

Une vraie révolution ne peut commencer que par la morale. Qu'est-ce que la morale sinon une sorte de codification des règles de vie. On ne peut rien changer durablement, tant qu'on ne change pas les règles de vie.

Georges SIMENON, in *Conversations avec Simenon*, La Sirène/Alpen, 1990.

Toute pensée libératrice qui n'est pas liée à une volonté de transformer le monde, à une action révolutionnaire, a finalement des conséquences réactionnaires.

Roger VAILLAND, *Le Surréalisme contre la révolution*, © E. Vailland, 1948.

Révolutionnaire

Prends garde, celui-là n'est pas un révolutionnaire. C'est un conservateur de vieilles anarchies.

Jean COCTEAU, *Le Potomak*, Stock, 1919.

J'en ai trop vu qui détruisaient en eux le bonheur pour préparer le bonheur du monde, qui détruisaient en eux la vérité pour lutter contre le mensonge.

Jean-Marie DOMENACH, *Ce que je crois*, Grasset, 1978.

Un révolutionnaire doit bouillir de rage vingt-quatre heures sur vingt-quatre sans jamais le montrer.

Marvin X..., *Black man listen*, Detroit, Broadside press, 1972.

Il y a un message de justice dans chaque balle que je tire.

Jorge REBELO, *Poème d'un militant*, in *La Poésie africaine d'expression portugaise*, Oswald, 1969.

Riche

Être riche, ce n'est pas avoir de l'argent, c'est le dépenser.

Dialogues du film *Les Mémoires d'un tricheur* de Sacha Guitry, 1936.

Le riche est une brute inexorable qu'on est forcé d'arrêter avec une faux ou un paquet de mitraille dans le ventre.

Léon BLOY, *Le Sang du pauvre*, Stock, 1909.

[Les riches] ils sont monstres !... monstres de nature !... ils vous font écarteler pour une dette de vingt-cinq centimes, mais la dernière petite morue leur secoue des millions sans mal !... ils jouissent d'être volés !

Louis-Ferdinand CÉLINE, *Entretien avec le Professeur Y...*, Gallimard, 1955.

Les riches c'est facile à amuser rien qu'avec des glaces par exemple, pour qu'ils s'y contemplent, puisqu'il n'y a rien de mieux au monde à regarder que les riches.

Louis-Ferdinand CÉLINE, *Voyage au bout de la nuit*, Gallimard, 1932.

Qu'est-ce que les riches ont de plus que nous ? — L'argent !

Ernest HEMINGWAY, cité par Françoise Giroud, in *Le Nouvel Observateur*, 18 février 1999.

Nous n'avons pas besoin d'un programme contre la pauvreté mais d'un programme contre les riches.

Marvin X..., *Black man listen*, Detroit, Broadside press, 1972.

Dieu a créé les riches pour donner aux pauvres le paradis en spectacle.

Christiane SINGER, *La Mort viennoise*, Albin Michel, 1978.

Quand on est riche, toutes les gaffes sont permises ; elles sont même recommandées si l'on veut avoir le sentiment de puissance.

Jules SUPERVIELLE, *Le Voleur d'enfants*, Gallimard, 1926.

J'aime la désinvolture des riches. Je n'aime pas le contentement des riches.

Roger VAILLAND, *La Fête*, Gallimard, 1960.

Richesse

La richesse de l'homme est dans son cœur. C'est dans son cœur qu'il est le roi du monde. Vivre n'exige pas la possession de tant de choses.

Jean GIONO, *Les Vraies richesses*, Grasset, 1936.

Le plus grand bien que nous faisons aux autres hommes n'est pas de leur communiquer notre richesse, mais de leur découvrir la leur.

Louis LAVELLE, *L'Erreur de Narcisse*, Grasset, 1939.

Ridicule

Le ridicule ne tue pas ; il conserve.

Didier van CAUWELAERT, *Corps étranger*, Albin Michel, 1998.

Ne rien trouver ridicule est le signe de l'intelligence complète.

Valery LARBAUD, *A. O. Barnabooth*, Gallimard, 1913.

Rire

Mon verre s'est brisé comme un éclat de rire.

Guillaume APOLLINAIRE, *Alcools*, Gallimard, 1920.

Le rire châtie certains défauts à peu près comme la maladie châtie certains excès.

Henri BERGSON, *Le Rire*, Alcan, 1900.

Rire, c'est retourner l'arme de l'adversaire contre lui.

André BRINCOURT, *Les Écrivains du XXe siècle. Un musée imaginaire de la littérature mondiale*, Retz, 1979.

Le rire est le meilleur désinfectant du foie.

Malcolm de CHAZAL, *Sens plastique*, Gallimard, 1948.

Quelques générations encore, et le rire, réservé aux initiés, sera aussi impraticable que l'extase.

Emil Michel CIORAN, *Syllogismes de l'amertume*, Gallimard, 1952.

Comme le cœur et comme le sexe, le rire procède par érection. Rien ne l'enfle qui ne l'excite. Il ne se dresse pas à volonté.

Jean COCTEAU, *La Difficulté d'être*, Le Rocher, 1947.

Il y a dans le rire des vertus secrètes d'inquiétude et de lucidité. Un homme qui rit ne peut rester bien longtemps un salaud.

Robert ESCARPIT, *Lettre ouverte à Dieu*, Albin Michel, 1966.

Vous avez à apprendre à rire. Pour atteindre l'humour supérieur, cessez d'abord de vous prendre trop au sérieux.

Hermann HESSE, *Le Loup des steppes*, 1927, Calmann-Lévy, 1985.

Le rire est une chose humaine, une vertu qui n'appartient qu'aux hommes et que Dieu peut-être leur a donné pour les consoler d'être intelligents.

Marcel PAGNOL, Dialogues du film *Le Schpountz*, 1937.

Risque

Choisir le risque, par fierté, c'est un droit, à condition de ne pas y entraîner les autres.

Hervé BAZIN, *Un feu dévore un autre feu*, Le Seuil, 1978.

Seul le risque justifie la pensée.

Albert CAMUS, *Essais*, Gallimard, 1965.

Impose ta chance, serre ton bonheur et va vers ton risque.
À le regarder, *ils* s'habitueront.

René CHAR, *Les Matinaux*, Gallimard, 1950.

Le pire des risques est de perdre le goût du risque.

Robert SABATIER, *Le Livre de la déraison souriante*, Albin Michel, 1991.

Rite

Quand beaucoup d'hommes sont ensemble, il faut les séparer par des rites, ou bien ils se massacrent.

Jean-Paul SARTRE, *Les Mots*, Gallimard, 1964.

Robot

La civilisation moderne, voilà l'ennemi. C'est l'ère de la caricature, le triomphe de l'artifice. Une tentative pour remplacer l'homme en chair et en os par l'homme robot. Tout est falsifié, pollué, truqué, toute la nature dénaturée.

Joseph DELTEIL, *La Cuisine paléolithique*, Arléa, 1990.

Progrès : trop robot pour être vrai.

Jacques PRÉVERT, *Fatras*, Gallimard, 1966.

Si je suis descendu, je ne regretterai absolument rien. La termitière future m'épouvante et je hais leur vertu de robots.

Antoine de SAINT-EXUPÉRY, dernière lettre écrite avant d'être abattu au-dessus de la Méditerranée, août 1944.

Rocher

Sans les rochers, on sait bien que les vagues ne monteraient jamais aussi haut.

Roger NIMIER, *Le Hussard bleu*, Gallimard, 1950.

Roi

Être roi est idiot ; ce qui compte c'est de faire un royaume.

André MALRAUX, *La Voie royale*, Grasset, 1930.

Roman

Le roman, c'est la clef des chambres interdites de notre maison.

Louis ARAGON, *Les Cloches de Bâle*, Gallimard, 1968.

J'ai toujours été plus tenté d'acheter un roman dont le titre est une phrase. Je trouve cela chouette. Si je vois sur une couverture « Marie » ou « Joseph », il faut vraiment que je sois sûr de l'auteur, sinon cela ne me tente pas. Je suis certain que si « À la recherche du temps perdu » s'appelait simplement « Albertine », ce serait moins bon.

Michel AUDIARD, *Audiard par Audiard*, René Chateau, 1995.

Roman psychologique, roman d'introspection réaliste, naturaliste, de mœurs, à thèse, régionaliste, allégorique, fantastique, noir, romantique, populaire, feuilleton, humoristique, d'atmosphère, poétique, d'anticipation, maritime, d'aventures, policier, scientifique, historique, ouf ! et j'en oublie ! Quel fatras ! quelle confusion !

Robert DESNOS, in *La Bibliothèque idéale*, Albin Michel, 1988.

Entrer dans un roman, c'est comme faire une excursion en montagne : il faut opter pour un souffle, prendre un pas, sinon on s'arrête tout de suite.

Umberto ECO, *Apostille au nom de la rose*, Grasset, 1985.

On a d'abord nommé romans, les histoires écrites en langue romane pour qu'un lecteur les récitât à un public qui ne savait pas lire.

André MALRAUX, *L'Homme précaire et la littérature*, Gallimard, 1977.

Raconter les événements, c'est faire connaître l'opéra par le livret seulement ; mais si j'écrivais un roman je tâcherais de différencier les musiques successives des jours.

Marcel PROUST, *Chroniques*, *Vacances de Pâques*, in *Le Figaro*, 25 mars 1913.

Le roman que seul l'attachement à des techniques périmées fait passer pour un art mineur.

Nathalie SARRAUTE, in revue *Tel Quel*, 1962.

Au fond, qu'est-ce que le roman ? C'est ce qui a remplacé la tragédie grecque. Nous n'avons plus de tragédie maintenant. C'est le roman qui l'a remplacée.

Georges SIMENON, in *Conversations avec Simenon*, La Sirène/Alpen, 1990.

Le roman ce n'est jamais qu'une maquette d'après laquelle il nous est proposé d'imaginer la même chose grandeur nature.

Elsa TRIOLET, *Le Grand Jamais*, Gallimard, 1965.

Un roman commence par un coup de dés.

Roger VAILLAND, *La Fête*, Gallimard, 1960.

Tout roman est un témoignage chiffré : il constitue une représentation du monde, mais d'un monde auquel le romancier a ajouté quelque chose : son ressentiment, sa nostalgie, sa critique.

Mario VARGAS LLOSA, *Le Romancier et ses démons*, in *Revue libre*, 1971.

Romancier

Jusqu'ici les romanciers se sont contentés de parodier le monde, il s'agit maintenant de l'inventer.

Louis ARAGON, *Blanche ou l'Oubli*, Gallimard, 1967.

Le romancier, lorsqu'il parle de lui-même, parle encore des autres.

Maurice DRUON, *Remarques*, Julliard, 1952.

Le but suprême du romancier est de nous rendre sensible l'âme humaine, de nous la faire connaître et aimer dans sa grandeur comme dans sa misère, dans ses victoires et dans ses défaites. Admiration et pitié, telle est la devise du roman.

Georges DUHAMEL, *Essai sur le Roman*, Lesage, 1925.

La création n'est pas le prix d'une victoire du romancier sur la vie, mais sur le monde de l'écrit dont il est habité.

André MALRAUX, *L'Homme précaire et la littérature*, Gallimard, 1977.

Mais vous n'avez pas compris que l'écrivain, le poète qui chante l'action des autres, le romancier qui invente mille vies vit de ces vies-là, ces actions, nos luttes en somme, mille fois plus intensément que vous, qui menez vos petits bonshommes de combats à la va-comme-je-te-pousse.

Pierre-Jean REMY, *Chine*, Albin Michel, 1990.

Le romancier a beaucoup de droits, dont celui de mentir pour mieux dire la vérité.

Claude ROY, Introduction aux *Mémoires* de François René de Chateaubriand, Gallimard, 1947.

Rose

La rose, c'est les dents de lait du soleil.

Malcolm de CHAZAL, *Sens plastique*, Gallimard, 1948.

Pour connaître la rose, quelqu'un emploie la géométrie et un autre emploie le papillon.

Paul CLAUDEL, *L'Oiseau noir dans le soleil levant*, Gallimard, 1929.

Rue

Que fait-on dans la rue, le plus souvent ? On rêve.
On rêve de choses plus ou moins précises, on se laisse porter par ses ambitions, par ses rancunes, par son passé. C'est un des lieux les plus méditatifs de notre époque, c'est notre sanctuaire moderne, la Rue.

Louis-Ferdinand CÉLINE, *Semmelweis*, Gallimard, 1952.

Rupture

On a tort de ne pas rompre plus souvent. Il faut croire que le ciel aime les ruptures, il ouvre des portes à ceux qui les ferment.

Marie DESPLECHIN, *Sans moi*, L'Olivier/Le Seuil, 1998.

L'amour comporte des moments vraiment exaltants, ce sont les ruptures.

Jean GIRAUDOUX, *La Guerre de Troie n'aura pas lieu*, Grasset, 1935.

S

Sacré

Le sacré est ce qui donne la vie et ce qui la ravit, c'est la source d'où elle coule, l'estuaire où elle se perd.

Roger CAILLOIS, *L'Homme et le Sacré*, Gallimard, 1950.

Vous pouvez avoir une société sans Dieu, mais non sans sacré.

Régis DEBRAY, in *Le Monde*, 11 juillet 1989.

Sacrifier

Il est indispensable de se sacrifier quelquefois. C'est l'hygiène de l'âme.

Jean COCTEAU, *Les Parents terribles*, Gallimard, 1938.

Sadisme

Les animaux sont brutaux, ils ignorent la pitié ; mais ils ne peuvent se réjouir de la souffrance de leur victime, car ils ignorent cette souffrance. L'inhumanité, au sens où nous l'entendons, est une caractéristique spécifiquement humaine. Il faut être un homme doué d'imagination et de raisonnement pour inventer le raffinement sadique dans la destruction de l'autre qu'ont manifesté, entre autres, les nazis.

Albert JACQUARD, *Petite philosophie à l'usage des non-philosophes*, Calmann-Lévy, 1997.

Tout sadisme semble la volonté délirante d'une impossible possession.

André MALRAUX, *Le Triangle noir*, Gallimard, 1970.

Le sadique est celui qui, ne pouvant posséder l'autre dans sa liberté, s'acharne à le réduire en objet pour nier cette liberté qui lui échappe.

Emmanuel MOUNIER, *Introduction aux existentialismes*, Denoël, 1947.

Sagesse

L'extrême limite de la sagesse, voilà ce que le public baptise folie.

Jean COCTEAU, *Le Coq et l'Arlequin*, Stock, 1916.

La vraie sagesse consiste à se lancer dans l'avenir les yeux fermés.

Jean DUTOURD, *De la France considérée comme une maladie*, Flammarion, 1982.

La sagesse est une poésie qui chante dans l'esprit.

Khalil GIBRAN, *L'Œil du prophète*, Albin Michel, 1991.

Les progrès de l'humanité se mesurent aux concessions que la folie des sages fait à la sagesse des fous.

Jean JAURÈS, *Textes et discours*, Librairie d'Octobre, 1925.

La sagesse est un chemin de crête, la voie étroite entre deux précipices, entre deux conceptions extrêmes.

Amin MAALOUF, *Les Identités meurtrières*, Grasset, 1998.

Si jamais j'acquiers la Sagesse, je serai assez sage, j'imagine, pour en tirer parti.

Somerset MAUGHAM, *Le Fil du rasoir*, Plon, 1946.

Il n'y a pas d'âge pour la sagesse, qui est un acte orientant tout l'homme vers sa vérité, une conversion et un arrachement.

Paul NIZAN, *Les Matérialistes de l'Antiquité*, Maspero, 1968.

On ne reçoit pas la sagesse, il faut la découvrir soi-même, après un trajet que personne ne peut faire pour nous, ne peut nous épargner.

Marcel PROUST, *À l'ombre des jeunes filles en fleurs*, Gallimard, 1918.

La sagesse changeante des générations successives délaisse les idées, remet en question les faits, démolit les théories.

Philippe ROTH, *Ma Vie d'homme*, Gallimard, 1976.

Ils voudraient nous faire croire que leur passé n'est pas perdu, que leurs souvenirs se sont condensés, moelleusement convertis en Sagesse.

Jean-Paul SARTRE, *La Nausée*, Gallimard, 1938.

Sain

L'homme « sain » n'est pas tant celui qui a éliminé de lui-même les contradictions : c'est celui qui les utilise et les entraîne dans son travail.

Maurice MERLEAU-PONTY, *Signes*, Gallimard, 1960.

Saint

Athées qui proclamez la mort de Dieu, matérialistes de toutes obédiences, agnostiques, mes frères, n'en doutez plus : ce monde meurt d'avoir perdu la foi et l'amour. Il compte trop de héros au service de toutes les causes, il lui manque des saints, quelle que soit leur religion.

Hubert BEUVE-MÉRY, *Réflexions politiques*, 1932-1952, Le Seuil, 1951.

Un saint est un pécheur, revu et corrigé.

Ambrose BIERCE, *Dictionnaire du diable*, 1906, Rivages, 1989.

Peut-on être un saint sans Dieu, c'est le seul problème concret que je connaisse aujourd'hui.

Albert CAMUS, *La Peste*, Gallimard, 1947.

Bon Dieu, Seigneur ! délivrez-nous des saints !

André MALRAUX, *Les Conquérants*, Grasset, 1928.

Le Saint, ce n'est pas quelqu'un de parfait, ce n'est pas quelqu'un de valeur, c'est quelqu'un qui ne vaut rien, c'est quelqu'un qui n'est rien. Mais, par ce rien, Dieu passe, comme l'eau d'une source par le vide grand ouvert d'un conduit...

Marie NOËL, *Notes intimes*, Stock, 1959.

Salaire

L'esclavage humain a atteint son point culminant à notre époque sous forme de travail librement salarié.

George Bernard SHAW, *Bréviaire du révolutionnaire*, Aubier, 1929.

Salaud

Oui, c'est fatigant d'être un salaud. Mais c'est encore plus fatigant de ne pas vouloir être un salaud. C'est pour cela que tout le monde est fatigué puisque tout le monde est un peu salaud.

Albert CAMUS, *Carnets II*, 1942-1951, Gallimard, 1964.

On peut décider d'être ou non un salaud dans la vie, mais c'est bien la seule liberté qu'on ait.

Philippe DJIAN, *Lent dehors*, Barrault, 1992.

À la parole des salauds, il ne reste qu'à opposer la parole des saints, tant qu'il en est temps.

Bertrand POIROT-DELPECH, *Diagonales*, Gallimard, 1995.

Sang

Le prestige du sang qui coule est étrange. On dirait qu'une lave de notre feu central cherche à s'y reconnaître.

Jean COCTEAU, *Journal d'un inconnu*, Grasset, 1953.

Chaque femme a du sang pour quatre ou cinq enfants et lorsqu'elle n'en a pas, il se change en poison.

Federico GARCÍA LORCA, *Yerma*, 1934, in *Œuvres complètes*, t.4, Gallimard, 1953.

Et vous allez me demander : mais pourquoi votre poésie
Ne nous parle-t-elle pas du rêve, des feuilles
Ou des grands volcans de votre pays natal ?
Venez voir le sang dans les rues
Venez voir

Le sang dans les rues,
Venez voir le sang
Dans les rues !

Pablo NERUDA, *Résidence sur la terre*, 1935, Gallimard, 1969.

L'enfant noir l'enfant blanc
Ont tous deux le sang
Rouge.

Pierre OSENET, *Le Sang rouge*, in *Littérature antillaise*, Desormeaux, 1971.

Santé

La santé, c'est ce qui sert à ne pas mourir chaque fois qu'on est malade.

Georges PERROS, *Papiers collés*, Gallimard, 1960.

La santé rend heureux, c'est cela surtout qui est vrai. Mais l'effet inverse existe aussi. Un homme heureux a moins de chances de tomber malade.

Bertrand RUSSELL, *Ma Conception du monde*, Gallimard, 1962.

Savant

Le meilleur moyen d'augmenter l'intelligence des savants serait de diminuer leur nombre.

Alexis CARREL, *L'Homme, cet inconnu*, Plon, 1935.

La force de se montrer supérieur à ses œuvres, l'homme ne peut la trouver dans ses œuvres elles-mêmes. Aucun savant, isolé dans sa science, même le plus grand, n'est qualifié pour apporter la Bonne Parole.

Georges FRIEDMANN, in *L'Express*, 23 août 1971.

Le savant n'est pas l'homme qui fournit les vraies réponses : c'est celui qui pose les vraies questions.

Claude LÉVI-STRAUSS, *Le Cru et le cuit*, Plon, 1964.

Savoir

Savoir, c'est savoir qu'on sait.

ALAIN, *Les Idées et les âges*, Gallimard, 1927.

Le filet d'eau douce qui subsistait en moi dès la première minute fut menacé de se perdre dans les eaux mêlées et nombreuses du savoir.

Roger CAILLOIS, *Le Fleuve Alphée*, Gallimard, 1978.

Il n'y a d'autre savoir que de savoir qu'on ne sait rien, mais on ne le sait qu'après avoir tout appris.

Maurice CHAPELAN, *Main courante*, Grasset, 1957.

Notre savoir nous ramène à notre ignorance,
Notre ignorance nous rapproche de la mort...

T.S. ELIOT, *Le Roc*, 1934, in *Anthologie de la Poésie anglaise*, Stock, 1946.

Dans le vaste organisme qu'est un être humain toujours reste une zone qui veille, qui recueille, qui amasse, qui a appris, qui sait maintenant, qui sait autrement. Retrouver ce savoir.

Henri MICHAUX, *Passages*, Gallimard, 1950.

Ce qu'on sait n'est pas à soi.

Marcel PROUST, *À l'ombre des jeunes filles en fleurs*, Gallimard, 1918.

Préférer le savoir par *le* cœur au savoir par cœur.

Robert SABATIER, *Le Livre de la déraison souriante*, Albin Michel, 1991.

L'Homme non plus seulement « un être qui sait » mais un être « qui sait qu'il sait ».

Pierre TEILHARD de CHARDIN, *L'Apparition de l'homme*, Le Seuil, 1962.

Il n'est de richesse que par le savoir.

Émile ZOLA, *Vérité*, 1902, Christian Pirot, 1993.

Scénario

Le scénariste est un romancier raté. D'ailleurs, les meilleurs scénarios que j'ai lus de ma vie sont des livres.

Michel AUDIARD, *Audiard par Audiard*, René Chateau, 1995.

Qu'on écrive un roman ou un scénario, on organise des rencontres, on vit avec des personnages ; c'est le même plaisir, le même travail, on intensifie la vie.

François TRUFFAUT, in *La Bibliothèque idéale*, Albin Michel, 1988.

Science

L'idéologie guette la science en chaque point où défaille sa rigueur, mais aussi au point extrême où une recherche actuelle atteint ses *limites*.

Louis ALTHUSSER, *Lire Le Capital*, Maspero, 1965.

La science sans conscience est de toute manière impossible. La science est conscience. Peut-être même n'est elle que cela.

Jean AUDOUZE, Michel CASSÉ, Jean-Claude CARRIÈRE, *Conversations sur l'invisible*, Belfond, 1988.

Dans l'œuvre de la science seulement on peut aimer ce qu'on détruit, on peut continuer le passé en le niant, on peut vénérer son maître en le contredisant.

Gaston BACHELARD, *La Formation de l'esprit scientifique*, Vrin, 1938.

Quand il se présente à la culture scientifique, l'esprit n'est jamais jeune. Il est même très vieux, car il a l'âge de ses préjugés.

Gaston BACHELARD, *La Formation de l'esprit scientifique*, Vrin, 1938.

L'art est fait pour troubler. La science rassure.

Georges BRAQUE, *Le Jour et la nuit*, Gallimard, 1952.

Pour le savant, croire la science achevée est toujours une illusion aussi complète qui le serait pour l'historien de croire l'histoire terminée.

Louis de BROGLIE, *Physique et microphysique*, Albin Michel, 1947.

La science explique ce qui fonctionne et non ce qui *est*.

Albert CAMUS, *Carnets II*, 1942-1951, Gallimard, 1964.

Objection contre la science : ce monde ne *mérite* pas d'être connu.

Emil Michel CIORAN, *Syllogismes de l'amertume*, Gallimard, 1952.

La science est comme une maladie, — une maladie qui progresse en transformant le monde et en le dévorant aussi.

Georges DUHAMEL, *Les Maîtres*, Mercure de France, 1937.

L'escalier de la science est l'échelle de Jacob, il ne s'achève qu'aux pieds de Dieu.

Albert EINSTEIN, in *Albert Einstein : a life for to-morrow*, Bookland, 1958.

Non, la science n'est pas une illusion, mais ce serait une illusion de croire que nous puissions trouver ailleurs ce qu'elle ne peut pas nous donner.

Sigmund FREUD, *L'Avenir d'une illusion*, Denoël, 1932.

Toute découverte de la science pure est subversive en puissance ; toute science doit parfois être traitée comme un ennemi possible.

Aldous HUXLEY, *Le Meilleur des mondes*, 1932, Plon, 1933.

[La science] représentait pour moi la forme la plus exaltante de la révolte contre l'incohérence de l'univers. Le moyen le plus puissant trouvé par l'homme pour faire concurrence à Dieu.

François JACOB, *La Statue intérieure*, Odile Jacob / Le Seuil, 1987.

L'imprévisible est dans la nature même de l'entreprise scientifique. Si ce qu'on va trouver est vraiment nouveau, alors c'est par définition quelque chose d'inconnu à l'avance.

François JACOB, *Le Jeu des possibles*, Fayard, 1981.

Les Connaissances, c'est la science, et la science ne saurait admettre la moindre hypocrisie, la moindre présomption ; ce qu'elle exige, c'est assurément le contraire : l'honnêteté et la modestie.

MAO TSÉ-TOUNG, juillet 1937, in *Citations du président Mao Tsé-Toung*, Le Seuil, 1967.

La Science, et plus spécialement le progrès scientifique, est le résultat non pas d'efforts isolés mais de la libre concurrence de la pensée.

Karl Raimund POPPER, *Misère de l'historicisme*, 1956, Agora, 1988.

Il y a moins de l'ignorance à la Science que de la fausse science à la vraie science.

Ernest PSICHARI, *Le Voyage du centurion*, Librairie l'Abbaye, 1916.

La science expliquera tout ; et nous n'en serons pas plus éclairés. Elle fera de nous des dieux ahuris.

Jean ROSTAND, *Inquiétudes d'un biologiste*, Stock, 1967.

La science trouve plus facilement des remèdes que des réponses.

Jean ROSTAND, *Inquiétudes d'un biologiste*, Stock, 1967.

Quand nous avons soif, il nous semble que nous pourrions boire tout un océan : c'est la foi ; et quand nous nous mettons à boire, nous buvons un verre ou deux : c'est la science.

Anton TCHEKHOV, *Calepin*.

La science ne doit pas nous troubler dans notre foi par ses analyses. Elle doit au contraire nous aider à mieux connaître, comprendre et apprécier Dieu. Je suis convaincu, pour ma part, qu'il n'y a pas de plus puissant aliment naturel pour la vie religieuse que le contact des réalités scientifiques bien comprises.

Pierre TEILHARD de CHARDIN, *Être plus*, Le Seuil, 1968.

Scientifique

On raconte souvent l'histoire d'un scientifique qui meurt, et Dieu lui dit : « Maintenant, je vais tout te dire, tout t'expliquer. » Et le scientifique s'écrie : « Surtout pas ! Laisse-moi chercher encore ! »

Jean AUDOUZE, Michel CASSÉ, Jean-Claude CARRIÈRE, *Conversations sur l'invisible*, Belfond, 1988.

Un scientifique ne peut avoir qu'une seule idéologie, et cette idéologie consiste à ne pas en avoir !

Konrad LORENZ, in *L'Express*, 1er juin 1970.

Ce qui est scientifique, c'est d'avoir raison.

Jean ROSTAND, *Hommes de vérité*, 1968, École des loisirs, 1979.

Seconde

Nous vivons des myriades de secondes et, pourtant, il n'y en a jamais qu'une, une seule, qui met en ébullition tout notre monde intérieur : la seconde où la fleur interne, déjà abreuvée de tous les sucs, réalise comme un éclair sa cristallisation.

Stefan ZWEIG, *La Confusion des sentiments*, Stock, 1927.

Secret

Ce qui est beau dans l'or, c'est que ça brille. Pour que ça brille, il ne faut pas le laisser dans une cachette, il faut le sortir dans le plein jour. Un secret, c'est pareil. Si on est seul à l'avoir, ce n'est rien. Il faut le dire pour que cela devienne un secret.

Christian BOBIN, *Geai*, Gallimard, 1998.

Rien de précieux n'est transmissible. Une vie heureuse est un secret perdu.

Jacques CHARDONNE, *Claire*, Grasset, 1984.

Un secret a toujours la forme d'une oreille.

Jean COCTEAU, *Le Rappel à l'ordre*, Stock, 1926.

Pour que demeure le secret, nous tairons jusqu'au silence.

Max-Pol FOUCHET, *Demeure le secret*, Mercure de France, 1961.

Un secret, ce n'est pas quelque chose qui ne se raconte pas. Mais c'est une chose qu'on se raconte à voix basse et séparément.

Marcel PAGNOL, *César*, Fasquelle, 1936.

Séduction

Parce que je vais vous dire... vous êtes un type dans mon genre. Avec les femmes, vous n'aurez jamais de chance...

Dialogues du film *Quai des Orfèvres* de Henri Georges Clouzot, 1947.

Retiens bien ceci pour ta gouverne : il y a deux sortes d'hommes : ceux qui payent les femmes et ceux auxquels les femmes en lâchent. C'est pas une question d'être beau, même, ou élégant, ou d'avoir la langue bien pendue, non ! Il y a des michetons qui ont tout cela et cela ne les empêche pas de sortir leurs sous.

Jean GALTIER-BOISSIÈRE, *La Bonne Vie*, Grasset, 1925.

Sein

Autrefois, [les seins] servaient à nourrir les enfants, aujourd'hui ils servent à nourrir les cinéastes.

Jules ROMAINS, *Knock ou Le Triomphe de la médecine*, Gallimard, 1924.

Sensualité

Il y a dans la sensualité une sorte d'allégresse cosmique.

Jean GIONO, *Jean le Bleu*, 1932, Grasset, 1972.

La sensualité est la condition mystérieuse, mais nécessaire et créatrice, du développement intellectuel.

Pierre LOUŸS, Nouvelle préface à *Aphrodite*, 1906, Fasquelle, 1929.

Un docteur avec qui il parlait lui a affirmé que sur cent femmes, il s'en trouvait à peine dix qui fussent vraiment sensuelles... Cette absence de sensualité chez la femme lui communique, pour dominer l'homme, une force immense. Elle le sait, et elle en profite tant qu'elle peut.

Albert SAMAIN, *Carnets intimes*, Mercure de France, 1939.

Sensuel

L'homme ne s'habitue à son côté naturel qu'avec les années et ne s'y résigne que lentement. Orienté vers l'intellectualité il répugne à ce qui est sensuel.

Thomas MANN, *Le Docteur Faustus*, Albin Michel, 1950.

Sentiment

J'ai écrit et je suis prêt à récrire encore ceci qui me paraît d'une évidente vérité : « C'est avec les beaux sentiments qu'on fait de la mauvaise littérature. » Je n'ai jamais dit, ni pensé, qu'on ne faisait de la bonne littérature qu'avec les mauvais sentiments. J'aurais aussi bien pu écrire que les meilleures intentions font souvent les pires œuvres d'art et que l'artiste risque de dégrader son art à le vouloir édifiant.

André GIDE, *Journal*, 1939-1949, Gallimard, 1954.

C'est vrai, avec les bons sentiments on ne fait pas de la bonne littérature. On en fait de l'excellente : Balzac et Shakespeare.

Jacques de BOURBON BUSSET, *Tu ne mourras pas*, Gallimard, 1978.

— Avec toi, on peut pas avoir de conversation. T'as jamais d'idées, toujours des sentiments.
— Mais c'est pas vrai. Y a des idées dans les sentiments...

Dialogues du film *Pierrot le fou* de Jean-Luc Godard, 1965.

Sentimentalité

Une certaine sentimentalité peut, au même titre qu'un certain romantisme, être considérée comme un excellent matériau révolutionnaire.

Marcel AYMÉ, *Uranus*, Gallimard, 1948.

Car rien n'est plus difficile, quelle que soit l'électricité dont vous êtes chargé, que d'établir un contact sans sombrer dans la sentimentalité niaise.

Jean RENOIR, cité par Antoine de Saint-Exupéry, in *Cher Jean Renoir*, Gallimard, 1999.

Sentinelle

Il y a des êtres mystérieux, toujours les mêmes, qui se tiennent en sentinelles à chaque carrefour de notre vie.

Patrick MODIANO, *Villa triste*, Gallimard, 1975.

Séparation

L'impossibilité fondamentale, quasi organique, de penser à une séparation est pour un couple la véritable ancre de miséricorde et peut-être la seule.

Paul GUIMARD, *L'Ironie du sort*, Denoël, 1974.

La séparation est l'autre nom du mal ; c'est également l'autre nom du mensonge.

Michel HOUELLEBECQ, *Les Particules élémentaires*, Flammarion, 1998.

Sérénité

La sérénité ne peut être atteinte que par un esprit désespéré.

Blaise CENDRARS, *Une nuit dans la forêt*, L'Âge d'homme, 1986.

Serment

Vous êtes tous les mêmes. Vous avez soif d'éternité et dès le premier baiser vous êtes vert d'épouvante parce que vous sentez obscurément que cela ne pourra pas durer. Les serments sont vite épuisés.

Jean ANOUILH, *Eurydice*, in *Pièces noires*, La Table ronde, 1931.

Serpent

Il était un pauvre serpent qui collectionnait toutes ses peaux. C'était l'homme.

Jean GIRAUDOUX, *Sodome et Gomorrhe*, Grasset, 1959.

Servir

Servir... C'est la devise de ceux qui aiment commander.

Jean GIRAUDOUX, *Siegfried*, 1928, Grasset, 1959.

Seul

Quand on est deux, on se fatigue souvent de l'autre ; quand on est seul, on se fatigue de soi.

Hervé Bazin, *L'École des pères*, Le Seuil, 1991.

Être aveugle, c'est être seul. Être seul, c'est réinventer le monde.

André Brincourt, *Les Écrivains du XXᵉ siècle. Un musée imaginaire de la littérature mondiale*, Retz, 1979.

L'homme est seul comme Dieu, il est seul parce qu'il est Dieu.

Pierre Drieu La Rochelle, *Journal 1939-1945*, Gallimard, 1992.

Je vais donc enfin vivre seul !
Et je me demande déjà avec qui.

Sacha Guitry, *Toutes réflexions faites*, L'Élan, 1946.

On ne peut être juste tout seul, à l'être tout seul on cesse de l'être.

Maurice Merleau-Ponty, *Éloge de la philosophie*, Gallimard, 1953.

Tout homme qui est un vrai homme doit apprendre à rester seul au milieu de tous, à penser seul pour tous — et au besoin contre tous.

Romain Rolland, *Clérambault*, Albin Michel, 1920.

Un homme seul est toujours en mauvaise compagnie.

Paul Valéry, *L'Idée fixe*, Gallimard, 1933.

Sexe

Les hommes portent leur cœur dans leur sexe, les femmes portent leur sexe dans leur cœur.

Malcolm de Chazal, *Sens plastique*, Gallimard, 1948.

Rien que cela, le sexe, nous sépare plus que deux planètes.

François Mauriac, *Le Désert et l'amour*, Grasset, 1925.

Il faut toujours que notre sexe fasse une ombre sur notre ventre.

Francis Picabia, in *La Revue 391*, 1917.

Le sexe est le cerveau de l'instinct.

André SUARÈS, *Voici l'homme*, Albin Michel, 1948.

Sexualité

La sexualité pour moi n'existe plus. J'appelais sérénité cette indifférence ; soudain je l'ai comprise autrement : c'est une infirmité, c'est la perte d'un sens ; elle me rend aveugle aux besoins, aux douleurs, aux joies de ceux qui le possèdent.

Simone de BEAUVOIR, *La Femme rompue*, Gallimard, 1967.

Ce n'est pas la sexualité qui est un moyen au service de la génération, c'est la génération des corps qui est au service de la sexualité comme autoproduction de l'inconscient.

Gilles DELEUZE, *L'Anti-Œdipe*, Minuit, 1972.

Si la civilisation impose d'aussi lourds sacrifices, non seulement à la sexualité mais encore à l'agressivité, nous comprenons mieux qu'il soit si difficile à l'homme d'y trouver son bonheur.

Sigmund FREUD, *Malaise dans la civilisation*, PUF, 1930.

Lorsqu'un des partenaires se sent complètement idiot en matière sexuelle, ça veut dire que l'autre partenaire est encore plus idiot...

Romain GARY, *Au-delà de cette limite votre ticket n'est plus valable*, Gallimard, 1975.

Tout comme le libéralisme économique sans frein, et pour des raisons analogues, le libéralisme sexuel produit des phénomènes de *paupérisation absolue*.

Michel HOUELLEBECQ, *Extension du domaine de la lutte*, Maurice Nadeau, 1994.

Si l'histoire sexuelle d'un homme donne la clef de sa vie, c'est parce que dans la sexualité de l'homme se projette sa manière d'être à l'égard du monde, c'est-à-dire à l'égard des autres hommes.

Maurice MERLEAU-PONTY, *Phénoménologie de la perception*, Gallimard, 1945.

L'Église fit ce qu'elle put pour que la seule forme de sexualité admise entraînât très peu de plaisir et beaucoup de souffrance.

Bertrand RUSSELL, *Pourquoi je ne suis pas chrétien*, L'Idée libre, 1929.

509

Siècle

Quand du calendrier géologique on passe à l'almanach, le siècle se ramène à ce qu'il est : un petit hectomètre de temps ; et l'avènement, la vie, l'amour deviennent ridiculement centimétriques.

Hervé Bazin, *Abécédaire*, Grasset, 1984.

Silence

Parler, oui, pour savoir qu'on est du même silence.

Natalie Clifford-Barney, *Pensées d'une amazone*, Émile-Paul, 1921.

Rien ne rehausse l'autorité mieux que le silence, splendeur des forts et refuge des faibles...

Charles de Gaulle, *Le Fil de l'épée*, Plon, 1932.

Les paroles que nous prononçons n'ont de sens que grâce au silence où elles baignent.

Maurice Maeterlinck, *Le Trésor des humbles*, Mercure de France, 1904.

Le silence n'existe pas : vivre, c'est se tenir au centre d'un ruissellement que la mort seule arrêtera.

François Mauriac, *Nouveaux mémoires intérieurs*, Flammarion, 1965.

Les femmes n'iront pas au paradis, car il est dit dans un verset de l'Apocalypse : « Et il se fera au ciel un silence d'une demi-heure ! »

Henry de Montherlant, *Les Jeunes filles*, Gallimard, 1936.

Et ce qu'il y a de très beau, c'est que les paroles d'amour sont suivies de silences d'amour.

Edgar Morin, *Amour, poésie, sagesse*, Le Seuil, 1997.

On ne fait taire le silence qu'en parlant moins fort que lui.

Georges Perros, *Papiers collés*, Gallimard, 1960.

Malheur à ceux qui n'ont pas connu le silence ! Le silence est un peu de ciel qui descend vers l'homme. Il vient de si loin qu'on ne sait pas, il vient des grands espaces interstellaires, des parages sans remous de la lune froide. Il vient de derrière les espaces, de par-delà les temps.

Ernest PSICHARI, *Le Voyage du centurion*, Librairie l'Abbaye, 1916.

Mais le silence en sait plus sur nous que nous-mêmes,
Il nous plaint à part soi de n'être que vivants,
Toujours près de périr, fragiles il nous aime
Puisque nous finirons par être ses enfants.

Jules SUPERVIELLE, *Bonne garde*, in *La Fable du monde*, Gallimard, 1938.

Patience, patience,
Patience dans l'azur !
Chaque atome de silence
Est la chance d'un fruit mûr !

Paul VALÉRY, *Charmes*, Gallimard, 1922.

Simplifier

L'homme devrait mettre autant d'ardeur à simplifier sa vie qu'il en met à la compliquer.

Henri BERGSON, cité par Pierre-Henri Simon, in *Ce que je crois*, Grasset, 1977.

Snobisme

Le snobisme est une maladie grave de l'âme, mais localisée et qui ne la gâte pas tout entière.

Marcel PROUST, *La Prisonnière*, Gallimard, 1923.

Société

Aucune société n'est parfaite. Toutes comportent par nature une impureté incompatible avec les normes qu'elles proclament, et qui se traduit concrètement par une certaine dose d'injustice, d'insensibilité, de cruauté.

Claude LÉVI-STRAUSS, *Tristes tropiques*, Plon, 1955.

L'être humain est le produit de la société qu'il engendre — et non le contraire.

Dialogues du Film *Les Palmes de Mr Schultz* de Claude Pinoteau, 1997.

Sociologie

La sociologie, comme toute les sciences, a pour fonction de dévoiler des choses cachées ; ce faisant, elle peut contribuer à minimiser la violence symbolique qui s'exerce dans les rapports sociaux et en particulier dans les rapports de communications médiatique.

Pierre BOURDIEU, *Sur la télévision*, Liber, 1996.

La sociologie est incapable de prophétiser. Elle peut seulement aider à éviter tout dogmatisme en s'efforçant à la fois d'assouplir et de clarifier ses concepts pour les rendre aptes à suivre de près les sinuosités mouvantes du réel.

Georges GURVITCH, *Études sur les classes sociales*, Gonthier, 1966.

La sociologie serait, certes, bien plus avancée si elle avait procédé partout à l'imitation des linguistes et si elle n'avait pas versé dans ces deux défauts : la philosophie de l'histoire et la philosophie de la société.

Marcel MAUSS, *Rapports réels et pratiques de la psychologie et de la sociologie*, PUF.

Soi-même

Face à l'événement, c'est à soi-même que recourt l'homme de caractère.

Charles de GAULLE, *Le Fil de l'épée*, Plon, 1932.

Soif

Il peut tout de même arriver que le plaisir de donner soif à l'autre soit moins grand que celui de lui donner à boire.

Robert MALLET, *Apostilles*, Gallimard, 1972.

Dans un pays sans eau, que faire de la soif ?
De la fierté.
Si le peuple en est capable.

> Henri MICHAUX, *Poteaux d'angle*, L'Herne, 1971.

Exister, c'est ça : se boire sans soif.

> Jean-Paul SARTRE, *L'Âge de raison*, Gallimard, 1945.

Soldat

Engraisser les sillons du laboureur anonyme, c'est le véritable avenir du véritable soldat.

> Louis-Ferdinand CÉLINE, *Voyage au bout de la nuit*, Gallimard, 1932.

Il y a un modèle qui manque dans toutes les boîtes de soldats de plomb : ce sont les morts.

> Gilbert CESBRON, *La Fleur, le fruit, l'amande*, La Guilde du livre, 1958.

Le soldat de métier acquiert un pouvoir de plus en plus grand à mesure que le courage d'une collectivité décline.

> Gilbert Keith CHESTERTON, *Hérétiques*, 1912, Plon, 1930.

Soleil

C'est faire honneur au soleil que de se lever après lui.

> Yvan AUDOUARD, *L'Heure d'été*, Stock, 1978.

Pour corriger une indifférence naturelle, je fus placé à mi-distance de la misère et du soleil. La misère m'empêcha de croire que tout est bien sous le soleil et dans l'histoire ; le soleil m'apprit que l'histoire n'est pas tout.

> Albert CAMUS, *L'Envers et l'endroit*, Gallimard, 1958.

L'état d'esprit du soleil levant est allégresse malgré le jour cruel et le souvenir de la nuit.

> René CHAR, *Rougeur des matinaux*, in *Les Matinaux*, Gallimard, 1950.

Ce n'est pas assez de posséder le soleil si nous ne sommes pas capables de le donner !

Paul CLAUDEL, *Feuilles de saints*, Gallimard, 1925.

Le soleil est un dieu, mais trop chaud pour garder la forme humaine, il s'est mis en boule ; c'est un dieu rond.

Anatole FRANCE, *Sur la Pierre blanche*, Calmann-Lévy, 1905.

Solitaire

L'homme solitaire pense seul et crée des nouvelles valeurs pour la communauté.

Albert EINSTEIN, *Comment je vois le monde*, Flammarion, 1934.

Quand l'espèce a pris conscience dans un homme, elle aspire à régner par lui, à détrôner la fatalité ; le solitaire est la conscience de l'espèce.

Pierre EMMANUEL, *Le Poète fou*, Le Rocher, 1944.

L'être qui dort seul est bercé par tous les êtres qu'il aime, qu'il a aimés, qu'il aimera.

Jacques PRÉVERT, *Spectacle*, Gallimard, 1949.

Solitude

On ne va jamais au fond de sa solitude.

Georges BERNANOS, *Journal d'un curé de campagne*, Plon, 1936.

Être seul c'est s'entraîner à la mort.

Louis-Ferdinand CÉLINE, *Voyage au bout de la nuit*, Gallimard, 1932.

Il ne faut pas que solitude rime avec attitude, mais altitude.

Maurice CHAPELAN, *Amoralités familières*, Grasset, 1964.

La solitude, pour qui la vit sans mentir, me révèle mon néant, m'enseigne ma vanité, le vide en moi de ma présence.

André COMTE-SPONVILLE, *Le Mythe d'Icare*, PUF, 1984.

Dans la solitude (la tienne ou la mienne) il faut être deux, tu l'as dit. J'aime être avec toi, nous faisons la paire ; mais si je suis seul, je ne reste pas seul : je me dédouble, je suis toujours deux.

Jean GIONO, *L'Iris de Suse*, Gallimard, 1970.

Les hommes qui vivent dans la solitude sont beaucoup moins à plaindre que les femmes dans la même situation. Ils boivent du mauvais vin, ils s'endorment et leurs dents puent ; puis ils s'éveillent et recommencent ; ils meurent assez vite. Les femmes prennent des calmants, font du yoga, vont voir des psychologues ; elles vivent très vieilles et souffrent beaucoup.

Michel HOUELLEBECQ, *Les Particules élémentaires*, Flammarion, 1998.

La solitude est le fond ultime de la condition humaine. L'homme est l'unique être qui se sente seul et qui cherche l'autre.

Octavio PAZ, *Le Labyrinthe de la solitude*, 1950, Fayard, 1959.

Une seule chose est nécessaire : la solitude. La grande solitude intérieure. Aller en soi-même et ne rencontrer pendant des heures personne, c'est à cela qu'il faut parvenir. Être seul, comme l'enfant est seul...

Rainer Maria RILKE, *Lettres à un jeune poète*, 1903, Le Seuil, 1992.

L'absence, c'est Dieu. Dieu, c'est la solitude des hommes.

Jean-Paul SARTRE, *Le Diable et le bon Dieu*, Gallimard, 1951.

Au fond, c'est ça la solitude : s'envelopper dans le cocon de son âme, se faire chrysalide et attendre la métamorphose, car elle arrive toujours.

August STRINDBERG, *Seul*, 1903, Mercure de France, 1967.

La solitude est une infirmité, voilà ce que c'est, on devient seule comme on devient impotente.

Elsa TRIOLET, *Les Fantômes armés*, Bibliothèque française, 1947.

Dieu créa l'homme et ne le trouvant pas assez seul, il lui donna une compagne pour lui faire mieux sentir sa solitude.

Paul VALÉRY, *Tel Quel*, Gallimard, 1941-1971.

Un vice, quoiqu'on puisse en penser, c'est bien moins l'amour des garçons que la solitude.

Marguerite YOURCENAR, *Le Coup de grâce*, Gallimard, 1939.

Solution

Voyez-vous... dans la vie, il n'y a pas de solutions. Il y a des forces en marche : il faut les créer, et les solutions suivent.

Antoine de SAINT-EXUPÉRY, *Vol de nuit*, Gallimard, 1931.

Sommeil

Si on veut savoir ce qu'est la vie, ce qu'elle vaut, il importe de se rappeler que la seule chose qui nous réconcilie avec elle est le sommeil, c'est-à-dire ce qui précisément n'est pas elle, ce qui est sa négation.

Emil Michel CIORAN, *Cahiers 1957-1972*, Gallimard, 1997.

Le sommeil n'est pas à nos ordres. C'est un poisson aveugle qui monte des profondeurs, un oiseau qui s'abat sur nous.

Jean COCTEAU, *Le Grand écart*, 1923, Stock, 1984.

La passion et la folie ne sont qu'une autre forme du sommeil.

Marcel JOUHANDEAU, *Algèbre des valeurs morales*, Gallimard, 1935.

Aucune période de notre journée n'est plus mystérieuse que celle qui précède immédiatement le sommeil. Nous entrons hésitants dans le sommeil comme dans une caverne dont le reflet atténué de la lumière du jour éclaire encore les premiers méandres voisins du seuil.

Ernst JÜNGER, *Jeux africains*, Gallimard, 1978.

Le sommeil est encore plus parfait, quoi qu'en disent les hygiénistes, quand on le partage avec un être aimé.

David Herbert LAWRENCE, *Amants et Fils*, 1913, Gallimard, 1936.

Un homme qui dort tient en cercle autour de lui le fil des heures, l'ordre des années et des mondes.

Marcel PROUST, *À l'ombre des jeunes filles en fleurs*, Gallimard, 1918.

Le sommeil est comme un second appartement que nous aurions et où, délaissant le nôtre, nous serions allés dormir.

Marcel PROUST, *Sodome et Gomorrhe*, Gallimard, 1921.

Sommet

La lutte elle-même vers les sommets suffit à remplir un cœur d'homme.

Albert CAMUS, *Le Mythe de Sisyphe*, Gallimard, 1942.

Sottise

Avoir l'esprit ouvert n'est pas l'avoir béant à toutes les sottises.

Jean ROSTAND, *Inquiétudes d'un biologiste*, Stock, 1967.

Souffrance

Ce qui distingue les hommes de leurs frères innocents, les animaux aux mille formes, ce n'est pas le langage articulé, ce n'est pas l'art, ce n'est pas la raison, ce n'est même pas cette civilisation qui ne se grave pas dans notre chair et qui demeure dans nos livres, non, ce qui distingue les hommes, c'est leur grand appétit de souffrance.

Georges DUHAMEL, *Biographie de mes fantômes*, Hartmann, 1944.

La souffrance est le fil dont l'étoffe de la joie est tissée. Jamais l'optimiste ne connaîtra la joie.

Henri de LUBAC, *Paradoxes* suivi de *Nouveaux paradoxes*, Le Seuil, 1959.

Il faut que le monde ait un sens, pour que ce sens assume la souffrance.

André MALRAUX. *La Condition humaine*, Gallimard, 1933.

C'est souvent seulement par manque d'esprit créateur qu'on ne va pas assez loin dans la souffrance.

Marcel PROUST, *Sodome et Gomorrhe*, Gallimard, 1921.

Les plaintes de la souffrance sont à l'origine du langage.

Raymond QUENEAU, *Une histoire modèle*, Gallimard, 1966.

Il ne faut pas redouter la souffrance physique. La souffrance prolongée n'a jamais d'importance : la souffrance qui compte est toujours brève.

Alexandre SOLJENITSYNE, in *Les Écrivains du XXᵉ siècle. Un musée imaginaire de la littérature mondiale*, Retz, 1979.

Aucun progrès ne peut être acquis par une société sans passer par la souffrance, et c'est là que le matérialiste est désarmé.

Rabindranath TAGORE, *Vers l'homme universel*, Gallimard, 1964.

Souffrir

Venez voir ce gracieux phénomène naturel : un homme qui souffre d'amour. Il ne faut pas perdre une occasion de s'instruire.

Jean ANOUILH, *La Répétition ou l'Amour puni*, 1950, Larousse, 1957.

Faire souffrir est la seule façon de se tromper.

Albert CAMUS, *Caligula*, Gallimard, 1958.

Mais est-ce très grave, souffrir ? Je viens à en douter.

COLETTE, *La Naissance du jour*, 1928, Flammarion, 1984.

Sache souffrir. Mais ne dis rien qui puisse troubler la souffrance des autres.

Léon-Paul FARGUE, *Poèmes*, Gallimard, 1919.

Aimer, c'est donner à quelqu'un le droit — sinon le devoir — de nous faire souffrir.

Georges PERROS, *Papiers collés*, Gallimard, 1960.

Source

La source désapprouve presque toujours l'itinéraire du fleuve.

Jean COCTEAU, *Le Rappel à l'ordre*, Stock, 1926.

Sourire

Le sourire était là avant la création de toutes choses, et sera encore là lorsque toutes choses auront disparu. Certains l'appellent Dieu, mais l'idée même de Dieu serait inconcevable sans ce simple mouvement de lèvres retroussées dans un visage de femme. Dieu ne serait rien sans le sourire.

Édouard BRASEY, *Le Vœu d'étoile*, Le Comptoir éditions, 1996.

[...] mon sourire, ce petit morceau déjà visible de mon squelette.

Albert COHEN, *Belle du Seigneur*, Gallimard, 1968.

C'était un de ces sourires doués de la faculté de rassurer qu'on rencontre, quand on a de la chance, quatre ou cinq fois dans sa vie. Il vous persuadait qu'il avait exactement de vous l'impression qu'en mettant tout au mieux, vous espériez produire.

Scott FITZGERALD, *Gatsby le Magnifique*, Kra, 1926.

On ne doit pas accorder sa confiance à quelqu'un qui ne sourit jamais.

Henry de MONTHERLANT, *Carnets*, Gallimard, 1957.

Le sourire, c'est l'amorce du baiser.

Robert SABATIER, *Le Livre de la déraison souriante*, Albin Michel, 1991.

Souvenir

Ce qui me plaît en vous, ce sont mes souvenirs.

ALAIN-FOURNIER, *Le Grand Meaulnes*, Émile-Paul, 1913.

Fais que chaque heure de ta vie soit belle. Le moindre geste est un souvenir futur.

Claude AVELINE, *Avec toi-même*, Émile-Paul, 1944.

Un bon souvenir... des souvenirs... Est-ce que j'ai une gueule à faire l'amour avec des souvenirs ?

Dialogues du film *Le Jour se lève* de Marcel Carné, 1939.

Le plus beau souvenir ne m'apparaît que comme une épave du bonheur.

André GIDE, *Les Nourritures terrestres* suivi de *Les Nouvelles nourritures*, Gallimard, 1942.

Comme avec les oignons : le seul moyen de ne pas pleurer, c'est de s'appuyer fort les souvenirs sur les yeux.

Érik ORSENNA, *L'Exposition coloniale*, Le Seuil, 1988.

Certains souvenirs sont comme des amis communs, ils savent faire des réconciliations...

Marcel PROUST, *Le Côté de Guermantes*, Gallimard, 1920.

Il y a toujours moins d'égoïsme dans l'imagination que dans le souvenir.

Marcel PROUST, *Sodome et Gomorrhe*, Gallimard, 1921.

Je n'ai pas encore assez oublié pour avoir des souvenirs.

Jean ROSTAND, *Carnet d'un biologiste*, Stock, 1959.

Les souvenirs sont du vent, ils inventent les nuages.

Jules SUPERVIELLE, *Le Corps tragique*, Gallimard, 1959.

Spécialiste

Monsieur, je n'aime pas les spécialistes. Pour moi, se spécialiser, c'est rétrécir d'autant son univers...

Claude DEBUSSY, *Monsieur Croche antidilettante*, Gallimard, 1921.

Sprint

J'aime couper de sprints ma marche vers la mort.

Jean GIRAUDOUX, *Le Sport*, Grasset, 1928.

Statistique

Par la statistique, je pourrais prouver l'existence de Dieu.

George Horace GALLUP, propos rapporté par *The New York Times*, 1984.

La mort d'un seul homme, c'est une tragédie. La disparition de millions de personnes, c'est de la statistique.

Joseph STALINE, *Écrits et discours*, Moscou, 1951.

Stupide

Quand on parle aux gens comme s'ils étaient stupides, on tue des cellules dans leur cerveau.

Julian BECK, *Chant de la révolution*, 10/18, 1974.

Le stupide est celui qui s'étonne de tout, et donc s'émerveille de tout.

Bernard WERBER, *Le Père de nos pères*, Albin Michel, 1998.

Style

Le style n'est pas l'outil du forgeron mais l'âme de la forge.

René Guy CADOU, *Usage interne*, Bauhier, 1951.

Dans le style le plus simple, que la phrase soit vierge. On veut une neige fraîche où personne n'a encore marché.

Jacques CHARDONNE, *L'Amour, c'est beaucoup plus que l'amour*, Albin Michel, 1936.

Le style, si je m'y suis tant intéressé, c'est que j'y ai vu un défi au néant : faute de pouvoir composer avec le monde, il a bien fallu composer avec le mot.

Emil Michel CIORAN, *Cahiers 1957-1972*, Gallimard, 1997.

C'est cette manière d'épauler, de viser, de tirer vite et juste, que je nomme le style.

Jean COCTEAU, *Le Secret professionnel*, Stock, 1922.

Un style c'est arriver à bégayer dans sa propre langue. C'est difficile, parce qu'il faut qu'il y ait nécessité d'un tel bégaiement. Non pas être bègue dans sa parole, mais être bègue du langage lui-même. Être comme un étranger dans sa propre langue. Faire une ligne de fuite.

Gilles DELEUZE et Claire PARNET, *Dialogues*, Flammarion, 1996.

Le style, c'est ce qui arrache une idée au ciel où elle se mourait d'ennui.

Bernard FRANK, *La Panoplie littéraire*, Flammarion, 1978.

Que nous connaissions un style, cela veut dire que nous nous sommes rendu compte d'une partie de notre mystère. Et que nous nous sommes interdit d'écrire dorénavant dans ce style. Le jour viendra où nous aurons mis en lumière tout notre mystère et alors nous ne saurons plus écrire, c'est-à-dire inventer un style.

Cesare PAVESE, *Le Métier de vivre*, 8 novembre 1938, Gallimard, 1958.

A bas le style ! Est-ce que Dieu a un style ! [...] Il a fait ce qui n'existe pas. Moi aussi. Il a même fait la peinture. Moi aussi.

Pablo PICASSO, cité par André Malraux, in *La Tête d'obsidienne*, Gallimard, 1974.

Le style, pour l'écrivain aussi bien que pour le peintre, est une question non de technique mais de vision.

Marcel PROUST, *Le Temps retrouvé*, Gallimard, 1927.

Le style, c'est l'oubli de tous les styles.

Jules RENARD, *Journal*, Gallimard, 1960.

Je veux que tout soit nécessaire, que la phrase soit entièrement au service de l'histoire. Je n'ai aucun brio, mon style est terne, mais j'ai mis des années et des années à n'avoir aucun brio et à ternir mon style.

Georges SIMENON, in *Paris-Match*, 21 septembre 1989.

Subsister

Nous ne devons pas tenter de sauver le monde, mais de subsister ; c'est la seule véritable aventure qui s'offre encore à nous, en cette heure tardive de l'histoire.

Friedrich DÜRRENMATT, *Le Soupçon*, Albin Michel, 1961.

Subversion

Révolution c'est retourner le sablier. Subversion est tout autre chose ; c'est le briser, l'éliminer.

Jean DUBUFFET, *Asphyxiante culture*, Minuit, 1986.

Sueur

Écrire, surtout des poèmes, égale transpirer. L'œuvre est une sueur.

Jean COCTEAU, *Le Rappel à l'ordre*, Stock, 1926.

Le plus grand mérite de l'homme, c'est la sueur de son front.

Jean GIRAUDOUX, *Supplément au voyage de Cook*, Grasset, 1937.

Suicide

Le suicide est le train de nuit qui vous expédie dans les ténèbres.

Martin AMIS, *Train de nuit*, Gallimard, 1999.

Si je me tue, ce ne sera pas pour me détruire, mais pour me reconstituer, le suicide ne sera pour moi qu'un moyen de me reconquérir violemment, de faire brutalement irruption dans mon être, de devancer l'avance incertaine de Dieu.

Antonin ARTAUD, *Textes surréalistes*, in *Œuvres complètes*, t.1, Gallimard, 1976.

La goût du suicide est un don, un sixième sens, je ne sais quoi, on naît avec.

Georges BERNANOS, *Journal d'un curé de campagne*, Plon, 1936.

Le plus beau présent de la vie est la liberté qu'elle vous laisse d'en sortir à votre heure.

André BRETON, *Anthologie de l'humour noir*, Introduction, 1940, Pauvert, 1966.

Le suicide, c'est juste se laisser décourager par le jeu qu'on a en main. Vous voudriez relancer les dés une seconde fois, tenter une nouvelle donne — parce qu'on sent bien que c'est un jeu. L'idée du suicide naît de là.

Charles BUKOWSKI, cité par Philippe Sollers, in *L'Année du tigre - Journal de l'année 1998*, Le Seuil, 1999.

Il n'y a qu'un problème philosophique vraiment sérieux : c'est le suicide. Juger que la vie vaut ou ne vaut pas la peine d'être vécue, c'est répondre à la question fondamentale de la philosophie.

Albert CAMUS, *Le Mythe de Sisyphe*, Gallimard, 1942.

Tu vois, si je me suicide avec quelqu'un, je voudrais beaucoup que ce soit avec toi...

Dialogues du film *Domicile conjugal* de François Truffaut, 1970.

Le suicide c'est la ressource des hommes dont le ressort a été rongé par la rouille.

Pierre DRIEU LA ROCHELLE, *Le Feu follet*, Gallimard, 1964.

Et qu'est-ce que le suicide sinon une forme invertie de vanité ?

Arthur KŒSTLER, *Le Zéro et l'infini*, Calmann-Lévy, 1945.

Celui qui se tue court après une image qu'il s'est formée de lui-même : on ne se tue jamais que pour *exister*.

André MALRAUX, *La Voie royale*, Grasset, 1930.

Le premier homme qui a pensé au suicide a humilié la vie pour l'éternité. La vie est une grande vexée.

Georges PERROS, *Papiers collés*, Gallimard, 1960.

Des raisons d'un suicide, on ne dispute pas. Le suicide mérite, par excellence, le respect dû aux affaires entre soi et soi.

Bertrand POIROT-DELPECH, *Diagonales*, Gallimard, 1995.

Se suicider ! Mais on passe sa vie à le faire !

Louis SCUTENAIRE, *Mes Inscriptions*, Gallimard, 1945.

Superflu

La conquête du superflu donne une excitation spirituelle plus grande que la conquête du nécessaire.

Gaston BACHELARD, *La Psychanalyse du feu*, Gallimard, 1938.

Supérieur

Être supérieur aux autres n'a jamais représenté un grand effort si l'on n'y joint pas le beau désir d'être supérieur à soi-même.

Claude DEBUSSY, *Monsieur Croche et autres écrits*, Gallimard, 1971.

Supporter

Il n'y a plus que Dieu qui nous supporte encore.

Maurice CLAVEL, *Dieu est Dieu, nom de Dieu !*, Grasset, 1976.

On dirait que l'homme peut tout supporter. Même ce qu'il n'a pas fait. Même l'idée qu'il n'en peut supporter davantage.

William FAULKNER, *Lumière d'août*, Gallimard, 1935.

Surhomme

Le mot Homme dépasse le mot Surhomme d'une immense hauteur.

Valery LARBAUD, *A.O. Barnabooth*, Gallimard, 1913.

Il arrive à chacun de se croire un surhomme tant qu'il ne s'est pas aperçu qu'il est en même temps mesquin, impur et perfide.

Ernesto SÁBATO, *Le Tunnel*, Gallimard, 1956.

Surnaturel

Le surnaturel n'étant pas d'un usage pratique ni régulier, il est sage et décent de n'en pas tenir compte.

Marcel AYMÉ, *La Vouivre*, Gallimard, 1942.

Surprise

Connais-toi, mais réserve-toi des surprises.

Jacques DEVAL, *Afin de vivre bel et bien*, Albin Michel, 1970.

Survivre

Ainsi, ce ne sont pas les idées qui sauvent le monde, ni l'intelligence, ni la raison, mais leur contraire radical, ces actes insensés, dépourvus de toute logique, cette persistance enragée des hommes à vouloir survivre, leur ardent désir de respirer tant que ce sera possible, leur petit héroïsme de tous les jours, tenace et ridicule, face au malheur.

Ernesto SÁBATO, *Alejandra*, Le Seuil, 1967.

Syllabe

Je ne crois pas que quoi que ce soit d'important puisse s'exprimer en mots de plus de quatre syllabes.

Roger CAILLOIS, *Approches de l'imaginaire*, Gallimard, 1974.

Symbiose

Nous avons fini par nous identifier l'un à l'autre au point que lorsqu'un de nous ouvre la bouche, il la referme aussitôt, sentant bien que l'autre allait prononcer les mots qu'il avait aux lèvres.

Georges SIMENON, *À l'abri de notre arbre*, Presses de la Cité, 1977.

T

Tableau

Le tableau est fini quand il a effacé l'idée.

Georges BRAQUE, *Le Jour et la nuit*, Gallimard, 1952.

Talent

Où l'on fait appel au talent, c'est que l'imagination fait défaut.

Georges BRAQUE, *Le Jour et la nuit*, Gallimard, 1952.

Plus les talents d'un homme sont grands, plus il a le pouvoir de fourvoyer les autres.

Aldous HUXLEY, *Le Meilleur des mondes*, Plon, 1933.

Le talent sans génie est peu de choses. Le génie sans talent n'est rien.

Paul VALÉRY, *Mélange*, Gallimard, 1941.

Tango

Parler de tango bagarreur n'est pas assez ; j'irais jusqu'à dire que le tango et les milongas expriment directement quelque chose que les poètes ont souvent cherché à dire avec des mots : la conviction que le combat peut être une fête.

Jorge Luis BORGES, *Evaristo Carriego*, Le Seuil, 1969.

L'homme du tango est un être profond qui médite sur le passage du temps et sur ce que, finalement, ce passage nous apporte : la mort inexorable.

Ernesto SÁBATO, *Tango*, Buenos Aires, Losada, 1968.

Nier l'argentinité du tango est un acte aussi pathétiquement suicidaire que de nier l'existence de Buenos Aires.

Ernesto SÁBATO, *Tango*, Buenos Aires, Losada, 1968.

Technique

Ce n'est pas la technique qui représente le vrai danger pour la civilisation, c'est l'inertie des structures.

Louis ARMAND, *Plaidoyer pour l'avenir*, Calmann-Lévy, 1961.

Un monde gagné pour la Technique est perdu pour la Liberté.

Georges BERNANOS, *La France contre les robots*, 1946, in *Essais et écrits de combat*, t. 2, Gallimard, 1995.

Plus le niveau de la technique est élevé, plus les avantages que peuvent apporter des progrès nouveaux diminuent par rapport aux inconvénients.

Simone WEIL, *Oppression et liberté*, 1934, Gallimard, 1955.

Télévision

[...] la télévision exerce une forme particulièrement pernicieuse de violence symbolique. La violence symbolique est une violence qui s'exerce avec la complicité tacite de ceux qui la subissent et aussi, souvent, de ceux qui l'exercent dans la mesure où les uns et les autres sont inconscients de l'exercer ou de la subir.

Pierre BOURDIEU, *Sur la télévision*, Liber, 1996.

Les gens sont bizarres. Bientôt, quand d'autres bouquets numériques de vingt ou trente chaînes chacun seront en fonction — ce qui ne saurait tarder —, ils vivront cloués dans leur fauteuil, fascinés, enchaînés, gorgés d'images en tout genre, avec de la bouillie dans la tête...

C'est ce qu'on appelle le progrès. Nul doute que techniquement c'en est un. Mentalement, c'est un attentat contre la santé de l'esprit.

Françoise GIROUD, *Gais-z-et-contents, Journal d'une Parisienne 3*, Le Seuil, 1997.

Avec la radio, et plus encore avec la télé, tout nous est imposé ; nous ne pouvons qu'être passifs. Il y a information, très peu communication.

Albert JACQUARD, *Petite philosophie à l'usage des non-philosophes*, Calmann-Lévy, 1997.

Au cinéma, vous regardez l'écran, avec la télévision, vous êtes l'écran, car la lumière vient sur vous à travers le tube cathodique. Le cinéma est visuel, tandis que la TV est audio-tactile. C'est comparable à l'effet de vitrail. Ce n'est pas l'image que représente le vitrail qui vous atteint, mais la lumière qui passe à travers.

Marshall McLUHAN, in *L'Express*, 14 février 1972.

Plus la télé vise à la surprise, moins elle surprend. C'est dans sa nature d'estomac ; les estomacs n'étonnent jamais, ils digèrent. Parfois, ils refoulent, c'est toute la surprise qu'on peut en attendre.

Daniel PENNAC, *Aux fruits de la passion*, Gallimard, 1999.

Témoigner

L'essence de l'homme ne serait-elle pas d'être un être qui peut témoigner ?

Gabriel MARCEL, *Être et avoir*, Aubier, 1918-1933.

Temps

Nous savons d'avance bien des choses sur le temps, par exemple qu'il n'y a jamais deux temps simultanés, que le temps n'a pas de vitesse, que le temps ne peut se renverser, qu'il n'y a point de temps imaginaire ; que le temps est commun à tous les changements et à tous les êtres, et que, par exemple, pour aller à la semaine prochaine, il faut que tous les hommes et tout l'univers y aillent ensemble. Il y a abondance d'axiomes sur le temps, mais obscurs comme tous les axiomes.

ALAIN, *Les Aventures du cœur*, Hartmann, 1945.

Passent les jours et passent les semaines
Ni temps passé
Ni les amours reviennent.

Guillaume APOLLINAIRE, *Alcools*, Gallimard, 1920.

Pour qui hier peut-il être indéfiniment aujourd'hui ce que sera demain ?

Hervé BAZIN, *Abécédaire*, Grasset, 1984.

Ils se contentent de tuer le temps en attendant que le temps les tue.

Simone de BEAUVOIR, *Tous les hommes sont mortels*, Gallimard, 1946.

Le temps est invention, ou il n'est rien du tout.

Henri BERGSON, *L'Évolution créatrice*, 1907, PUF, 1959.

Le temps est la substance dont je suis fait.

Jorge Luis BORGES, *Enquêtes*, 1935-1952, Gallimard, 1957.

Le temps est taquin parce qu'il faut que toute chose arrive à son heure.

André BRETON, *Nadja*, Gallimard, 1928.

Le temps ne va pas vite quand on l'observe. Il se sent tenu à l'œil. Mais il profite de nos distractions. Peut-être y a-t-il même deux temps, celui qu'on observe et celui qui nous transforme.

Albert CAMUS, *Carnets II*, 1942-1951, Gallimard, 1964.

Le bonheur, c'est quand le temps s'arrête.

Gilbert CESBRON, *Don Juan en automne*, Laffont, 1975.

Ce n'est point le temps qui manque, c'est nous qui lui manquons.

Paul CLAUDEL, *Partage de midi*, Gallimard, 1949.

Le temps, ce sculpteur, qui réussit parfois si bien les têtes de vieux.

Natalie CLIFFORD-BARNEY, *Pensées d'une amazone*, Émile-Paul, 1921.

Je pense que les femmes ont un rapport avec le temps qui s'écoule assez différent du nôtre. Nos horloges ne fonctionnent pas à la même vitesse. Cela aboutit souvent à des visions du monde, à des points de vue parfois très éloignés de ceux des hommes. Il faut sans cesse ajuster.

Philippe DJIAN, *Entre nous soit dit. Conversations avec Jean-Louis Ezine*, Plon, 1996.

Il n'y a que lorsque la pendule s'arrête que le temps se remet à vivre.

William FAULKNER, in *Les Écrivains du XXᵉ siècle. Un musée imaginaire de la littérature mondiale*, Retz, 1979.

Comme rien n'est plus précieux que le temps, il n'y a pas de plus grande générosité qu'à le perdre sans compter.

Marcel JOUHANDEAU, *Journaliers*, Gallimard, 1961.

Les idées mûrissent comme les fruits et les hommes. Il faut qu'on laisse le temps au temps. Personne ne passe du jour au lendemain des semailles aux récoltes, et l'échelle de l'histoire n'est pas celle des gazettes. Mais, après la patience, arrive le printemps.

François MITTERRAND, in *Le Nouvel Observateur*, 28 avril 1981

Que de temps perdu à gagner du temps !

Paul MORAND, *Venises*, Gallimard, 1971.

Nous découvrons que la trahison de l'âge, ce n'est pas que le temps nous soit désormais compté, c'est qu'il compte de moins en moins. Ce n'est pas le temps qui passe, c'est qu'on le sent de moins en moins passer.

Louis PAUWELS, *Ce que je crois*, Grasset, 1974.

Tendresse

Beau, qu'est-ce que c'est, cette petite différence de l'un à l'autre ? Les Chinois sont tous pareils, les Nègres se ressemblent, c'est pas une raison parce que les lions sont plus forts que les lapins pour que les lapines courent après en clignant de l'œil. Et la tendresse, dis, qu'est-ce que tu en fais de la tendresse ?

Dialogues du film *La Femme du boulanger* de Marcel Pagnol, 1938.

À quoi de mieux peut servir une femme qu'à accueillir au plus chaud d'elle-même un ancien bébé qui a un peu froid ?

Geneviève DORMANN, *Le Bateau du courrier*, Le Seuil, 1974.

La tendresse est antérieure à la séduction, c'est pourquoi il est si difficile de désespérer.

Michel HOUELLEBECQ, *Les Particules élémentaires*, Flammarion, 1998.

Pour beaucoup de femmes, le plus court chemin vers la perfection, c'est la tendresse.

François MAURIAC, *Asmodée*, Grasset, 1937.

Terre

La terre, comme les femmes, n'est pas à celui qui la possède, mais à celui qui entre dedans.

Hervé BAZIN, *Cri de la chouette*, Grasset, 1972.

La terre est bleue comme une orange.

Paul ÉLUARD, *Premièrement* in *L'Amour la Poésie*, Gallimard, 1929.

Oh ! si tu savais, si tu savais, terre excessivement vieille et si jeune, le goût amer et doux, le goût délicieux qu'a la vie si brève de l'homme !

André GIDE, *Les Nourritures terrestres* suivi de *Les Nouvelles nourritures*, Gallimard, 1942.

Toutes les erreurs de l'homme viennent de ce qu'il s'imagine marcher sur une chose inerte alors que ses pas s'impriment dans la chair pleine de grande volonté.

Jean GIONO, *Colline*, Préface, Grasset.

La terre est vivante et fragile comme un ventre de femme.

Pierre Jakez HÉLIAS, *Le Cheval d'orgueil*, Plon, 1975.

Jamais, jamais, non JAMAIS, vous aurez beau faire, jamais ne saurez quelle misérable banlieue, c'était que la Terre. Comme nous étions misérables et affamés de plus Grand.

Henri MICHAUX, *Plume*, Gallimard, 1938.

La terre nous en apprend plus long sur nous que tous les livres. Parce qu'elle nous résiste.

Antoine de SAINT-EXUPÉRY, *Terre des hommes*, Gallimard, 1939.

Tête

Ne tournez pas la tête : un miracle est derrière.

Jules SUPERVIELLE, *Gravitations*, Gallimard, 1925.

Notre tête est ronde pour permettre à la pensée de changer de direction.

Francis PICABIA, *Écrits complets*, Belfond, 1975.

Texte

Qu'est-ce qu'un beau texte, sinon la pâte humaine ordonnancée par la raison ?

Madeleine CHAPSAL, *Oser écrire*, Fayard, 1993.

L'auteur devrait mourir après avoir écrit. Pour ne pas gêner le cheminement du texte.

Umberto ECO, *Apostille au nom de la rose*, Grasset, 1985.

On n'arrive pas à connaître quelqu'un par la conversation, ni même en le tenant par la main, ni même en marchant coude à coude. C'est à travers un texte, c'est-à-dire à travers une confession, c'est-à-dire en plongeant dans l'univers, c'est-à-dire dans les abîmes d'un autre que la communion peut s'accomplir. Voilà donc tout de même une justification de la littérature.

Eugène IONESCO, *Journal en miettes*, Mercure de France, 1967.

Théâtre

Si le théâtre essentiel est comme la peste, ce n'est pas parce qu'il est contagieux, mais parce que comme la peste il est la révélation, la mise en avant, la poussée vers l'extérieur d'un fond de cruauté latente par lequel se localisent sur un individu ou sur un peuple toutes les possibilités perverses de l'esprit.

Antonin ARTAUD, *Le Théâtre et son double*, Gallimard, 1938.

Le théâtre est le premier sérum que l'homme ait inventé pour se protéger de la maladie de l'Angoisse.

Jean-Louis BARRAULT, *Nouvelles réflexions sur le théâtre*, Flammarion, 1959.

Pour faire face à de nouveaux publics, nous devons tout d'abord être en mesure de faire face à des sièges vides.

Peter BROOK, in *La Révolution théâtrale actuelle en Angleterre*, Denoël, 1969.

Le Théâtre est fait de toutes les douleurs et de toutes les joies du monde... Rien n'est faux... Il suffit d'avoir un peu la foi et tout devient réel : les larmes imaginaires et les serments de mascarade...

Dialogues du film *Entrée des artistes* de Marc Allégret, 1938.

Le théâtre, c'est la poésie qui se lève et se fait humaine.

Federico GARCÍA LORCA, in *Les Écrivains du XXᵉ siècle — Un musée imaginaire de la littérature mondiale*, Retz, 1979.

Si mon théâtre pue c'est parce que l'autre sent bon.

Jean GENET, *L'étrange mot d'...*, in *Œuvres complètes*, t. 4, Gallimard, 1968.

Seul le théâtre impopulaire a des chances de devenir populaire. Le « populaire » n'est pas le peuple.

Eugène IONESCO, *Notes et contre-notes*, Gallimard, 1962.

Rien de plus futile, de plus faux, de plus vain, rien de plus nécessaire que le théâtre.

Louis JOUVET, *Le Comédien désincarné*, Flammarion, 1987.

Un objet qui soit comme un vrai objet et qui soit faux, c'est le véritable vrai, c'est la vérité du Théâtre.

Louis JOUVET, *Témoignages sur le théâtre*, Flammarion, 1987.

Théâtre. Quand je pense que Dieu, qui voit tout, est obligé de voir ça !

Jules RENARD, *Journal*, 1907, Gallimard, 1960.

Théorie

Entre une pratique sans tête et une théorie sans jambes, il n'y aura jamais à choisir.

Régis DEBRAY, *Révolution dans la révolution ?*, Maspero, 1967

Toute théorie n'est bonne qu'à condition de s'en servir pour passer outre.

André GIDE, *Journal*, 1939-1949, Gallimard, 1954.

L'élite habite une forteresse, l'État. Autour : la plèbe et les désordres du temps. Au-delà : l'éternité. Entre la forteresse et l'éternité, un pont : la théorie.

André GLUCKSMANN, *La Cuisinière et le mangeur d'homme*, Le Seuil, 1975.

Une œuvre où il y a des théories est comme un objet sur lequel on laisse la marque du prix.

Marcel PROUST, *Le Temps retrouvé*, Gallimard, 1927.

Tomber

Tomber a été inventé pour se relever. Malheur à ceux qui ne tombent jamais.

Félix LECLERC, *Le Fou de l'île*, Fidès, 1974.

Torchon

Être torchon. Ne pas se mélanger avec les serviettes.

Jean COCTEAU, *Journal d'un inconnu*, Grasset, 1953.

Tort

Il ne devait rien à personne et il était en train de mettre tous les torts de son côté : c'était ça la vraie liberté !

Simone de BEAUVOIR, *Les Mandarins*, Gallimard, 1954.

Je suis toujours furieux contre moi quand les autres ont tort.

Jean GIRAUDOUX, *Ondine*, Grasset, 1939.

Toujours

C'est toujours maintenant et à chaque heure toujours.

Octavio PAZ, *Mise au net*, Gallimard, 1977.

Toujours et jamais, c'est aussi long l'un que l'autre.

Elsa TRIOLET, *Proverbes d'Elsa*, Les Éditeurs français réunis, 1971.

Touriste

Les hommes de notre époque se mettent en troupeau pour explorer la solitude et s'étonnent de ne pas découvrir ce que leur présence même a détruit.

Kléber HAEDENS, *L'Air du pays*, Albin Michel, 1963.

En dehors du fait qu'ils laissent leurs économies là où ils passent, je crois que les touristes sont très utiles au monde moderne : il est très difficile de haïr les gens que l'on connaît.

John STEINBECK, *Un Américain à New-York et à Paris*, Julliard, 1956.

Traduction

Je traduirai tout avec cette liberté sans laquelle aucune traduction ne s'élève au-dessus du mot à mot.

Samuel BUTLER, *Nouveaux voyages en Erewhon*, Gallimard, 1924.

Le traducteur pénètre dans une sphère connue. Tout est parfaitement cultivé autour de lui et jamais il n'est seul. Il évolue comme dans un paysage couvert de parcs ou parmi des champs clairement délimités. Des mots l'accostent, semblables à des personnes, et lui souhaitent le bonjour. On lui a tracé le chemin, il risque peu de se perdre.

Elias CANETTI, *Le Territoire de l'homme*, Albin Michel, 1978.

Un auteur n'est pas tenu à la rigueur ; un traducteur l'est, il est même *responsable* des insuffisances de l'auteur.
Je mets un bon traducteur au-dessus d'un bon auteur.

Emil Michel CIORAN, *Cahiers 1957-1972*, Gallimard, 1997.

La traduction ne se contente pas d'être un mariage. Elle doit être un mariage d'amour.

Jean COCTEAU, *Journal d'un inconnu*, Grasset, 1953.

Traduire, c'est lent et c'est toujours raté. Il faut choisir entre le sens et l'élégance de la langue et, quelle que soit la décision qu'on prenne, on n'arrête pas de compter ce qu'on perd.

Jean GROSJEAN, in *La Vie*, 30 mars 1995.

La bonne traduction est « une espèce de dessin d'après nature ».

George STEINER, *Après Babel*, Albin Michel, 1998.

Travail

Un monde qui ne peut pas être aimé à en mourir — de la même façon qu'un homme aime une femme — représente seulement l'intérêt et l'obligation au travail.

Henry BATAILLE, *La Conjuration sacrée*, in *Acéphale*, 1936.

Le travail est un devoir social, un devoir humain sur cette terre, une manifestation de la force créatrice de l'homme, de son pouvoir de subjuguer la nature.

David BEN GOURION, *Années de lutte*, Flammarion, 1964.

Rien ne sert d'être vivant le temps qu'on travaille. L'événement dont chacun est en droit d'attendre la révélation du sens de sa propre vie, cet événement que peut-être je n'ai pas encore trouvé mais sur la voie duquel je me cherche, *n'est pas au prix du travail*.

André BRETON, *Nadja*, Gallimard, 1928.

L'homme est trop occupé à « gagner sa vie » pour la vivre.

Malcolm de CHAZAL, *Sens plastique*, Gallimard, 1948.

Je n'aime pas le travail, nul ne l'aime ; mais j'aime ce qui est dans le travail l'occasion de se découvrir soi-même.

Joseph CONRAD, *Le Cœur des ténèbres*, Gallimard, 1902.

Le travail n'est pas seulement une nécessité. Il est aussi un besoin métaphysique de l'homme. Travailler beaucoup, pour en être beaucoup récompensé, est une forme d'héroïsme pacifique.

Jean DUTOURD, *De la France considérée comme une maladie*, Flammarion, 1982.

En face de la mort, un homme ne peut se justifier que par le travail bien fait...

Ernest HEMINGWAY, in *Les Écrivains du XXᵉ siècle. Un musée imaginaire de la littérature mondiale*, Retz, 1979.

À quoi sert l'argent s'il faut travailler pour en avoir ?

George Bernard SHAW, *Man and Superman*, in *Collected plays with their prefaces. 2*, Reinhardt, 1971.

Les paysans sont sans cesse au travail, et c'est un mot qu'ils n'utilisent jamais.

Anton TCHEKHOV, *Calepin*.

Je ne veux pas gagner ma vie, je l'ai.

Boris VIAN, in *Boris Vian en verve*, Pierre Horay, 1970.

Le travail est quelque chose de semblable à la mort. C'est une soumission à la matière.

Simone WEIL, *La Connaissance surnaturelle*, Gallimard, 1950.

J'ai vécu parce que j'ai travaillé, un équilibre s'est fait entre le monde et moi, je lui ai rendu en œuvres ce qu'il m'apportait en sensations, et je crois que toute la santé est là, des échanges bien réglés, une adaptation parfaite de l'organisme au milieu...

Émile ZOLA, *Travail*, 1901, Verdier, 1979.

Tricher

Si on ne peut plus tricher avec ses amis, ce n'est plus la peine de jouer aux cartes.

Marcel PAGNOL, *Marius*, Fasquelle, 1929.

Troubler

Ce qui vient au monde pour ne rien troubler ne mérite ni égards ni patience.

René CHAR, *Fureur et mystère*, Gallimard, 1948.

Trouver

Rien ne vaut la peine d'être trouvé que ce qui n'a jamais existé encore.

Pierre TEILHARD de CHARDIN, *La Vision du passé*, Le Seuil, 1957.

Trouver n'est rien. Le difficile est de s'ajouter ce qu'on trouve.

Paul VALÉRY, *Monsieur Teste*, Gallimard, 1919.

Tuer

Il n'y a que deux espèces d'êtres humains : ceux qui ont tué et ceux qui n'ont pas tué.

COLETTE, *Le Pur et l'Impur*, Aux armes de France, 1941.

— Et c'est pourtant ignoble de tuer !
— Oui, mais ça fait vivre tant de monde !

Dialogues du film *Les Trois font la paire* de Sacha Guitry, 1957.

Un jour viendra où le plaisir de tuer pour tuer s'éteindra chez les hommes [...]. Les fiers chasseurs d'aujourd'hui tomberont au rang des bouchers.

Axel MUNTHE, *Le Livre de San Michele*, 1929, Albin Michel, 1934.

On tue un homme, on est un assassin. On tue des millions d'hommes, on est un conquérant. On les tue tous, on est un dieu.

Jean ROSTAND, *Pensées d'un biologiste*, Stock, 1954.

Les gens sont drôles, Éva. Dès qu'ils croient que quelqu'un a tué quelqu'un, les voilà qui crient « à mort ». Il n'y a plus de raison pour que cela s'arrête, alors...

Dialogues du film *Drôle de drame* de Marcel Carné, 1937.

U

Uniforme

— Quand les hommes de la force quittent leur uniforme, ils ne sont pas beaux à voir !
— Peut-être. Mais leur force est d'avoir inventé l'uniforme !

Albert Camus, *L'État de siège*, Gallimard, 1948.

Union

Se servir d'une seule âme pour être deux.

Paul Claudel, *Journal*, 1904-1955, Gallimard, 1968-1969.

Union libre

S'aimer simplement s'il l'on s'aime, sans vivre ensemble, sans tenter d'autre risque que celui de l'amour, qui suffit bien. Ne pas introduire la cohabitation dans ces liaisons passionnées, qui ne la supportent pas. Mêler librement les corps qui se souhaitent, les cœurs qui s'attirent ; ne rien mêler de soi, tant qu'on est en âge d'aimer, si l'on n'aime pas.

Léon Blum, *Du mariage*, in *L'Œuvre de Léon Blum*, Albin Michel, 1962.

Unique

« Je suis unique », cela ne veut pas dire « être le meilleur ». C'est simplement constater que chaque être humain est singulier. Autrement dit, chaque visage est un miracle, unique et inimitable.

Tahar Ben Jelloun, *Le Racisme expliqué à ma fille*, Le Seuil, 1998.

Univers

Si l'univers a eu un commencement, si à son commencement il a reçu sa pleine charge d'énergie, cela suppose une source plus haute d'énergie, une plénitude d'énergie. S'il y a eu charge, c'est que quelqu'un a chargé, a fait le plein d'énergie. Le néant avant, le néant absolu, sans rien ni personne, ça n'est simplement pas possible : s'il n'y a rien, éternellement, il n'y aura jamais rien. Jamais.

Raymond-Léopold BRUCKBERGER, *Ce que je crois*, Grasset, 1981.

D'une certaine manière, à travers nous, l'univers est en train de rêver de lui-même... Sans nous, sans une conscience pour témoigner de lui-même, l'univers ne pourrait avoir d'existence : *nous sommes l'univers lui-même*, sa vie, sa conscience, son intelligence.

Jean GUITTON, *Dieu et la science*, Grasset, 1991.

L'homme sait enfin qu'il est seul dans l'immensité indifférente de l'Univers d'où il a émergé par hasard. Non plus que son destin, son devoir n'est écrit nulle part. À lui de choisir entre le Royaume et les ténèbres.

Jacques MONOD, *Le Hasard et la nécessité*, Le Seuil, 1970.

Qu'est-ce que l'univers ? Est-ce un grand film en relief dont nous sommes les acteurs involontaires ? Est-ce une farce cosmique, un ordinateur géant, l'œuvre d'art d'un Être suprême, ou, tout bonnement, une expérience ? Nos difficultés à comprendre l'univers tiennent à ce que nous ne savons pas à quoi le comparer.

Heinz PAGELS, *L'Univers quantique*, Inter Éditions, 1985.

L'Univers est une machine à faire de la conscience.

Hubert REEVES, *Patience dans l'azur*, Le Seuil, 1981.

L'infini, mon cher, n'est plus grand-chose, — c'est une affaire d'écriture. *L'univers n'existe que sur le papier.*

Paul VALÉRY, *Monsieur Teste*, Gallimard, 1919.

Urbanisme

Les matériaux de l'urbanisme sont le soleil, les arbres, le ciel, l'acier, le ciment, dans cet ordre hiérarchique et indissolublement.

LE CORBUSIER, *Urbanisme*, Arthaud, 1980.

V

Vaincu

Les hommes qui ressemblent à la terre, les hommes qui sont pareils aux arbres, les hommes qui ont la peau couleur de terre, les femmes qui ont la peau couleur de maïs, ceux qui ne vivent que par le pain et l'eau ne sont jamais vaincus.

J.-M.G. LE CLÉZIO, *Trois villes saintes*, Gallimard, 1980.

Valise

Qu'on rencontre peu de gens dont on souhaiterait fouiller les valises !

André GIDE, *Les Caves du Vatican*, Gallimard, 1914.

Réellement, je ne crois pas à l'âme humaine, je n'y ai jamais cru. J'ai la conviction que les gens sont comme des valises : remplies de choses diverses, elles sont expédiées, lancées, bousculées, flanquées à terre, perdues et retrouvées, jusqu'à ce qu'enfin l'Ultime Porteur les jette dans l'Ultime Train, et qu'elles roulent au loin dans un bruit de ferraille.

Katherine MANSFIELD, *Félicité*, 1920, Stock, 1932.

Vélo

C'est le contraire du vélo, la bicyclette. Une silhouette profilée mauve fluo dévale à soixante-dix à l'heure : c'est du vélo. Deux lycéennes côte à côte traversent un pont à Bruges : c'est de la bicyclette.

Philippe DELERM, *La Première gorgée de bière...*, Gallimard/L'Arpenteur, 1997.

Vent

Ce ne sont pas les girouettes qui tournent, c'est le vent.

Gilbert CESBRON, *La Fleur, le fruit, l'amande*, La Guilde du livre, 1958.

Sans l'appui du rivage, ne pas se confier à la mer, mais au vent.

René CHAR, *L'Âge cassant*, in *Recherche de la base et du sommet*, Gallimard, 1955.

Ce n'est pourtant pas en s'exerçant à la fonction de plume portée par le vent qu'on se perfectionnera dans la fonction de vent.

Jean DUBUFFET, *Asphyxiante culture*, Minuit, 1986.

L'homme, on a dit qu'il était fait de cellules et de sang. Mais en réalité, il est comme un feuillage. Il faut que le vent passe pour que ça chante.

Jean GIONO, *Que ma joie demeure*, Grasset 1935.

Est-ce que la vie sur terre ne pourrait pas se poursuivre sans vent ? Ou faut-il que tout tremble, toujours, toujours ?

Henri MICHAUX, *Je vous écris...*, in *Plume*, Gallimard, 1938.

Le vent se lève !... Il faut tenter de vivre !

Paul VALÉRY, *Charmes*, Gallimard, 1922.

Vérité

Ne disons pas la vérité... La vérité salit les puits.

Marcel ACHARD, *Nous irons à Valparaiso*, La Table Ronde, 1948.

Toute vérité est une route tracée à travers la réalité.

Henri BERGSON, *La Pensée et le mouvant*, 1934, PUF, 1996.

La vérité, elle délivre d'abord, elle console après.

Georges BERNANOS, *Journal d'un curé de campagne*, Plon, 1936.

On cherche la vérité et bien souvent, le plus terrible, c'est qu'on la trouve et que, toute nue, elle est pas tellement jojo !

Alphonse BOUDARD, *L'Hôpital*, La Table ronde, 1972.

Aucune vérité ne mérite de demeurer exemplaire.

André BRETON, *Les Pas perdus*, Gallimard, 1924.

Il n'y a pas de cause d'erreur plus fréquente que la recherche de la vérité absolue.

Samuel BUTLER, *Carnets posthumes*, 1912.

La vérité, c'est une agonie qui n'en finit pas. La vérité de ce monde c'est la mort. Il faut choisir, mourir ou mentir.

Louis-Ferdinand CÉLINE, *Voyage au bout de la nuit*, Gallimard, 1932.

Ce que nous dénommons vérité n'est qu'une élimination d'erreurs.

Georges CLEMENCEAU, *Aux embuscades de la vie*, Fasquelle, 1903.

La vérité est trop nue, elle n'excite pas les hommes.

Jean COCTEAU, *Le Rappel à l'ordre*, Stock, 1926.

Ne crois pas que *ta* vérité puisse être trouvée par quelque autre.

André GIDE, *Les Nourritures terrestres* suivi de *Les Nouvelles nourritures*, Gallimard, 1942.

La vérité, c'est qu'il n'y a pas de vérité.

Pablo NERUDA, *Fin du monde*, 1969, in *Obras completas*, Buenos Aires, Losada, 1973.

S'il y avait une seule vérité, on ne pourrait pas faire cent toiles sur le même thème.

Pablo PICASSO, *Métamorphoses et unité*, Skira.

Quand la vérité n'est pas libre, la liberté n'est pas vraie.

Jacques PRÉVERT, *Spectacle*, Gallimard, 1949.

Dès qu'une vérité dépasse cinq lignes, c'est du roman.

Jules RENARD, *Journal*, 1902, Gallimard, 1960.

Sortant de certaines bouches, la vérité elle-même a mauvaise odeur.

Jean ROSTAND, *Inquiétudes d'un biologiste*, Stock, 1967.

La vérité, ce n'est point ce qui se démontre. Si dans ce terrain, et non dans un autre, les orangers développent de solides racines et se chargent de fruits, ce terrain-là, c'est la vérité des orangers.

Antoine de SAINT-EXUPÉRY, *Terre des hommes*, Gallimard, 1939.

Toute vérité révélée est un mensonge, la vérité expérimentale est seule vraie, une et entière, éternelle... Rien ne tient contre la vérité, elle est la grande, l'éternelle victorieuse.

Émile ZOLA, *Vérité*, 1902, Christian Pirot, 1993.

Vêtement

C'est entre la naissance de la religion et de l'art qu'il faut placer celle du vêtement.

Jacques LAURENT, *Le Nu vêtu et dévêtu*, Gallimard, 1979.

Vice

Il n'y a pas de vices mais des choses mal faites.

Jean-Louis BORY, *Ma moitié d'orange*, 1972, Julliard, 1989.

Le vice, c'est le mal qu'on fait sans plaisir.

COLETTE, *Claudine à Paris*, Albin Michel, 1931.

À partir d'un certain degré de veulerie, le vice en est réduit à lui-même, c'est-à-dire à moins que rien.

Marcel JOUHANDEAU, *Éléments pour une éthique*, Grasset, 1955.

Victime

Une très sale race, les victimes. Si on exterminait à fond cette race-là, peut-être aurait-on enfin la paix, et peut-être les victimes auraient-elles enfin ce qu'elles désirent, à savoir le martyre.

Amélie NOTHOMB, *Hygiène de l'assassin*, Albin Michel, 1992.

Il n'est point dessein de bourreau qui ne lui soit suggéré par le regard de la victime.

Pier Paolo PASOLINI, *Écrits corsaires*, Flammarion, 1976.

Le pouvoir de la victime, tu peux pas savoir ce que c'est, c'est effrayant.

Dialogues du film *Le Déclin de l'empire américain* de Denys Arcand, 1985.

Je déteste les victimes quand elles respectent leurs bourreaux.

Jean-Paul SARTRE, *Les Séquestrés d'Altona*, Gallimard, 1960.

Victoire

Si l'on vit assez longtemps, on voit que toute victoire se change un jour en défaite.

Simone de BEAUVOIR, *Tous les hommes sont mortels*, Gallimard, 1946.

L'existence tout entière est un combat ; la vie, c'est de la victoire qui dure.

Roger MARTIN du GARD, *Les Thibault*, Gallimard, 1922.

Vide

Il est impossible d'entrer dans une pièce vide, toujours notre âme nous y précède.

Christian BOBIN, *La Folle allure*, Gallimard, 1995.

N'oubliez pas que vous n'êtes pas aussi vide que vous le pensez !

Marcel DUCHAMP, in *Duchamp du signe*, Flammarion, 1994.

Vie

La vie n'est pas ce que tu crois. C'est une eau que les jeunes gens laissent couler sans le savoir, entre leurs doigts ouverts. Ferme tes mains, ferme tes mains, vite. Retiens-la. Tu verras, cela deviendra une petite chose dure et simple qu'on grignote, assis au soleil.

Jean ANOUILH, *Antigone*, La Table Ronde, 1943.

La vie est un voyageur qui laisse traîner son manteau derrière lui, pour effacer ses traces.

Louis ARAGON, *Les Voyageurs de l'impériale*, Gallimard, 1942.

La vie, ça se fabrique avec les moyens du bord.

Hervé BAZIN, *Ce que je crois*, Grasset, 1977.

La vie, je la trouve dans ce qui m'interrompt, me coupe, me blesse, me contredit. La vie, c'est celle qui parle quand on lui a défendu de parler, bousculant prévisions et pensées, délivrant de la morne accoutumance de soi à soi.

Christian BOBIN, *Autoportrait au radiateur*, Gallimard, 1997.

Si la seule solution est la mort, nous ne somme pas sur la bonne voie. La bonne voie est celle qui mène à la vie, au soleil.

Albert CAMUS, *L'Été*, Gallimard, 1954.

Il est bien rare que la vie revienne à votre chevet, où que vous soyez, autrement que sous la forme d'un sacré tour de cochon.

Louis-Ferdinand CÉLINE, *Voyage au bout de la nuit*, Gallimard, 1932.

La vie, hélas ! N'est qu'un tissu de coups de poignard qu'il faut savoir boire goutte à goutte.

CHRISTOPHE, *La Facéties du sapeur Camembert*, Armand Colin, 1900.

Que pense le marbre dans lequel un sculpteur taille un chef-d'œuvre ? Il pense : on me frappe, on m'abîme, on m'insulte, on me brise, je suis perdu. Ce marbre est idiot. La vie me taille, Heurtebise ! Elle fait un chef-d'œuvre. Il faut que je supporte ses coups sans les comprendre. Il faut que je me raidisse. Il faut que j'accepte, que je me tienne tranquille, que je l'aide, que je collabore, que je lui fasse finir son travail.

Jean COCTEAU, *Orphée*, 1949, Stock, 1986.

Il n'y a qu'une vie, c'est donc qu'elle est parfaite.

Paul ÉLUARD, *Une leçon de morale*, Gallimard, 1949.

Une vie d'homme, cela s'ajuste comme un costume, cela se façonne comme un outil, cela se cultive comme un muscle, cela s'engrène comme une mécanique rétive et compliquée.

Robert ESCARPIT, *Lettre ouverte à Dieu*, Albin Michel, 1966.

Si tu veux pouvoir supporter la vie, sois prêt à accepter la mort.

Sigmund FREUD, *Essais de psychanalyse*, Payot, 1905.

Notre vie est un livre qui s'écrit tout seul. Nous sommes des personnages de roman qui ne comprennent pas toujours bien ce que veut l'auteur.

Julien GREEN, *Journal*, in *Œuvres complètes*, Gallimard, 1976.

La vie n'est jamais la mer à boire parce qu'on prend soin de vous la filer goutte à goutte ; on parvient ainsi à en déguster des quantités incroyables. Si l'on pouvait décrire d'avance à certains humains la vie qui leur est réservée, la plupart se croiraient incapables de l'endurer.

Benoîte et Flora GROULT, *Le Féminin pluriel*, Denoël, 1965.

La vie, c'est ce dont on s'empare.

Louis GUILLOUX, *Le Sang noir*, Gallimard, 1935.

Chaque vie est unique. Chaque vie, un univers. Mais, chaque vie n'est rien si elle ne reflète la vie universelle, si elle n'est à la fois elle-même et autre, elle n'est rien si elle est séparée, elle n'est rien non plus si elle est grégaire, elle n'est rien si elle est perdue dans le néant de l'impersonnel. Vivre sa vie : c'est vivre le monde à sa façon, d'une autre façon, d'une façon inattendue, comme les autres et pas comme les autres.

Eugène IONESCO, *Journal en miettes*, Mercure de France, 1967.

La vie n'est que la mort qui vibre.

Edmond JABÈS, *Le Livre des ressemblances*, Gallimard, 1976.

J'ai appris qu'une vie ne vaut rien, mais que rien ne vaut une vie.

André MALRAUX, *Les Conquérants*, Grasset, 1928.

La vie est une maladie de la mort.

Louis NUCÉRA, *L'Ami*, Grasset, 1974.

Les rêves, la vie, c'est pareil... ou alors, ça ne vaut pas la peine de vivre. Et puis, qu'est-ce que vous voulez que ça me fasse, la vie ? Ce n'est pas la vie que j'aime... c'est vous !

Jacques PRÉVERT, Dialogues du film *Les Enfants du Paradis* de Marcel Carné, 1945.

Je ne la possédai jamais tout entière : elle ressemblait à la vie.

Marcel PROUST, *À l'ombre des jeunes filles en fleurs*, Gallimard, 1918.

Tu n'es rien d'autre que ta vie.

Jean-Paul SARTRE, *Huis clos*, Gallimard, 1949.

Notre vie n'est que la quête d'instants privilégiés qui semblent représenter le bonheur, conditionnés par l'oubli du reste, seul sens donné à une vie dont on connaît le dénouement.

Léon SCHWARTZENBERG, *Requiem pour la vie*, Belfond, 1985.

La vie. Bien agiter avant l'usage.

Miguel de UNAMUNO, *Essais*, in *Miguel de Unamuno*, Éditions universitaires, 1956.

Vieillard

En Afrique, tout vieillard qui meurt est une bibliothèque qui se consume.

Amadou-Hampâté BÂ.

Un vieillard est un livre qu'on néglige de lire.

Julien GREEN, *Journal*, in *Œuvres complètes*, Gallimard, 1976.

Les uns vieillissent vieux, les autres vieillards.

Louis GUILLOUX, *Carnets 1944-1974*, Gallimard, 1982.

La sagesse des vieillards, c'est une grande erreur. Ce n'est pas plus sages qu'ils deviennent, c'est plus prudents.

Ernest HEMINGWAY, *L'Adieu aux armes*, 1929, Gallimard, 1959.

Les vieillards meurent parce qu'ils ne sont plus aimés.

Henry de MONTHERLANT, *Carnets*, Gallimard, 1957.

Vieillesse

La vieillesse est un décès par petits morceaux.

Albert COHEN, *Ô Vous, frères humains*, Gallimard, 1972.

Qu'est-ce que la vieillesse, la vraie vieillesse ? C'est le moment où l'on s'aperçoit que l'on n'a plus d'avenir.

Jean DUTOURD, *De la France considérée comme une maladie*, Flammarion, 1982.

La rouille aurait un charme fou
Si elle ne s'attaquait qu'aux grilles.

Maxime LE FORESTIER, *La Rouille*.

Vieillir

Vieillir, c'est passer de la passion à la compassion.

Albert CAMUS, *Carnets II*, 1942-1951, Gallimard, 1964.

Hélas ! La grande tristesse actuelle est que les choses n'ont pas le temps de vieillir.

Francis CARCO, *Rendez-vous avec moi-même*, Albin Michel, 1957.

On ne sait plus qui réveiller en vieillissant, les vivants ou les morts.

Louis-Ferdinand CÉLINE, *Voyage au bout de la nuit*, Gallimard, 1932.

De violon, l'homme en vieillissant devient violoncelle, puis contre-basse : un corps épais, une voix grave et pas grand-chose à dire.

Gilbert CESBRON, *Journal sans date*, Laffont, 1963.

En vieillissant, on apprend à troquer ses terreurs contre des ricanements.

Emil Michel CIORAN, *Syllogismes de l'amertume*, Gallimard, 1952.

On a tous tué celui que l'on rêvait d'être. Vieillir, c'est saccager un idéal, un trésor, quelque chose d'enfoui en enfance et dont on s'aperçoit un jour qu'on n'en aura jamais plus l'usage, faute d'avoir su s'en servir à temps. Alors on s'en débarrasse. On jette tout par les fenêtres.

[...] Les chances qu'on a négligées deviennent des remords. Melville disait : « Soyez fidèle aux rêves de votre jeunesse. »

Philippe DJIAN, *Entre nous soit dit. Conversations avec Jean-Louis Ezine*, Plon, 1996.

Mais tu as mal vieilli. Tu es resté jeune. Les hommes vieillissent toujours mal quand ils restent jeunes...

Romain GARY, *Au-delà de cette limite votre ticket n'est plus valable*, Gallimard, 1975.

On me demandait l'autre jour : « Qu'est-ce que vous faites ? — Je m'amuse à vieillir, répondis-je. C'est une occupation de tous les instants. »

Paul LÉAUTAUD, *Journal littéraire*, Mercure de France, 1954-1964.

Vieux

Chausser des bottes de sept lieues
En se disant que rien ne presse
Voilà ce que c'est qu'être vieux.

Louis ARAGON, *Le Fou d'Elsa*, Gallimard, 1963.

Un enfant de Mai disait : « Je ne suis pas contre les vieux mais contre ce qui les fait vieillir. »

Jean-Pierre CHEVÈNEMENT, *Le Vieux, la crise, le neuf*, Flammarion, 1975.

Dès qu'un humain vient à la vie, déjà il est assez vieux pour mourir.

Martin HEIDEGGER, *L'Être et le temps*, Gallimard, 1927.

Vieux monde

Nous assistons à l'effondrement du vieux monde qui croule par pans entiers, jour après jour. Ce qui est le plus surprenant, c'est que la plupart des gens ne s'en aperçoivent pas et croient marcher encore sur un sol ferme.

Rosa LUXEMBURG, *Lettres de prison*, 1916-1918, Bélibaste, 1969.

Village

Je n'oublierai jamais la détresse de ce regard. Il me poursuit comme me poursuit le souvenir des moissons de mon enfance, et me fait mesurer à quel point ont changé ces villages dont les volets se ferment les uns après les autres, la jachère achevant désormais l'ouvrage d'un exode implacable. Personne ne connaît le prix qu'il faudra payer pour inverser un jour cette tendance suicidaire et tragique.

Christian SIGNOL, *Bonheurs d'enfance*, Albin Michel, 1996.

Ville

L'urbanisation qui finit par s'étendre sur le monde entier n'est pas sans avantages. C'est la ville qui favorise l'élévation de la culture, le développement des idées sociales et politiques, les grands mouvements intellectuels et artistiques, qui rend possibles les découvertes et les inventions ; elle est le lieu privilégié de la recherche scientifique, du progrès technique et de ses applications.

Robert DEBRÉ, *Ce que je crois*, Grasset, 1976.

Les villes sont faites pour ceux qui les habitent, seuls ceux qui les habitent peuvent leur donner une figure, sentir les émotions secrètes des jardins et des pierres, savoir où sont les ombres, trouver les rues qui ont la cuisse chaude et les impasses au parfum d'œillet.

Kléber HAEDENS, *L'Air du pays*, Albin Michel, 1963.

Les villes [...] dont l'irrationalité apparente, faite d'une multitude de décisions individuelles et indépendantes, dissimule un ordre que personne n'a consciemment voulu, et dont on peut cependant pénétrer les ressorts.

Claude LÉVI-STRAUSS, in *L'Express*, 15 mars 1971.

Vin

C'est une boisson-totem, correspondant au lait de la vache hollandaise ou au thé absorbé cérémonieusement par la famille royale anglaise.

Roland BARTHES, *Mythologies*, Le Seuil, 1957.

Le vin et lui ont appris à se respecter, jamais l'un d'eux ne répandrait l'autre sur le sol.

Amin MAALOUF, *Samarcande*, Lattès, 1988.

Vingtième siècle

Le monde meurt de l'envie de naître. Notre société s'est épuisé à réaliser les rêves du passé. Quand les Américains sont allés sur la lune, on a gueulé que c'est une nouvelle époque qui commence. Mais non : c'était une époque qui finissait. On a œuvré à réaliser Jules Verne : le dix-neuvième siècle... Le vingtième siècle n'a pas préparé le vingt et unième : il s'est épuisé à satisfaire le dix-neuvième.

Romain GARY, *Au-delà de cette limite votre ticket n'est plus valable*, Gallimard, 1975.

Virtuel

On est entré dans le siècle des images virtuelles, qui rendent plus vraie que la vie une vie qui n'existe pas.

Christian SIGNOL, *Bonheurs d'enfance*, Albin Michel, 1996.

Visage

Quand on photographie un visage, on photographie l'âme qui est derrière.

Dialogues du film *Le Petit soldat* de Jean-Luc Godard, 1960.

Il fallait bien qu'un visage
Réponde à tous les noms du monde.

Paul ÉLUARD, *Premièrement*, in *L'Amour la Poésie*, Gallimard, 1929.

Si le visage est le reflet de l'âme, le témoin de la manière dont nous aurons vécu et de notre expérience, si le dehors répond du dedans, tâchons de soigner l'un et l'autre d'abord en aimant assez la vie pour ne pas nous trouver un jour dans le cas malheureux de lui faire grise mine.

Louis GUILLOUX, *Carnets 1944-1974*, Gallimard, 1982.

Nos visages n'ont pas de forme comme les étoiles...

Tristan TZARA, *Vingt-Cinq Poèmes*, Heuberger, 1918.

Vitre

Entre moi et le monde, une vitre. Écrire est une façon de la traverser sans la briser.

Christian BOBIN, *Mozart et la pluie*, Lettres vives, 1997.

Vivre

Mourir, ce n'est rien. Commence donc par vivre. C'est moins drôle et c'est plus long.

Jean ANOUILH, *Roméo et Jeannette*, in *Nouvelles pièces noires*, La Table Ronde, 1946.

Il est plus facile de mourir que d'aimer.
C'est pourquoi je me donne le mal de vivre
Mon amour...

Louis ARAGON, *Elsa*, Gallimard, 1959.

Le temps d'apprendre à vivre il est déjà trop tard.

Louis ARAGON, *Il n'y a pas d'amour heureux*, in *La Diane française*, Seghers, 1943.

Une vie n'appartient qu'à celui qui la vit ; la vie elle-même revendiquera les vivants ; vivre, c'est laisser vivre.

Paul AUSTER, *L'Invention de la solitude*, Actes-Sud, 1988.

Vivre est une prière que seul l'amour peut exaucer.

Romain GARY, *Au-delà de cette limite votre ticket n'est plus valable*, Gallimard, 1975.

Vivre, connaître la vie, c'est le plus léger, le plus subtil des apprentissages. Rien à voir avec le savoir.

J.-M.G. LE CLÉZIO, *L'Inconnu sur la terre*, Gallimard, 1978.

L'homme est né pour vivre et non pour se préparer à vivre.

Boris PASTERNAK, *Le Docteur Jivago*, Gallimard, 1958.

Vis ta vie. Ne sois pas vécu par elle.

Fernando PESSOA, *De l'art de bien rêver*, in *Je ne suis personne*, Bourgois, 1994.

N'est-ce pas la plus grande chose à demander à la vie, savoir ce que c'est : vivre.

Albert SCHWEITZER, *Lettre à Hélène Bresslau*, Strasbourg, octobre 1904.

Voir

Attachez-vous à n'aimer que ce qui est digne d'être revu...

Pierre BENOÎT, *Toute la terre*, Albin Michel, 1988.

Pour voir une chose ou un être, il faut le faire entrer dans notre songe, l'incorporer à notre douceur, à notre silence, à notre attente. Lui parler avec les mots de notre douceur, avec les mots de notre silence, avec les mots de notre attente.

Christian BOBIN, *La Merveille et l'obscur*, Paroles d'Aube, 1996.

— Adieu, dit le renard. Voici mon secret. Il est très simple : on ne voit bien qu'avec le cœur. L'essentiel est invisible pour les yeux.

Antoine de SAINT-EXUPÉRY, *Le Petit Prince*, Gallimard, 1943.

On peut dire que la mort se montre chaque fois que vous commencez à vous voir comme les autres vous voient.

Philippe SOLLERS, *L'Année du tigre, Journal de l'année 1998*, Le Seuil, 1999.

Voix

Ce n'est pas ce que l'on dit qui compte, mais ce qu'on entend. C'est fou comme la voix seule peut dire d'une personne qu'on aime — de sa tristesse, de sa fatigue, de sa fragilité, de son intensité à vivre, de sa joie. Sans les gestes, c'est la pudeur qui disparaît, la transparence qui s'installe.

Philippe DELERM, *La Première gorgée de bière...*, Gallimard/L'Arpenteur, 1997.

Une voix ne peut emporter la langue et les lèvres qui lui ont donné des ailes. Elle doit s'élancer, seule, dans l'éther.

Khalil GIBRAN, *Le Prophète*, Casterman, 1956.

Volcan

[...] Si les hommes ne dansaient pas sur des volcans, je me demande où et quand ils danseraient ; l'important est de bien savoir qu'on a le volcan sous les pieds afin de goûter son vrai plaisir d'homme libre.

Jacques PERRET, *Bâtons dans les roues*, Gallimard, 1953.

Volupté

La volupté, voulant une religion, inventa l'amour.

Natalie CLIFFORD-BARNEY, *Pensées d'une amazone*, Émile-Paul, 1921.

Voyage

Le voyage n'est nécessaire qu'aux imaginations courtes.

COLETTE, *Belles Saisons*, Galerie Charpentier, 1945.

La grande erreur, je le répète, est de croire qu'on voyage en regardant une carte.

René DAUMAL, *Chaque fois que l'aube paraît*, Gallimard, 1953.

C'est au voyage à pied que je dois mes joies les plus fortes et mes actes de connaissance les plus efficaces. Le voyage à pied seul permet un contact de tous les instants avec la réalité naturelle, et même et surtout avec la réalité intérieure.

Georges DUHAMEL, *Biographie de mes fantômes*, Hartmann, 1944.

Je voyage, ce n'est pas pour connaître les choses, c'est pour être dépaysé... C'est pour ne plus m'y reconnaître.

Eugène IONESCO, *Découvertes*, Skira, 1969.

La raison du voyage, c'est le retour.

LANZA DEL VASTO, in *Les Écrivains du XXᵉ siècle. Un musée imaginaire de la littérature mondiale*, Retz, 1979.

Ce que d'abord vous nous montrez, voyages, c'est notre ordure lancée au visage de l'humanité.

Claude LÉVI-STRAUSS, *Tristes tropiques*, Plon, 1955.

Comme tout ce qui compte dans la vie, un beau voyage est une œuvre d'art.

André SUARÈS, *Le Voyage du condottiere*, Émile-Paul, 1911-1932.

Voyageur

Oublié dans son pays... inconnu ailleurs... tel est le destin du voyageur.

Dialogues du film *Les Visiteurs du soir* de Marcel Carné, 1942.

Le voyageur est encore ce qui compte le plus dans un voyage.

André SUARÈS, *Le Voyage du condottiere*, Émile-Paul, 1911-1932.

Le voyageur doit frapper à toutes les portes avant de parvenir à la sienne, il faut avoir erré à travers tous les mondes extérieurs pour atteindre enfin au tabernacle très intime.

Rabindranath TAGORE, *L'Offrande lyrique*, Gallimard, 1914.

Vrai

L'honneur des philosophes et des savants consiste à placer le vrai au-dessus du sincère.

Jean GUITTON, *Ce que je crois*, Grasset, 1971.

Ne jamais formuler un mot de plus ou de moins que ce que l'on croit vrai.

Romain ROLLAND, *Le Voyage intérieur*, Albin Michel, 1942.

Y

Yeux

Tes yeux sont si profonds que j'y perds la mémoire.

Louis ARAGON, *Les Yeux d'Elsa*, Gallimard, 1942.

Celui qui ne sait pas fermer les yeux quand il le faut ne sait pas regarder.

Samuel BUTLER, *Carnets*, Gallimard, 1912.

Les yeux seuls sont encore capables de pousser un cri.

René CHAR, *Fureur et Mystère*, Gallimard, 1948.

Il n'y a pas de grands et de petits yeux : il y a des yeux qui ont une âme et d'autres qui n'en ont point.

Malcolm de CHAZAL, *Sens plastique*, Gallimard, 1948.

— Est-ce que mes yeux sont beaux ?
— Les autres reçoivent la lumière mais les tiens la donnent.

Paul CLAUDEL, *Le Père humilié*, Gallimard, 1920.

On ferme les yeux des morts avec douceur : c'est aussi avec douceur qu'il faut ouvrir les yeux des vivants.

Jean COCTEAU, *Le Coq et l'Arlequin*, Stock, 1916.

Comme le jour dépend de l'innocence
Le monde entier dépend de tes yeux purs
Et tout mon sang coule dans leurs regards.

Paul ÉLUARD, *Capitale de la douleur*, Gallimard, 1926.

J'ai souvent observé qu'on arrive mieux à se représenter les visages de gens qu'on a une seule fois rencontrés que les traits de ceux qu'on a le plus aimés. C'est peut-être que les yeux sont seuls occupés quand nous sommes en face d'inconnus, tandis qu'ils sont inactifs devant des êtres familiers.

Philippe ROTH, *Ma vie d'homme*, Gallimard, 1976.

INDEX DES NOMS D'AUTEURS

561

565

571

La composition de cet ouvrage
a été réalisée par Nord Compo,
l'impression et le brochage ont été effectués
sur presse Cameron
*dans les ateliers de **Bussière Camedan Imprimeries***
à Saint-Amand-Montrond (Cher),
pour le compte des Éditions Albin Michel.

Achevé d'imprimer en septembre 1999.
N° d'édition : 18336. N° d'impression : 993944/4.
Dépôt légal : octobre 1999.